전쟁25시

초 판 1쇄   2021년 02월 24일
초 판 2쇄   2021년 03월 10일

지은이 박선규
펴낸이 류종렬

펴낸곳 미다스북스
총괄실장 명상완
책임편집 이다경
책임진행 박새연 김가영 신은서 임종익

등록 2001년 3월 21일 제2001-000040호
주소 서울시 마포구 양화로 133 서교타워 711호
전화 02) 322-7802~3
팩스 02) 6007-1845
블로그 http://blog.naver.com/midasbooks
전자주소 midasbooks@hanmail.net
페이스북 https://www.facebook.com/midasbooks425

© 박선규, 미다스북스 2021, *Printed in Korea.*

ISBN 978-89-6637-889-0 03340

값 **17,500원**

전쟁 25시

걸프전, 소말리아,
수단, 유고까지
종군기자 박선규의
생생한 현장 취재기

박선규 지음

미다스북스

걸프전

전쟁 기간 내내, 매일 5회씩 브리핑이 진행됐다.
미국 중심의 시스템에 불만이 많이 제기됐지만 200여 좌석은
언제나 전세계에서 온 기자들의 취재경쟁으로 뜨거웠다.

걸프전은 지상전이 벌어지기 전까지는 전선이 보이지 않는 '특이한 전쟁'이었다.
취재현장이 마땅치 않았던 기자들에겐 '지상전이 과연 언제부터 시작될지'가 가장 중요한
관심사였고 예측성을 높이기 위해 기자들은 사막을 부지런히 뒤지고 다녀야 했다.

파괴된 유정이 뿜어내는 시커먼 연기는 국경을 넘어
사우디아라비아의 하늘까지 시커멓게 덮곤 했다. 이렇게 파괴된 유정이 140개,
그런 면에서 걸프전은 사상초유의 환경전쟁이기도 했다.

전쟁이 끝났다. 긴장 풀린 표정의 한편에

'이제 집으로 갈 수 있다'는 병사들의 안도가 느껴졌다.

뒤로 보이는 하늘이 시커먼 것은 파괴된 유정에서 뿜어져 나온 연기 때문이다.

자흐라는 이렇게 파괴된 탱크와 불탄 트럭, 승용차 등이 엉겨 지옥 같은 모습이었다.
어린 아들을 데리고 나와 죽은 사람들의 주머니를 뒤지던
차도르를 쓴 젊은 여인의 모습은 전쟁을 통틀어 내게 가장 충격적인 모습이었다.

취재기간 내내 촬영만 하던 권원규 기자도 기념으로 남겨야겠다며 탱크 위에 올랐다.
그는 어떤 상황에서도 웃음을 잃지 않고 임무를 완수하는,
그러면서도 상대를 배려할 줄 아는 진정한 프로였다.

이라크군이 물러가며 쿠웨이트시티는 전체가 축제의 장으로 변했다.

시내 어디서나 사람들은 서로 얼싸안고 어깨동무한 채 춤추며 해방의 기쁨을 만끽했다.

현지인과 이방인의 구분도 없었다.

종전과 해방의 기쁨은 군인들도 예외가 아니었다.

그들의 얼굴엔 평화가 가득했다.

무장을 해제한 편안한 차림으로 거리에서 시민들과 어울리는 군인들도 많았다.

전쟁 중에도 재산을 지키겠다며 피난을 거부하고 남은 교민들이 9명이나 됐다.
종전 직후, 그들을 찾았을 때의 감격이란... 교민들이 6개월만에 태극기 게양식을 한 뒤
기념촬영을 했다. 맨 왼쪽이 이라크까지 위험스런 안내를 자청했던 유재성 씨.

소말리아 수단 내전

나이로비에서 소말리아로 출발하기 직전의 취재팀. 항공편이 없어 경비행기를 렌트해야 했다.
경비행기가 모가디슈에서 한참 떨어진 공터에 내려놓고 떠난 뒤 총 든 청년들이 나타났을 때
얼마나 놀랐던지... 왼쪽부터 박정용, 김근배(현지 여행사 사장), 박선규, 이중완, 유혁근.

미군이 진입한 후 집에서 숨죽여 지내던 시민들이 거리로 쏟아져 나왔다.

도착할 때까지 그렇게 많던 총 든 사람들을 모가디슈 시내에서는 한 사람도 볼 수 없었다.

그러나 그건 시내 중심의 상황일 뿐이었다. 중심을 조금만 벗어나면 완전히 다른 상황이 펼쳐졌다.

희망회복 작전을 펼치며 미군이 모가디슈 시내에 대량으로 뿌린 전단.

전단의 뒷면에는 현지어로 '당신들을 도우러 왔다'는

내용을 적어 시민들을 안심시켰다.

처음보는 동양 기자들이 신기한 듯 취재 내내, 가는 곳마다 사람들이 몰려들었다.

40년이나 이어지고 있는 내전에

부모를 잃은 아이들은 헤아리기 어려울 정도라고 했다.

반군 사령관 리에를 인터뷰하고 나오는 길에 교회가 있었다.
이곳에도 총 든 병사들이 많았다. 내전을 기독교와 회교 사이의 전쟁이라고
주장한 리에는 한국 기독교인들의 도움을 요청했다.

식사 시간이 임박해 배식을 기다리는 사람들.

다행히 식량은 부족하지 않은 것 같았다.

기자들의 모습이 흥미로울텐데도 지시에 따라 질서정연한 아이들이 오히려 안타까웠다.

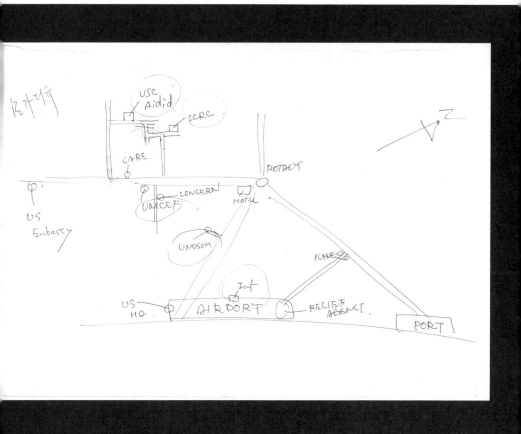

무정부 상태의 모가디슈에는 지도 하나 구할 곳이 없었다. 도움을 청할 기관도 없었다. 먼저 온 일본 기자가 일러준 내용을 바탕으로 약도를 그렸다. 왼쪽 위편에 군벌 최고책임자 아이디드의 숙소가 있다. 일본 기자는 운좋으면 그와도 인터뷰할 수 있을 것이라고 했다.

유고 내전1

유고에 도착한 직후 운좋게 보스니아의 세르비아계 지도자 카라지치와 단독 인터뷰를 할 수 있었다.

그는 아시아 기자와는 첫 인터뷰라고 했었다. 왼쪽은 세르비아계 사령관 믈라디치.

발칸의 도살자라는 별명이 붙은 두 사람은 종전 후 유고전범재판에서 종신형을 선고받았다.

멀지 않은 곳에서 총소리, 포 소리가 들리는데도 아이들은 너무도 태연하게 눈 놀이를 즐겼다.

너무 익숙해져서일까? 그 모습이 슬펐다. 사라예보에서 피난나온

초등학교 연령대 아이들이 팔레에만 1,500명이나 된다고 했다.

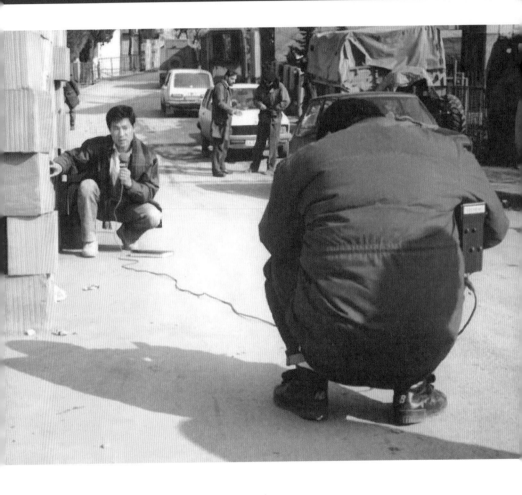

세르비아계와 무슬림계가 아파트 한 동을 사이에 두고 대치하고 있는 최전선.
방호벽에 의지해 이 장면을 촬영하던 중 근처에서 느닷없이 총소리가 들려 기겁해야 했다.
바닥에 그대로 엎드린 채 한참을 있어야 했다.

사라예보 외곽

극도의 긴장 속에 최전선, 포로수용소 등을 취재한 후 조금은 안전한 후방으로 이동했다.
취재 내용들을 점검하며 다음 취재를 모색하기 위해 들른 곳이었다. 멀지 않은 곳, 흉측하게 변한
건물들은 전쟁을 웅변했지만 이곳은 지극히 평화로웠다. 묘한 대비에 기분 또한 묘했다.

크로아티아 투란야 두보바치성

동네의 가장 높은 곳에 자리잡은 성은 다행히 파괴되지 않은 모습이었다.
지역 사령관은 '어릴 적 이곳에서 전쟁놀이를 했었는데 지금은 진짜 전쟁을 하고 있다'며
'그때 같이 놀던 친구가 반대쪽 사령관으로 있다'고 했다. 그렇게 말하는 그의 눈빛이 복잡했다.

격렬한 전투로 주민의 20%가 사망하자 UN이 개입해 완충지대를 만들었다.

전체 1km의 완충지대는 곳곳에 폭발의 흔적이 역력했고 캐내진 지뢰만도 수십 개에 달했다.

너무 조용해서 오히려 음습하게 느껴지는 곳이었다.

UN 병사들은 도저히 이해할 수 없는 '미친 전쟁'이라고 했다.

어떻게 수십 년을 가깝게 지내던 사람들이 그토록 잔인하게 싸울 수 있냐는 얘기였다.

자신들이 아니었다면 아마도 대부분 사람들이 죽었을 것이라며 그들은 고개를 가로저었다.

유고 내전2

끝도 없이 늘어선 차들로 국경을 통과하는 데만 2시간 가까이 걸렸다.

특별한 긴장감은 없었다.

군인과 경찰들이 함께 관리하고 있었지만 이번에는 촬영을 막지는 않았다.

스타리 모스트는 1566년 건축된 하얀 석조다리였다. 빼어난 아름다움으로 유네스코 문화유산으로
지정된 보스니아의 자랑이었다. 하지만 내전 중 크로아티아가 무슬림의 보급로를 차단한다며
일부러 파괴해 세계를 경악시켰다. 다리가 무너진 자리는 비극적인 내전의 상징 중 하나가 됐다.

스타리 모스트 주변엔 성한 것이 아무 것도 없었다. 다리는 사람들이 건널 때마다 출렁거렸다.
지역의 불안한 평화를 상징하는 듯했다. 멀리 보이는 임시 다리를 배경으로 사진을 찍은 후
파괴되기 전의 다리를 그린 작은 그림을 한 점 샀다.

'내전 초반 분위기에 휩쓸려 총을 들었다. 죽이고 파괴하는 데 아무런 가책이 없었다.

어느 순간 돌아보니 내가 지옥의 한복판에 서 있었다. 그때 우리는 모두 미쳐 있었다.'

흔들리는 눈동자, 떨리는 목소리가 많은 것을 설명하고 있었다. 그의 인터뷰는 차라리 묵직한 고해성사였

평화협정에 따라 차기 수상으로 내정된 하싼 무라토비치를 인터뷰했다. 무슬림인 그는 '세르비아 사람들을 미워하지 않는다. 카라지치 등 일부 지도자가 악마였을 뿐 나머지는 선량한 사람들이다'라는 말로 강한 통합의지를 밝혔다. 그는 재건사업에 우리 기업들의 참여를 강하게 희망했다.

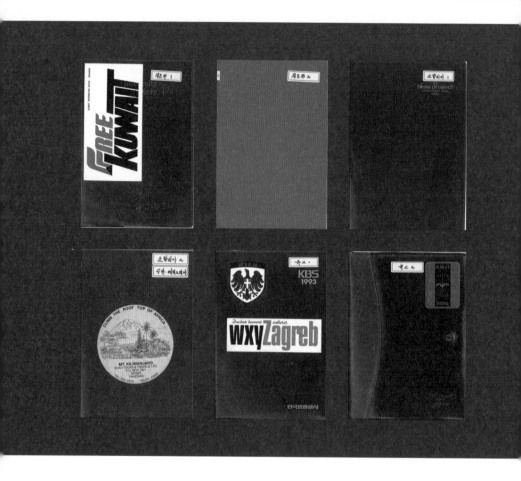

힘들어도, 위험해도, 외로워도, 기뻐도... 종군기간 내내 함께 했던 분신같은 취재수첩들.
먼지 쌓인 취재수첩을 꺼내드니 당시의 기억들이 잘 보관된 기록영화처럼 생생하게 살아났다.
특정한 상황에선 입이 바짝바짝 마르던 기억, 머릿속의 구상들까지 기억났다. 놀라운 일이었다.

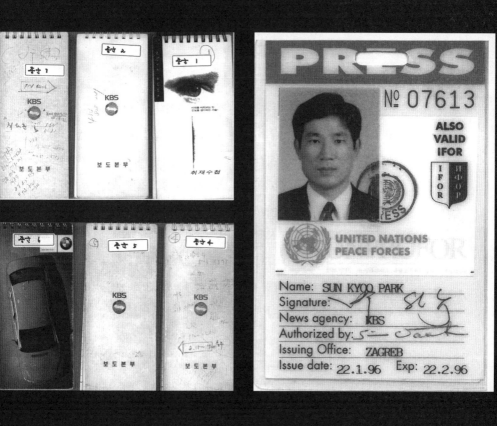

잘 보관한다고 했는데 몇권은 어디론가 사라졌다.

아까운 사진들도 많이 없어졌다.

그래도... 이 수첩들 덕분에 '전쟁 25시'가 탄생할 수 있었다.

프롤로그

누군가 물을지도 모르겠다. 웬 느닷없는 전쟁 이야기냐고. 이 시점에 20년도 더 된 옛날 얘기를 꺼내는 이유가 도대체 무엇이냐고. 거창한 이유는 없다. 다만 깨달음이 있었다. 어느 순간 돌아보니 내가 사는 지금 세상이 전쟁터였다. 단지 생각이 다르다는 이유로 친구도 부모형제도 상종 못할 적으로 돌리는 무서운 사람들, 옳고 그름에 관계없이 우리편인지 상대편인지만 따지는 사람들, 이기기 위해서라면 상식도, 양식도 팽개친 채 수단과 방법을 가리지 않는 사람들, 무자비한 힘으로 모든 것을 해결하려는 사람들... 이런 세상이 두려웠다. 그건 전쟁 가운데서도 가장 치명적인 내전의 전형적인 모습이었기에... 한걸음만 더 나가면 그야말로 치명적인 상황을 피할 수 없을 것으로 판단됐기에...

별다른 문제의식 없이, 위험천만한 현실이 몰고올 결과에 대한 두려움없이 전쟁의 삶을 살고 있는 사람들에게 알려주고 싶었다. 전쟁의 실상이 어떤 것인지, 그 속에서 사람들은 얼마나 비참해지는지, 또 그들의 미래는 어떻게 바뀌게 되는지... 취재과정에, 적어도 내전의 현장에서 만난 사람들에겐 승자와 패자의 구분이 없었다. 그들은 모두가 패자였다. 그들 스스로의 평가도 다르지 않았다. 그런 비극이 빚어질 줄은 상상도 못했었다고 했다. 사랑했던 사람들이 죽고 기대했던 모든 것들이 무너진 상황에 이겼다는 게 무슨 의미냐고 반문했다. 그들의 얼굴엔 살아남았다는 기쁨보다 고통의 시간이 안겨준 무거운 그림자가 더 짙고 강했다. 그들은 전쟁 전의 세상으로 돌아갈 수만 있다면 목숨을 걸고라도 다른 삶을 살겠다고 했다.

기자시절 여러 가지 별명을 가졌었다. 그 중 가장 마음에 드는 것이 '종군기자'였다. 아마도 같은 시절에 기자생활을 했던 사람들 가운데선 가장 많은 전쟁터를 경험했으리라. 처음엔 복잡한 생각없이, '기자라면 종군 한 번쯤은 해봐야지' 하는 마음이었다. 한데... 그것이 종군전문으로 이어질 줄은 상상도 못했다. 걸프전, 소말리아 내전, 수단 내전, 유고 내전 2번에 분쟁지역인 캐시미르까지... 회사의 권유도 있었지만 스스로의 열망이 더 컸다. 그곳에 가면 가슴이 뛰었다. 비로소 내가 진짜 기자가 된 것 같았다. 쟁쟁한 외국기자들과의 경쟁이 짜릿했고 새롭게 만나고 익히게 되는 세상에 정신이 번쩍 들었다. 내가 커지고 깊어지는 느낌이었다.

다른 이유도 있었다. 전쟁터에 가면 철저하게 본능에 충실한 인간본연의 모습을 볼 수 있었다. 오로지 생존만을 생각하는 사람들, 살아남기 위해 모든 것을 견뎌내는 사람들이 있는 곳, 그곳이 전쟁터였다. 거기엔 지위고하의 차이도 빈부귀천의 구분도 없었다. 모두 다 내일을 기약하지 못하는 연약한 인간들일 뿐이었다. 그들은 그저 살아 있음에 감격했고 다치지 않음에 감사했고 끼니를 때울 수 있음에 만족했다. 그런 그들의 모습이 나를 돌아보게 했다. 그들을 보며 살아 있다는 것이 얼마나 대단한 것인지, 평범한 일상이 얼마나 엄청난 기적인지 깨달을 수 있었다. 평상시 걸치고 사는 온갖 귀한 것들이, 대단한 간판과 타이틀이 얼마나 부질없는 것인지 깨달을 수 있었다. 그것은 관성적인 삶에 빠져 있던 나를 깨우는 죽비였다.

그렇게 경험한 전쟁터엔 공통점이 있었다. 지도자가 실패한 나라, 못난 정치가 설치는 나라라는 것이었다. 못난 정치가 국민을 편가르고, 그 갈라짐이 심각한 갈등으로 발전해 수습하기 어려운 상태에 이르렀을 때 나타나는 것, 그것이 바로 전쟁이었다. 그 못난 정치의 중심엔 일방주의라는 괴물이 있었다. 최고 권력자의 의중엔 어떤 반론도 용납되지 않는 전체주의적 분위기, 일체의 다른 목소리를 허용하지 않는 무서운 파시즘이 굳게 자리잡고 있었다. 그리고 또 하나, 일단 전쟁이 벌어지면 승패와 관계없이 그 피해를 고스란히 국민이 떠안게 된다는 것도 공통점이었다. 현재의 피해는 물론 장차의 후유증까지 다 국민 몫이 되고 말더라는 것이 내 관찰의 결과였다. 그런 의미에서 나는 머지 않아 나타날 우리사회의 후유증을 심각하게 걱정하고 있다.

많은 사람들이 물었다. 그렇게 전쟁터를 다녀왔으니 목돈 좀 모았겠다고, 얼마나 되느냐고... 그런 질문엔 그저 잔잔한 웃음으로 답했었다. 위험수당은 커녕 보험도 들어주지 않더라고 차마 말할 수 없었다. 그건 나보다 조직이 부끄러운 일이었다. 당시 KBS의 상황이 그랬다. 아마 국내의 다른 언론사들도 다르지 않았을 것이다. 이제야 고백컨대 목돈은커녕 월급조차도 국내에서 근무하는 동기들에 비해 적었었다. 국내 근무에는 휴일 수당, 초과근무 수당 등이 붙었지만 전쟁터는 출장비만 달랑 나올 뿐 어떤 수당도 없는 탓이었다. 그랬기에 어떤 사람들은 날보고 '한두 번도 아니고 바보같이...'라며 혀를 끌끌 찼었다. 위험성을 떠나 월급 문제만 가지고도 전쟁터에 나가는 것은 미련한 짓인데 왜 자꾸 나가느냐는 얘기였다.

부끄럽게도 위험수당은 그로부터 한참 뒤, 2001년이 돼서야 도입됐다. 히말라야 칸첸중가 생방송 도중 숨진 후배 기자의 사고가 계기가 됐다. 당시 나는 기자협회장이었다. 직접 겪어야 했던 경험을 근거로 위험수당을 포함한

'위험지역 취재준칙' 마련을 강하게 요구했다. '언제까지 기자들의 순박한 열정에 기댈 것이냐?'고 회사를 압박했다. 기자 아닌 다른 직종들의 반대로, 그들의 입장을 대변하는 노조의 실력행사로 쉽지 않았지만 결국 새로운 제도가 만들어졌다. 막판까지 고심하는 사장을 'KBS가 먼저 시작하면 다른 언론사들이 다 따라 올 것'이라고, '그건 우리 언론의 수준을 한단계 업그레이드 시키는 계기가 될 것'이라고 설득했다. 사장이 기자출신이라는 것이 고마운 상황이었다. 처음 걸프전에 나가며 필요성을 절감한 지 만 10년만의 결실이었다.

사실 오랫동안 별러오기만 했었다. 개인의 경험으로만 묻어두기에는 아깝다며 용기를 권한 분들이 있었다 그분들께 감사드린다. 덕분에 먼지 쌓인 취재수첩을 꺼내보며 흐뭇할 수 있었다. 놀랍게도 장면 하나하나가 바로 어제인 듯 생생했다. 특정 상황에서는 입이 바짝바짝 마르던 기억, 머릿속에 그리던 생각까지 살아났다. 놀라운 경험이었다. 글을 정리하며 작은 바람을 갖게 됐다. 전쟁에 대해 한번쯤 생각할 계기가 된다면 좋겠다는 것, 너무도 쉽게 전쟁을 얘기하고 너무도 가볍게 전쟁 위협을 대하는 우리사회에 진지하게 돌아볼 기회가 된다면 정말 좋겠다는 것이다. 우리는 지구촌에서 가장 전쟁 위험성이 높은 지역에 살고 있기에… 이미 쓰라린 경험을 했으면서도 너무도 완벽하게 당시의 처절했던 기억을 잊고 살아가는 것 같기에….

종군에 매진할 수 있도록 믿어주고 참아주고 기도해준 사랑하는 아내와 장모님을 포함한 가족들, 특별히 하늘 나라에 계신 어머니께 이 책을 드립니다. 그리고 힘겨운 시절, 부모님의 자리를 대신해준 6.25 인천 영흥도 전투의 영웅 오윤경 제독님, 심재완 회장님께 특별한 감사의 마음을 전합니다.

1 | **걸프전** | 미국의 힘, 대한민국의 왜소함을 확인한 전쟁

3 | 유고 내전 1 | 이념의 위험성, '민족'의 의미를 돌아보게 한 전쟁

4 | **유고 내전 2** | 모든 피해는 고스란히 국민 몫임을 확인시켜준 전쟁

걸프전

미국의 힘, 대한민국의 **왜소함**을 확인한 **전쟁**

세계를

지배하는 것은

01

급작스런 명령, '사흘 뒤 출발이다'

    1991년 1월, 대한민국은 거대한 입시부정의 회오리로 심하게 흔들리고 있었다. 이번엔 실기가 중요한 예능계였다. 건국대에서 처음 확인된 예능계의 입시부정은 순식간에 이화여대 동아대 부산여대 성균관대 등 명문 사립대로 확대되고 있었다. 국민의 분노지수가 높아지고 있었다. 실기심사 교수들이 담합해 특정학생들에게 유리하게 점수를 주는 방식의 부정이었다. 특정 학생들이란 주로 실력자의 자제들이거나 유력한 교수에게 레슨을 받은 수험생들이었다. 정관계 인사들까지 연루된 것으로 알려진 대담한 부정에 온 나라가 술렁거렸다. 대한민국의 모든 사람들이 온 신경을 곤두세우고 검찰 수사를 지켜보고 있었다. 그런 과정에 서울대학교에서도 부정이 있었다는 사실이 밝혀졌다. 사람들은 경악했다. 자부심의 상징이던 대한민국 최고대학에까지 입시부정의 독버섯이 파고들었다는 사실에 할 말을 잃었다. 일부 사립대들이 그런 못된 짓을 할지라도 결코 서울대학교에서만은 그런 일이 없을 것이라고 믿었기에 사회전체가 받은 충격은 상상 초월이었다.

    안 그래도 폭발력이 엄청난 입시부정에 대한민국의 자존심 서울대까지 연결됐으니... 하루 하루 새로운 기사들이 쏟아졌다. 기자들은 정신없이 뛰어야

했다. 특히 현장을 발로 뛰어야 하는 사회부 기자들은 일주일씩, 열흘씩 집에
도 들어가지 못하고 일에 매달려야 했다. 매일 매일 새롭게 발표되는 수사 상
황을 챙기면서 전문가들도 만나야 했다. 그야말로 눈 코 뜰 새 없는 나날들
이 이어지고 있었다. 나도 예외일 수 없었다. 반쯤은 화를 참기 어려운 국민
의 마음으로 또 반쯤은 재발방지를 위한 교훈이 되도록 해야 한다는 기자적
사명감으로 뛰고 또 뛰었다. 그렇게 뛰면서 참으로 아프게 느낀 것이 있었다.
열심히 뛰는 것만이 능사가 아님을... 열심히 뛰는 것보다 훨씬 더 중요한 것
은 정신을 똑바로 차려야 한다는 것임을....

　당시 가장 중요한 관심사는 왜 그런 일들이 벌어졌는지, 어떻게 하면 재발
을 막을 수 있는지에 대한 대책이었다. 그런 관점에서 대외활동을 활발하게
벌이고 있던 음악계 인사를 만나 인터뷰를 했었다. 그분은 '입시부정 행위는
영혼을 파는 부끄러운 일'이라며 '예술계에 몸 담고 있는 모든 사람들이 자성
해야 한다'고 근엄하게 꾸짖었다. 그러면서 '예술계에 만연한 연고주의를 없
애야 한다고 강조했다' 당연한 지적이었고 방송에 꼭 필요한 말이기도 했다.
당연히 그런 그의 인터뷰는 KBS 9시뉴스를 통해 그대로 방송됐다. 하지만
방송이 나가자 마자 시청자들의 전화가 빗발쳤다. '저놈이 가장 나쁜 놈인데
KBS가 무슨 의도로 저런 놈을 인터뷰해 내보냈느냐?'는 항의성 전화들이었
다. 말 못하고 살았던 피해자들이었다. 정신차리고 확인해보니 그는 그 분야
에선 악명높은 인물이었다. 취재기자로서 얼마나 민망하고 부끄러웠던지....
전적으로 허명에 속아 검증을 소홀히 한 나의 잘못이었다. 검증의 중요성을
새기게 된 뼈 아픈 계기였다.

　새로운 사실들이 속속 드러나면서 입시부정의 파장은 길게 이어지고 있었
다. 최종 수사결과 7개 대학의 부정이 확인되고 현직 총장과 이사장을 비롯
해 50명이 구속됐다. 실로 엄청난 사건이었다. 그렇게 입시부정의 열기가 이

어지던 2월 2일 오후, 나는 서울대학교에서 음악대학장을 만나고 있었다. 사상초유의 사태를 어떻게 수습할 것인지, 특별히 부정의 재발을 막기 위해 어떤 조치들을 취할 것인지 등에 대한 취재를 하고 있었다. 학장은 정말 곤혹스러워했다. 어렵게 그를 설득해 조금은 편안한 마음으로 얘기를 주고받고 있는데 호출기가 울렸다. 번호를 확인해 보니 4440, 부장이었다. 전화번호 뒤에는 8282(빨리빨리)라는 숫자도 이어져 있었다. '무슨 일일까?' '무슨 급한 일이기에 중요한 취재라는 걸 알면서도 이리 급하게 찾는 것일까?...' 전화를 거니 '하던 일 중지하고 즉시 회사로 들어오라'고 했다. 부장은 그렇게 자신이 할 말만 하고 전화를 끊어버렸다. 머릿속이 복잡해졌다. 무슨 급한 일이 있는 것이 분명했다. 학장께 양해를 구하고, 취재를 마무리하지도 못한 채 일어서야 했다. 회사까지 들어오는 동안 온갖 상상이 머리를 어지럽혔다. '뭘까?' '도대체 무슨 일이길래 이리 급하게 찾는 것일까? ...'

부장은 서울대 공대 출신으로 매사에 자신감이 넘치는 분이었다. 기사가 마음에 들지 않으면 쭉쭉 그어버리고 거의 창작수준으로 뜯어고치는 악명 높은 데스크이기도 했다. 그땐 그런 일들이 드물지 않은 시절이었다. 그런 횡포(?)에 초년병 기자들은 입만 내민 채 끽소리 못하고 따라야 했고.... 그런 방식을 다 받아들일 수 없었던 나는 참으로 무던히도 부딪혔었다. 그래도 인간적인 정이 많아 미워할 수 없는 분이었다. 한참 싸우고 난 뒤 빙그레 웃으면서 툭 던지는 농담에 마음이 녹곤 했다. '문과 나온 놈이 공대 출신에게 데스킹 받으려니 좀 짜증나지?' '그래도 임마 공대 출신으로 서울대 학보사 편집장 했던 놈이 내다...' 홍성현 부장! 안타깝게도 훗날 괌 KAL기 추락사고로 숨진 비극의 주인공이 된 분이었다. 국장이 된 후 거의 하루도 쉬지 못하다 가족과 함께 미루고 미뤘던 휴가를 떠났다 맞은 사고였다.

정신없이 사무실로 올라가니 부장은 심각한 얼굴이었다. 조용히 자신의 옆

자리로 부르더니 걸프전에 나갈 준비를 하라고 했다. 그동안 한국 기자들에게 비자를 내주지 않던 사우디아라비아가 특별히 KBS에만 비자를 내주기로 했다고 했다. 그러니 다른 언론사가 눈치채지 않도록 비밀스럽게 준비하라고 했다. 당시 사우디아라비아는 다국적군 지휘본부가 있는 전쟁 수행의 중심이었다. 당연히 모든 작전과 공격은 사우디아라비아에서 시작되고 핵심적인 기사도 다 그곳에서 나오고 있었다. 그러나 엄격한 회교 원리주의를 통치철학으로 삼고 있는 사우디아라비아는 전쟁이라는 특수상황에서도 외국 기자들에게 비자를 내주지 않고 있었다. 물론 미국과 영국 등 다국적군에 소속된 힘 있는 국가들에게는 예외였지만...

  부장은 출발 일자까지 지정했다. 2월 5일이라고 했다. 사우디아라비아에 남아 있는 교민들을 피난시키기 위한 특별기가 출발하는데 그것을 타고 나가야 한다고 했다. 망치로 뒤통수를 한 대 맞은 느낌이었다. 기분이 멍했다. '알겠다'고 대답은 하고 물러 나왔지만 머리 속이 텅 비는 느낌이었다. 출발까지 남은 시간은 불과 사흘이었다.

02

'왜 자원했을까?' 밀려드는 두려움

　새삼스럽게 '나는 이제 경력 3년을 갓 넘긴 피라미 기자'라는 사실이 살아왔다. 또 당시까지 해외취재는 커녕 해외 여행도 한 번 나가보지 못한 '완벽한 무경험자'라는 사실도 떠올랐다. 회사가 걸프전 취재 자원자를 뽑는다고 했을 때 호기 있게 지원은 했지만 막상 '가라'는 명령을 받으니 느낌은 엄청나게 달랐다. 솔직히 그렇게 기회가 빨리 올 줄은 상상도 못했었다. 내 앞에 다른 지원자들이 많이 있을 줄 알았고 그렇기에 기회가 오더라도 나까지는 꽤 시간이 걸릴 줄 알았었다. 그런데 이렇게 빨리 가게 되다니. 그것도 단독 취재팀으로..... 부장은 나 말고는 지원자가 없었다고 했다. 놀라운 사실이었다. 믿을 수 없었다. 어떻게 수백명 기자 가운데 경력 일천한 피라미 기자를 제외하고 지원자가 없을 수 있단 말인가?... 하지만 사실이었다. 그래서 회사에서도 고민이 많았다고 했다. 갑자기 달아나고 싶어졌다. 어떻게 해야 할지 머리도 잘 정리되지 않았다. 그런 느낌은 순간적으로 감당하기 어려운 두려움으로 가슴을 죄어 왔다.

　후회가 밀려왔다. 주제 넘게 괜히 손을 든 것 같았다. '그래도 기자가 됐으니 종군 타이틀은 한번 달아 봐야지' 정도로 가볍게 생각했었다. 거기에 목소리에 대한 시비를 없애고 싶은 마음도 있었다. '당신은 말야. 다 좋은데 목소리가 방송에 맞지 않아...' 그렇게 나의 허스키 보이스를 지적하며 신참 기자의 사기를 꺾어놓는 사람들이 있었다. 그들에게 '당신들의 판단이 틀렸다는 걸 보여주겠다'는 일종의 오기같은 것이었다. 한데, 그래서 호기롭게 결정은 했는데 '나 말고는 신청한 사람이 한 명도 없다니...' '나보다 상황 판단을 잘 하는 선배들이 한 명도 신청하지 않았다는 말은 그만큼 위험하다는 의미 아닌가?...' 속으로 별의별 생각이 다 떠올랐다. '비겁한 사람들... 어떻게 기자라는 사람들이 다들 겁만 많아 가지고...' 'KBS가 얼마나 한심한 조직이면 이런 일이 생기나...' 이런 저런 원망성 상상도 해봤지만 그렇다고 달라지는 건 없었다.

아무리 생각해도 만만한 상황이 아니었다. 홀로 총탄이 빗발치는 전쟁터에 나서야 한다는 현실, 외국의 거대 언론사 쟁쟁한 기자들과 맞서야 한다는 부담, 거기서 물 먹지 않고 기죽지 않고 기사를 써야 한다는 책임감, 나를 통해 전쟁의 소식을 접하게 될 국민들의 시선, 세계적인 현장에 초년병 기자를 파견하고 노심초사 할 회사의 걱정과 기대, 예측불허의 상황에서 마주하게 될 온갖 복잡한 경우들.... 이 모든 것들이 구체적인 두려움으로 갑자기 쑤욱 솟아 올랐다. 겁이 났다. 나는 아직 1분 30초짜리 리포트도 깔끔하게 만들어 내지 못하는 초짜인데... 취재도 판단도 미숙하기 짝이 없는 병아리에 불과한데... 이런 내가 세계의 이목이 집중된 현장에서 제대로 해 낼 수 있을까?... 기라성같은 선배들이 한 명도 신청하지 않았다는 사실이 거듭 신경을 자극하며 불안을 부추겼다. '내가 객기를 부린 것이 분명하다는 생각이 들었다. 하지만.... 그렇다고 해도 나 같은 놈을 내보내겠다는 KBS란 회사는 대체 무슨 배짱이란 말인가?...'

그러나 솔직히 이런 생각들은 고급스런 것이었다. 그보다 훨씬 더 고민스럽게 만들었던 것은 총탄이 빗발치는 전쟁터에서 '혹시....'하는 방정맞은 생각이었다. 외신 화면을 통해 전해지는 걸프전의 현장은 첨단 무기의 경연장이었다. 거기다 시도 때도 없이, 장소를 가리지 않고 떨어지는 스커드 미사일은 공포감을 갖게 하기에 충분했다. 더욱이 궁지에 몰린 이라크가 화학무기를 사용할 가능성까지 심각하게 제기되는 상황이었다. 정말 잘못 될 가능성이 상당하다는 판단이 들었다. 그렇다고 '생각해 보니 안 되겠다'고 발을 뺄수 있는 상황도 아니었다. 내가 판단하고 내가 자원한 일, 그건 분명 '자업자득'인 셈이었다. 이미 여러 사람들 앞에서 '이왕 기자가 된 마당에 "종군기자" 타이틀은 한번 달아봐야 할 것 아니냐?'고 호기를 부리지 않았던가? 그리고 걱정하는 부장께 '걱정 말라'고 속마음과 다른 허풍도 쳐 보이지 않았던가?... 후회가 물밀듯이 밀려 왔다. 그러나 내색할 수 없었고 되돌릴 수도 없었다.

자리로 물러나 앉았지만 마음이 진정되지 않았다. 복잡하게 여러 생각이 왔다 갔다 했지만 정리가 되지 않았다. 어지러웠다. 윗사람들이, 주위의 동료들이 나의 그런 모습을 눈치챌 것 같아 일단 사무실 밖으로 빠져 나왔다. 몇몇, 내근과 제작 때문에 들어 와 있던 동료들은 아는지 모르는지 자신들의 일에만 열중하고 있었다.

03

'전쟁보험은 취급하지 않습니다'

부장을 통해 명령은 전했지만 국장은 영 미덥지 않은 표정이었다. '선규야. 니 할 수 있겠나?' 얼굴에 미소를 담고는 있었지만 분명 걱정스러움이 가득한 표정이었다. 당시 보도국장은 아이디어가 많고 배짱이 대단한 분이셨다. 그도 이제 갓 3년이 지난 병아리 기자를 전쟁터에, 그것도 세계적인 뉴스의 현장에 보내는 것에 부담이 적지 않은 게 분명했다. 지극히 당연한 것일 터였다. 나 같았어도 다르지 않았을 테니.... '예. 걱정 마십시오. 최선을 다하겠습니다...' 똑같은 대답을 반복할 수밖에 없었다. 그 대답은 국장의 질문에 대한 대답인 동시에 스스로 '전의'를 다지는 주문이기도 했다. 취재와 방송에 대한 걱정, 거기에 안전에 대한 적지 않은 두려움도 있었지만 '까짓것 한번 해보자'고 마음을 다지고 또 다지고 있었다.

'선규. 니 제일 일하기 편한 카메라 기자가 누구가? 세 명만 말해 봐라.' 당당한 내 대답에 조금은 안심이 됐음인지 국장은 한결 편안해진 얼굴로 물었다. 여전히 미소 가득한 표정이었다. 나는 그동안 일을 하며 가장 마음이 편했던 권원규 선배를 꼽았다. 배려심이 깊을 뿐 아니라 어떤 일에든 최선을 다하는 프로정신이 강한 분이었다. 아무리 어려운 상황을 만나도 미소를 잃지 않는, 하지만 결국 해내고야 마는 외유내강의 믿음직한 선배였다. 그런 권 선배를 첫 번째로 해서 세 사람을 얘기했다. 누가 됐든 그들중 한 명과 가게 된다면 큰 걱정 없이 일에 집중할 수 있을 것 같았다. 고맙게도 국장은 권원규 기자를 붙여 줬다. 일단 든든한 파트너는 확보된 셈이었다. 자원을 하지 않은 권 선배에게는 미안한 일이었으나 나로서는 그나마 안심이 됐다. 물론 회사의 결정이 나의 희망만으로 이뤄진 것은 아니었겠지만 권 선배에게는 그 점에서 돌아오는 순간까지 미안함이 많았다. 특히 취재현장에서 어려운 일을 만날 때마다 그 미안함은 더욱 크게 살아 왔다.

당시 회사는 걸프전 취재는 철저하게 자원자를 보낸다는 원칙을 정해 놓고 있었다. 자원 의사를 확인하고도 현장으로 떠나기 전에는 반드시 자원서를 쓰게 했다. 누군가 그 이유를 알려줬다. 만일 사고가 날 경우 회사의 명령으로 간 것과 자원해서 간 것 사이에는 책임 정도가 크게 다르기 때문이라는 것이었다. 믿기 어려웠지만 사실이었다. 당연히 서운한 마음도 어쩔 수 없었다. 조직원을 사지에 가까운 험지로 보내면서 비겁하게 사후 책임 문제를 걱정하다니... 만일 그런 일이 생긴다면 더 신경 써 서운함을 덜어줘야 하는 것이 조직의 책임 아니던가?... 누구의 머리에서 그런 생각이 나왔는지는 모르겠지만... 하지만 그런 일로 마음을 산란하게 하고 싶지 않았다. 다만 자원도 하지 않고 나 때문에 전장에 나가게 된 권 선배에 대한 미안함에 마음이 무거웠다. 슬며시 그런 마음을 전하자 권 선배는 '자원서를 쓰라고 했지만 쓰지 않았다'고 했다. 원하지도 않는 취재에 보내면서 끝까지 자원서를 쓰라 하면 안 가겠다고 단호하게 얘기했다고 했다. 그 얘기를 전하며 권 선배는 싱긋 웃어줬다. 걱정하지 말라, 미안해하지 말라는 의미였다.

카메라 취재기자까지 결정됐으니 서둘러야 했다. 우선 필요한 장비를 챙겨야 했다. 당시 가장 큰 걱정은 이라크군의 화생방 공격 가능성이었다. 회사의 안전관리실에 찾아가 비상용으로 갖고 있던 방독면을 빌렸다. 허리춤까지 올라오는 화생방용 장화와 장갑도 챙겼다. 비상기획관을 통해 사용 요령까지 익히고 나니 정말로 기분이 묘했다. 군 출신인 비상기획관은 직접 착용하는 시범까지 보인뒤 '정말 사용하는 일은 없기를 바란다'며 어색한 미소를 지었다. 놀람과 걱정이 교차된 표정이었다. '화학탄이 사용된다면 치명적인 상황일 텐데...' '그런 상황이라면 취재도 중요하지만 시급하게 현장을 벗어나는 것이 더 중요할 텐데...' TV 화면으로 봤던, 영화로 봤던 화학가스 피해 현장의 처참한 모습이 떠올랐다. 고개를 세차게 흔들어 잡생각을 떨쳐내야 했다. '비상기획관 말대로 이걸 사용하는 일은 절대 없어야 할 텐데...'

다음은 보험이었다. 최악의 상황까지 각오했기에 보험이야말로 필수였다. 평소 회사에 자주 들러 안면을 익힌 ○○보험 직원에게 전화를 했다. '걸프전에 나가게 됐는데 보험에 들어야 되겠습니다. 어떻게 해야 하죠?' 한데 저쪽에서는 전혀 엉뚱한 대답이 들려왔다. '거기 전쟁터 아닌가요?' '예. 맞죠. 전쟁텁니다.' 대답이 끝나자 마자 말이 이어졌다. '그러면 보험을 받아드릴 수가 없습니다. 전쟁보험은 저희가 취급을 하지 않아서요.'... 이 무슨 소리인가? 보험회사에서 보험을 받아주지 않는다니. 말이 되냐고 따졌더니 회사의 방침이 그렇다며 미안하다고 했다. 다른 회사에 연락을 해 봤다. 마찬가지였다. 국내 보험회사들은 물론 심지어 국내에 들어와 있는 외국계 보험회사들의 대답도 다르지 않았다. 그들은 '다른 나라에서는 전쟁보험을 취급하지 않냐?'는 항변에 그건 맞지만 아무튼 한국에서는 안 한다고 했다.

무슨 이런 경우가 있단 말인가? 난감했다. 그러면 어떻게 해야 한단 말인가? 막상 보험회사들조차 기피하는 현실을 확인하고 나니 겨우 털어 냈던 찜찜함이 다시, 더 크게 살아났다. 회사에 보고하며 어떻게 해야 할지 물었다. 철저하게 자원서를 요구했던 회사는 '보험회사가 그렇다면 회사로서도 방법

이 없다'며 난감한 표정을 지었다. '더 찾아 보라'는 말만 반복할 뿐 어떤 액션
도 취하지 않았다. 무책임의 극치였다. 대한민국 대표 공영방송 KBS의 인식
과 수준이 겨우 이 정도라니… 세상에서 벌어지는 온갖 부당한 문제에 대해
준엄하게 목소리를 높여온 언론사가 스스로는 이런 정도의 직원 보호 시스템
도 갖추지 못하고 있다니…. 참으로 민망한 현실, 일종의 블랙 코미디였다.
짜증이 올라왔다. 속도 상했다. 하지만 달리 방법이 없었다. '정말 조심하는
수밖에 없겠다'고 권 선배와 둘이 마주 앉아 웃었다.

나중에 권 선배는 그 상황에 내가 포기해주기를 기대했었다고 했다. 당연
히 그럴 것이라고 예상도 했었다고 했다. 자신은 그러고 싶은 마음이 굴뚝 같
았지만 차마 후배에게 먼저 그런 말을 꺼낼 수 없었다고 했다. 하지만 나는
권 선배의 기대와 달리 오히려 마음을 굳히고 있었다. '그런 위험한 상황에
다른 사람이 아닌 권원규 기자와 함께 가게 된 것이 얼마나 다행이냐?'고 스
스로 위로하기도 했다. 누구보다도 마음이 잘 맞고 실력있는 사람이었으니…
'이왕 이렇게 된 것 다른 것 신경쓰지 말고 한 번 해보자'는 배짱이 생겼다.
'남들 하는데 나라고 못하겠느냐?'는 오기도 생겨났다. 그렇게 생각하니 마음
이 편해졌다. '멋지게 해내서 못난 사람들의 코를 납작하게 해주자'는 엉뚱한
의욕도 샘솟았다.

당시 KBS는 뉴스 부문에서 MBC에 많이 눌리고 있는 상황이었다. 걸프전
이 발발하면서 격차는 더 커지고 있었다. 미군의 공습이 진행될 때 한국 언론
으로는 유일하게 바그다드에 남아 있던 MBC 취재팀이 결정적이었다. 본격
적인 전쟁이 시작되면서 그들은 바로 탈출에 나섰고 당연히 그들이 전하는
특별한 뉴스는 없었지만 '결정적 순간에 현장을 지켰다'는 사실 하나만으로도
그들은 스포트라이트를 받고 있었다. MBC는 그 사실을 대대적으로 선전하
며 시청자들의 관심을 잡았고 그런 전략은 그대로 먹히고 있었다. 그에 반해

KBS는 요르단과 이스라엘 등 주변국에만 맴돌고 있을 뿐이었다. 상대가 될 수 없는 상황이었다. 현실이 그랬기에 내게는 그런 상황을 역전시켜야 한다는 책임이 부여돼 있었다. 보험 하나 챙겨주지 못하면서도 기대는 엄청났다. 'KBS 뉴스의 운명이 네게 달렸다'는 식의 격려성 압력이 작지 않았다. 사우디아라비아의 리야드는 충분히 그럴 수 있는 곳이었다. 다국적군의 지휘본부가 거기 있었고 모든 작전이 그곳에서 준비되고 진행되고 있었다. 그런데도 당시까지 국내 언론사는 어느 한 곳도 들어가지 못하고 있던 상황이었다.

'까짓것 온 몸으로 부딪혀 보자. 어차피 죽고 사는 것은 하늘에 달린 일 아니던가? 지금까지 그렇게 살아 왔고 앞으로도 그렇게 살기로 하지 않았던가? 하나님께서 전혀 예정에 없던 기자의 길로 인도하셨으니 안전도 책임져 주시겠지... 날 그곳으로 보내시는 하나님의 뜻이 분명히 있겠지...' 처음 명령을 받을 때 두렵고 떨리던 마음이 많이 안정되고 있었다. 사람이 최악을 각오하면 오히려 담담해진다고 하던가? 애송이 기자답지 않은 여유도 생겨나고 있었다. 명령서에 기재된 출장기간은 보름이었다. 국장은 보름만 나가서 고생해 주면 바로 교대 시켜주겠다고 약속했다.

04

'차라리 회사를 그만둬라' 아내의 눈물

그렇게 마음의 준비는 다졌지만 문제는 가족이었다. '어머니와 아내에게 어떻게 얘기할 것인가?'.... 사실 자원자를 모집한다는 말에 손을 번쩍 든 후 집에서는 난리가 났다. 자원 사실은 감춘 채 단지 '누군가 가긴 가야 하는데... 그게 내가 될지도 모른다'는 막연한 얘기뿐이었는데도 아내와 어머니는 펄쩍 뛰었다. 그런 두 사람을 상대로 여러날 동안 작전을 펼쳐야 했다. 그를 통해 어렵게, 아주 어렵게 '명령이면 반대 안한다'는 선까지는 양보를 얻어 놓은 상태였다. 하지만 일이 그렇게 급작스럽게 진행될 줄은 짐작도 못했었다. 아내와 어머니가 엄청 충격을 받을 것임은 불을 보듯 뻔한 일이었다. 마지못해 양보는 했지만 실제로 명령이 떨어질 것이라는 예상은 전혀 안하고 있는 것임이 분명했기 때문이었다. 그런데 어떻게 '명령이 떨어졌다'고 '사흘 뒤에 떠난다'고 말한단 말인가? 이 문제야말로 가장 심각한 문제였다. 당시 나는 결혼한 지 만 1년을 갓 넘긴 신혼, 큰딸 하은이가 태어난지 70일 정도 되던 상황이었다.

당시 상황은 이랬다. 자원을 한 상태였기에 아내와 어머니에게 마음의 준비를 시킬 필요가 있었다. 그렇다고 자원했다고 직설적으로 말할 수는 없기에 넌지시 바람을 잡는 방법을 택했다. 이런 식이었다. 뉴스에 걸프전 관련 소식이 나올 때마다 의도적인 독백을 했다. '아이고, 저런 중요한 뉴스를 언제까지 외신만 받나? 자존심 상하게...' '공영방송이 미국 시각을 벗어나 독자적인 시각을 가져야지... 시청료 받으면서 저런데 독자 취재팀 안 보내는 건 말이 안되지...' 그리고 암만과 텔아비브 등 주변국에서 고생하는 동료 기자들이 나올 때는 '이제는 저 양반들도 교대를 해줘야 하는데...'라며 분위기를 잡았었다. 연기가 서툴렀던지 두 번째 얘기가 반복되자 아내가 눈치를 챈 것 같았다. '왜?.. 가는거예요?' 그 반응에 '아냐, 내가 저길 어떻게 가? 저런덴 고참이 가는거야...' 그렇게 한 자락을 깔고는 준비했던 질문을 던졌었다. '그런데 말이야.... 그럴 일이야 없겠지만 혹시 회사에서 가라고 하면 어떻게 하지?' '뭘 어떻게 해요. 사표 내야지' 아내는 숨도 쉬지 않고 대답했었다.

예상보다 훨씬 강한 톤이었다. 하지만 의도하고 시작한 말이었다. 물러설 수 없었다. 조금은 과장된 톤으로 말을 이었다. '무슨 얘기를 그렇게 해? 내가 얼마나 어렵게 기자가 됐는데... 그리고 얼마나 행복하게 기자생활을 하고 있는데...' 잠시 침묵이 흘렀다. '다들 당신같은 생각이면 저런 덴 누가 가니?' .... '다들 저런 곳은 피한다면 우리가 어떻게 세상 돌아가는 소식을 알게되겠어. 그리고 고통 속에서 신음하는 사람들은 어떻게 희망을 가질 수 있겠어...' 톤을 조금 가라앉힌 상태였다. '다른 사람들은 알 바 없고 아무튼 당신은 안돼요' 아내는 여전히 단호했다. '그게 무슨 소리야? 다른 사람은 가도 되고 나는 안된다니... 사람을 왜 그렇게 비겁하게 만들어?' 목소리를 조금 높였다. 그리곤 '나 당신 그런 사람인 줄 몰랐다...' 한마디 던진 후 문을 쾅 닫고 나와버렸다. 물론 의도된 행동이었다.

그렇게 시작된 신경전이 일주일 가까이 이어졌다. 아내의 눈 밑에 진한 다크서클이 내려 앉는 게 보였다. 가슴이 아팠다. 좋은 환경 물리치고 오로지 나

하나 보고 와 준 친구인데... 하지만 그렇다고 마음이 약해지면 안되는 단계였다. 며칠이 지난 어느 날 얼굴이 쾽해진 상태로 아내가 제안을 해왔다. '좋아요. 회사에서 명령한다면 그것까지는 반대하지 않을게요. 그러나 절대 자원해서는 안돼요...' 말도 끝나기 전에 내가 받았다. '미쳤냐, 내가 그런 델 자원하게. 걱정하지 마라...' 아내는 강하게 나가면 오히려 역효과가 날 수 있다고 생각한 듯 했다. 거기에 만 3년밖에 되지 않은 기자를 그런 세계적인 현장에 내보내지는 않을 것이라는 희망섞인 기대도 있었던 듯 했다. 하긴 정상적인 조직이라면 그게 백번 맞는 얘기일 터였다. 내가 보도국장이라고 하더라도 나같은 기자를 위험한 전쟁터에 단독으로 내보내지는 않았을 것이 분명했다.

생각보다 훨씬 길고 어려웠지만 문제는 그렇게 정리가 됐었다. 그렇게 나마 동의해준 아내가 고마웠다. 아내의 입장도 충분히 이해가 됐다. 어떤 여인이 결혼 1년 밖에 안 된 신혼의 남편을 기꺼이 전쟁터에 보내려 하겠는가? 그것도 굳이 가지 않아도 되는 남의 나라 전쟁터에. 거기에 하은이 녀석은 엄마 뱃속에 있을 때부터 뭉친 목의 근육 때문에 매일 병원에 다니며 물리치료를 받아야 하는 상황이었다. 그렇게 마음을 바꾼 그날도 뉴스는 첫 소식으로 걸프전 소식을 전하며 전쟁에 대한 공포감을 극대화하고 있었다. 아마도 아내는 내가 자원만 하지 않는다면 결코 나가지 못할 것이라고 확신하는 것 같았다.

그랬는데.... 그로부터 얼마 지나지 않아 출발 명령이 떨어졌으니... 부장으로부터 얘기를 들은 그날 저녁, 다른 때보다 조금 일찍 집으로 들어갔다. 평소와 다르게 과일도 한 봉지 사고 한껏 유쾌한 표정도 지은 채였다. 평소 안 하던 행동에 어머니와 아내는 속도 모르고 좋아했고 이제 조금 아빠의 낯을 익힌 하은이도 눈을 맞추며 재롱을 부렸다. 맛나게 차려진 저녁 식사를 배불리 먹고 과일을 먹는 데까지는 분위기가 아주 좋았다. 그러나 이제는 가족들에게 알려야 할 시간이었다. '어머니. 저 5일날 떠나랍니다.' 일부러 더 유쾌한 표정으로 아무 일도 아닌듯 말했다. '떠나다니 어디를?' 뭔가 이상하다는 표정으로 물으셨다. '전에 제가 말씀 드렸잖아요. 명령이 내리면 가야 한다고.. 사우디아라비아로 들어가래요. 하지만 걱정하지 마세요. 거기는......' 얘기를 다 마치기도 전에 어머니의 얼굴이 굳어졌다. 그리곤 벌떡 일어나 당신 방으로 들어가 버리셨다. 그때까지 어머니의 얼굴이 그렇게 굳어지는 모습을 본 적이 없었다.

옆에 앉아 있던 아내는 얼굴이 하얗게 변한 채 울상이 되어 있었다. 아무 말도 하지 못하고 한참 동안 나를 쳐다보기만 했다. 그러더니 이내 방으로 들어가 버렸다. 그동안 그렇게 바람을 잡고 설득을 해 왔건만.... 예상보다 반응이 훨씬 심각했다. 나도 한참 동안 멍하니 앉아 있다 우선 아내에게로 갔다. 울고 있었다. 31살에 혼자 되신 홀어머니 장남에게 시집와 꿋꿋하게 직장과 가정을 꾸리던 강한 아내였다. 같은 박씨라고 집안에서 그렇게 반대하던 결혼을 하고도 힘든 내색 한 번 하지 않고 늘 웃음으로 가족을 챙겨온 사랑스런 아내였다. '당신이 이러면 어떻게 해. 그동안 그렇게 많이 얘기했잖아....' 손을 잡았다. 아내는 굳은 표정으로 눈물만 떨구고 있었다. 한참 동안 말이 없던 아내가 입을 열었다. '오래 전부터 자원해 놓고 계속 우릴 속여 왔던 거죠?..' 뜨끔했다. '무슨 소리야. 나도 가고 싶어서 이러겠어? 당신이 있고 하은이가 있고 또 어머니가 계신데 난들 가고 싶겠어? 절대 그렇지 않아..... 당신이 이러면 내가 너무 힘들잖아.....' 더 이상은 말을 할 수가 없었다. 아내도 말이 없었다. 답답하고 무거운 침묵의 시간이 얼마나 흘렀을까? 아내는 체념한 듯 했다. '절대 무리하면 안돼요. 절대 다치면 안돼요. 약속해 줘요.'하며 큰 눈에 눈물을 가득 담은 채 뚫어지게 바라봤다. 그리곤 다시 입을 닫았다.... 어머니는 다음날까지도 방에서 나오지 않으셨다. 그리고 방에 들어간 나에게도 눈길 한번 주지 않으셨다.

05

불안한 출발, 교민과 기자의 차이

1991년 2월 5일 밤 10시 30분. 나는 잔뜩 긴장한 채 김포공항에 서 있었다. 아무리 태연한 척해도, 아무리 독하게 마음을 다졌다고 해도 막상 출발선에 서자 긴장이 되는 것은 어쩔 수 없었다. 우리를 태우고 갈 비행기는 교민수송을 위한 KAL 특별기였다. 걸프지역의 우리 교민들을 대피시키기 위한 4번째 비행기, 그것은 마지막 특별기이기도 했다. 행여 다른 언론사에서 눈치챌 새라 007 작전을 방불케 하는 보안 속에 우리는 비행기에 올랐다. 오○○, 박○○, 나 그리고 카메라 취재부의 김○○, 권원규 선배 등 모두 5명이었다. 나와 권 선배를 빼고는 앵커의 현지 진행을 준비하기 위한 일종의 현장 준비팀이었다. 당시 미국에서는 앵커가 주목도 높은 현장을 직접 찾아가 진행하는 현장뉴스가 유행하고 있었다. 앵커를 겸하고 있던 본부장이 우리도 그렇게 한번 해보자고 생각했던 것 같았다. 회사에서는 카메라 취재팀을 공항에 보내 한국 기자로는 걸프전의 심장으로 처음 파견되는 우리 팀의 일거수일투족을 담았다. 정부 관계자들과 공항 직원들은 걱정스런 눈빛으로 우리를 바라보고 있었다. 그런 그들을 향해 의도적으로 손을 흔들며 씩 웃어 보였다. 어머니와 아내는 공항에 나오지 않았다. 집에서 기도만 드리고 있을 터였다.

하지만 아무리 대범한 척해도 나는 병아리 중에서도 햇병아리 기자였다. 출장은커녕 여행으로조차 한번도 나라 밖에 나가 본 적이 없는 완전 촌놈이었다. 그런데, 그런 내가 가고 있는 곳이 전쟁터라니, 전 세계의 이목이 집중된 세계사의 현장이라니....솔직히 믿기 어려운 현실이었다. 수도 없이 마음을 다지고 스스로 할 수 있다고 최면을 걸었지만 불쑥불쑥 올라오는 걱정을 어쩔 수 없었다. 비행기가 이륙하고 오롯이 혼자가 되자 상념들은 더 또렷하게 살아나 머릿속을 어지럽혔다. '정말 괜찮을까?' '취재는 잘 할 수 있을까?' '첫 보도는 무얼 어떻게 해야 하나?' '어제 제다에서 미군 버스가 총격을 받아 여러 명이 다쳤다는데 과연 별일 없을까?' 마음이 심란했다. 몸도 마음도 피곤했지만 머릿속은 시간이 갈수록 오히려 또렷해지고 있었다.

비행기 안에는 의료 지원단에 이어 걸프지역에 파견되는 공군 수송단 선발대 14명이 함께 타고 있었다. 피난을 겸한 휴가를 나왔다 명령을 받고 복귀하는 현대 건설과 현대 중공업의 직원 6명도 있었다. 원래 23명이 휴가를 나왔는데 1월 23일 3차 특별기편으로 4명이 들어가고 자신들은 추가로 들어가는 것이라고 했다. 나머지 13명은 차라리 회사를 그만두겠다며 비행기를 타지 않았다고 했다. 옆에 앉은 사람은 건설의 황○○씨라고 했다. 한 달쯤 전 휴가를 나왔다 복귀명령을 받은 뒤 고민 고민하다가 돌아가는 길이라고 했다. 차라리 회사를 그만두라는 가족들의 요구 때문에 많이 망설였지만 회사의 집요한 설득을 이기지 못했다고 했다. 황씨는 리야드나 제다가 어느 정도 위험한지 기사를 잘 써달라고, 그래서 근로자들이 안전한 길을 찾을 수 있도록 도와 달라고 몇 번이나 당부했다. 옆에 앉아 있던 중공업의 이○○씨도 같은 부탁을 했다. 현대 직원들의 얼굴은 하나같이 무겁고 어두웠다.

하긴 우리는 취재라는 공적인 목적을 위해 떠나지만 이 사람들은 그야말로 직장을 위해 떠나는 것 아닌가? 입장이 많이 다를 것이라는 생각이 들었다. 명령을 따를 것인지, 아니면 회사를 그만둘 것인지 고심이 깊었을 것 같았다. 그들의 표정이 모든 것을 설명하고 있었다. 도대체 직업이란 무엇이고 직장이란 또 무엇인지…… 남들은 위험하다고 남아 있는 사람들도 다 철수시키는데 오히려 들어가라 명하다니…. 현대라는 회사가, 정주영이라는 인물이 참으로 대단하다는 생각이 들었다. 제발 희생당하는 사람이 나오지는 말아야 할 텐데…. 얘기를 계속 나눠보니 복귀를 포기한 사람들은 평직원이나 하급 간부들이고 복귀하는 사람들은 임원들임을 알 수 있었다. '왜 위험한 곳으로 다시 나가려 하느냐? 는 물음에 그들은 그저 무거운 미소로 대답을 대신했다. 나중에 서로 건강한 모습으로 한국에서 다시 만나자는 인사를 나눴다. 그때까지 같은 내용의 인사를 수없이 주고받았지만 그때만큼 가슴에 와 닿았던 적은 없었던 것 같다.

스튜어디스들은 교대로 와서 뭐 필요한 것이 없느냐고 물었다. 그들은 '대단하시다'고 웃으면서도 굳이 안됐다는 표정을 숨기지 않았다. 고맙게도 '몸조심'하라는 인사도 잊지 않았다. 그런데 가만히 살펴보니 나만 그렇게 생각이 많지 같이 가는 동료들은 편안하게 잘 자고 있었다. 이런 것을 관록이라고 하는 것인지… 취재팀과 준비팀이라는 입장의 차이에서 비롯되는 것인지… 억지로 누워 잠을 청해봤지만 도저히 잠을 이룰 수 없었다. 집 떠난 지 몇 시간이나 됐다고 어머니와 아내, 하은이의 모습이 자꾸 어른거렸다.

06

드디어 전쟁의 땅, 스커드 미사일의 환영

비행기는 우리를 사우디아라비아의 서부도시 제다에 내려 놓았다. 중간에 방콕과 아부다비를 거쳤기 때문에 총 비행시간은 20시간 가까이 됐다. 리야드 공항으로 가는 것이 정상이었지만 그곳은 이라크의 스커드 공격으로 완전 폐쇄 상태라고 했다. 입국 카드의 '종교'란이 신경쓰였다. 철저한 이슬람 국가이기에 기독교에 대한 감정이 좋지 않을 것이라는 짐작 때문이었다. 당시만 해도 세계 모든 나라는 입국하는 외국인들에게 종교와 피부색, 키, 심지어 머리와 눈동자 색깔까지 반드시 기록하도록 했었다. 요즘 같으면 인종차별이니, 프라이버시 침해니 해서 복잡했겠지만 그때는 그랬다. 한참을 고심하다 승무원에게 물으니 '기독교'라고 써도 문제가 없다고 했다. 자신들과 종교가 다르다고 이상하게 보거나 불이익을 주지는 않는다는 얘기였다. 하지만 이 사람들이 야만인이라고 생각하는 사람들이 있다고 했다. 무신론자들이라고 했다. 어떻게 위대하고 신비한 자연을 마주하고 살면서 신의 존재를 부정할 수 있냐는 것이 이들의 주장이라고 했다.

공항 내부에서부터 분위기가 예사롭지 않았다. 요소요소에 중무장 한 군인들이 버티고 있었다. 검색대에서는 모든 짐을 샅샅이 다 뒤졌다. 가방은 물론 카메라와 테입도 철저한 조사 대상이었다. 어찌나 위압적이던지 감히 항변할 엄두도 내지 못했다. 그들이 찾는 것은 위험물 뿐이 아니었다. 유태계 회사의 상품들도 금지품목이었다. 가방에 있던 코카콜라가 먼저 분리됐다. 이슬람에서 금하는 돼지고기가 섞인 제품들도 걸러졌다. 밑반찬까지 일일이 다 살피며 귀신처럼 골라내는 그들에 혀를 내두를 수밖에 없었다. 그렇게 추려진 것들은 다 한쪽으로 치워졌다. 엄격한 회교국가 사우디아라비아에서는 결코 용납될 수 없는 것들이라고 했다. 그렇게 세관을 통관하는 데만 두 시간 이상 걸렸다.

공항을 벗어나서도 상황은 크게 다르지 않았다. 길목마다 막아선 군인들은 까다롭게 검문을 하고 있었고 거리의 분위기는 어수선했다. 이틀 전에도 거리에서 총격 테러가 있었다고 했다. 이런 상황에 미국의 ABC 방송은 이라크가 수단에 대규모 공습용 무기를 옮겨 놓았다고 보도하고 있었다. 수단은 홍해를 사이에 두고 제다와 마주하고 있었으니 그야말로 사우디아라비아의 지척이었다. 옮겨진 무기는 전투기 20여대와 지대지 미사일로 수도 하르툼 북쪽의 비행장에 있다는 구체적인 내용까지 포함됐다. ABC가 이런 내용의 뉴스를 시간마다 중요 뉴스로 전하고 있었으니 시민들의 불안은 클 수밖에 없었다. 그러나 우리는 제다에 관심을 가질 여유가 없었다. 우리의 최종 목적지는 제다가 아닌 다국적군 지휘본부가 있는 리야드였다.

이튿날 오전 리야드를 향해 출발했다. 항공편이 모두 끊겼기 때문에 밴을 이용해야 했다. 하늘은 우리의 초가을 하늘처럼 맑고 바람도 선선했다. 사막의 나라답지 않게 잘 정돈된 가로수들과 기가 막히게 지어진 현대식 건축물들이 눈에 들어왔다. 어느 것 하나 평범해 보이는 게 없었다. 모양과 규모가 엄청났다. 제다는 정말로 잘 가꿔진 휴양도시의 면모를 갖추고 있었다. 그러나 시내를 벗어나니 완전히 다른 세계가 펼쳐졌다. 주변에 곧 쓰러질 것 같은 허름한 집들이 나타나기 시작했다. 도로 주위에는 구릉 같은 낮은 산들이 끝없이 이어져 있었다. 다행히 도로는 왕복 10차선으로 포장도 잘 돼 있었다. 도로변에 서 있는 광고판을 살피니 대부분이 일본 것, 그 사이사이로 간간이 삼성과 현대의 광고판이 보였다. 그 광고판 하나가 왜 그리 반갑던지...

얼마쯤 달렸을까?... 반대편 차선으로 지붕에 짐을 가득 실은 차량들이 보였다. 꼬리에 꼬리를 물고 있었다. 리야드에서 전쟁을 피해 나오는 피난 차량들이라고 했다. 남들은 위험하다고 피해 나오는데 저들이 피해 나오는 위험한 곳을 우리는 일부러 찾아 들어가고 있는 것이었다. 입장의 차이... 그 묘한 대비가 참 재미있다는 생각이 들었다. 조금 더 가니 도로 양편에 양탄자를 펴놓고 기도를 하는 사람들이 있었다. 알라신에게 기도를 드리는 사람들이라고 했다. 아무리 피난을 가는 길이라고 해도 신을 향해 기도 드리는 시간, 살라 타임만큼은 어기지 않는 것이 저들의 신앙원칙이라고 했다. 전선에서 전투를 벌일 때조차도 하루 다섯 차례씩의 기도시간은 예외 없이 지켜진다고 했다. 참으로 대단한 신심이었다.

1시간쯤 지나자 왕복 10차선으로 넓던 길이 2차선으로 확 좁아 졌다. 주변은 온통 시커먼 바위와 모래로 이루어진 사막이었다. 고등학교 지리 시간에 저런 바위사막을 '하마다'라고 배웠던가?...그런 사막이 끝없이 이어져 있었다. 문득 이런 곳에서의 전투가 벌어진다면 어떤 모습일까를 상상해 봤다. 어느 쪽도 쉽지 않겠다는 생각이 들었다. 몸을 숨길만한 은폐, 엄폐물이 없는 데다 모래 바람까지 아주 심했기 때문이었다. 그렇다고 해도 그 정도는 이런 지형에 익숙하지 않은 다국적군에 더 심하리라... 이런 저런 생각을 하는 사이 중무장한 군인들이 길을 막아섰다. '타이프'라 쓰인 이정표가 보이는 곳이었다. 탱크와 장갑차등으로 중무장한 군인들은 차를 돌리라고 했다. 손짓과 표정만인데도 위압감이 느껴졌다. 아마도 모래바람 탓에 길을 잘못 든 것 같았다.

리야드에 도착하기까지 이런 일들을 여러 차례 반복해야 했다. 그렇다고 누구에게 따지고 항의할 수 있는 상황이 아니었다. 내가 와있는 곳이 전쟁의 땅이라는 사실만 실감할 뿐이었다. 가는 곳마다 검문도 심했다. 족히 20번 이상은 검문을 받은 것 같았다. 매번 똑같은 말을 반복해야 했다. '한국에서 온 기자들이다. 취재를 위해 다국적군 지휘본부를 찾아가고 있다....' 그러면 대부분 차 안을 한번 쓱 훑어보고는 통과시켜줬다. 이런 분위기에 안 그래도 긴장한 마음이 더 위축되는 것을 어쩔 수 없었다. 피곤했지만 잠도 제대로 잘 수 없었다. 어느 새 날은 어두워지고 있었다. 가는 곳마다 위압적인 자세로 검문하는 군인들, 그리고 어디론지 이동하는 트럭들과 그 속에 타고 있는 피곤한 모습의 병사들, 그리고 장비들..... 이런 것들이 전쟁의 냄새를 물씬 풍기고 있었다.

새벽 1시 50분. 드디어 리야드 숙소에 도착했다. 제다를 떠난 지 15시간 만이었다. 제대로 먹지도 못하고 좁은 차 안에서 움직이지도 못해 거의 파김치가 된 상태였다. 한데 짐을 내리려는 순간 갑자기 사이렌이 울려 댔다. 그러자 사람들이 정신 없이 지하로 뛰기 시작했다. 우리도 묻고 어쩌고 할 틈도 없이 그들 틈에 섞여 뛰었다. 스커드 공격을 알리는 공습 경보였다. 지하실에는 이미 많은 사람들이 대피해 있었다. 계단으로는 계속 투숙객들이 내려오고 있는 가운데 '침착하라' '마스크를 착용하라'는 등의 방송이 반복되고 있었다. 정신이 번쩍 들었다. 다행히 스커드는 우리 건물을 비켜 리야드 외곽에 떨어졌고 10분쯤 뒤 경보도 해제됐다. 모였던 사람들이 무표정한 모습으로 이동했다. 프론트의 직원은 이런 일이 자주 있을 테니 그때마다 지시에 따라야 한다고 단단히 주의를 줬다. 바짝 긴장이 되고 입술이 탔다. 막연하던 전쟁의 실체가 현실로 확인되고 있었다. '이렇게 한밤중에 공격이라니... 단단히 정신차려야겠구나!' 전쟁의 중심에 와 있다는 사실을 분명하게 일깨운 강렬한 첫 인사였다. 온몸의 모든 세포가 일어서고 있었다.

07

겁나는 무기 스커드 미사일

그렇게 스커드의 환영 속에 짐을 푼 첫 날, 깊은 잠을 이룰 수 없었다. 한참을 뒤척이다 설핏 잠이 들었던 모양이었다. 갑자기 박○○ 선배가 소리쳤다. '선규야, 스커드다!' 그 한마디와 함께 박 선배는 이미 사라지고 없었다. 엉겁결에 놀라, 눈을 비비며 쫓아 나갔다. 한데 비상구쪽으로 사라졌던 박 선배가 멋쩍은 표정으로 되돌아오는 모습이 보였다. '스커드가 아니래.' 모닝콜을 부탁해 놓고는 그 소리에 놀라 뛰쳐나간 것이었다. 스커드가 얼마나 신경 쓰였으면.... 박 선배는 정신없이 비상계단으로 뛰어 내려가다 다른 사람들이 없는 상황에 의아심이 생겼고 그래서 알아보니 경보가 없었다더라며 멋쩍게 웃었다. 그 뒤로도 우리는 이런 코미디를 몇 차례 더 반복해야 했다.

잘 알려진 대로 걸프전은 쿠웨이트를 불법 점령한 이라크에 대한 국제사회의 응징전이었다. 1990년 8월 어느 날, 이라크는 30만 병력을 동원해 쿠웨이트를 침공했다. 불과 일주일만에 모든 지역을 장악할 정도로 일방적인 전쟁이었다. 불법적인 행위에 국제사회가 나서 '물러나라'고 경고했지만 후세인은 5개월 동안 꿈쩍하지 않았다. 결국 미국 주도로 다국적군이 결성됐고 이듬해 1월 17일 이라크에 대한 대규모 공습이 단행됐다. 전폭기 출격이 1천 300회에 달할 정도로 사상 유례가 없던 엄청난 규모였다. 이날 단 하루의 공습으로 이라크 전투력은 거의 궤멸됐다. 전투기를 포함한 공군력과 방공망이 파괴됐고 미사일 기지들도 심각한 타격을 입었다. 이라크가 자랑하던 최정예 공화국 수비대와 군지휘사령부도 회복 불능의 타격을 입었다. 사막의 폭풍작전으로 명명된 걸프전은 그렇게 시작된 전쟁이었다.

이라크군은 다국적군의 적수가 되지 못했다. 놀랍게도 다국적군의 공습은 텔레비전을 통해 실시간으로 중계됐다. 첨단무기의 가공할 위력이 그대로 확인됐고 공포와 고통 속에 울부짖는 민간인들의 절규도 그대로 전달됐다. 전 세계의 시청자들은 안방으로 중계되는 전쟁에 경악했다. 사상 유례가 없던 일이었다. 주인공은 미국의 신생 방송사 CNN이었다. 하지만 그런 엄청난 비극적 현실에도 불구하고 텔레비전 화면 속에 비친 전쟁의 모습은 전자게임과 비슷했다. 레이다를 통해 좌표가 찍히고 정확하게 그 좌표에 미사일이 떨어지며 섬광이 번쩍하는 모습... 전통적인 전쟁과는 달라도 너무 달랐다. '맙소사. 전쟁이 중계되는 세상이라니...' 종군에 나서기전 나도 그렇게 중계되는 전쟁을 보며 경악했었다. 명분상 미국이 이라크와의 전쟁에 뛰어든 이유는 쿠웨이트의 해방이었다. 하지만 감춰진 속셈은 따로 있었다. 석유를 보호하겠다는 것이었다.

스커드는 초토화 된 이라크가 사용할 수 있는 거의 유일한 대항 수단임이 분명했다. 시도 때도 없이 스커드만 날아왔다. 대부분의 경우 스커드가 날아오면 사전에 경보가 울렸다. 경보와 함께 요격 미사일 패트리어트도 발사됐다. 진행 방향과 속도를 계산해 이뤄지는 초고난도 게임이었다. 대체로 경보가 울린 후 3~5분 정도가 지나면 예외 없이 '꽝' 하는 엄청난 폭음이 이어졌다. 아주 가까이서 울리는 경우는 폭발 진동에 건물이 흔들리기도 했다. 그 위력은 정말 엄청났다. 건물에 맞으면 건물이 흔적도 없이 사라지고 공터에 떨어지면 커다란 웅덩이가 생겼다. 그리고 주변의 건물까지 엄청난 압력과 열기에 깨지고 그을리는 게 보통이었다. 공포가 확산되자 다국적군 지휘부는 패트리어트가 모든 스커드를 잡는다고 큰소리쳤다. 하지만 실상은 다른 것이 분명했다. 요격에 성공했을 때의 소리와 그렇지 않았을 때의 소리가 확연히 달랐다. 폭음이 들린 뒤에는 바로 요란한 사이렌 소리와 자동차들의 이동 소리가 이어졌다. 현장에 출동하는 군 특수부대와 경찰, 소방차의 사이렌 소리였다. 이들은 폭발음과 거의 동시에 출동해 사상자를 옮기고 불을 끄는 등 수습작업을 벌였다. 수습작업 동안에는 군인 이외 다른 사람들의 접근이 철저하게 통제됐다. 물론 기자들도 예외가 아니었다.

리야드 시내에만도 그런 스커드의 흔적들이 10군데가 넘었다. 시내 대로와 시장통 등 지점도 다양했다. 하지만 전쟁 중이라 손을 쓸 여유가 없었던지, 아니면 정리할 필요를 느끼지 않았던 것인지 흔적은 그대로 방치되고 있었다. 지점은 다양했지만 분명한 한 가지 공통점이 있었다. 공항으로 향하는 길목이거나 다국적군 지휘부 주변이라는 점이었다. 스커드의 공격 목표가 어디인가를 분명하게 확인시켜주는 대목이었다. 놀랍게도 그런 폭발현장 주변에서도 한나절만 지나면 경계가 풀렸고 보통 사람들의 일상 생활이 이어졌다.

하지만… 위력은 엄청났지만 잦은 경보는 사람들을 많이 무뎌지게 했다. 익숙해지면 나타나는 일반적인 현상은 전쟁 상황에서도 예외가 아니었다. 어느 순간부터 대피를 않고 무시하는 사람들이 생겨났다. 심지어 어떤 사람들은 경보가 울리면 스커드를 구경하겠다며 옥상으로 뛰어 올라가기도 했다. 실로 위험천만한 일이었지만 현실이 그랬다. 공습경보에도 불구하고 옥상에서 리포팅을 하던 미국 기자가 머리 위로 지나가는 스커드에 놀라 혼비백산하는 상황도 벌어졌다. 그 모습이 카메라를 통해 그대로 방송되면서 화제가 되기도 했다. 그런 분위기 탓이었을까? 우리도 한번 대담해져 보기로 했다.

만일 패트리어트가 스커드를 요격하는 장면을 찍는다면 대단한 특종이 될 것 같았다. 설사 요격 장면을 못 찍는다 해도 날아가는 스커드의 모습만으로도 썩 괜찮은 그림이 될 것 같았다. 다행히(?) 우리가 묵던 곳은 스커드가 많이 날아오는 공항으로 가는 길목이었다.

어느 날 기회가 왔다. 경보가 울리는 순간, 나와 권 선배는 옥상을 향해 뛰었다. 남들은 지하실을 향해 뛰는 상황이었다. 한데 옥상에 거의 도착하는 순간 바로 '꽝!!!' 천지가 진동하는 소리가 들렸다. 아뿔싸! 한 발 늦은 것이었다. 위험할 뻔했다는 생각보다는 찍을 수 있었는데 놓쳤다는 아쉬움이 강했다. 그런걸 기자정신이라고 해야 하나... 한데 폭발음이 들린 바로 직후, 최루탄 냄새와 같은 진한 화학 가스 냄새가 심하게 풍겼다. 기겁을 하고 거꾸로 달려 내려왔다. 분명 화학탄이 터진 줄 알았다. 당시 최대의 관심사는 후세인이 스커드에 화학무기를 장착해 공격할 것인가, 아닌가의 문제였다. 그렇기에 순간적인 놀람은 즉시 심한 공포감으로 바뀌었다. 나중에 확인하니 스커드는 바로 우리가 묵는 호텔 상공에서 요격됐다고 했다. 돌이켜 보면 참으로 무모하고도 아찔한 시도였다.

08

사막에서 마주친 병사들, 지상전의 단서

2월 10일, 가장 가고 싶었던 곳을 찾아 나섰다 . 국민들도 가장 궁금해 할 곳, 대한민국의 이름으로 월남전 이후 처음으로 전쟁에 파견된 우리의 의료지원 단이 활동하는 곳이었다. 알 누아이리아라는 곳이었다. 한국을 떠날 때부터 만사 제껴 놓고 이곳을 우선적으로 찾을 계획을 세웠었다. 그것은 종군 취재 의 가장 중요한 임무이기도 했다. 위험한 전쟁터에 파견된 우리 군인들의 자 랑스런 활동상을 국민과 가족들에게 전하는 것은 KBS의 중요한 책무였다.

새벽 6시, 담고 싶은 것이 많은 만큼 서둘러 출발했다. 새벽 바람을 맞으며 달 리는 사막길이 시원했다. 좀 여유를 가지고 살펴보니 사막이라고 다 같은 사 막이 아니었다. 듬성 듬성 갈색 바위와 모래가 있는 그런 사막이 나타나는가 싶더니 잠시 후에는 황토가 굳어 이뤄진 듯한 조금 다른 형태의 사막으로 바 뀌었다. 크고 작은 황토덩이들이 켜를 이뤄 기묘한 모양을 이루고 있는데 마 치 손으로 빚거나 기계로 다듬은 듯 모양이 아주 예술적이었다. 작은 그랜드 캐년이라고 할까... 조금 더 가니 이번에는 주황색의 또 다른 모습이 이어졌 다. 아주 가는 모래가 온통 주황빛으로 펼쳐져 있었다. 바람 부는 대로 움직이 며 결을 만들어, 높아졌다 낮아졌다 굽이치는 모양이 마치 비단인 듯한 착각마저 일게 했다. 짙은 주황색에 무늬가 어찌나 곱던지....

조금 더 가니 사막 여기 저기에 풀을 뜯고 있는 낙타 떼가 나타났다. 간혹 지나가는 차를 두려워하지 않고 길을 막는 겁없는 녀석들도 있었다. 녀석들의 눈치를 살피며 차를 조심스럽게 몰아야 했다. 충돌할 경우 십중팔구 사람까지 죽기에 낙타는 사막 운전의 경계대상 1호로 여겨지고 있다고 했다. 조금 지나니 여유있게 노니는 양무리도 보였다. 모래 먼지 탓인지 익숙했던 순백의 이미지는 전혀없는 지저분한 모습이었다. 그리고 먹이를 찾는 양떼와 염소들... 전쟁의 살벌함을 알 리 없는 녀석들은 오로지 자신들의 일에만 집중하고 있었다. 군데군데 오아시스와 그 주변에 형성된 마을도 보였다. 전쟁만 아니라면 한없는 평화가 느껴지는 아주 목가적인 풍경이었다.

조금 더 북쪽으로 올라가며 분위기가 달라지기 시작했다. 나타라는 지역을 지나자 군부대들이 나타났다. 사막 한가운데 엉성한 철조망 안으로 탱크와 야포 등 중무기들이 열을 이뤄 세워져 있었다. 그리고 편도 1차선인 도로에는 군용 트럭들이 쉴 새 없이 병력을 실어 나르고 있었다. 트럭 위의 병사들은 아주 피곤한 모습이었다. 그들과 부대 주변의 모습을 열심히 카메라에 담았지만 저들은 아무 반응도 보이지 않았다. 눈길이 마주쳐도 별 표정이 없었다. 그들은 벌써 지친 것 같았다. 더러는 무릎 사이에 얼굴을 파묻고 잠에 빠져 있었다. 병사들이 이동하는 길 옆으로는 송유관 연결 공사가 진행되고 있었다. 지상전을 준비하고 있는 것이 분명했다. 관을 연결하느라 기계와 함께 움직이는 병사들의 몸짓이 분주했다. 북쪽으로 이동하는 병력들과 송유관, 집결된 무기들... 이런 모습은 지상전이 얼마 남지 않았음을 확인시켜 주는 분명한 단서였다. '과연 지상전이 언제 시작되느냐?'가 초미의 관심이었던 상황이었기에 예사롭게 볼 수 없는 일들이었다. 의료지원단을 찾아 나섰다 예상 외의 소득을 거둔 셈이었다. 차에 함께 탄 무관도 앗싸리아 지역 근처에 배치돼 있던 몇몇 부대의 모습이 보이지 않는다며 북쪽으로 이동한 것 같다고 했다. 그 또한 임박한 지상전을 알리는 단서였다.

분명한 전쟁 분위기였다. 그런 모습에 검문이 심해지고 중무장한 병사들의 모습도 많아졌다. 주요 길목마다 세워진 검문소는 한곳도 예외 없이 우리 차를 세웠다. UN에서 발급한 프레스 카드에 길을 열어주기는 했지만 위압적인 그들 앞에서 잠시도 긴장을 풀 수 없었다. 그들의 눈치를 살펴 가며 조심스럽게 카메라를 돌리는 권 선배도 긴장한 빛이 역력했다. 애초에 이런 상황을 조금이라도 덜기 위해 굿다라고 하는 지역에서부터는 우리 특전사 대원들이 나와 경호와 안내를 맡아 주기로 했었는데 무슨 이유에서인지 나오지 않았다. 의료지원단을 보호하기 위해 파견된 요원들이었다.

11시 20분쯤, 출발한 지 5시간을 조금 넘겨 알 누아이리아에 도착했다. 우리의 지방 '면' 단위 정도로 밖에 보이지 않는 아주 작은 도시였다. 병원은 그리 크지 않은 흰색의 콘크리트 건물이었다. 오가는 군인들이 많았으나 긴장은 느껴지지 않는, 여유있는 모습이었다. 의외로 병사들의 얼굴에는 무료함, 피곤함이 배어 있었다. 워낙 일방적인 전쟁, 그것도 지상전이 아닌 첨단 무기를 동원한 첨단 전쟁이었기에 긴장이 덜 한 게 아닌가 싶었다. 한데 분위기가 이상했다. 우리를 맞는 의료지원단의 반응이 냉랭했다. 열렬한 환영까지는 아니어도 뜨거운 반가움 정도는 있을 줄 알았는데 그게 아니었다. 불편한 기색이 역력했다. 그런 불편함을 굳이 감추려하지도 않았다. 공보 장교는 노골적으로 '왜 왔느냐?' '취재에 협조 할 수 없으니 알아서 하라'며 비아냥대기도 했다. 참으로 황당한 일이었다. 자신들의 활약상을 취재하기 위해 수 만리 고국에서 온 기자를 그런 반감으로 대하다니... 그것도 공보장교가 앞장서서...... 어이가 없었다. 내가 지금 마주하고 있는 이 상황이 대체 무엇이란 말인가? 왜 이렇단 말인가?... 잠시 후 그 이유가 확인됐다.

09

충격, 의료지원단은 다국적군이 아니었다!

걸프전 취재에 나서기 직전, 1991년 1월 23일, 경기도 성남 공군비행장의 분위기는 비장했다. 엄숙한 의식 속에 세계사의 주역으로 떠나는 의료지원단 병사들은 다시 한번 결의를 다지고 있었다. 군악대는 힘찬 음악으로 이들의 장도를 격려했고 손에 손에 태극기를 든 환송객들도 마음 깊은 곳으로부터 이들의 안녕을 기원했다. 방송을 통해 현장을 지켜보는 국민의 마음도 다르지 않았으리라…. 하지만 그렇다고 떠나는 사람과 떠나 보내는 사람들의 마음이 편안할 수만은 없었다. 환송 나온 가족들 가운데는 눈물을 흘리는 사람들이 적지 않고 병사들 가운데서도 눈물을 글썽이는 경우를 볼 수 있었다. 가족들의 표정엔 불안이 역력했다. 그럴 수밖에 없었던 것이 그들이 향하던 곳은 전쟁터였다. 텔레비전 뉴스를 통해 치열하고 처절한 전쟁터의 현실을 이미 잘 알고 있는 그들이었다.

당시 파병을 둘러싸고 여론은 갈라져 있었다. 정부는 베트남전 이후 최초의 해외 파병 의미를 부여하며 국제사회에서 위상을 높일 좋은 기회라고 강조했다. 6.25 때 세계 16개 나라의 큰 도움을 받은 만큼 이제는 도움을 줘야 할 때가 됐다는 부채론과 책임론도 거론됐다. 그러나 전쟁터에 우리 군을 파견하는 데는 더욱 신중을 기해야 한다는 신중론도 만만치 않았다. '우리가 왜 군이 남의 나라 전쟁에 나가 위험을 감수해야 하는가?' '우리의 이익을 위한 게 아니라 결국 미국을 위한 것 아닌가?'라는 비판의 목소리도 적지 않았다. 파병은 그런 분위기 속에서 이뤄진 대통령의 결단이었다. 비판적 여론을 의식한 정부는 명령이 아닌 자원자를 모집하는 형식을 택했다. 지원자들에겐 적지 않은 액수의 '특별 수당'도 제시됐다. 군인을 파병하면서 자원자를 뽑고, 또 거기에 당근까지 내 거는 모습이 어딘가 어색했지만 아무튼 의료지원단은 그렇게 꾸려졌다.

종군기자로서 그런 의료지원단을 취재한다는 것은 커다란 기쁨이자 설레임이었다. 기자이기 이전에 국민의 한사람으로 대견하고 자랑스러웠다. 그들의 얼굴을 빨리 보고 싶었고 그들의 늠름한 활동상을 자세하게 전하고 싶었다. 그런 곳에 한국 기자로는 처음으로, 그것도 혼자만 취재를 하게 됐으니 기자로서의 뿌듯함도 대단했다. 하지만 큰 기대 속에 현장을 찾은 그날, 나는 엄청난 충격에 빠지고 말았다. 국군의료지원단의 신분에 관해 충격적인 사실을 확인한 것이었다. 놀랍게도 의료지원단은 다국적군이 아니었다. 사우디아라비아 군의 통제를 받는 사우디 배속군이었다. UN과는 아무 관계가 없다는 말이었다. 아니 이게 무슨 일이란 말인가? 나는 물론 언론도 국민도 다 다국적군으로 알고 있는데.... 단원들의 차가운 반응은 바로 거기서 비롯된 것이었다.

취재를 통해 확인한 내용은 대략 이랬다. 걸프전을 준비하면서 미국은 우리에게 전투병 파병을 요구했다. 하지만 당시 노태우 정부는 그런 요구를 받아들일 수 없었다. 전투병을 파병했다 한 명이라도 죽거나 다칠 경우 그걸 돌파할 자신이 없었다. 마침 파병 반대론자들은 '왜 남의 나라 전쟁에 우리 젊은 목숨을 걸어야 하느냐?'고 목소리를 높이고 있었다. 그런 상황에 대통령 선거 때 약속한 중간평가는 몸을 더 움츠리게 했다. 잘못되면 중간평가를 통해 대통령 자리를 물러나게 될지도 모를 일이었다. 그렇다고 미국의 요청을 거절할 배짱도 없었다. 대통령을 비롯한 참모들은 고심에 고심을 거듭해야 했다. 그 결과 '전선 가까이 가긴 하지만 죽거나 다칠 염려가 없는 부대' 의료지원단이란 아이디어가 탄생한 것이었다. 표면상으로 미국의 요구를 수용하면서 국민의 질책도 피할 수 있는 일종의 묘수였다.

의료지원단은 그런 분위기 속에서 탄생한 것이었다. 그러나 그런 결정에 미국은 노골적으로 서운함을 표시했다. 의료 병력은 필요없다고 아예 고개를 돌려버렸다. 당혹스런 상황이었다. 그렇다고 계획을 바꿔 의료지원단을 전투병으로 돌릴 수도 없었다. 더욱이 국민 앞에서 대대적인 의미를 부여하며 결성한 의료지원단의 파병을 취소할 수도 없었다. 진퇴양난의 상황에 빠진 정부는 '일단 파병한 뒤 현지에서 문제를 풀어보자'는 것으로 결론을 냈다. 그런 우여곡절 끝에 의료지원단은 1월 24일 카라치를 거쳐 다란에 도착했다. 하지만 도착 직후부터 걱정했던 문제가 벌어졌다. 미국은 아는 체도 하지 않았다. 자신들은 모르겠으니 사우디와 상의하든지 말든지 알아서 하라며 발을 빼버렸다. 난감한 상황이었다. 전쟁의 땅에 도착했지만 마땅히 갈 곳이 없는 한심한 상황이 된 것이었다. 의료지원단을 결성할 때 목표로 했던 곳이 있긴 했었다. 하지만 우리가 고심을 거듭하면서 시간을 보내는 사이 필리핀과 영국 등지에서 온 용병들로 그곳은 이미 채워진 상태였다.

의료지원단은 그렇게 완전히 낙동강 오리알 신세가 되고 말았다. 그렇다고 다시 한국으로 돌아갈 수도 없는 처지였다. 상상하지도 못했던 상황의 전개에 모두가 당황할 수밖에 없었다. 다란에 머물면서 문제를 풀어야 했다. 당연히 다란에서의 대기 시간이 길어졌다. 대기 시간이 일주일을 지나면서 내막을 잘 모르던 단원들 사이에 '뭔가 잘못되고 있는 것 아닌가?'하는 걱정의 소리가 나오기 시작했다. 사우디 정부는 마땅한 곳이 없다며 전쟁과는 관련이 없는 후방으로 갈 것을 권했다. 하지만 비장한 환송식까지 가지고 전쟁터에 나왔는데 그럴 수는 없는 일이었다. 격론 끝에 '용병들로 채워졌다고 하지만 애초 목표했던 곳으로 가자'는 결정이 내려졌다. 난색을 표하던 사우디도 모든 것을 기꺼이 감수하겠다는 말에 '굳이 그렇다면....' 하며 받아들였다. 그곳이 알 누아이리아였다. 쿠웨이트 국경에 가까운 도시, 하지만 그곳엔 업무를 볼 사무 공간도 기거할 숙소도 없는 상태였다. 모래 바닥에 텐트를 쳐야 했다.

10

다국적군과 사우디 배속군의 차이

놀라운 사실이었다. 국민 모두에게 다국적군이라고 그렇게 강조했었는데 다국적군이 아니라니... 대한민국의 위상을 높일 수 있는 기회라고 그렇게 강조하더니만 위상은 커녕 푸대접에 망신만 당하고 있다니... 충격이었다. 다국적군이 아니라는 것은 UN과는 아무 관계도 없다는 의미였다. 그렇기에 작전과 행정, 군수 등 모든 면에서 어떤 지원이나 혜택도 받을 수 없다는 의미였다. 또 전후 복구작업 등 후속 조치 과정에 지분을 요구하는 것도 쉽지 않다는 의미였다. 사우디군에 배속됐다는 것은 모든 것을 사우디가 하는대로 따라야 한다는 의미였다. 그렇기에 숙소는 물론 식사와 일상 생활 등 모든 문제에서 철저하게 사우디군이 제공하는 방식에 따를 수밖에 없다는 의미였다.

그러다 보니 매끼 입에 맞지 않는 향신료 냄새 가득한 식사도 감수할 수밖에 없었다. 견디다 못한 단원들의 '제발 향신료만이라도 빼달라'는 부탁에 큰 인심쓰듯 그 얘기를 들어준 것이 사우디 측이 베풀어 준 유일한 배려라고 했다. 다른 나라 용병들은 에어컨 바람 나오는 콘크리트 막사에서 생활하는데 반해 우리는 모랫 바람 몰아치는 텐트에서 뜨거운 햇살을 견디며 일해야 했고.... 그런 많은 불편과 불이익에 단원들의 불만이 싹트기 시작한 것 같았다.

그것은 어쩌면 당연한 일이었다. 시간이 흐르면서 불만은 계속 커졌고 거의 폭발직전에 이르고 있었다. 문제는 다란에 도착하기 전까지는 다국적군이 아니라는 사실을 극소수의 관계자 외에는 누구도 알지 못했다는 사실이었다. 전말을 전해준 관계자는 청와대와 이ㅇㅇ 국방장관, 협상 대표였던 황ㅇㅇ 대령 등 극소수만 알고 있었을 뿐이라고 한숨을 쉬었다. 심지어 의료지원단장도 까맣게 몰랐던 것이 분명하다고 분개했다. 하긴 KBS도 까맣게 몰랐으니....

전쟁터까지 찾아온 고국의 기자를 향한 냉랭함 뒤에는 바로 이런 문제가 도사리고 있었다. 저들은 언론이 그 모든 사실을 알면서도 모르는 척 눈을 감고 있다고 의심하고 있었다. 그런 심각한 문제는 알리지 않고 국민에게 왜곡 보도만 하고 있다고 그들은 단단히 오해하고 있었다. 사실 당시 언론들은 국방부에서 제공하는 자료들을 인용해 '의료지원단이 멋지게 역할을 수행하고 있다' 'UN은 물론 주둔지 주민들에게도 박수를 받고 있다'는 식의 내용들만을 보도하고 있었다. 현장 접근이 안 되는 기자들로서는 어쩔 수 없는 선택이었다. 그런 것들이 불만 가득한 그들의 눈엔 국방부와 언론의 담합의 결과로 비치기에 충분했을 것 같았다.

그들의 처지를 이해하기 위해 나도 한번 식사를 먹어 보기로 했다. 기름기를 완전히 뺀 알랑미를 사우디식으로 비빈 밥에 양고기 한 덩어리, 그리고 이상한 야채 무침 등 사우디식 전통 식단이었다. 밥을 한술 떠 넣으니 속이 니글 니글 거북했다. 그래도 끝까지 먹어 보기로 하고 계속 음식을 입으로 옮겨 봤다. 하지만 쉽지 않았다. 다행히 양고기 튀김은 그런 대로 먹을 만했다. 군인들은 그런 나를 보고 참 잘 먹는다며 재미있다는 표정으로 쳐다봤다. 그러나 나도 반쯤 먹고는 포기해야 했다. 주변의 다른 단원들은 오히려 나보다 먼저 숟가락을 놓고 있었다. 먹기는 하지만 마지못해 조금씩 들다 바로 숟가락을 놓는 그런 일들이 식사 시간마다 반복되고 있다고 했다.

여기에 한 가지 결정적인 문제가 또 있었다. 파병 당시 약속했던 '특별 수당'이 유야무야 된 것이었다. 애초 정부에서는 자원자를 선발하며 '상당한 특별수당'을 약속했었다. 그런데 현지에 도착해서는 '규정이 없어 줄 수 없다'고 입장을 바꾼 것이었다. 정말 코미디 같은 일이었다. 공개적으로 약속한 수당을 줄 수 없다니... 그것도 규정이 없어 그럴 수밖에 없다니... 어떤 설명으로도 납득할 수 없는 일이었다. 그렇다면 애초 약속을 할 때 규정도 살펴보지 않고 그냥 그렇게 약속했다는 것 아닌가? 자원자 모집이 급해 가능성 여부도 확인하지 않고 덜컥 당근부터 던져 놓았다는 것 아닌가?..... 민망하기 짝이 없는 일이었다. 안타깝게도 그것이 당시 우리 국방부의 모습이었다. 특별수당에 대한 약속 파기는 안그래도 열악한 처우에 화가 났던 단원들을 폭발시킨 결정적인 요인이었다.

단원들의 반발에 '규정'문제를 둘러댔지만 사실 그건 엉뚱한 핑계였다. 이 또한 다국적군이 아닌 데서 비롯된 문제라는 게 내 판단이었다. 통상적으로 다국적군으로 파병되는 군인들에겐 특별수당이 지급됐다. 그건 개별 파병국가가 아니라 주도국에서 책임지게 돼 있었다. 그걸 알고 특별수당을 약속했던 것인데 다국적군에서 배제되니 돈을 받을 수 없게 됐고 그렇게 되자 난감해진 국방부가 말을 바꾼 것이었다. 차라리 이런 문제를 솔직하게 설명하고 양해를 구했으면 좋았을 것을.... 저간의 사정을 단원들에게조차 숨기고 문제를 풀려다 보니 애꿎은 '규정'을 거론하게 됐던 것이 아닌가 싶었다. 한편의 블랙 코미디였다. 결국 정부가 국민을 상대로, 군인들을 상대로 사기를 치고 그 실수를 덮기 위해 말도 안되는 짓을 꾸몄다는 것이 아닌가?... 한심하고 민망한 일이었다.

하지만... 그런 정부의 문제에도 불구하고... 그렇다고 해서 군인으로서의 자세를 잃은 단원들의 모습도 불편하기는 마찬가지였다. 내 눈에 비친 저들의 모습은 대한민국을 대표하는 군인들이 아니었다. 대한민국의 이름으로 전쟁터에 파병된 자랑스런 군인들이 결코 아니었다. 사명감도, 자부심도 없고 위계질서도 내몰라라하는 오합지졸들일 뿐이었다. 작은 이익에 매달려 양식도 체면도 내팽개친 못난 사람들일 뿐이었다. 국방부의 약속파기는 심각한 문제였고 그런 만큼 이의를 제기해하는 것이 당연했겠지반 그런 방식은 결코 군인답지 못한 것이었다. 그 모든 일의 원인은 하나, 의료지원단이 다국적군이 아니라는 사실에서 비롯되고 있었다.

결국 단원들의 격한 반발에 특별 수당을 안 줄 수도 없게 된 정부는 편법을 써야 했다. 국방부의 '해외연수' 예산을 전용하는 것이었다. 거듭되는 코미디의 연속이었다. 의료지원단이 해외에 파견돼 뭔가를 배우기는 배울 테니 그런 의미에서 그들을 굳이 해외 연수생이라고 판단한 것일까?.... 지금 생각해도 웃음밖에 나오지 않는 비극적 희극이었다. 걸프전이 단기간에 끝났기에 망정이지 길어졌다면 그해 국방부의 해외연수 프로그램은 다 취소됐을 것임이 분명했다.

11

미담으로 갈 것인가? 부끄러운 군사외교 실상으로 갈 것인가?

역사적인 의료지원단의 시작은 그렇게 다란에서부터 흔들리고 있었다. 하지만 다란을 떠나 도착한 알 누아이리아는 완전히 달랐다. 도착하자마자 전쟁을 실감해야 했다. 짐을 다 풀기도 전에 처참한 모습의 사상자들이 몰려들었다. 본격적인 지상전이 벌어지기 전에 있었던 유일한 지상전, 카프지 전투의 사망자와 부상자들이었다. 밀려오는 부상병들.. 머리가 깨져 선혈이 낭자하고.. 팔 다리가 잘려 신음하는 부상병들, 고통을 못이겨 질러대는 비명 소리... 그야말로 아비규환의 현장... 영화에서 보던 끔찍한 전쟁터의 모습이 그대로 펼쳐지고 있었다. 단원들은 정신이 번쩍 들더라고 했다. 부상병들 가운덴 이라크 병사들도 적지 않았다. 도착하자마자 마주한 전쟁의 실상은 단원들을 긴장시키기에 충분했다. 다행히... 그런 상황은 오래 이어지지는 않았다. 하지만 '전쟁터에 와 있다는 사실'을 실감시키는 덴 부족함이 없었다. 안 그래도 불안했던 마음이 더 위축됐다. 그렇다고 내색도 못하고 숨을 죽여야 했다. 적지 않은 단원들은 며칠 동안 잠도 제대로 이루지 못했다고 했다.

하지만 어찌 보면 그건 다행스런 일이었다. 도착 직후의 그런 일조차 없었다면 의료지원단은 전쟁과는 전혀 관련없는 평범한 배속군으로 임무를 마칠 뻔했으니... 당연히 내 보도의 핵심도 당시의 활약상이 될 수밖에 없었다. 그런 일들을 포함해 취재는 전혀 어렵지 않았다. 파병 후 첫 현장 취재이기에 관심도 기대도 큰 상황이었다. 병원 상황, 환자들을 돌보는 단원들, 황량한 모래벌판의 텐트 생활, 거기에 카프지 전투 자료화면까지 더해.... 인터뷰에 응하는 단원들은 보람 있다고 했다. 의료지원단의 일원인 게 자랑스럽다고 했다. 어떤 경우에나 거의 반사적으로 나오는 군인들의 '모범 답변'이었다. 그 직전까지 격하게 서운한 감정을 쏟아내던 것을 고려하면 놀라운 반전이었다. 사실 그게 내가 생각하는 군인이었다. 속으로는 아프더라도 겉으로는 든든함을 잃지 않는... 자신들보다 고국의 가족과 자신들을 바라보는 국민을 생각해야하는... 물론 예상보다 힘들다는 얘기도 있었지만 애교로 봐 줄 수 있을 정도의 가벼운 것이었다.

마지막으로 최명규 의료지원단 단장을 인터뷰했다. 군인의 느낌보다는 의사의 느낌이 훨씬 강한 분이었다. 그의 말보다는 어깨 위의 대령 계급장이 유난히 눈에 들어왔다. 알 누아이리아 병원의 최고 책임자가 사우디군 중령임을 아는 까닭이었다. 대한민국 국군 대령이 사우디아라비아 중령 밑으로 배속된 셈이었으니... 그 사실이 나를 불편하게 했다. 취재를 마치고 돌아오는 길, 만족감보다는 허탈감이 더했다. 기분이 영 개운치 않았다. 새롭게 확인한 우리 외교의 현실, 형편없는 위상에 기분이 울적해졌다. 정부에 대한 실망과 분노가 스멀스멀 올라왔다.

기사를 쓰면서 적지 않은 고민을 해야 했다. 보고 느낀 것을 그대로 다 쓸 것인지 또 한번의 미담으로 갈 것인지.... 특별히 다국적군이 아니라는 충격적인 사실을 알릴 것인지 말 것인지.... 고심 끝에 첫 보도이니만큼 긍정적인 부분을 중심으로 얘기를 전하기로 했다. 그리고 안타까운 현실, 실패한 군사외교에 대해서는 다음 기회를 살피기로 했다. 고향에 있는, 눈이 빠지게 자식의, 아빠의, 남편의 소식을 기다리는 가족들을 생각하기로 했다. 그리고 월남전 후 최초의 해외파병이라는 의미부여에 한껏 고양된 국민적 자부심도 고려하기로 했다. 무능하고 부도덕한 정부에 대한 생각은 일단 접어두기로 했다. 그래서 의도적으로 안 좋다는 부분은 빼고 밝고 좋은 방향으로 기사를 꾸몄다. 단지 입에 맞지 않는 사우디 음식 때문에 조금 힘들다는 한 병사의 인터뷰를 마지막에 포함시켰다. 나로서는 여러 상황을 고려한 최소한의 문제 제기인 셈이었다.

그렇게 방송은 잘 나갔다. 회사에서는 내용이 좋았다며 많은 국민이 파병 후 처음 전해진 현장 소식에 뿌듯해 했다고 전해왔다. 씁쓸했지만 나쁘지 않았다. 그러나 국방부는 달랐던 모양이었다. 마지막 병사의 인터뷰에 장관 등 지휘부가 격노했다고 했다. '전쟁터에 가서 어렵다니 정신상태가......'라며 엄청난 질책을 한 모양이었다. 그리고 그런 장관의 분노가 그대로 현지에 전달됐던 모양이었다. 아쉬웠다. 조금 불만스럽더라도 장관이 '고생한다. 조금만 더 국가의 명예를 위해 수고해 달라...'고 격려할 수는 없었을까? 정말 이해하기 어려웠다. 그것이 장관의 생각이었는지 아니면 군 출신 대통령의 생각이었는지 알 수는 없었지만 나로서는 이해되지 않는 부분이었다. 정작 해야 할 일은 제대로 하지 못하고, 그래서 국가의 자존심을 상할대로 상하게 만들고, 그래서 단원들에게 필요 이상의 고생을 시키면서도 자그마한 문제가 제기되는 것에 대해서는 견디지 못하는...... 참으로 답답한 사람들이었다.

장관의 질책은 엉뚱하게 나에게까지 파편이 튀었다. '기자 출입금지!' 그들은 아예 기자들이 취재하는 것을 원치 않는다며 이후의 방문을 거부했다. 어쩌면 나를 의식한 결정이었을지도 모를 일이었다. 결국 그 후로 나는 의료지원단을 찾지 못했다. '꼭 다시 찾겠다'고 했던 그들과의 약속도 전쟁이 끝날 때까지 지킬 수 없었다.

12

가슴 아픈 현실, 그 정부에 그 군인

기대가 컸고 그만큼 의욕적으로 달려들었던 의료지원단 취재는 많은 것을 생각하게 했다. 국제사회에서 우리의 위치는 어느 쯤인가? 우리의 외교 능력이나 수준은 과연 어디쯤 있는가? 도대체 이번 전쟁에 우리는 무엇 때문에, 무슨 목적으로 나와 있는 것인가?....수도 없는 질문들을 스스로 던져 보았다. 생각할수록 답답했다. 직접 확인한 현실에 자괴감이 작지 않았다. 더욱 자존심 상하는 일은 사우디조차 우리를 탐탁하게 여기고 있지 않다는 사실이었다. 솔직히 말하면 귀찮게 여기고 있다는 표현이 맞을 정도로 우리는 냉대를 받고 있었다. 길지 않은 시간의 관찰에도 그런 분위기를 분명하게 느낄 수 있었다. 그만큼 그들은 노골적이었다. 기자이기에 앞서 국민의 한 사람으로 속이 끓었다.

처음으로 군사외교라는 것을 생각하게 됐다. 군사외교의 중요성을 절감했다. 당시까지만 해도 나는 세련된 외교관들이 미소 가득한 얼굴로 만나는 칵테일 파티 같은 것만을 외교 행위로 생각하고 있었다. 군사외교에 대해서는 생각조차 하지 못했었다. 그런데 내가 만난 현실은 군사외교의 중요성을 웅변하고 있었다. 형편없이 초라한 우리 군사외교의 모습을 적나라하게 확인시켜 주고 있었다. 정부도 이런 사실을 알고 있는지, 이럴 걸 알면서도 파병을 결정했는지 궁금했다. 고생은 고생대로 하면서 아무런 생색도 나지 않고, 오히려 거추장스런 존재 취급을 받는 이런 지역에 왜 보냈는지, 정부는 무슨 생각으로 이런 파병을 결정했는지 따져 묻고 싶었다. 정말 이해하기 어려웠다. 어쩌다 우리가 이 지경이 되었는가? 왜 이런 대접밖에 받지 못하는 것인가? 신음같은 한숨만 새어나왔다.

또 다른 답답함은 우리 군인들이었다. 아무리 힘들고 어려워도, 상황이 힘겨워도 그들은 전쟁터에 파견된 군인들이었다. 비록 다국적군에 포함되지는 못했지만 대한민국을 대표해 파병된, 30개 이상 되는 많은 나라에서 온 병력들과 비교가 되는 대표선수들이었다. 군인다운 의연함을 지켜줬으면 좋겠는데 그들은 전혀 그렇지 못했다. 그들은 아예 국위선양이니, 국제사회에서의 자존심이니 하는 것 따위에는 아예 관심이 없는 것처럼 보였다. 물론 고국에서 방송될 인터뷰에는 '판에 박힌 애국심'을 얘기했지만…. '도대체 이 사람들이 대한민국을 대표해 전장에 나온 군인들은 맞는가?' 하는 것이 나의 솔직한 심정이었다. 당황스럽게도 그들이 내게 보인 가장 큰 관심은 '파병되기 전 정부에서 약속했던 '특별 수당'을 제대로 받게 되겠는가?' 하는 것과 '언제쯤 집으로 돌아가게 되겠는가?' 하는 것이었다. 조금만 과장을 하자면 그들은 시간을 내 좋은 곳으로 놀러 온 단체 관광객들 같은 분위기였고 기자인 나를 귀한 손님들의 안내를 잘못한, 계약 내용을 제대로 지키지 않는 관광회사의 가이드쯤으로 생각하는 것 같았다.

서글픈 현실이었다. 외교에 서툰 정부는 명분도 없이, 아무 실익도 없이 군대를 파병했고 그렇게 나온 군인들은 마치 휴양 나온 사람들처럼 불평 불만뿐이었으니…… 그들은 아무데서나 정부를 비난했고 거침없이 지휘부를 욕

했다. 오죽했으면 그들을 물심양면으로 도와 주던 교민들이 고개를 절레절레 젓는 상황까지 만들어졌을까?... 교민들은 의료지원단 얘기를 꺼내자 손사래부터 쳤다. 그들은 대부분의 교민들이 특별기로 피난을 가는 가운데 남은 분들이었다. 만일의 경우 전쟁이 사우디까지 번지더라도 재산은 지켜야겠다고 비장한 각오를 다진 용감한 분들이었다. 고국에서 의료지원단이 왔다는 소식에 처음엔 반갑고 고마워 주말마다 김치며 밥을 날라주던 헌신적인 분들이었다. 한데 그랬던 분들이 스스로 다 접었다고 했다. 갈 때마다 힘들어 죽겠다고 하는 소리 듣기 싫어서, 자기들끼리 욕하는 소리 듣기 싫어서... 교민들은 '정말이지 심각한 문제'라며 고개를 저었다.

그런 교민들 가운데 김○○라는 분이 있었다. 미국 시민권자로 종업원 9백여 명을 거느린 건설회사의 대표였다. 그 분의 말을 직접 옮겨볼 필요가 있을 것 같다. '대사관 무관을 통해 한국군이 다국적군의 일원으로 사우디 아라비아에 왔다는 소식을 들었습니다. 말할 수 없을 정도로 반갑고 자랑스러웠습니다. 그래서 바로 알 누아이리아를 찾아갔습니다. 거기서 우리 군인들이 받는 대우를 보고 놀랐습니다.... 군인들은 제게 김치를 조금 담아다 줄 수 없겠느냐고 물었습니다. 도저히 사우디 음식을 먹을 수 없다고 했습니다. 그래서 그 다음 주에 차에 꽉 찰 만큼 많이 만들어 가져다 줬습니다. 그리고 그 뒤로도 갈 때마다 김치를 담아다 줬습니다. 한데 그렇게 얼굴을 익히고 나자 다음 번에는 사무실 집기도 좀 마련해 달라고 했습니다. 사무실은 하나 얻었는데 집기가 하나도 없다고 했습니다. 해서 좋은 것으로는 못했지만 우리 사무실에 있는 쓸만한 것으로 가져다 줬습니다. 오죽하면 그런 부탁까지 할까 싶어서였습니다. 한데 그렇게 몇 차례 부탁을 들어줬더니 부탁의 강도가 점점 세졌습니다. 그러더니 나중에는 승용차를 한 대 구해달라는 것이었습니다. 밖으로 외출하는데 필요하다며.... 기가 막혔습니다. 이미 지급된 짚차가 있는데 무슨 차가 또 필요하며 또 필요하다면 당연히 정부에 요구해야지 왜 교민

에게 손을 벌리느냐는 얘깁니다....'

그는 승용차 얘기가 나온 뒤 아예 발길을 끊었다고 했다. 그러면서 부탁했다. '당신이 기자니까 한국 정부를 혼내주던지, 아니면 군인들의 그런 문제를 제기해주던지 해 달라'는 것이었다. 문제는 이런 분위기가 비단 김○○씨 한 사람에 국한된 것이 아니라는 데 있었다. 몇몇 사람들은 창피하다고 했고 어떤 사람들은 아예 얘기조차 하지 않으려는 극도의 경멸감을 보이고 있었다. 고맙다는 말은 고사하고 '무엇이 필요하다', '뭐가 없어서 힘들다'는 등 무슨 죽겠다는 소리를 그렇게 많이 하는지 들어 주기가 민망할 정도라는 얘기, '도대체 저런 군인들이 왜 나와 있는지 모르겠다'며 '저럴 것이라면 차라리 안 나오는 것이 나았을 것'이라는 얘기들이 공통적이었다. 어떤 대답이 나올지, 대답이 걱정스러워 물어보는 것이 겁날 정도였다.

분명 비극이었다. 전쟁터에까지 나와 서로 얼싸안을 정도로 반갑고 다정해야 할 동포들이 그렇게 감정이 상해버렸으니... 그리고 그런 감정이 나라를 대표해 나온, 그것도 세계적인 뉴스의 현장에 나온 대표 군인들에게서 비롯되고 있었으니.... 전쟁이 끝나고 나서, 모두가 복귀한 후에 확실하게 의료지원단에 대한 평가를 해야 할 것이라고 생각했다. 다국적군도 아닌데 군이 왜 보냈는지, 또 왜 그렇게 형편없는 대접을 받아야 했는지, 단원들 선발에 문제는 없었는지, 지휘 통솔에 문제는 없었는지' 등에 관해서... 냉정하고도 치밀한 평가가 필요하다는 사실을 의료지원단은 분명하게 보여주고 있었다. 전쟁이 끝난 후 비공식적인 경로를 통해 이런 문제를 제기했었다. 하지만 그 후로 당시의 그런 문제에 대한 철저한 분석 평가가 있었다는 얘기를 나는 들어보지 못했다. 오히려 내게 들려온 얘기는 전쟁이 끝나고 난 후 공을 논의하고 상을 결정하는 과정의 소란스러움이었다. 포상이 실제의 역할보다는 나눠먹기식으로 진행돼 문제가 시끄러웠고 그 과정에서 분개한 일부 장교들이 군복을 벗는 것으로 항의했다는 내용이었다.

13

KBS 기자와 CNN 기자, 한국과 미국의 차이

종군기자로 서울을 떠날 때는 각오가 대단했었다. 바라보는 주위의 눈길들은 근심스러웠고 나 또한 비장감 속에서 마음을 다져야 했다. 결국은 따뜻한 웃음으로 전송했지만 아내와 어머니의 얼굴엔 수심이 가득했다. 언뜻 언뜻 무거운 그림자가 드리워지기도 했다. 처가엔 아예 알리지도 않았다. 아마도 뉴스를 보고 놀라실 터였다. 때때로 짙은 후회가 밀려드는 것도 어쩔 수 없었다. 짐짓 태연한 척했지만 포탄, 총탄이 빗발치는 전쟁터에 나서야 한다는데 대한 두려움도 적지 않았다. 출발 일자가 결정된 후에는 하루에도 몇 번씩 '거기 가서 까딱 잘못하다가는....'하는 방정맞은 생각에 심란해지기도 했었다.

그런데 그런 '엄청난 각오'를 하고 도착한 현장은 완전히 딴판이었다. 우선 전선이 보이지 않았다. 전선 가까이 접근이 되지 않는 문제도 있었지만 그보다는 달라진 전쟁의 형태 때문이었다. 지상전이 시작되기 전 전쟁은 전투기의 폭격에 미사일로 대응하는 양상으로만 진행되고 있었다. 영화에서 보던, 그리고 그때까지 수많은 재래식 전쟁에서 보여지던 전투장면은 어디에서도 찾을 수 없었다. 서로 수백 킬로미터 거리에 있는 적을 두고 전투기를 띄우고 미사일만 날리고 있었으니 전선의 개념을 찾는다는 것 자체가 무의미하다고 해야 할 정도였다. 이라크가 쏴대는 스커드가 신경쓰이기는 했지만 하루에 몇 번씩 드문 드문 떨어지는 양상으로 그 빈도가 줄고 있었다. 그런 현상에 긴장감은 커녕 무료함까지 느껴질 정도였다. 매일 전황을 전하는 브리핑장을 찾는 것이 가장 중요한 일이었다. 물론 브리핑도 중요했지만 그건 내가 원하던 전장은 아니었다. 정말 내가 전쟁을 취재하는 기자인가 싶기도 했다.

  유일하게 전쟁의 분위기를 보여주는 곳은 텔레비전 뉴스 속의 바그다드뿐이었다. 서방의 모든 기자들이 추방된 가운데 유일하게 그곳에 남아 방송하는 CNN의 피터 아네트 기자가 그렇게 부러울 수가 없었다. 그를 볼 때마다 그와는 너무 다른 종군기자 노릇에 속이 타기도 했다. 위성을 통해 무덤덤한 표정으로 리포트를 하는 그의 모습은 그다지 매력적이지 않았다. 다국적군 공격에 따른 피해 상황을 전하고 그에 대한 이라크의 반응을 전하는 그의 방식은 특별할 것도 없었다. 적어도 내 기준으로 볼 때 그는 방송을 잘 하는 기자가 아니었다. 내게 기회가 주어진다면 훨씬 더 잘 할 수 있겠다는 자신감도 있었다. 그러나 그와 나 사이에는 근본적인 차이가 있었다. 그는 미국 기자였고 나는 한국 기자라는 사실이었다. 전 세계가 그의 입에 주목하는 모습을 보며, 그의 한마디 한마디에 흥분하기도 분노하기도 하는 모습을 보며 또 다른 차원의 힘의 논리를 절감했다. '미국의 힘'이라는 말 외에는 달리 설명할 말이 없었다. 그것은 대단한 아이러니이기도 했다. 미국에 일방적으로 당하고 있는 이라크가 그런 미국의 무자비한 행위를 고발하기 위해 미국 매체와 기자를 그토록 철저하게 대우하고 있다니...

  눈에 들어오는 전선은 없었지만 그래도 기자들은 현장을 찾아야 했다. 프레스센터를 이용한 풀을 이용하는 것이 거의 유일한 방법이었다. 하지만 이 풀조차 미국 기자들이 거의 독점하고 있었다. 특히 CNN과 NBC, ABC 등 미국 방송사들은 풀과도 관계없이 활발한 취재를 하고 있었다. 그들은 미군의 움직임을 따라 다니며 그들의 보호 속에서 생생한 소식을 세계에 전하고 있었다. 그들을 제외한 다른 나라의 기자들은 이들의 뉴스를 통해 현장상황을 알게 되는 경우가 더 많았다. 특히 전쟁 전까지는 존재조차 희미했던 CNN은 24시간 전쟁을 생중계하며 전 세계인의 눈과 귀를 사로잡고 있었다. 취재를 경쟁이라고 말한다면 시작부터 공정성이 보장되지 않는, 싸움이 될 수 없는 경쟁인 셈이었다. 미국 언론 중심 체제는 자국민을 의식한 치밀한 계획에 따른 것임이 분명했다. 이들은 뉴스를 통해 전쟁의 당위성을 끊임없이 강조하고 있었다. 후세인은 악의 화신이었고 그를 응징하는 미국은 세계 평화의 수호자였다.

이런 상황에 미국을 제외한 제3국 기자들이 분개한 것은 당연했다. 프랑스 기자들이 총대를 맸다. 어느 날, 그들은 미국 언론 중심으로 이뤄지는 공보시스템에 동의할 수 없다고 천명하고 취재 거부를 선언했다. 그리고 제 3국 기자들을 대상으로 서명을 받는 등 세 규합에 들어갔다. 불만이 가득했던 다른 나라 기자들이 순식간에 서명지를 꽉 채웠다. 당연히 나도 함께 했다. 우리는 매일 정기적으로 진행되던 브리핑을 거부하는 등 실력행사에 돌입했다. 다국적군의 핵심인 프랑스 기자들이 앞장설 지경이었으니 우리야 말해 무엇하겠는가? 하지만... 많은 기자들의 이런 실력행사에도 미국은 까딱하지 않았다. 아예 모르는 체 무시해버렸다. 당연히 달라진 것도 거의 없었다. 그렇게 며칠이 흐르자 결국 호기롭게 취재거부를 선언했던 기자들이 다시 브리핑장으로 들어갈 수밖에 없었다. 어찌 보면 망신이었다. 호기를 부리다 체면만 구긴 셈이 됐다. 미국이란 나라를 다시 보는 계기가 됐다. '도대체 이 나라 왜 이렇게 쎈 거야?' '뭘 믿고 이렇게 오만한 거야?'

결국 미국 기자를 제외한 제3국 기자들은 가능성이 별로 없기는 했지만 풀

에 기댈 수밖에 없었다. 특정 취재에 대표 기자를 보낸 뒤 그를 통해 기사를
공유하는 형식이었다. 그나마 전투병을 파견한 나라의 기자들은 자국 병사들
의 움직임을 따라 다니며 아쉬움을 달랠 수 있었다. 하지만 그렇지 않은 경우
는 풀이 거의 유일한 수단이었다. 문제는 풀도 중요한 것은 대부분 미국 기자
들 중심이었고 그나마 차례가 돌아오는 것은 후방 부대 방문 등 영양가가 떨
어지는 것들뿐이라는 것이었다. 거기에 풀 자체의 수도 절대적으로 부족했
다. 당시 프레스센터에 등록된 기자 수는 2천 4백여 명이나 됐지만 전쟁이 끝
날 때까지 운용된 풀의 수는 24개뿐이었으니…. 주변에서 풀을 활용해 봤다
는 기자들을 거의 본 적이 없었다. 나중에… 전쟁이 끝난 후 어느 통계를 보
니 풀을 이용한 기자의 수가 190명으로 돼 있었다.

14

전쟁의 땅에서 확인한 태권도의 위력

그렇다고 가만 있을 수 없었다. 길이 없다면 스스로 만들어야 했다. 그것이 기자의 숙명이었다. 전선 취재를 위해 머리를 짜내야 했다. '차를 빌려 무조건 북쪽으로 가보자.' 가장 쉬운 생각이었다. 그렇게 군인들의 이동경로를 쫓고 부대주변을 기웃거리는 기자들이 많았다. 그러나 안전이 담보되지 않는다는 문제가 있었다. 상당한 위험을 감수해야 하는 상황이 종종 발생했다. 간첩으로 오인돼 체포되는 경우까지 있다고 했다. 공보실에서는 그런 행위를 꼭 찝어서 경고했다. 군사지역에서 사전에 허가되지 않은 취재활동은 보호되지 않으니 자제해 달라는 것이었다. 그때 내앞에 나타나 준 사람이 있었다. 태권도 사범 김기홍 씨. 사우디 왕실에서 무술 사범으로 일하는 실력자였다. 잘생긴 얼굴에 몸이 단단하게 생긴 호남이었다.

당시 사우디를 포함한 중동의 지도자들은 태권도의 매력에 흠뻑 빠져 있었다. 그래서 사우디를 포함해 여러 나라의 왕실이 한국의 태권도 유단자들을 무술 책임자로 두고 있었다. 70년대 건설 분야의 사업 파트너로 시작된 양국 관계, 그를 통한 대한민국에 대한 신뢰가 그렇게까지 이어지고 있는 것 같았다. 김씨는 사우디 왕실에서도 가장 영향력이 있다는 동부지역 사령관의 태권도 스승이었다. 공식 직함은 동부지역 사령관 경호 책임자로 돼 있었다. 적어도 동부 지역에서는 어디서든 통할 수 있다는 의미였다. 그는 흔쾌하게 도와주겠다고 했다. 그 또한 사우디에서 우리 의료지원단이 받는 형편없는 처우와 그들의 못난 행위에 화가 많이 나 있는 상태였다.

그는 애국심에 열정까지 겸비한 사람이었다. 밤낮을 가리지 않고 헌신적으로 우리를 도왔다. 그의 신분증은 어디를 가든 큰 위력을 발휘했다. 군데군데 검문소들이 많았지만 그의 신분증을 보이기만 하면 무사통과였다. 간혹 신분증이 통하지 않는 지역이 있긴 했다. 하지만 그는 때론 은근한 압력으로 때론 진지한 설득으로 문제를 풀어냈다. 막막한 처지의 우리에게 그런 김씨는 엄청난 도움이 아닐 수 없었다. 김씨 덕분에 우리는 제한적이나마 전선의 모습을 살피고 전쟁의 분위기를 읽어낼 수가 있었다. 전쟁의 땅 사우디아라비아에서 말로만 듣던 태권도의 위력을 실감한 셈이었다. 헌신적인 김씨 덕분에 우리는 그래도 힘없는 나라 기자들 중에서는 가장 활발하게 취재활동을 벌일 수 있었고 부러움의 대상이 되기도 했다.

2월 19일 밤(사우디 현지시각)에 지상전이 시작될 것이라는 정보가 입수 됐다. 워싱턴 특파원이 펜타곤에서 나온 것이라며 급하게 연락을 해왔다. 한편으로는 유선 방송에 귀를 기울이면서 다른 한편으로는 프레스센터에 정신을 집중했다. 프레스센터에는 이미 우리와 같은 정보를 가진 기자들로 만원이었다. 그러나 브리핑 내용 가운데 특별한 것은 없었다. 브리핑을 끝내려는 대변인을 잡고 늘어지며 지상전에 관해 끈질기게 물어 봤지만 역시 '모른다' '알 수 없다'는 대답만을 들을 수 있을 뿐이었다. 별 소득없이 물러나오는데 어디서 밤 10시에 공격이 개시된다는 얘기가 다시 들려왔다. 더 이상 확인할 수 있는 방법이 없었지만 무시할 수도 없었다. 찝찝한 기분으로 CNN을 지켜보는 수밖에. 서둘러 숙소로 돌아와 텔레비전 앞에 앉았다.

기자들의 일이란 게 그럴 때가 많았다. 특히 뭐 하나 정해진 것이 없는 전쟁터 같은 곳에서는 그런 일들이 더 많았다. 들려오는 말 한마디, 작은 소문 하나에 목숨을 걸고 매달려야 하는 때도 있었다. 경쟁 관계임을 잊고 정보가 더 많은 기자들의 움직임을 관찰하는 일도 드물지 않았다. 이 얼마나 우스운 광경인가? 취재를 해야 하는 기자가 경쟁사의 뉴스 화면에 목을 매고 있어야 하는 현실이... 그러나 그런 생각은 사치였다. 어떻게든, 어떤 소스를 통해서든 원하는 것을 알아내는 게 급선무였다. 과연 10시에 지상전이 시작될까? 우리뿐 아니라 '지상전이 언제 시작될까?'는 전 세계의 관심이었다. 만일의 경우에 대비해 서울에도 연락을 해 놓은 상태였다.... 그러나 10시에도, 10시를 넘겨서도... 그날 밤 지상전은 벌어지지 않았다. 혹시나 해서 밤을 꼬박 새웠지만 어디에서도 지상전이 시작됐다는 소식은 없었다.

정말 답답했다. 대책없이 기다려야만 하는 처지가 한심했다. 무리가 되더라도 직접 확인해 봐야겠다는 마음을 굳혔다. 가만히 앉아 있어서는 얻을 게 없다는 것이 나의 결론이었다. 다음 날 아침 일찍 김씨와 함께 나섰다. 군부대의 움직임을 살피는 것이 가장 효과적일 것이라는 판단에 다란 쪽을 살펴보기로 했다. 다란은 다국적군의 현장 지휘본부가 있는 곳이었다. 끊임없이 병력과 물자가 들어 오는 주베일 항과 그 주변, 그리고 국경 근처 카프지까지 살펴 보면 뭔가 나올 수도 있겠다고 판단했다. 끝도 없이 펼쳐진 사막길을 북쪽으로 북쪽으로 계속 달렸다. 이른 시간이었지만 낙타들이 꽤 많았다. 모래밭에 뭐 먹을 것이 있다고... 그 동안의 심한 바람을 말해 주듯 모래는 열흘 전보다 더 많은 봉우리를 만들어 세워 놓고 있었다. 낙타가 횡단하는 것을 막기 위해 도로 양편에 쳐 놓은 펜스는 바람에 밀려온 모래로 군데군데 덮여 있었다.

담맘 근처에 오니 군용 트럭들의 행렬이 나타나기 시작했다. 트럭만이 아니었다. 탱크와 장갑차도 함께였다. 트럭은 물자를 싣기도 하고 병사들을 태우기도 했다. 모두 북쪽 쿠웨이트 국경쪽으로 향하고 있었다. 대규모 이동이었다. 트럭 위의 병사들은 더운 날씨인데도 목도리까지 한 피곤한 모습이었다. 끝도 없는 트럭과 탱크 행렬이 계속 이어졌다. 지상전을 대비한 움직임이 분명했다. 이동이 진행되고 있다는 것은 아직은 준비가 끝나지 않았다는 의미였다. 지상전을 준비하고는 있지만 아직은 여유가 있다는 의미였다. 주변 취재를 해보니 이런 부대의 이동이 3~4일 전부터 엄청나게 늘었다고 했다. 그건 준비가 피크에 있다는 의미, 완료까지 얼마남지 않았다는 의미였다. 그런 정황들을 종합하니 자연스럽게 '며칠 후'라는 결론에 도달할 수 있었다. 물론 준비를 완벽하게 마친 상태에서도 공격이 한참씩 미뤄지는 경우가 있지만 이 경우는 그렇지 않을 것이라 생각했다. 이미 이라크의 전투력이 거의 궤멸 상태인 것이 확인됐기에 더 이상 미룰 이유가 없다는 게 내 판단이었다. 아마도 워싱턴에서 흘러나오는 지상전 개시관련 소식들도 이런 분석과 병력이동 등에 대한 정보들을 근거로 한 것 아닌가 싶었다.

그런 생각을 하면서 트럭 행렬을 따라 계속 올라 갔다. 반대편에서 불에 탄 장갑차들이 실려내려 오고 있었다. 적은 수가 아니었다. 다국적군 것인지, 아니면 이라크군의 것인지는 분명하지 않았지만 격렬한 전투의 흔적인 것만은 분명했다. 최근에 전투가 심하게 벌어졌다는 브리핑은 없었는데.... 카프지 전투의 잔해물들로 판단됐다. 카프지 전투 후 공식적으로 확인된 지상전은 없었으니... 부숴진 정도와 규모로 보아 작지 않은 전투였음이 분명했다. 하지만 그 이상은 확인되지 않았다. 역시 나오니 보이는 것이 많았다. 브리핑에만 목 매지 않고 직접 나온 것은 잘 한 판단 같았다. 전선의 분위기를 포함해 제법 많은 것들을 읽어낼 수 있었다. 특별히 무기와 병력의 이동은 중요한 단서였다. 역시 기자에게 가장 중요한 것은 현장이라는 사실을 새삼 확인한 하루였다.

15

먹빛 하늘, 잿빛으로 변한 죽음의 도시

걸프전은 적어도 내가 아는 한 미국이 역대 전쟁 가운데 가장 철저하게 준비한 전쟁이었다. 이라크의 군사력이 만만치 않다는 의미였다. 베트남 전쟁의 충격적 패배도 영향을 미친 것이 분명했다. 종전이 20년 가까이 지났지만 미국은 당시의 충격에서 완전히 벗어나지 못한 상태였다. 만약 한번 더 패한다면... 미국으로선 상상하기조차 싫은 일임이 분명했다. 다시 있을 수 없는 일이었고 있어서는 안 될 일이었다. 신중하고 치밀하게 준비된 계획에 따라 미국이 택한 작전은 초기에 이라크의 방공망과 통신망, 공군력을 무력화시키는 것이었다. 첫날의 대대적인 공습은 그런 계획에 따른 것이었고 작전은 완벽하게 성공했다. 이라크는 전쟁 첫날 회복이 불가능할 정도의 궤멸적 타격을 입었고 다국적군은 이후 일방적으로 작전을 펼칠 수 있었다. 이런 상황에 이라크는 상상초월의 도발로 또 한번 세계를 놀라게 했다. 쿠웨이트의 유정들을 파괴한 것이었다. 참으로 대단한 후세인이라는 생각을 했었다. 하지만 외신을 통해 기사를 보기만했지 그로 인한 문제를 심각하게 생각해보지는 않았었다.

카프지를 찾아가는 길이었다. 카프지는 걸프전 시작 후 최초로 지상전이 벌어졌던 사우디의 북부 도시였다. 당시까지는 최초의 지상전이자 유일한 지상전이었다. 모두의 예상을 깨고 이라크군이 기습공격을 감행했던 곳, 놀란 다국적군은 그곳을 내줄 수밖에 없었다. 하지만 이후 대대적인 반격을 통해 탈환에 성공했다. 36시간 만이었다. 당연히 전투는 치열했고 그렇게 뺏기고 빼앗는 과정에서 적지 않은 사상자가 발생했다. 다국적군은 공식 사망자를 43명이라고 밝히면서 이라크군 사망자는 최대 300명에 이를 것이라고 추산했다. 포로의 숫자도 463명이나 된다고 설명했다. 나를 포함한 기자들은 다국적군 사망자가 발표된 것보다 훨씬 많을 것이라고 생각했다. 이라크군 사상자를 감안한 판단이었다. 카프지는 그렇게 걸프전의 상징적인 장소가 된 곳이었다. 그곳을 한번 보고 싶었다. 현실속의 전투가 어떤 것인지 직접 확인하고 싶었다. 그를 통해서 이후 펼쳐질 본격적인 지상전 상황을 그려보고 싶었다.

이미 사막의 풍경에 많이 익숙해진 상태였다. 병력의 이동과 이미 자리를 잡고 있는 부대의 모습 등.... 하나 하나를 기록하며 올라가는데 어느 지점부터 하늘이 흐려졌다. 처음에는 비가 오려고 먹구름이 낀 것이겠거니 했다. 그러나 북쪽으로 갈수록 어둠이 더 짙어지며 매케한 냄새까지 났다. 그랬다. 그것은 구름이 아니었다. 불타는 유정에서 뿜어져 나오는 연기였다. 쿠웨이트에서 바람을 타고 국경을 넘어온 연기였다. 그 연기가 온통 시커멓게 하늘을 뒤덮고 있었다. 전쟁 개시 직후 폭파됐으니 최소 한 달 이상 그렇게 뿜어져 나오는 연기가 농도를 더해가며 주변으로 퍼지고 있는 것이었다. 기사를 통해 그렇다는 사실만 알고 있었는데... 눈 앞에 펼쳐진 현실은 상상을 초월하고 있었다. 하늘은 온통 먹빛이었다. 냄새는 숨을 쉬기 거북할 정도로 매케했다. 나도 김기홍 씨도 손수건을 꺼내 입과 코를 막았다. 한낮의 태양이 희미할 정도로 연기는 두껍게 하늘을 덮고 있었다.

상황은 북쪽으로 올라갈수록 더 심각해지고 있었다. 문득 우리가 지나왔던 길을 돌아봤다. 환했다. 연기가 있는 쪽과 없는 쪽이 아주 극명하게 대비가 되고 있었다. 우리는 영락없이 밝은 세상에서 어두침침한 암흑 세상으로 들어가는 탐험대 같은 모습이었다. 바라보는 것만으로도 답답하고 숨이 막혀왔다. 연기는 위, 아래 할 것 없이 모든 공간을 가득 채우고 있었다. 얼마나 짙은지 대낮인데도 라이트를 켜지 않으면 차를 운전하기 어려울 정도였다. 광채를 잃은 태양은 한참 멀리서 힘없이 그 모습만 인식시켜 주고 있었다. 오후 3시의 하늘이 마치 겨울밤 10시의 모습과 흡사했다. 다른 것이 있다면 중천에 떠 있는 흐릿한 것이 달이 아니라 태양이라는 사실 뿐... 경계를 서고 있는 군인들은 목도리까지 두른 채 모닥불을 피워놓고 있었다. 그들은 목이 많이 따갑다고 했다. 춥다고 했다.

예상치 못했던 상황... 얼마나 더 나갔을까?... 그리 멀지 않은 곳에 카프지가 안개속 실루엣처럼 나타났다. 도시 전체가 연기에 잠긴 느낌이었다. 끔찍한 모습이었다. 어떻게 저렇게까지 될 수 있을까?... 그건 무기에 의한 파괴와는 또 완전히 다른 차원의 상처였다. 눈 앞에 펼쳐진 상황에 경악하며, 눈과 코를 찌르는 자극에 몸을 움츠리며 카프지에 도착했다. 10여 미터... 가까운 거리도 선명치 않았다. 짙고 시커먼 연기에 쌓인 회색도시가 내 눈앞에 서 있었다. 내가 그 안에 서 있었다. 묘한 분위기였다. 공포 영화에 나올 법한... 음산한 분위기마저 풍겼다. 군인들이 막아섰다. 다들 두꺼운 외투에 목도리를 하고 있었다. 열사의 나라에서 대낮에 목도리라니... 그들은 정말 불편한 것 같았다. 김씨가 나서자 군인들의 태도가 달라졌다. 왕궁 태권도 사범을 대하는 그들의 태도는 정말 깍듯했다. 책임자는 여유있게 돌아보라고 인사까지 했다.

먼저 눈에 들어온 것은 입구를 알리는 대형 구조물이었다. 원래의 위치에 서 있기는 했지만 심하게 깨지고 부숴진 상태였다. 주변으로 보이는 건물들도 온통 총탄 포탄 자국들... 찌그러지고 깨진 채 불에 타 아무렇게나 뒹굴고 있는 차들, 깨지고 부서져 성한 곳 한군데 없는 그을린 건물들이 치열했던 전투 상황을 설명하고 있었다. 도로 한쪽 편엔 애꿎게 총에 맞아 죽은 낙타도 처참한 모습으로 누워 있었다. 서 있을 때 보던 모습보다 훨씬 커보였다. 낙타가 무슨 죄가 있다고.... 그런 모습들을 짙은 연기가 감싸니 묘한 긴장감이 감돌았다. 도시의 규모는 생각했던 것보다 컸다. 하지만 눈에 닿는 곳의 모습은 다 비슷했다. 군인들을 제외하고는 사람도, 동물도 보이지 않았다. 다 다른 지역으로 내 보낸 것 같았다. 기분 나쁜 적막감이 도시 전체를 휘감고 있었다. 유령도시 같은 기분... 차로 한 20분 돌아보고 나니 더 이상 볼 것이 없었다. 더 있고 싶은 생각도 없었다. 도망치듯 서둘러 카프지를 빠져 나왔다.

마음이 무겁게 가라앉아 있었다. 그런 장면은 세상에 태어나 처음이었다. 누구도 말이 없었다. 숙소로 돌아가자는 소리에 현지인 기사가 깜짝 반가워했다. 그도 많이 놀란 것 같았다. 오던 길을 거꾸로 달렸다. 멀리 서쪽 하늘엔 지평선 부근에만 밝은 띠가 남아 있었다. 그것으로 하늘과 땅이 구분되고 있었다. 그 띠는 남쪽으로 내려올수록 조금씩 넓어졌다. 마치 짙은 어둠을 뚫고 새벽 하늘이 조금씩 열리듯 우리의 앞길은 그렇게 밝아지고 있었다. 그렇게 하늘이 밝아 지며 눌렸던 마음도 함께 조금씩 풀리고 있었다. 마침내 밝은 세상에 도달했을 때의 기분이란.... 유령마을을 빠져나온 기분이었다. 돌아보니 빠져나온 곳은 여전히 칙칙한 어둠이었다. 그 어둠의 정체를 아는 상태였기에 빠져나왔다고 마냥 좋아할 수 만은 없었다. 끔찍한 경험이었다. 그렇게 심각할 줄은 상상도 못했었다. 연기가 그렇게까지 하늘을 다 덮어 끔찍한 세상을 만들 줄이야....

기분 때문인지 목이 따끔거렸다. 도착하자마자 샤워부터했다. 시커먼 물이 흘렀다. 생수도 거의 한병이나 들이켰다. 엄청난 환경파괴! 전쟁의 또 다른 모습이었다. 오늘 그 현장을 똑똑히 목격한 것이었다. 전쟁이 끝나더라도 결코 쉽게 정리될 것 같지 않은 비극적 현실이었다. 한데 어찌된 일인지 이런 기사는 외신에서도 본 기억이 없었다. 브리핑에서도 유정 몇 개가 파괴됐다는 초기의 발표 외에는 언급이 없었다. 기사도 브리핑도 대부분 시설과 건물 파괴, 인물 피해 등에만 집중될 뿐이었다. 하지만 내가 확인한 것은 유정파괴로 인한 환경파괴가 그 모든 것들에 비해 결코 뒤지지 않는 엄청난 문제라는 것이었다. 그날 나의 리포트 제목은 '한낮의 암흑 세상'이었다.

16
무모한 충돌, 애꿎게 죽어간 민간인 500여 명

2월 13일. 충격적인 사건이 벌어졌다. 미국이 군사시설이라며 공격한 바그다드의 한 건물에서 수백 명의 민간인이 희생된 것이었다. 현지 언론은 숨진 민간인의 숫자가 최소 500명이 넘는다고 보도했다. CNN을 통해 전해지는 화면은 참혹했다. 처참하게 무너진 건물의 잔해, 그 먼지 가득한 침침한 공간 여기저기에 뒹굴고 있는 시신들, 콘크리트 더미에 깔려 살려달라고 울부짖는 사람들, 피투성이가 된 채 울부짖는 어린 아이들, 정신없이 피투성이가 된 어린 아이를 안고 뛰는 구조대원들… 그야말로 생지옥, 아비규환의 현장이었다. CNN은 그런 적나라한 현장을 그대로 중계하면서 미국에 대한 이라크 국민들의 적개심까지 함께 전하고 있었다. 분노한 이라크 사람들은 바그다드 시내를 돌며 미국과 부시에 대한 복수를 다짐하고 있었다. 그러면서 후세인에 대해서는 절대 복종과 충성을 맹세하고 있었다. 그 기세가 심상치 않았다.

이라크는 즉각 민간인들에 대한 무자비하고 비인도적인 공격이었다며 미국을 맹비난했다. 명백한 제네바 협정의 위반이라는 사실도 강조했다. 참혹한 상황에 국제사회도, 미국내 여론도 무모한 공격의 문제점을 지적했다. 미국도 당황하는 빛이 역력했다. 부시 대통령은 그럼에도 문제의 시설이 명백한 군사통신시설이었다는 사실을 강조했다. 그러면서 민간인들이 희생당한 것은 안타까운 일이지만 그 책임은 그들을 군사시설의 방패막이로 이용하려 했던 후세인이 져야 한다고 주장했다. 미국의 이런 주장이 전혀 근거가 없는 것은 아니었지만 엄청난 민간인 희생자들 앞에 설득력을 잃고 있었다. 많은 전문가들은 부시의 조바심이 엄청난 비극을 불렀다고 분석했다. 하지만 내 생각은 조금 달랐다. 후세인과 부시, 부시와 후세인 무모한 두 지도자의 정면 충돌이 빚어낸 비극이라는 게 내 판단이었다. 밀리고 밀리면서도 결코 쉽게 손들지는 않겠다는 후세인의 고집에 그렇다면 한번 본때를 보여 주겠다는 부시의 저돌성이 격돌한 결과라는 것이 내 생각이었다.

참으로 미국은 무서운 나라였다. 아무리 군사시설이라고 확신하고 있다고 하더라도, 아무리 민간인들을 방패로 동원한 행위가 용납할 수 없는 일이라고 하더라도... 사전에 민간인들이 대피하고 있다고 경고가 된 상황에서 어떻게 그렇게도 대담하게 공격을 할 수 있었던 것인지.... 아무리 후세인을 응징한다는 대의가 있다고 해도 어떻게 그렇게 무모한 공격을 할 수 있었던 것인지.... 평소 기회만 있으면 인권과 인도주의를 강조하는 그들의 입장을 생각하면 있을 수 없는 일이었다. '당신이 어떤 꼼수를 쓰더라도 우리의 계획은 변함없이 실행된다'는 메시지를 후세인에게 전하는 데는 성공했을지 모르겠지만 그 작전은 정당화되기 어려운 것이었다. 두고두고 부끄러운 기록으로 거론될 무책임하고 무모한 작전임이 분명했다.

한데 어찌된 일인지 미국을 비난하던 목소리들이 어느 순간 잠잠해졌다. 사안의 성격상 최소 일주일 이상 격한 비난 기사들이 쏟아져 나오는 것이 정상일 텐데 그렇지 않았다. 폭격 직후 강하게 부시를 몰아세우던 언론들이 약속이나 한 듯 갑자기 톤을 낮춘 것이었다. 그나마 나오는 기사들에도 전혀 집요함이 보이지 않았다. 동맹국의 지도자들은 아예 못 본 듯 현실을 외면했다.

사전에 교감을 거쳤다는 분명한 표시였다. 그래도 부시보다는 후세인이 더 나쁘다는, 후세인에 대한 강한 공동의 적대감 때문이었을까? 후세인이 나쁘기에 그를 대통령으로 두고 있는 사람들은 그런 대우를 받아도 된다는 이유였을까? 아무튼 부시를 향한 비난은 곧 수그러 들었다.

이해하기 어려운 상황에 반대의 경우를 떠올려 봤다. 만일 이라크의 스커드가 미국이나 사우디아라비아의 민간인 시설에 떨어져 500명이 넘는 무고한 시민들이 희생됐다면... 그런 상황이라면 언론들은 어떻게 했을까? 인권을 강조하는 지도자들, 세계의 명사들은 뭐라고 했을까? 그런 발칙한(?) 생각이 머리를 어지럽혔다. 민간인은 어디나 같은 민간인일 텐데... 생명은 누구에게나 같은 생명일 텐데... 분명 같지 않았을 것이었다. 달라도 엄청나게 달랐을 것임이 분명했다. 전쟁은 선과 악의 대결이 아니라는 사실, 힘과 힘이 부딪히는 무자비한 현실이라는 사실을 절감했다. 사람의 목숨이나 가치도 어느 쪽이냐에 따라 크게 달라질 수 있음을 깨달았다. 힘이 지배하는 세계질서를 다시 한번 확인하는 계기가 됐다. 그러나... 그렇다고 하더라도 적어도 이번 민간인들을 향한 무자비한 공격만큼은 미국과 부시에게 큰 오점으로 남을 것이라고 생각했다. 그렇게 되도록 기록으로 남겨야 한다고 생각했다.

이런 공격의 영향이었을까? 하루를 조용히 지낸 이라크는 다음날 대낮에 스커드를 날려 보냈다. 11시 50분쯤, 위성을 통해 제작물을 보내기 위해 방송국에 막 도착하던 시간이었다. 스커드의 공습을 알리는 경보가 아주 길게, 요란스럽게 울려 댔다. 우리도 급한 대로 지하실로 몸을 피했다. 한참을 피하고 있었는데도 경보음은 계속됐다. 그러나 어디 사막 한가운데로 멀리 날아 갔는지 이번에는 폭발음조차 들리지 않았다. 부시의 무지막지한 공격에 대해 가만히 있어서는 안 됐던, 성난 이라크 국민을 의식한 후세인의 의도된 오조준 공격이 아니었을까? 대항 공격의 모습은 취하되 일부러 사막 한가운데로

날려버린... 처음으로 지도자로서의 후세인의 처지가 '참으로 곤혹스럽겠다'
는 생각이 들었다.

그리고 다음날인 2월 15일, 이라크는 바그다드 방송을 통해 전격적으로 철
군을 선언했다. 낮 뉴스 시간이었다. 여러 가지 까다로운 조건이 붙기는 했지
만 전쟁 발발후 처음으로 철군이라는 단어가 나온 것이었다. 그 사실이 중요
했다. 후세인이 내건 조건은 이런 내용들이었다. *다국적군 공격의 즉각적인
중지 *이라크를 향한 UN 안보리의 결의와 경제제재 철회, *이라크군 철수
이후 1개월 이내에 중동에 주둔하고 있는 미군 등 외국군 완전철수 등... 10개
항이었다. 미국 입장에서는 수용할 수 없는 조건들이었다. 그럼에도 기자들
은 바빠지기 시작했다. 청신호임이 분명했다. 엄청난 비난을 무릅쓰고 무고
한 시민 5백여 명을 희생시킨 부시의 대모험이 결국 성공을 한 것인가?... 서
울에서는 계속 전화 연결을 요구했다. 이 소식 때문에 40분짜리 뉴스를 1시
간 50분으로 늘렸다고 했다.

급한 방송을 마치자 마자 프레스센터로 뛰었다. 오후 6시 브리핑 시간이
얼마 남지 않은 시각이었다. 30분 전인데도 브리핑장은 주변까지 기자들로
만원이었다. 기자들은 여기 저기 삼삼오오 모여 바그다드 성명의 의미를 분
석하고 앞으로를 전망하고 있었다. 상당히 들뜬 분위기... 아주 어수선했다.
이미 200석 가까운 자리는 가득찬 상태였다. 뭔가 특별한 얘기가 나올 것이
란 기대로 열기가 넘쳤다. 하지만 브리핑은 평소와 다르지 않았다. 개전 30
일째를 맞아 공군 전투기가 몇 회 출격했고 탱크는 몇대 파괴했다는 등... 날
마다 반복되는 내용이었다. 이라크의 철군선언에 관한 내용은 전혀 없었다.
참다 못한 기자들이 질문을 해 댔지만 대답은 '우리도 모른다'는 것뿐이었다.
그에 관해 지시받거나 전달받은 내용도 전혀 없다는 것이었다. 허탈했다. 한
편으로는 '군인들이니 그럴 수도 있겠다'는 생각도 들었다.

바그다드 성명에 대한 해답은 그 시각 워싱턴에서 나오고 있었다. 부시 대통령은 후세인의 선언을 '일고의 가치도 없는, 지독한 속임수'라고 일축했다. 결코 수용할 수 없는 조건을 붙여 철군 운운한 것은 지극히 계산적인 대외 명분용이라고 비난했다. 따라서 미국은 바그다드 성명과 관계없이 정해진 일정에 따라 작전을 계속할 것이라고 강조했다. 기자들의 분석도 미국의 생각과 거의 다르지 않았다. 궁지에 몰린 후세인이 대내외적으로 민간인 희생과 전쟁의 책임을 미국쪽으로 돌려 놓겠다는 의도를 보인 것이라는 분석이었다. 그를 통해 다국적군 사이의 갈등을 부추기고자 하는 의도가 담겼다는 것이었다. 그럼에도 불구하고 후세인의 입에서 철군이라는 단어가 나왔다는 사실 자체에 큰 의미가 있다는 것이 내 판단이었다. 그만큼 후세인도 고심에 고심을 하고 있다는 의미였다. 그리고 그것은 상황이 점점 종점으로 향하고 있다는 반증이기도 했다.

17

드디어 지상전, 슈와르츠코프 사령관의 브리핑

2월 24일 새벽 4시, 드디어 지상전이 시작됐다. 후세인이 조건부 철군 의사를 밝힌 지 11일 만이었다. 후세인의 조건부 철수 의사를 단칼에 거절하며 미국은 무조건 철수를 요구했었다. 그러나 이라크는 이렇다 할 아무런 움직임을 보이지 않고 버티던 중이었다. 그런 상황을 지켜보다 인내심의 한계에 도달했던지 부시는 최후 통첩을 날렸다. '무조건 철수하지 않을 경우 24일 새벽 2시를 기해 공격을 가하겠다'는 것이었다. 그리고 그 예고대로, 비록 예고된 시간을 2시간을 넘기기는 했지만 공격이 시작된 것이었다.

전날인 23일 오후, 제시된 철수시한을 몇 시간 앞두고 다국적군의 브리핑이 있었다. 내용이 다른 때와 많이 달랐다. 우선 다국적군 공군기들이 대낮에 45분 동안이나 바그다드를 공습했다는 것이었다. 한낮이라는 시간대와 동원된 전투기 수, 공격 시간이 이례적이었다. 누가 보더라도 전면 공격을 위한 사전 정지작업으로 이해될 수 있는 내용이었다. 거기에 이라크가 파괴한 쿠웨이트의 유정이 140개나 되고 거기서 나오는 연기가 쿠웨이트 전 지역을 덮고 있다는 내용도 포함됐다. 공격의 명분을 다른 측면에서 강조한 것으로 이해됐다. 공습 규모와 시간대, 내용 모두 이전과는 확연하게 달랐다. 최후 통첩에 대한 강한 압박과 실질적 준비를 겸한 것이라는 판단이 들었다. 그건 이 튿날 새벽 2시를 더 주시해야 한다는 의미이기도 했다. 하지만 긴장된 주시에도 2시는 그냥 지나가 버렸다. 그렇게.... '이번에도 또 그냥 넘기나?..' 긴장이 풀릴 무렵 마침내 공격이 이뤄진 것이었다.

공격 사실을 가장 먼저 전한 곳은 CNN이었다. 다국적군 지휘부가 아니었다. CNN 화면 속 바그다드가 펑펑 터지며 불타고 있었다. 그들은 그날도 어김없이 전쟁을 중계하고 있었다. 화면에 비친 전쟁은 전자게임과 크게 다르지 않았다. 미사일들이 좌표를 따라 날아가는 모습, 목표물에 도달해 폭발하는 모습까지 생생하게 비쳐졌다. 검은 바탕 위 녹색 선들로 표시된 전투상황은 영락없는 전자게임이었다. 미국내에서도 거의 알려지지 않았던 CNN은 그렇게 세계인들에게 자신의 존재를 분명하게 알렸다. 그런 의미에서 걸프전은 CNN에겐 엄청난 기회의 장이 된 셈이었다. CNN은 공습하는 다국적군의 모습뿐 아니라 이라크의 피해상황도 생생하게 전했다. 무차별적으로 떨어지는 미사일, 속수무책 무너져 내리는 건물들, 즐비한 시신들, 울부짖는 사람들, 공포 가득한 눈빛들... 현장의 처참함과 공포가 가감없이 안방까지 전달되고 있었다. 상상도 못했던 일이었다. 공습을 당한 이라크는 스커드를 쏘아대며 응수했다. 그들로서는 다른 수단이 없는 것이 분명했다. 그렇게 날아온 스커드 가운데 한발이 우리 숙소 옆 건물을 강타했다. 귀를 찢는 폭음과 함께 강한 바람이 건물을 흔들었다. 엄청난 위력이었다.

그날 다국적군 지휘부는 지상전 시작을 알리며 향후 48시간 동안 브리핑을 하지 않겠다고 밝혔다. 작전 내용을 일일이 알리는 것이 바람직하지 않다는 이유에서였다. 그만큼 긴장하고 있다는 의미로 해석됐다. 하지만 브리핑이 없다고 손을 놓고 있을 수 없었다. 단파 라디오와 CNN, 현지 방송들을 챙겨한 가지라도 건져야 했다. 다행히 라디오에선 텔레비전보다 앞선 소식들을 전하고 있었고 그게 전체 상황을 판단하는 데 도움이 됐다. 전선에서 전해져오는 소식은 다국적군이 거의 일방적으로 밀고 올라가고 있다는 것이었다. 그러나 구체적인 내용에 대해서는 알 길이 없었다. 그 라디오를 통해 다국적군 사령관인 슈와르츠코프 장군이 긴급 기자회견을 한다는 사실을 확인했다. 급히 택시를 잡아 타고 다국적군 지휘본부가 있는 하이야트 호텔로 뛰었다.

전투복 차림의 장군에게선 야전 군인의 냄새가 물씬 풍겼다. 몸집은 뚱뚱했지만 다부졌고 표정과 말투는 단호했다. 참 멋지다는 생각을 하면서 그를 지켜봤다. 특별한 내용은 없었다. '오늘 새벽 4시 지상전이 시작됐다. 계획대로 작전이 잘 진행되고 있다'는 정도의 간단한 내용이었다. 여러 질문이 있었지만 그는 단호한 '노코멘트'로 응수했다. 내용은 특별할 게 없었지만 그의 등장의 의미는 특별했다. 브리핑이 없다는 예고를 깨고 나타났다는 것은 '잘 가고 있다'는 의미였다. 전쟁이 길지 않을 것이란 강한 암시였다. 브리핑장 밖으로 나오니 건물 입구에 MBC팀이 맥빠진 표정으로 앉아 있었다. 늦게 도착해 브리핑을 보지 못했다고 했다. 걱정하는 그들에게 특별한 얘기는 없었다고, 외신이 다 있었으니 아마도 서울에서 외신을 통해 다 커버했을 것이라고 위로했다.

전선에 가지는 못했지만 하루 종일 정신없이 바빠야 했다. 서울에서는 매 뉴스 시간마다 다국적군 지휘부의 상황을 물었고 그때문에 전화기를 잡고 있어야 했다. 갑자기 내 존재가 궁금해졌다. 내가 종군기자인가, 아니면 전쟁 관련 소식을 전하는 리포터인가? 내가 꿈꿨던 종군기자의 모습은 이런 것이 아닌데…. 나만 그런 것이 아닐 터였다. 리야드에 파견돼 나온 거의 대부분 방송 기자들이 같은 처지일 것이 분명했다. 그렇게 하루 종일 취재에, 방송에 정신없이 바빴다가 저녁 시간이 지나서야 조금 여유를 찾을 수 있었다.

한국을 떠나 온 후 처음으로 집에 전화해 무사함을 알렸다. 오늘 지상전이 시작됐고 거기에 우리 숙소 바로 옆에 스커드가 떨어졌다는 보도까지 나갔으니 집에서 상당히 걱정을 하고 있을 터였다. 어머니의 목소리가 흔들렸다. 다잘 있으니 나만 안전하면 된다고 조심하라고 신신 당부를 하셨다. 모든 교인이 기도하고 있으니 걱정하지 말라는 말씀도 하셨다. 아내는 의도적으로 밝고 힘찬 목소리를 내는 것 같았다. 하은이가 많이 컸다고, 어제가 백일이었는데 그냥 조용히 지나갔다고... 뉴스를 보니 살이 좀 빠진 것 같으니 잘 좀 먹으라고... 일부러 내는 무덤덤한 목소리에 더 마음이 쓰였다. 아, 그렇지. 어제가 하은이 백일이었지... 우리집에서도, 처갓집에서도 첫 손주이니 내가 있었다면 뻑적지근하게 백일상을 차렸을텐데... 미안했다. 그리움이 더 사무쳤다. 길고 긴박했던 하루가 그렇게 지나갔다.

18

'아뿔싸! 우리 건물이 맞았구나'

그렇게 지상전이 시작된 당일 새벽 4시 35분쯤, 스커드 경보가 요란하게 울려 댔다. 하지만 우리는 지상전이 시작됐음을 알지 못하는 상태였다. 새벽 2시로 예고됐던 공격 시간이 별일 없이 지나가는 것을 지켜보며 오늘도 아닌 모양이구나 했었다. 그리곤 한 시간 정도를 더 지켜보며 여기저기 관련 정보를 찾아보다 새벽 3시쯤 잠자리에 들어 깊이 잠 든 상태였다. 시끄럽게 경보가 울려댔지만 우리는 무시했다. 이미 하루에도 몇 차례씩 울려대는 경보에 많이 둔감해진 상태였다. 대피하는 대신 '잠자는데 시끄럽게...'라며 계속 잠을 청하고 있었다. 그런데.... 최초 경보로부터 얼마나 지났을까? '쾅광' 천지를 진동하는 폭음과 함께 건물이 심하게 흔들렸다. 동시에 세찬 바람이 밀려 들었다. 진한 화약 냄새도 함께였다. (충격과 흔들림이 어찌나 심했던지 옆 방에서 자던 김○○ 차장은 침대에서 굴러 떨어졌다고 했다. 김 차장은 그 상태로 기어 화장실로 기어 들어가 욕조에 물을 틀어 댔다고 했다. 나중에 '왜 그랬냐?' 물어보니 우리 건물이 스커드에 맞았다는 판단에 당연히 불이 났을 것이고 그렇다면 물이 필요할 것같아 본능적으로 그랬다고 했다. 젊은시절 히말라야까지 다녀왔다는 베테랑의 관록이 느껴졌다.)

'아뿔싸. 맞았구나....' 틀림없이 우리 건물이 맞았다고 생각했다. '귀찮더라도 대피해야 했는데..' 뒤늦게 후회해 봐야 소용없는 단계였다. 우선 내 몸부터 살폈다. 손으로 온 몸을 더듬어 보고 팔 다리도 흔들어 봤다. 다행히 모든 것이 정상이었다. 화약 냄새로 보아 화학탄일 수 있다는 생각에 정신이 번쩍 들었다. 위기에 몰리고 있는 후세인은 이미 화학 무기를 사용하겠다고 경고를 한 상태였다. 급하게 방독면을 챙겼다. 짧은 순간 동안 오만가지 생각이 스쳐 지나갔다. 이제 어떻게 해야 하나?.... 한데 의외로 조용했다. 건물도 한 차례 휘청한 뒤론 다른 조짐이 없었다. 그제서야 조금 여유가 생겼다. 찬찬히 돌아보니 우리 건물이 아니었다. 바로 옆의 건물이 맞은 것이었다. 4층짜리 학교 건물이었다. 현장에서는 연기가 진하게 피어 오르고 있었다. 수십 대의 군부대 차와 경찰차, 구급차들이 요란한 사이렌 소리를 내며 몰려들고 있었고 적지 않은 사람들이 후래쉬를 비치며 왔다 갔다 하는 모습도 보였다. 진한 연기는 족히 사방 2~3백 미터를 채우고 있었다. 연기가 서서히 빠져 나가며 처음보다 훨씬 진한 화약 냄새가 풍겨 왔다. '아, 정말 화학탄일 수도 있겠구나' 서둘러 방독면을 쓰고 열렸던 창문을 꼭꼭 닫았다.

방독면을 쓴 채로 한참을 지켜봤다. 사상자의 모습은 보이지 않았다. 현장을 바삐 오가는 사람들 가운데 방독면을 쓴 사람들도 없었다. '화학탄은 아닌 모양이구나...' 그러다 생각해보니 그러고 있을 때가 아니었다. 나가서 현장으로 가 봐야 했다. 나는 기자 아닌가? '나가야 하는데..' '나가 봐야 하는데...' 하지만... 마음은 그랬지만 쉽게 걸음이 옮겨지지 않았다. '나가야 하나, 말아야 하나?....' 옆에서 뭐라하는 사람도 없었지만 고심이 됐다. 순간이었지만 상당히 길게 느껴졌던 그 시간.... 한데 어느 순간 정신을 차려보니 나는 이미 밖을 향하고 있었다. 허리춤에 방독면을 찬 채. 테입을 뺏길 우려가 있다는 판단에 권 선배에게는 나오지 말라고 했다. 밖에서는 거꾸로 적지 않은 사람들이 코를 막고 들어 오고 있었다. 거꾸로 나가는 사람은 나 하나뿐, 겁에 질린 사람들은 위험하다고... 나가지 말라며 나를 이상한 눈으로 바라봤다. 밖으로 나오니 사이렌 소리가 더 요란했다. 현장까지 가는 것은 어렵지 않았다. 이미 경찰과 군인들이 바리케이트를 친 상태였지만 프레스 카드를 보여주니 별제지를 하지 않았다. 조심해야 한다는 경고뿐. 가면서 보니 건물 앞에 있던 도로의 가드레일이 완전히 날아가고 없었다. 도로에는 건물이 부숴지며 날아온 벽돌들이 어지럽게 널려 있었고.... 상당한 두께의 먼지가 쌓여 걸음을 더 딜 때마다 허옇게 피어 올라 왔다.

4층짜리 건물은 뼈대만 겨우 남은 채 거의 다 날아가 버린 상태였다. 안으로 더 들어가보려 했지만 그곳부터는 군인들이 막아섰다. 총을 들이대며 상당히 위압적인 모습으로 막았다. 하지만 들어가 봐야 한다는 생각이 들었다. 복잡한 주위 상황을 틈타 조금씩 조금씩 안으로 들어갔다. 혹시 사상자가 있는지 열심히 살폈다. 새벽 이른 시간이어서, 안에 사람들이 없었기 때문에 죽거나 다친 사람은 없는 것 같았다. 나름대로 메모를 하며 열심히 살피고 있는데 누군가 갑자기 수첩을 낚아챘다. '누구냐? 어떻게 여기까지 들어 왔느냐?'며 신경질적으로 물었다. 보아하니 사복 경찰인 것 같았다. 한국에서 온 기자라고, 프레스 카드를 내밀었다. 하지만 기자들도 들어 올 수 없는 지역이라며 같이 가자고 했다. '아차 이거 잘못 걸렸구나....' 같이 가면 아주 곤란한 상황을 만날 것 같았다. 조금 따라 가는 척하다 그가 조금 전 못 들어 가게 막았던 군인과 뭔가를 얘기하는 사이 살짝 빠져 나왔다. 아마도 왜 들여보냈냐고 따지는 것 같았다.

그러나 한숨을 돌릴 사이도 없이 이번에는 군인들이 와서 둘러 쌌다. 기자라고 해도 막무가내였다. 결국 총구를 들이대는 그들에게 끌려 한쪽 구석에서 한참을 서 있어야 했다. 은근히 걱정이 됐다. 잠시 후 계급이 조금 높은 듯한 다른 친구가 오더니 무전기로 한참을 뭔가 교신한 후 물었다. '누구냐?'고. '한국에서 온 기자'라고 대답하니 왜, 어떻게 왔느냐고 똑같은 질문을 반복했다. '바로 옆 호텔에 묵고 있는데 기자라는 직업을 가진 입장에서 안 나와 볼 수 없어 나왔다'고, '이제 돌아가는 길'이라고 대답하니 허리춤에 차고 있는 건 뭔지 또 물었다. 꺼내 보여주며 '방독면'이라고, '혹시 화학탄일지 모른다는 생각에 챙겨 나왔다'고, '한국에서 올 때부터 챙겨온 것'이라고 말하니 고개를 갸웃거렸다. '정말이냐?'고 몇 번이나 확인하고 또 확인했다. 그렇게 10여 분이 지났을까? 그는 몇 가지를 더 묻더니 바로 호텔로 돌아가라며 풀어줬다. 다시 만나게 되면 연행할 것이라는 경고도 덧붙였다. 의연한 척 서 있었던 다리에 힘이 풀렸다. '휴~우' 긴 한숨이 뿜어져 나왔다. 유쾌하지 않은 경험이었다.

새벽시간이어서 그나마 다행이었지 만일 낮에 그랬다면 어땠을까? 스커드가 살짝만 방향을 틀어 우리 호텔을 때렸으면 어땠을까? 소름이 돋았다. 끔찍하지만 얼마든지 가능한 상상이었다. 패트리어트가 요격해 탄두만 떨어진 것이라고 했다. 그런데도 이 정도니…… 그 며칠 전 호텔 바로 위에서 스커드가 요격된 것을 포함해 가까이서 일어난 세 번째 폭발이었다. 역시 나는 전쟁터 한가운데 와 있었다. 방으로 돌아와 텔레비전을 켜니 새벽 4시를 기해 지상전이 시작됐다는 뉴스가 반복해 흘러 나오고 있었다. 그랬었구나. 지상전이 시작됐구나. 그래서 반격에 나선 후세인이 다국적군 지휘부를 향해 쏜 스커드가 이쪽으로 떨어진 것이었구나…

그날 오후, 밀려드는 방송 요청을 마무리하고 조금 쉬려는데 요란한 스커드 경보가 또 울렸다. 새벽에 다들 놀란 탓에 서둘러 방독면까지 챙겨 들고 지하 대피소로 뛰어 내려갔다. 이라크가 무차별적으로 쏴 대는 것 가운데 한발임이 분명했다. 무차별적이라는 말은 화학탄이 날아 올 가능성이 높다는 의미이기도 했다. 걱정이 됐다. 더 조심하자고 마음을 다졌다. 요란한 경보음이 울려 대는 가운데 사람들이 계속 밀려왔다. 대부분 방독면을 하나씩 차고 있었다. 지하실이 금방 복잡해졌다. 하지만 차분했다. 서너명씩 짝을 이뤄 심각한 표정으로 얘기들을 나눌 뿐 당황함이나 소란은 없었다. 다행히 스커드는 우리 건물을 비껴갔고 20분쯤 뒤 경보는 해제됐다.

19

싱거운 지상전, 쏟아지는 포로들

치열할 것이라 예상했던 지상전은 일방적으로 진행됐다. 싱거울 정도였다. 2시간 만에 이라크의 1차 저지선이 돌파됐다는 브리핑이 나왔다. 그 후론 파죽지세, 이라크군은 거의 저항없이 물러나고만 있다고 했다. 첫날에만 포로가 1만 4천명에 이르렀다고 했다. 그들은 싸울 의지 자체가 없는 듯 했다. 둘째날은 그 수가 2만 5천명으로 늘었다고 했다. 방송 화면에는 이라크 군인들이 백기를 들고 투항하는 모습들이 이어졌다. 손을 들고 혹은 머리뒤로 손깍지를 끼고 길게 줄지어 투항하는 그들의 표정은 지쳐보였다. 그들의 얼굴에선 어떤 전의도 읽을 수 없었다. 이런 상황이 이어지자 한 아랍 뉴스지는 '이라크군이 기꺼이 투항하고 있다'는 제목을 붙이기도 했다.

내 생각도 다르지 않았다. 내 눈에는 이라크군이 기꺼이 포로가 되는 방식으로 다국적군을 골탕먹이려는 것으로 보였다. 그것은 일종의 작전일 수 있겠다는 생각도 들었다. 일종의 '포로 작전'. 당연히 이런 예상치 않았던 대규모 포로들은 다국적군의 새로운 고민거리로 떠올랐다. 교도소까지 다 비우고도 수용시설이 절대적으로 부족한 상황이라고 했다. 그런 대량 포로사태가 계속 이어질 경우 특별한 대책이 필요하다고도 했다. 다국적군은 실제 전투보다도 포로들을 먹이고 재우는 일을 더 신경써야 하는 웃지 못할 상황을 맞고 있었다. 걸프전의 또 다른 아이러니였다. 그전에는 경험한 적이 없던 새로운 전쟁의 모습이었다.

'지상전이 언제 시작될 것이냐?'던 관심은 이제 '언제 끝날 것이냐?'로 바뀌었다. 그만큼 전쟁은 일방적이었다. 그래서 마음이 풀어졌을까?... 이틀째인 25일 저녁 8시 40분쯤, 다란에 있는 미군 부대가 스커드 공격에 발칵 뒤집혔다. 부대를 강타한 스커드에 현장에서 최소 27명이 죽고 98명이 중상을 입는 대형 피해가 발생한 것이었다. 걸프전 이후 미군이 당한 가장 큰 피해였다. 충격적인 것은 그 부대는 거의 완벽한 패트리어트의 보호망 아래 있는 부대라는 사실이었다. '완벽한 방공망을 자랑하며 이곳에 스커드가 떨어지는 일은 미국의 자존심이 용납할 수 없다'고 관계자들이 호언장담하던 곳이었다. 기자의 입장에서 피해사실 못지 않게 그 사실이 관심을 끌었다. 그렇게 완벽하다던 패트리어트 방공망의 구멍을 어떻게 봐야 할까? 왜 그런 일이 벌어진 것일까? 그동안 미국은 패트리어트의 요격률이 90%를 넘는다고 자랑해오지 않았던가?...

확인해 볼 필요를 느꼈다. 스커드가 떨어졌던 다른 현장들을 찾고 관계자들을 만났다. 브리핑실의 공보장교와 마주치는 군인들, 심지어 스커드 경보에 익숙해진 일반 시민들에게도 물었다. 묻고 또 물으며 확인했다. 통계가 공개되지 않았기 때문에 시민들에게 그들의 경험을 확인하는 방식이 효과적일 것이라고 판단했다. 시민들은 그동안의 경험을 통해 요격이 됐을 때 나는 소리와 요격되지 않고 그대로 터졌을 때 나는 소리의 차이를 분명하게 알고 있었다. 그런 취재를 통해 얻은 나의 결론은 요격률이 50% 정도라는 것이었다. 아무리 높게 잡아도 70%는 안 된다는 것이 내 판단이었다. 미군의 주장과는 큰 차이가 있는 수치였다. 이미 여러 경로를 통해 '모든 스커드를 다 잡지는 못한다'는 사실을 알고는 있었지만 생각보다 많이 낮은 수준이었다.

　지상전 셋째 날이 되자 후세인은 완전히 꼬리를 내렸다. 모든 이라크군에 쿠웨이트를 공격하기 전 위치, 90년 8월 1일 이전에 있던 선까지 철수하라고 명령을 내린 것이었다. 하지만 다국적군은 그 명령을 자진철수로 인정하지 않겠다는 입장을 분명히 했다. 기회가 왔을 때 완벽하게 무력화시키겠다는 의지가 느껴졌다. '당장의 피해를 줄인 뒤 이후에 힘을 모아 쿠웨이트를 다시 침공하겠다는 의도'라며 이라크에 대한 압박을 늦추지 않았다. 이미 이라크는 더 이상 저항할 힘도 의지도 잃은 상태인 게 분명했다. 이라크군은 이렇다 할 저항도 하지 못하며 밀렸고 다국적군이 가는 곳에서는 끊임없이 포로가 쏟아졌다. 하지만 그런 상태에서도 다국적군의 공세는 이어졌다. 그렇게 고삐를 늦추지 않은 다국적군은 마침내 지상전 나흘 만인 27일 쿠웨이트 전역을 되찾았다고 공식 발표했다. 이라크의 기습공격에 속수무책 당한 뒤 7개월 만의 회복이었다. 부시 대통령은 이튿날 오전 8시를 기해 종전을 선언했다.

20

쿠웨이트 해방, 참담한 물을 먹다

예상치 못했던 결과였다. 다국적군이 이길 것이라 예상했지만 그렇게까지 빠를 것이라고는 생각 못했었다. 그리고 그것은 나름대로 순조롭게 진행되던 종군취재 일정에 치명상이 되고 말았다. 안타깝게도 예상보다 훨씬 빠르게 지상전이 진행되는 모습을 보면서도 나는 리야드에 발이 묶여 있었다. 다란을 중심으로 새로운 뉴스들이 쏟아지는 상황이었지만 움직일 수 없었다. 우리는 엉뚱한 것에 정신이 팔려 있었다. 미국식 현지 진행을 위해 왔다 남게 된 오○○ 부장의 고집 때문이었다. 그는 앵커와의 현지 라이브 대담에 재미를 느끼고 있었다. 매일 9시 뉴스 시간에 7분 정도 시간을 받은 그는 전황 취재보다 자신의 방송을 꾸리는데 더 열중하고 있었다. 현장을 뛰어야 할 내게도 대담 방송용 작업을 우선하도록 요구했다. 요구를 무시할 수 없었던 나는 프레스센터를 챙기며 틈틈이 그를 돕는 두 가지 일에 매달려야 했다. 그는 어차피 전선 취재는 안되는 것이니 전쟁 상황과 관련된 기사는 외신을 받으면 된다고 생각하는 것 같았다. 결코 동의할 수 없었지만 그는 나보다 훨씬 높은 상급자였다.

이미 MBC를 비롯해 중앙, 동아, 연합 등 국내 기자들이 다 들어와 있는 상태였다. 그들은 우리보다 일주일쯤 늦게 들어왔었다. 'KBS만 비자를 내주고 왜 타사는 내주지 않느냐?'고 사우디 대사관에 강력하게 항의해 비자를 받아 냈다고 했다. 그들은 다국적군 지휘본부가 있는 다란에 함께 모여 현장취재에 열중하고 있었다. 당연히 우리도 다란으로 가야 한다고, 지상전의 진행 속도로 볼 때 곧 결판이 날 것 같으니 대비해야 한다고 했지만 오부장은 나를 놓아주지 않았다. 앞으로 어떤 상황이 전개될지 모르니 최소한 한국 기자들과 함께 있어야 한다고, 그래야 물먹는 것만은 피할 수 있다고 했지만 그 또한 받아들여지지 않았다. 워싱턴 특파원까지 지낸 그는 자신의 감으로 볼 때 그렇게 쉽게 끝날 전쟁이 아니라고 했다. 다란에 간다고 특별히 건질 것이 없다며 걱정 말라고도 했다. 새까만 후배 입장에서 뭐라고 더 말할 수가 없었다. 죽을 맛이었지만 방법이 없었다.

그랬는데.... 결국 우려했던 일이 터지고 말았다. 일이 터진 정도가 아니라 경악할 만한 사건이 벌어지고 말았다. 그날도 우리는 태평하게 대담 방송을 준비하고 있었다. 한데 대사관 팩스에 놀라운 기사가 들어오고 있었다. '본사 기자 쿠웨이트시티 입성'이라는 커다란 제목이었다. 한국에서 보내온 동아일보 기사였다. 앵커 대담방송을 대사관 옥상에서 진행하고 있었기에 필요한 자료들을 대사관 팩스를 통해 주고 받던 상황이었다. 그 기사를 본 오부장은 '어느 간 큰 놈이 이런 뻥을 치냐?'며 한 마디로 무시했다. 하지만 나는 정신이 번쩍 들었다. 도대체 어떤 기자가 그런 엄청난 사실을 가짜로 쓸 수 있단 말인가? 그것도 사진까지 섞어서. 그러던 중 다른 기사들이 연이어 들어왔다. 같은 내용을 담은 다른 언론사의 기사들이었다. 모든 기사에는 쿠웨이트시티의 환호하는 군중들과 그들을 배경으로 찍은 기자들의 사진도 포함돼 있었다. '아악..' 그건 뻥이 아니었다. 경악할 수밖에 없는 상황이었다. 우려하던 최악의 상황이 벌어진 것이었다. 급하게 CNN을 틀어보니 쿠웨이트시티는 난리였다. 다국적군이 활짝 웃는 모습으로 입성하고 있었고 그들을 흥분한 시민들이 얼싸안고 춤추고 있었다. 온통 흥분의 도가니, 엄청난 축제의 장이 펼쳐지고 있었다. 신문 속 사진에 나타난 바로 그 모습이었다. 한국의 기자들이 그 순간, 감격적인 현장에 함께 있었던 것이었다. 문제는 그 현장에 KBS만 빠졌다는 것이었다.

서둘러 확인해 보니 의료지원단에 파견된 특전사 군인들이 기자들을 데리고 들어간 것이었다. '주요한 전쟁 상황을 미국, 영국 기자들만 마음대로 취재하는데 말이 안 되는 것 아니냐? 우리도 자존심이 있는데 매번 그들의 꽁무니만 쫓을 수 없는 것 아니냐? 도와 달라. 데리고 들어가주기만 하면 된다. 기자들만이 아니라 대한민국 국민을 위하는 길이 될 것이다….' 이런 기자들의 설득에 애국적인(?) 군인들이 움직인 것이라고 했다. 그들은 기자들에게 군복을 입혀 자신들의 차량에 태운 뒤 다국적군과 함께 쿠웨이트시티에 입성했다고 했다. 덕분에 한국 기자들은 세계 어느 나라 기자들보다 먼저 해방된 쿠웨이트에 들어가게 된 것이라고 했다. 군복을 입고 특전사 군인들까지 함께 하는 기자들을 막을 사람들은 어디에도 없었을 터였다. 전말을 확인하고 나니 더 화가 났다. '특별한 노력없이 그저 그 자리에 함께 있기만 했어도 될 일 아니었던가?' '도대체 무슨 배짱으로 그렇게 막았단 말인가?' 특전사에 대한 원망도 터져나왔다. '나쁜 친구들. 기자들 사이의 경쟁관계를 모르지 않으면서…. 그런 일이 있으면 귀띔이라도 해줬어야 할 것 아닌가? 뻔히 우리도 와 있다는 것을 알면서….'

하지만 이미 엎질러진 물이었다. 머리가 띵했다. 대체 이게 무슨 일이란 말인가? 어떻게 저런 엄청난 기사를 물 먹을 수 있단 말인가? 스스로도 용납할 수 없는 일이 벌어진 것이었다. 화를 참기 어려웠다. 지금까지 어떻게 해왔는데…. 얼마나 위험을 감수하며 뛰고 또 뛰었는데…. 너무도 엄청난 상황에 우리 가운데 누구도 말이 없었다…. 당연히 서울에선 난리가 났다. 신문은 둘째

치고 MBC는 특파원이 쿠웨이트시티에 입성했다며 방송마다 연결해 대고 있었으니... 서울과 통화한 오부장의 얼굴이 하얗게 질려 있었다. 내게 당장 다란으로 가라고 했다. 다란을 거쳐 가장 빠른 방법으로 쿠웨이트에 들어가야 한다고 했다. 안 그래도 그 생각밖에 들지 않아 짐을 꾸리고 있던 참이었다. 어떻게든 일단 들어가서 기삿거리를 찾아야 하는 상황이었다. 그날 회사에서는 두 가지 지시가 내려왔다. '무조건 내일 9시 뉴스에는 쿠웨이트 현지에서 시민들의 반응을 리포트하라!' '오늘 물 먹은 걸 만회할 다른 기사를 반드시 찾아라!'

21

낙종을 만회해야 한다, '교민을 찾아라!'

다란에는 이미 쿠웨이트시티까지 왕복하는 셔틀 서비스가 마련돼 있었다. 혹시 자리가 모자라지 않을까?... 출발지인 프레스센터에 새벽 일찍 나갔다. 이른 시간이어서인지 자리에 여유가 있었다. 무엇을 해야 하는지는 이미 정리가 돼 있었다. '교민들을 찾자. 피난 떠나지 않고 남아 있던 교민들을 찾아 그들의 얼굴과 목소리를 담자.' 아직 생존 여부 등 그들에 관한 어떤 기사도 나가지 않았으니 충분히 얘기가 될 터였다. 그게 된다면 정부와 국민의 관심도 높은 문제이니 물 먹은 것을 어느 정도 만회할 수 있을 것이라는 생각도 들었다. 문제는 어떻게 그들을 만나느냐는 것이었다. 머리가 복잡했다. 어느새 대형 버스는 만석이 됐다. 빈 자리 하나 없는 버스 안은 들뜬 얼굴의 기자들로 약간 번잡스러웠다.

버스는 북으로 북으로 잘도 달렸다. 국경 검문소 근처에 이르자 철수하는 군 차량과 장비들이 수백 미터 늘어서 있었다. 전쟁이 끝났으니 원래 위치로 복귀하는 것 같았다. 그리고 드디어 쿠웨이트 땅. 들어서자 마자 이전과 확연히 다른 모습이 펼쳐졌다. 우선 도로가 다 망가져 있었다. 아스팔트는 파헤쳐져 있고 군데군데 크고 작은 구덩이가 수도 없었다. 폭격의 흔적인지, 지뢰를 묻었던 것인지... 8차선 도로의 반은 막혀 있고 나머지 반만 급하게 살려 놓은 채 차량들을 통행시키고 있었다. 반대 차선에선 장갑차들과 군인들의 철수 행렬이 이어졌다. 도로 한쪽 편으로는 군데군데 주저 앉은 차량들과 전복된 탱크, 무너진 건물들...... 총탄 포탄에 성한 곳 없지만... 그래도 버티고 서 있는 건물들엔 쿠웨이트 국기가 내걸려 있었다.

안으로 들어갈수록 하늘이 먹빛으로 짙어졌다. 얼마전 카프지에서 봤던 바로 그 하늘이었다. 연기가 바람을 타고 몰려다니는 것 같았다. 지평선 근처만 환한 띠처럼 살아 있는데 그 띠가 점점 선으로 가늘어지고 있었다. 조금 더 가니 바람에 시커먼 연기들이 사정없이 몰려왔다. 전조등을 진작 켠 상태였지만 앞이 제대로 보이지 않았다. 그런 상황이 꽤 오랫동안 이어졌다. 시계를 보니 이제 오전 11시 45분, 한기가 느껴졌다. 시커멓던 하늘이 어느 순간 조금 밝아졌다간 잠시 후 다시 어두워지는 현상이 반복됐다. 불타는 유정 근처를 지났다 벗어났다 하며 생기는 현상인 것 같았다. 차창 밖으로 멀지 않은 곳에 시커먼 연기를 내뿜으며 불타는 유정들이 보였다. 마치 성화처럼 수직으로 타오르는 선명한 불기둥들.... 그런 크고 작은 불기둥들이 한둘이 아니었다.

시내가 가까워지며 큼직큼직한 건물들이 나타났다. 상처입지 않은 멀쩡한 건물은 하나도 없었다. 페르시아만에 접해 있는 왕궁, 정부청사, 국회의사당, 국립박물관, 외무부 등 관공서는 예외없이 포탄에 맞은 흔적들이 선명했다. 관공서들의 앞에는 블록으로 쌓은 초소와 모래주머니로 쌓은 참호도 설치돼 있고.... 해안에는 철조망과 각종 장애물들... 다국적군의 상륙을 막기 위해 이라크군이 설치한 것이라고 했다. 시내 중심의 쉐라톤 호텔은 정면과 측면이 완전히 파괴된 처참한 몰골이었다. 근처의 상점과 학교 우체국 등도 파괴되거나 그을린 흔적으로 지저분했다. 특이하게도 달리는 차도, 세워져 흉하게 망가진 차도 번호판이 없는 게 대부분이었다. 후세인 치하에서 이라크 국적으로 바뀌었던 번호판을 다 떼냈기 때문이라고 했다.

도시는 그렇게 깨지고 무너진 상처 투성이였지만 사람들의 얼굴엔 행복이 가득했다. 여전히 흥분된 상태였다. 중심가를 비롯한 곳곳에서는 축제가 이어지고 있었다. 도시 전체가 거대한 축제장이었다. 남녀노소, 거리로 몰려나온 시민들이 서로 부둥켜 안고 해방의 기쁨을 나누고 있었다. 폭죽을 터뜨리며 요란한 음악 속에서 해방의 기쁨을 만끽하고 있었다. 거리를 달리는 차들도 경적으로 함께 하고 있었다. 그들과 섞여 나도 한참 동안 어깨동무를 한 채 춤을 추었다. 분명 무질서와 복잡한 소음이었지만 전혀 그렇게 느껴지지 않았다. 거리에 선명하게 남아 있는 전투의 흔적들도 그저 축제에 동원된 소품들처럼 느껴졌다. 저들의 얼굴엔 감격이 있었고 그야말로 희열이 넘쳐 흐르고 있었다.

같은 회교 국가인데 사우디와는 거리의 분위기도, 사람들의 인상도... 달라도 너무 달랐다. 젊은 여인들조차 아무 거리낌없이 낯선 이방 기자에게 말을 걸었고 춤을 권했다. 말이 통하지 않는 사람들은 그저 신나는 몸짓으로 손을 잡아 끌며 어깨동무를 했다. 어디에도 스스럼이 없었다. 이라크 치하에서 숨도 제대로 쉬지 못하고 살아야 했던 답답함, 그로 인해 갖게 됐던 스트레스를 다 털어 내려는 몸짓임이 분명했다. 아마도 살아 있음에 감격하며 그것을 스스로 확인하기 위한 몸부림일 수 있겠다는 생각도 들었다. 그들은 그렇게 온몸으로 해방의 감격을 만끽하고 있었다. 그런 분위기를 오랫동안 함께 즐기고 싶었다. 하지만 그럴 수가 없었다. 내게는 시급하게 해야 할 일이 있었다.

22

교민의 외침, '한국 기자신가요?'

교민들을 찾아야 했다. 그분들의 생사를 확인해야 했다. 그들을 만나지 못한다면 나는 돌아갈 수 없었다. 종군 취재에 나서기 전 피난 나온 그들의 가족을 취재한 일이 있었다. 전쟁이 발발하며 정부가 마련한 특별기 편으로 귀국해 강서구의 한 체육관에 머물고 있던 분들이었다. 그들은 재산을 지키겠다며 쿠웨이트에 남은 가장과 아들들이 있다며 큰 걱정을 하고 있었다. 전쟁통에 재산을 지킨다는 것이 가능할지 알 수는 없었지만 이국땅에서 피땀으로 이룬 재산을 그냥 포기할 수는 없다며 죽음을 각오하고 남은 분들이라고 했다. 하나같이 사연들이 애절했다. 그분들은 그래도 사랑하는 가족들과 조국이 관심을 갖고 있는 것을 알면 힘이 될 것이라며 그분들을 위한 메시지를 부탁했었다. 그 부탁에 KBS 국제방송을 통해 그분들의 이름을 한 명 한 명 부르며 가족들의 안부 목소리를 전했었다.

목표는 분명했지만 방법이 만만치 않았다. 대사관까지 철수한 마당에 그들을 찾을 뾰족한 묘안이 생각나지 않았다. 기댈 기관도 없었다. 몇 명이나 되는지, 모두 안전하기는 한 것인지... 이름도 연락처도 없는 상태에서 그분들을 어떻게 만날 수 있을까? 고민을 하던 중 아이디어가 떠올랐다. '그래. 교민들이 살아 있다면 매일 기자들이 집결하는 현장에 나와 볼 것이다. 혹시 한국에서 온 기자들이 있나 보려고. 그들도 우리를 찾을 것이다.' 그 생각에 한국에서 만들어 간 노란색 'KBS' 완장을 꺼내 찼다. 혹시 몰라 카메라에도 KBS 깃발을 달았다. 교민들이 있다면 완장이나 깃발이라도 먼저 알아봐 달라는 마음으로. 그 상태로 주변을 왔다갔다 하며 교민들을 찾았다. 그렇게 두리번거리던 중 어디선가 외치는 소리가 들렸다. '혹시 한국 기자신가요?' 또렷한 우리말이었다. 투박한 모습의 50대 초반으로 보이는 남성이었다. 어찌나 반갑던지. 바로 다가가며 소리쳤다. '아, 교민이시군요. 살아계셨군요' 누가 먼저랄 것도 없이 우리는 끌어안았다. 뭉클했다. 그는 유재성이라고 자신의 이름을 밝혔다. 조금 떨어진 곳에 있던 다른 분이 달려와 합류했다. 강제억 씨라고 했다.

기적같은 일이었다. 예상했던 대로 그곳에 기자들이 모인다는 소식을 듣고 '혹시 한국 기자들도 있을까?' 나와봤다고 했다. 마음이 통한 셈이었다. 한참을 두리번거리고 있는데 노란 'KBS' 완장이 보이더라고 했다. 그래서 소리친 것이라고 했다. 완장이 기대했던 효과를 발휘한 것이었다. 시커멓게 그을리고 거친 모습이었지만 얼굴 가득 함박 웃음이 실려 있었다. 그는 남아 있는 교민은 모두 9명이라며 다 잘 있다고 했다. 이라크가 점령하고 있을 때는 혹 무슨 일이 생기더라도 다 죽으면 안된다는 생각에 각자 흩어져 지냈다고 했다. 그러다 쿠웨이트 시티에서 이라크군이 다 쫓겨가자 마자 대사관에서 반가운 해후를 했다고 했다. 서로 안부를 확인하고 각자가 겪은 경험담도 나누고 또 정보도 교환하면서... 우리를 대사관으로 안내한 그들은 잠시 기다리라더니 얼마 지나지 않아 교민들을 모아왔다. 어른 5에 학생 1명, 모두 6명이었다. 다들 건강한 모습이었다.

그들을 둥그렇게 앉게 한 뒤 모습과 목소리를 카메라에 담았다. 국민은 물론 누구보다 안부를 걱정할 가족들에게 가장 큰 선물이 될 터였다. 이라크 군인들은 자동차와 가게 물건 등 좋아 보이는 것들은 다 빼앗아 갔다고 했다. 심지어 멈춰 선 자동차의 바퀴와 부품 등도 다 떼갔다고 했다. 그래도 달라는 것을 내주면 더 이상의 위협은 하지 않았다고 했다. 한국인인 것을 확인하고는 호감을 표한 경우도 있었다고 했다. 다행히 미리 준비해 놓은 식량과 물은 뺏기지 않아 지내는 데 어려움은 없었다고 했다. 하지만 밖으로는 거의 나가지 않았다고 했다. 특히 다국적군의 공격으로 본격적인 전쟁이 시작된 뒤에는 아예 모이지도 않았다고 했다. 그리고 이라크 군이 쫓겨나기 직전, 쿠웨이트 시티가 해방되기 직전 전투 때는 총소리, 포소리, 비행기 폭격 소리에 지하에 숨어 덜덜 떨기만했다고 했다. 그들은 그렇게 악몽같았던 시간을 회상했다. 하지만 그런 얘기들을 하면서도 얼굴에는 행복이 넘쳤다.

그들 가운데 17살 강성은 양이 있었다. 강제억 씨의 딸이었다. 그녀는 이라크가 쿠웨이트를 침공했던 그날부터 일기를 썼다고 했다. 매일매일 보고 듣고 느낀 것을 적었다는 성은 양의 1월 17일자 일기엔 '잠을 자던 중 비행기 소리가 쉴새없이 들리더니 5분간 폭탄 터지는 소리가 진동했다'고 쓰여 있었다. 2월 14일자엔 '이라크군인들이 집으로 들어와 텔레비전과 라디오, 무전기를 내놓으라고 소리쳤다. 안방은 물론 책상 서랍까지 뒤질 때 정말 무서웠다'고 기록돼 있었다. 당시 이라크군은 쿠웨이트 사람들이 고성능 무전장치 등을 통해 다국적군에게 정보를 제공하고 있다고 판단하고 거의 매일 민간인들의 집까지 돌며 샅샅이 뒤졌다고 했다. 그녀는 전쟁기간 동안에는 부모님이 밖에 나가지 못하게 해서 4층짜리 아파트 옥상에 올라가 잠깐 하늘을 보고 내려오는 게 전부였다며 쿠웨이트가 해방되고 비로소 바깥 세상을 다시 볼 수 있었다고 했다. 그러면서 해방 후 가장 먼저 한 일은 옆집에 가서 팔레스타인 친구를 만나 포옹을 한 것이라며 밝게 웃었다.

그들은 전쟁을 벗어났다는 기쁨에, 고국의 방송사 기자를 만났다는 감동까지 더해져 흥분하고 있었다. 방송을 통해 가족들에게 소식을 전하게 됐다는 사실이 믿기지 않는 듯 마냥 행복해 했다. 어찌 안 그럴 수 있었을까? 숨어 지내는 동안 KBS 국제 라디오에 주파수를 고정해 놓고 살았다는 얘기, 방송에서 자신들의 이름을 한 명 한 명 불러가며 안부를 물을 때 눈물이 왈칵 쏟아지더라는 얘기, 그리고 자신들을 걱정하는 가족들의 편지를 들으며 펑펑 울었다는 얘기, 그런 방송들을 녹음해 놓고 듣고 듣고 또 들었다는 얘기 등... 밤을 새워도 충분하지 않을 것 같은 숱한 사연들을 쏟아 냈다.

충분히 이해가 됐다. 내가 이렇게 좋을진대 당사자인 본인들은 오죽 좋을까? 몇날 밤을 새도 충분치 않을 것 같았지만 일단은 헤어져야 했다. 이분들의 얘기를 제작해 한국으로 보내야 했다. 가족들과 국민들에게 반가운 소식을 서둘러 전해야 했다. 그리고 '쿠웨이트시티 해방' 기사 낙종으로 가라앉은 분위기를 반전시켜야 했다. 노심초사 특종거리를 기다리고 있을 서울의 높은 사람들에게 기쁜 소식을 알려야 했다. 일어서려는데 누군가가 겸연쩍은 표정으로 부탁을 했다. '혹시 배터리 있으면 좀 주고 가시라'고. 배터리가 떨어져 그렇게 생명줄처럼 의지하던 라디오를 며칠 전부터 듣지 못하고 있다고 했다. 그리고 혹시 가능하면 카렌다도 하나 구해주시면 고맙겠다고도 했다. 그런 아주 사소한 것들이 아쉽고 또 아쉬운 게 전쟁이었다.

23

죽음의 고속도로 자흐라

쿠웨이트시티에서는 경쟁사들보다 늦은 만큼 해야 할 일이 많았다. 그들이 하지 않은 뭔가를 찾아야 했다. 이라크까지 들어가보기로 했다. 이라크군의 퇴로를 되짚으며 종전 이후의 상황도 확인해 보고 싶었다. 고맙게도 유재성 씨가 길을 안다며 안내를 맡아 주겠다고 했다. 말과 행동 모두에서 진심이 느껴지는 분이었다. 이라크 치하에서 고생이 많았을 텐데도 그분은 내색하지 않고 뭐라도 도우려고 마음을 쓰고 있었다. 그 마음이 참으로 고마웠다. 그러면서도 오히려 위험 무릅쓰고 전쟁터에까지 찾아와 준 고국의 기자들이 고맙다며 투박한 미소를 짓는 분이었다. 그날 그는 수줍게 비밀 하나를 털어놓았다. 내가 서울에 있을 때 만나 인터뷰했던 난민 가운데 한 명이 자기 부인이었다고 했다. 내 덕분에 방송으로나마 아내의 목소리를 들을 수 있었고 그 방송을 녹음해 들으며 힘겨운 시간을 견뎌냈다고 했다. 놀라운 일이었다. 기막힌 인연인 셈이었다. 서울에서 피난 나온 부인을 만나고 쿠웨이트에서는 전쟁터에 남은 남편을 만나다니... 그 얘기에 다시 한 번 그를 끌어안았다.

승용차를 한 대 빌려 이라크 국경을 향해 달렸다. 쿠웨이트시티까지 들어올 때 봤던 비슷한 장면들이 외곽으로도 이어지고 있었다. 부서진 탱크, 장갑차, 뒤집힌 짚차... 송전탑의 고압전선은 축처져 모래 바닥에 닿아 있었고 폭격당해 다 타버린 듯 공장 건물들도 앙상한 철골만 드러낸채 방치돼 있었다. 하지만 도로의 상황은 훨씬 나았다. 놀랍게도 주유소에서는 모든 차에 기름을 공짜로 넣어주고 있었다. 외국인 차에도 차별이 없었다. 작은 기쁨이었다. 유 씨는 전국의 국영상점을 통해 쌀과 달걀, 식수, 밀가루, 설탕 같은 생필품들도 무료로 공급하고 있다고 했다. 역시 부자 나라가 다르다는 생각이 들었다. 그렇게 얼마를 달렸을까? 멀리서 보니 도로에 탱크 짚차 등과 함께 엄청난 쓰레기 더미 같은 것이 길게 이어져 있는 게 보였다. 가까이 접근하니 '어이쿠!' 끔찍한 장면이었다.

찌그러진 장갑차, 불에 타 형태만 남은 승용차, 군용 트럭 등이 처참한 모습으로 엉켜 있었다. 그 주변엔 포탄, 실탄과 옷가지, 매트리스, 소파, 의약품, 신발, 노트, 책 등 오만가지 것들이 어지럽게 쌓여 있었다. 차량 위에 차량들이 포개져 있었고 불에 탄 차 안엔 미처 빠져나오지 못한 시신도 그대로였다. 차가 다닐 길만 내 놓은 채 도로 중앙과 양편으로 그런 지옥 같은 풍경이 수킬로미터 이어져 있었다. '자흐라'라는 지역이었다. 지상전 이틀째 되던 날, 쿠웨이트에서 자동차와 가전 제품, 심지어 병원의 인큐베이터까지... 좋아 보이는 모든 것들을 갖고 철수하던 행렬에 엄청난 공습이 가해진 현장이었다. 다국적군 전투기들은 행렬의 맨 앞과 맨 뒤를 먼저 공격해 전체를 꼼짝 못하게 가둬놓은 뒤 무차별 공격을 퍼부어 이곳을 지옥으로 만들었다고 했다. 사막 한가운데 난 도로, 오로지 앞을 향해 갈 뿐 피할 곳도 없었던 그곳에서... 얼마나 끔찍했을까? 당시 CNN을 통해 관련기사를 보기는 했지만 이정도일 줄은 차마 짐작도 못했었다.

도로 한쪽 편으론 시신들이 모아져 있었다. 따로 한 구씩 모셔진 게 아니라 엉성하게 쌓여 있었다. 마치 장작더미처럼. 공습이 얼마나 무자비했던지...

온전한 모습은 거의 보이지 않았다. 떨어져 나온 팔과 다리들도 적지 않고... 그런데... 심한 악취가 불편할 뿐 아무런 느낌도 들지 않았다. 한때 나와 같은 생명이었다는 어떤 동질감도 느껴지지 않았다. 그저 멍할 뿐. 그 충격적인 광경은 그동안 접했던 숱한 주검들과 완전히 다른 모습이었다. 그들은 그저 부쉬져 못쓰게 된 마네킹같았다. 쏟아지는 포탄에 비명도 한 번 내지르지 못하고 숨졌을 터였다. 그런 시신들을 UN 복장을 한 용병들이 발로 툭툭차고 막대기로 찔러가며 키득거리고 있었다. 아, 저렇게 죽으니 인간으로서의 최소한의 존엄성마저도 지켜지지 못하는구나. 고장난 장난감 취급 밖에 못 받는구나... 눈 앞에 펼쳐진 상황에, 용병들의 생각없는 행위에 마음이 심란해졌다.

그런 현장에서도 아이들은 천진난만했다. 고철과 다름없이 변한 탱크에 올라 노는 아이들이 있었다. 아이들은 전쟁 놀이를 하는 것 같았다. 근처 주민들인 듯 부쉬진 차량에서 부속품을 떼내는 사람들도 보였다. 모진 전쟁을 겪은 사람들은 그렇게 변해 있었다. 전쟁 전에는 모두 깔끔함을 즐기며 남부럽지 않게 살았을 텐데.... 복잡한 생각들이 일었다. 그때 충격적인 장면이 눈에 들어왔다. 차도르를 쓴 젊은 여인이 너댓살 밖에 안 된 소년의 손을 잡고 나와 그 끔찍한 현장을 뒤지고 있었다. 무언가를 찾고 있는 것이 분명했다. 가만히 보니 멀지 않은 곳에 그녀 말고도 차도르를 쓴 여인들이 몇 명 더 있었다. 용병들에게 그들이 찾는 것이 무엇인지 물었다. 구두와 옷가지 등 뭐든 쓸만한 것들을 찾는다고 했다. 여인들은 심지어 죽은 사람들의 주머니도 뒤진다고 했다. 믿기지 않는 말이었다. 정말 충격이었다. 평소 같았으면 바라보는 것만으로도 끔찍한 곳... 억지로 떠밀어도 접근조차 하지 않았을 지옥 같은 곳인데... 더구나 연약한 여인들이 아닌가?... 그것은 전쟁 상황을 통틀어 내게 새겨진 가장 충격적인 장면이었다. 아, 전쟁이란 게 바로 이런 것이구나! 용병들은 그곳을 죽음의 고속도로라고 불렀다. 그 모습에 걸맞는 이름이라고 생각됐다.

답답한 마음으로 이라크쪽으로 더 달렸다. 고속도로 양편으로 다국적군의 탱크와 장갑차, 야포 등이 위장막에 가려진 채 진을 치고 있는 모습이 보였다. 이라크군은 완전히 물러갔지만 전쟁의 분위기는 여전히 강한 상태였다. 곳곳에서 검문도 이뤄졌다. 하지만 프레스 카드를 내보이니 막지는 않았다. 그렇게 국경에 도착했지만 특별한 것은 없었다. 도로도 그대로 연결돼 있었고... 국경을 넘어서 조금 달리자 '바스라'를 가리키는 도로 표지판이 나타났다. 거기서 얼마를 더 달리니 '사판'이란 도시가 2km 남았다는 표시가 보였다. 사판은 1968년까지 쿠웨이트 영토였다가 이라크로 편입된 곳이었다. 경비를 서던 덩치 큰 미군 병사가 막아섰다. 더 들어가는 것은 위험하다고 했다. 프레스 카드를 보였지만 그는 정말 위험하다며 며칠 전 그곳을 통해 바스라로 향하던 기자들이 실종됐다는 얘기를 전했다. 그의 표정이 진지했다. 단순히 겁을 주기 위해 거짓말을 하는 것 같지 않았다. 그의 완강한 모습에 유재성 씨의 얼굴이 변하는 걸 볼 수 있었다. 그는 프레스 카드도 없는 민간인 신분이었다. 사실 거기까지 함께 해 준 것만도 그에게는 엄청난 용기가 필요한 일이었다. 병사와 악수를 나누고 물러섰다. 무리하지 말자고 스스로를 다독였다. 유씨의 고심 가득한 얼굴을 보며 더 이상 고집할 수가 없었다.

24

6개월 만에 다시 내걸린 태극기

교민들을 취재한 방송은 잘 나갔다고 했다. 전쟁 후 생사를 알 수 없었던 그들의 첫 인터뷰였던만큼 관심이 컸고 생생한 내용도 좋았다고 했다. 회사에서도 물 먹은 것 확실하게 만회했다며 칭찬을 아끼지 않았다. 기분이 좋았다. 스스로도 어느 정도 낙종의 아픔을 달랠 수 있을 것 같았다. 보잘 것 없는 '완장'이 만들어낸 의미있는 결과였다. 그 작은 소품 하나가 그렇게 큰 역할을 해 낼 줄이야.... 스스로가 대견했다. 며칠 후 카렌다와 배터리를 사들고 교민들을 다시 만났다. 그들은 훨씬 여유를 되 찾은, 활기찬 모습이었다. 이번엔 전쟁을 피해 서울로 피난했던 소병용 대사도 함께 였다. 이라크 군이 물러간만큼 대사관도 문을 다시 열어야 했다. 하지만 들어가기 전 현지 군인들의 도움을 받아 대사관 구석구석까지 다 점검해야 한다고 했다. 이라크 군이 철수하며 여러 대사관에 부비트랩을 설치해 놓고 갔는데 그로 인한 사고가 종종 보도되고 있던 상황이었다. 공식적으로 전쟁은 끝났지만 여전히 마음을 풀어서는 안될 상황이라는 의미였다.

안면을 익힌 교민들은 전에 못했던 얘기들을 풀어냈다. 어쩌다 보니 피해 상황이 중심이 됐다. 유재성 씨는 창고에 쌓아 뒀던 건축자재와 장비, 승용차

2대 등 족히 30만 달러는 잃은 것 같다고 했다. 오〇〇 씨도 슈퍼마켓에 있던 물품들과 미국산 담배 등 20만 달러 이상의 재산피해를 봤다고 했다. 사무용품점을 운영했다는 신〇〇 씨와 현대건설직원으로 왔다 눌러 앉았다는 조〇〇 씨, 그리고 50년 동안 해외에서 살며 전쟁만 5번째 겪었다는 강〇〇 씨도 각각 10만 달러에서 15만 달러 정도의 손해를 입었다고 했다. 강씨는 6.25를 시작으로 월남전, 캄보디아 내전, 이란 회교혁명 등 전쟁이란 전쟁은 다 겪어 교민들 사이에서 억세게 재수없는 사나이로 통하고 있었다. 그래도, 그렇게 적지 않은 손해를 입긴했어도 사람이 다치지 않은 것이 얼마나 다행이냐며 그들은 환하게 웃었다. 그들의 얘기에 정운길 참사관도 한 마디 보탰다. 자신도 너무 궁금해서 철수직전까지 살던 아파트에 가봤더니 문짝이 뜯긴채 냉장고와 텔레비전 등 가전제품이 다 사라졌더라고 했다. 그는 이라크군이 들이닥치던 날은 총알이 창문을 뚫고 들어와 가족 4명이 극도의 공포에 떨어야 했었다고 회상했다.

그날 밤 우리는 대사관에서 멀지 않은 대사의 관저에서 작은 파티를 벌였다. 전쟁 중에도 충실하게 지키고 관리한 파키스탄 직원 덕분에 관저는 큰 손상없이 유지되고 있었다. 이 친구는 주인 떠난 관사를 지키며 평소처럼 매일 청소를 했을 뿐 아니라 수돗물을 받아 먹으면서도 창고의 식수통에는 손도 대지 않았다고 했다. 그런 얘기를 전하며 대사가 감격스러운 눈으로 그를 바라봤다. 이라크 군인들이 들이닥쳐 방마다 문을 열라고 했을 땐 열쇠를 잃어버렸다며 버티다 심하게 맞기도 했다고 했다. 선한 인상에 체구도 크지 않은 그는 그렇게 자신의 스토리를 전하는 대사의 얘기를 아는 듯 모르는 듯 미소 띤 얼굴로 그저 우리를 시중들뿐이었다.

전기도 수도도 끊기고 아무 소리도 들리지 않는 깊은 밤, 응접실을 밝히는 촛불이 그렇게 낭만적일 수 없었다. 대사와 경호를 맡았던 군인들, 교민들, 그리고 우리... 포도주 한잔에 변변한 안주도 없었지만 내가 경험한 최고의 파티였다. 한데 흐릿한 촛불 사이로 보니 벽과 천정의 색깔이 독특하게도 온통 붉은 색이었다. 대사에게 물으니 그 동네 가장 부자의 세번째 부인이 살던 집이었다고 했다. 금발의 그 부인이 생활이 답답하다고 고향 유럽으로 돌아갔는데 언제 다시 올지 모른다며 집의 일체를 손대지 않는 조건으로 세를 내준 것이라고 했다. 금발의 파란 눈동자 미인을 세 번째 부인으로 두는 것은 그 동네 부자들의 공통된 소원이라며 대사는 웃었다.

다음 날 오전 대사관 옥상에 모두가 다시 모였다. 엄숙한 국기 게양식, 쿠웨이트시티 하늘에 다시 태극기가 올려졌다. 화창한 날씨에 약간의 바람이 불어주는 날이었다. 파란 하늘을 배경으로 휘날리는 태극기가 참으로 아름다웠다. 황홀했다. 태극기 아래 애국가도 울려퍼졌다. 반주도 없고 박자도 음정도 제각각인 투박한 애국가였다. 하지만 가슴이 뜨거워졌다. 표정을 보니 나만 그런 것이 아니었다. 대사를 포함한 모두의 표정에 만감이 서려 있었다. 그 표정들이 또 뭉클하게 했다. 그때까지 태극기와 애국가가 그렇게 절실하게 느껴졌던 적은 없었다. 그렇게 쿠웨이트 대사관은 다시 문을 열었다. 한해 전 9월 2일 급하게 철수한 후 6개월여 만이었다. 쿠웨이트에 주재하는 67개 나라 공관 중 미국 영국 프랑스 캐나다에 이은 5번째 재개관이었다.

25

전쟁은 끝났는데... 답답한 KBS

전쟁은 그렇게 끝났다. 철수했던 쿠웨이트 대사관도 돌아왔고 교민들도 일상을 되찾고 있었다. 이제 당연히 돌아가야 하는 상황이었다. 한데 회사에서는 철수명령이 내려오지 않았다. 그렇다고 더 있으라는 명령도 없었다. 부장에게 '들어가도 되냐?' 물으니 말끝을 흐렸다. 이게 무슨 상황이란 말인가? 누군가 얘기를 해줬다. 회사에서는 철수명령을 내리지 않을 것이라고, 경쟁사인 MBC가 철수하지 않는데 덜컥 철수시켰다 혹시 무슨 기사가 나오면 곤란해진다며. 그렇다고 스테이 명령도 내리지 않을 것이라고 했다. 이라크가 각국 공관을 포함해 요소요소에 지뢰와 부비트랩 등을 설치해 놓고 퇴각했는데 혹시 무슨 일이 생기면 책임의 문제가 생긴다며... 들고 보니 말도 안 되는 얘기였다. 그럴 리가 있겠는가?... 한데 불현 듯 사실일 수도 있겠다는 생각이 들었다. 나올 때도 자원서 작성을 요구하며 보험조차 챙겨주지 않던 그들이 아니었던가? 보름 지나면 교대시켜 주겠다더니 40일이 가깝도록 일언반구 말이 없었던 그들 아닌가?... 그말이 사실이라면 정말 화나는 얘기였다. 짜증이 밀려왔다. 다 끝난 마당에도 그런 얄팍한 머리를 굴리다니....

사실 출장 명령서는 출발 날짜부터 보름으로 돼 있었다. 원래 약속은 보름 뒤에 교대시켜준다는 것이었다. 한데 그 약속은 지켜지지 않았고 나는 자연스럽게 체류가 연장됐었다. 그렇게 된데 대해 이렇다 저렇다 자세한 설명도 없었다. 서류에 기재된 15일 후 추가 명령은 없었으니 나의 장기체류는 행정적으로는 애매한 부분이 있는 것이 사실이었다. 정말로 혹시 무슨 일이라도 생긴다면, 그 상황에 회사가 악의적으로 책임을 면하려고 한다면 나중에 법적 다툼이 벌어질 수도 있는 사안이었다. 어이가 없었다. 비겁한 사람들... 못난 사람들... 속이 상했지만 나는 여전히 순진하기만 한 초년병 기자였다. 강하게 항의하고 문제를 제기할만한 배짱이 없는 병아리 중의 병아리였다.

그런 상황에 우울해 있는데 MBC 기자에게서 연락이 왔다. 나보다 몇 년 위인 김○○ 기자였다. 그가 말했다. '박선규 씨, 당신은 나 때문에 발목이 잡혀 있고 나는 당신 때문에 발목이 잡혀 있다. 양사 책임자들의 의미없는 신경전에 우리가 불필요하게 소모될 이유가 없지 않겠나? 우리 신사협정을 맺자...' 그러면서 그는 서로를 피곤하게 하는 취재경쟁을 하지 말자고 제안했다. 취재할 것이 있으면 같이 하고 다닐 때도 함께 다니자고 했다. 그도 우리가 많이 신경쓰였던 모양이었다. 그러면서 아예 자신들이 묵고 있는 호텔로 숙소를 옮기라고 권했다. 듣던 중 반가운 소리였다. 안그래도 회사의 얄팍한 처사에 짜증이 나 있는 상태여서 그러자고 흔쾌하게 동의해줬다. 하나 생각지 않았던 변수가 생겼다. MBC가 묵고 있는 호텔은 우리 출장비로는 들어갈 수 없는 최고급 호텔이었다. MBC는 숙박비는 어떤 경우든 실비정산을 해줬지만 우리는 정해진 비용 안에서 해결해야 했기 때문이었다. 민망한 공영방송 KBS의 현실이었다.

아무튼 일단 그렇게 신사협정을 맺고 나니 조금 여유가 생겼다. 기분도 풀겸 시내에서 멀지 않은 바닷가 하프문 베이로 바람을 쐬러 나갔다. 적지 않은 사람들이 여유를 즐기고 있었다. 그들과 함께 해변 백사장을 달리는 차들이 보였다. 그 기분을 나도 즐겨보고 싶었다. 차를 몰아 해변으로 향했다. 한데 아뿔싸! 조금 들어가다 바퀴가 모래사장에 빠지고 말았다. 차에 대해서 잘 알지 못했던 나는 빼내기 위해 악셀을 더 세게 밟았다 .하지만 밟을수록 차는 더 깊이 빠져들기만 할 뿐이었다. 결국 차 하부와 모래가 딱 붙는 상태까지 이르고 말았다. 모래사장을 달리는 차량들은 4륜 구동이었지만 우리차는 전륜구동이라는 사실을 알지 못했었다. 무지가 빚어낸 촌극이었다. 난감했다. 이걸 어쩐단 말인가?...

　하는 수없이 도로로 나가 지나가는 짚차를 세웠다. 도움을 청하니 환한 표정으로 걱정말라며 차를 우리차 곁으로 끌고 들어와준 사람이 있었다. 고급스런 하얀 전통복장에 터반을 두른 잘생긴 30대 중반으로 보이는 남성이었다. 그는 성큼성큼 체인을 꺼내 우리 차와 자신의 차를 연결했다. 그리고 자신의 차에 올라 악셀을 밟았다. 하나 차는 꿈쩍도 하지 않았다. 고개를 갸웃하더니 다시 시도했지만 마찬가지였다. 차가 너무 깊이 빠진 탓이었다. 그러자 그는 이렇게 저렇게 각도를 바꿔가며, 또 바닥의 모래를 파가며 시도를 계속했다. 하지만 차는 여전히 움직일 생각을 하지 않았다. 그도 당황스러운 듯했다. 그는 조금 민망한 표정으로 살짝 웃더니 도로로 나가 덩치가 더 큰 다른 차를 불러왔다. 그 차로 체인을 연결하니 그렇게 빠지지 않던 차가 바로 빠졌다. 그는 우리보다 더 기뻐했다. 정말 고마웠다. 이미 시간은 30분 이상 흘렀고 그의 옷은 지저분해진 상태였다. 명함을 건네며 꼭 고마움을 갚고 싶다고, 시간을 내 달라 하니 그는 호탕하게 웃으며 '인샬라'를 외쳤다. 당신이 여기서 사고를 당한 것도 신의 뜻, 나를 만난 것도 신의 뜻이라는 의미였다. 그러니 자신에게 고마워 할 필요가 없다는 것이었다. 그러면서 정 고마움을 갚고 싶으면 가다가 어려운 사람을 만나면 도와주라고 했다. 신선한 충격이었다. '인샬라'라는 말의 의미, 이슬람을 다시 생각하는 계기가 됐다.

나는 그 다음주 리야드를 떠날 수 있었다. 신사협정 덕이었다. MBC는 내가 떠난다는 핑계를 댔고 나는 MBC가 떠난다는 핑계를 댔다. 물론 서로 말을 맞춘 것이었다. 'MBC가 떠나는 것이 확실하냐?'고 거듭 확인하는 회사에 나는 그들의 비행편까지 제시해야 했다. 그리고 나서야 들어와도 좋다는 허락이 떨어졌다... 아무리 생각해도 못난 사람들이었다. 그런 정도의 자신감도 없이 뭘 하겠다고... 하지만... 아무튼 철수명령은 떨어졌다. 기분이 좋았다. 따져보니 15일 일정이 40일하고도 며칠을 더 넘긴 상태였다.

26

전장에서 맞은 하은이 백일!

보고 싶은 하은아
오늘이 네가 아빠에게 와준 지 100일째 되는 날이구나
네 덕분에 아빠라는 거룩한 이름을 갖게 된 지 100일이구나
이 귀한 날을 정신없이 지나치려 했으니....
수첩에 표시해 놓지 않았다면 어쩔 뻔했을까...
생각만 해도 끔찍하고 아찔하다
네 엄마의 현명함에 다시 한 번 탄복했단다.

너는 아는지 모르겠다
너를 만난 후
아빠가 많이 어른스러워졌다는 사실을 말이다
아빠라는 이름에 부끄럽지 않기 위해
더 열심히 살고 있다는 사실을 말이다
고맙다, 아빠에게 와 줘서
사랑한다, 아빠를 미소짓게 해줘서
미안하다, 이 좋은 날조차 함께 해주지 못해서

하은아
이젠 제법 옹알이도 한다지?
엄마 보고 웃을 줄도 안다지?
예쁘고 건강하게 잘 자라줘 정말 고맙다
이제까지 잘 자라준 것 같이 앞으로도 잘 자라주렴
맑은 영혼으로
고운 마음으로
무엇보다 건강한 몸으로
아빠만 닮았다고 엄마가 섭섭해 하니
엄마도 조금 닮아 주면 더 좋겠다
특별히
엄마의 현명함과 따뜻함을 많이 닮아주면 참 좋겠다.

하은아, 기억나니?
넌 엄마 뱃속에 있을 때부터 아빠를 무척 좋아했단다
가만히 있다가도
아빠 손만 가면 신나게 발차기를 해대곤 했었지
엄마는 너무 뛰어 힘들다고 했지만
아빠는 얼마나 행복했던지...

그게 얼마나 아빠를 힘나게 했는지...
아마 너는 짐작도 못할 거다
모든 힘든 것,
모든 속상한 것,
모든 나쁜 것....
단박에 날려 버리는 마법의 발차기였지

그랬던 네가 어느새 세상에 나와 100일이 됐다니...
이 아빠 꿈만 같단다
밖에 나가 소리라도 지르고 싶어

그런데...
이 기쁜 날 아빠가 전화도 한 통 못했구나
미안하다
정말 바빴단다
전화를 못했을 뿐 아니라
가장 중요한 브리핑 시간에 조금 늦기까지 했단다
그래서 윗사람한테 싫은 소리도 들었단다
하필 네 100일이라는 경사스런 날에 말이다

하지만 이 아빠 조금도 서운하거나 기분 나쁘지 않았단다
너를 생각하니 힘든 것도, 서운한 것도 없었단다
그저 싱글싱글 웃을 뿐이었지
오히려 혼나고도 동료들에게 맛있는 저녁을 샀으니...
정말 행복했단다
그들은 영문도 모르고 좋아했단다

하은아, 그런데 어쩌냐?
너를 보고 싶은 마음이 굴뚝 같은데
마음 같아서는 당장이라도 달려가고 싶은데
귀국 일정이 늦어지는 것 같으니 말이다
원래 계획은 이달 말쯤 들어가는 것이었는데...
그래서 너를 보고 집안 일도 돌볼 예정이었는데...

그게 잘 안 될 모양이다

지상전이 곧 시작될 것 같아
그렇게 되면 더 바빠질 거고...
쿠웨이트에도 들어가고 이라크에도 가야 할 것 같아
아빠를 교대해 주기로 한 사람들이 있었는데
무슨 사정이 생겼는지 연락도 없단다

미안하다
기쁜 날 복잡한 아빠 일 얘기를 해서
하지만
지금 아빠가 무슨 일을 하고 있는지는 알려 주고 싶단다
나중에 네가 크면 꼭 얘기해 주고 싶어
이번에 경험한 전쟁 얘기
전쟁터에서 만난 사람들 얘기
아빠를 충격 먹게 한 미국 얘기도...
아마 너도 멋지다고 할 걸!

아, 그리고 이건 비밀인데...
너만 알고 있어야 한다.
너에게는 비밀을 털어 놔야 겠어
너한테는 거짓말 하고 싶지 않거든
사실 아빠는 이곳에 자원해서 왔단다
할머니와 엄마는 모르고 계시지
회사에서 명령을 받은 것으로 얘기하고 왔거든

미안하지만 어쩌겠니

자원해서 전쟁터 간다면 절대 안 보내 줄 테니...

이런 아빠를 너는 이해해 줄 수 있겠지

위험하기는 하지만

아빠는 아주 잘한 결정이라 생각하고 있단다

많은 것을 보면서 정말 좋은 경험을 하고 있어

눈이 커지고 머리가 열리는 느낌!

가슴이 뜨거워지고 스스로 성장하는 느낌!

분명 아빠의 기자 인생에 귀한 계기가 될 것이라 믿는단다

그래서 이번 취재에 아주 만족하고 있지

너와 엄마, 그리고 할머니를 보고 싶은 것을 제외하고는 말이다

그래서 하는 말인데...

나중에, 나중에 말이다

네가 자란 후 살아가는 과정에서

새로운 것을 경험할 기회가 생긴다면

과감하게 도전하는 하은이가 돼 준다면 정말 좋겠다

작은 걱정에 주저하기보다

그 뒤에 마주하게 될 새로운 세상을 바라보며

용감하게 걸음을 내딛는 하은이가 돼 준다면 정말 좋겠다.

약간의 위험성이 따른다고 할지라도 말이지

경험만큼 확실한 지식은 없다고 아빠는 믿거든

도전없이 이룰 수 있는 것은 아무 것도 없다고

아빠는 확신하거든.

그 또한 아빠의 경험을 통한 결론이란다

어이쿠, 하은아

라디오에서 뭔가 발표되는 모양이다

아쉽지만 이만 줄여야겠다

자꾸만 네 모습이 어른거려 참지 못하겠는데....

하지만 조금 더 참아야겠지

우리 조금만 더 참자

조금만 더 기다려다오

미안하고...

사랑한다!!!

오늘 밤엔 꼭 아빠 꿈 속으로 찾아와 다오, 하은아!!!

하은이 백일날, 전쟁의 나라에서 아빠.

27

영광스런 별명 '현장기자'... 그러나 드러난 진실

첫 해외 경험, 종군 취재가 마무리 됐다. 40일이 넘는 짧지 않은 시간, 보름을 예정했던 취재가 그렇게 길어졌다. 애초 후속팀을 보내 교대시켜 준다던 회사의 약속은 결국 지켜지지 않았다. 처음부터 의도했던 것인지 아니면 상황이 그렇게 된 것인지.... 하지만 다 마치고 나니 서운함도 불만도 다 사라졌다. 감사하기만 했다. 배운 게 많았고 무엇보다 무사하게 돌아온 것이 기뻤다. 그랬기에 최악의 상황까지 각오했던 출발 때와는 달리 귀국길은 행복하기만 했다. 보도본부장은 수고 많았다며 파리에서 한 일주일 쉬다 들어와도 된다고 했지만 그럴 마음이 조금도 없었다. 피곤했다. 한시라도 빨리 집으로 돌아가고 싶다는 생각뿐이었다. 어머니와 아내가 기다리고 사랑하는 하은이가 기다리는 집이 미치도록 그리웠다. 공항에는 회사 관계자들이 여럿 나와 있었다. 여러 사람들이 뜨겁게 환영해 줬다. 어머니와 아내는 사람들 뒤편으로 수줍게 숨어 있었다. 달려가 포옹하고 몰라보게 자란 하은이를 안았다. 짙고 숱이 많은 머리에 눈이며 코, 입이 또렷했다. 떠날 때와는 완전히 다른 녀석이 돼 있었다. 하지만 녀석은 반가운 웃음 대신 '아앙' 울음을 터뜨렸다. 느닷없이 나타난 시커먼 아빠가 많이 낯설었던 모양이었다.

이튿날 회사에 출근하니 나에 대한 평가가 180도 달라져 있었다. 걱정스레 나의 파견을 지켜보던 사람들이 격하게 반겨줬다. 더 이상 일천한 경력을 거론하는 사람들도 없었다. 수고했다고, 멋졌다고, 뿌듯했다고... 마주치는 이마다 축하와 격려를 아끼지 않았다. 그들의 마음이 느껴졌다. 기자가 아닌 다른 파트의 직원들도 다르지 않았다. 그야말로 나는 40여 일 사이에 다른 인물이 돼 있었다. 허스키한 내 목소리를 탐탁치 않게 여겼던 사람들도 달라졌다. 가장 눈치를 줬던 한 선배는 '선규야, 전쟁터 가니까 니 목소리가 딱이더라'라며 태도를 180도 바꿨다. 무엇보다 그의 변화가 통쾌했다. '네가 리포팅하니까 마치 바로 옆에서 전투가 벌어지는 듯 생생하더라'고 '목소리와 현장의 분위기가 그렇게 어울릴 수 없더라'고... 과분한 칭찬들이 이어졌다.

나도 모르는 사이에 '현장 기자'라는 별명도 붙어 있었다. 기자에게 가장 중요한 것이 현장이라는 사실을 감안하면 명예로운 별명이 아닐 수 없었다. 전체적으로 그렇게 좋은 일들이 이어졌지만 아쉬운 소식도 기다리고 있었다. 현지 교민들의 생존을 확인하고 인터뷰한 리포트에 특종상이 결정됐는데 내가 빠지고 엉뚱한 사람들이 들어갔다는 것이었다. 이미 시상식도 끝나고 나도 다 잊어버리고 있던 상태였다. 그런 사실에 부당함을 느낀 누군가가 전해준 얘기였다. 서운했다. 내 마음을 눈치챘던지 아니면 미안했던지 한 선배가 멋쩍게 말했다. '넌 아직 시간이 많으니까 다음에 받으면 되잖아...' 말이 안되는 소리였다. 하지만 그마저 웃어줄 수 있었다.

사실 특종상은 못 받았지만 이미 나는 그 이상을 받고 있었다. 첫 해외 취재를 통해 나는 완전히 인정 받는 기자가 돼 있었다. 그건 회사 내에서만 그런 것이 아니었다. 회사 밖에서도 알아 봐주는 사람들이 많았다. 고생 많았다며 음식값을 받지 않는 식당, 주문하지 않은 특별 메뉴를 내주는 식당 주인, 거리에서 엄지척을 해주며 웃는 사람들도 여럿 있었다. 세계적인 현장을 뛰며 기자로서의 안목을 키울 수 있었던 것은 또 다른 보상이었다. 전쟁이 얼마나 위험한지, 전쟁이 만들어내는 상황이 얼마나 처참한지 깨닫게 됐다. 전쟁이라는 상황 속에 인간은 얼마나 보잘 것 없고 미약한 존재인지도 알게 됐다. 전쟁을 지배하는 것은 논리가 아니라 힘이라는 사실도 깨닫게 됐다. 부족하나마 세상의 흐름을 읽을 수 있게 됐고 철저하게 힘의 논리가 지배하는 국제사회의 질서도 익힐 수 있었다. 고맙고 감사한 일이었다.

무엇보다 미국이라는 나라의 거대한 힘을 확인할 수 있었던 것은 큰 소득이었다. 이후 나의 생각을 키우고 삶의 방향을 정하는 데 큰 도움이 됐다. 그 경험 이후 미국에 대한 관찰에 매달렸고 연방 하원의원의 보좌관까지 경험하는 계기가 됐으니... 걸프전 종군 경험은 만 3년차 애송이 기자가 눈을 뜨고 세상을 바로 보게 된 환골탈태의 기회였음이 분명했다. 매일 새벽 경찰서와 병원 응급실, 영안실을 돌며 허접한(?) 사건기사를 챙기던 그전 처지를 생각하면 실로 엄청난 계기였던 셈이었다.

새롭게 얻은 '현장 기자'라는 별명은 그저 별명에만 머물지 않았다. 각종 사건 사고가 일어나 현장이 생기면 회사에서는 가장 먼저 나를 찾았다. 서울과 지방, 바다와 육지, 평일과 휴일을 가리지 않고 뛰어야 했다. 덕분에 KBS에서 생방송을 가장 많이 하는 기자가 됐다. 그건 분명 행운이었다. 방송 기회가 많다는 것은 방송에 익숙해지고 시청자와 친숙해질 수 있다는 의미였기에. 나만의 독특한 스타일을 만들 수 있는 좋은 기회이기도 했다. 그렇게 나는 프로페셔널한 방송 기자로서의 모습을 조금씩 갖춰 갔다. 길을 가면 알아보는 사람들이 늘어났고 특별히 나를 찾아 제보하는 시청자들도 생겨났다. 그 모든 것이 종군 취재가 가져다 준 선물이었다. 바쁘기는 했지만 행복한 시간들이었다.

그런 행복한 시간 중에 하은이의 돌을 맞았다. 백일잔치를 못했기에 돌잔치를 조금 신경 써 하기로 했다. 우리집과 처갓집, 양쪽 집안 모두에 귀한 첫 손주였기에 제법 많은 손님들을 청했다. 잔치는 뷔페가 아닌 집에서 했다. 손님 대접은 정성스레 직접 만든 음식으로 해야 한다는 어른들의 생각 때문이었다. 그런 잔치가 매일 저녁시간을 이용해 일주일 내내 이어졌다. 드디어 마지막 날, 손님은 회사 동료들이었다. 한데 여기서 심각한 사고가 터지고 말았다. 동료 가운데 아내의 대학 후배가 있었다. 이 녀석이 집에 들어서면서 농담 삼아 한 마디 던진 것이 폭탄이 되고 말았다. '아니 형수는 도대체 어떻게 했길래 형님이 신혼살림에 전쟁터를 자원하게 하신 겁니까?' 굳게 지켜졌던 비밀, '회사의 명령'이 아니라 '자원 취재'였다는 그 엄청난 비밀이 폭로되는 순간이었다. 아내의 표정이 심하게 흔들리는 것을 볼 수 있었다.

　즐겁게 음식 나누고... 흥겨운 잡담들 나누고... 모두가 함께 할 때 까지는 문제가 없었다. 분위기가 더 할 수 없이 좋았다. 하지만 손님들을 다 보내고 난 후 문제가 터지고 말았다. 아내가 방에 들어가 울기 시작했다. 아무런 말도 하지 않고. 심상치 않은 분위기에 들어가 달래보려고 했지만 아내는 울음을 그치지 않았다. 죄인 된 심정으로 우두커니 지켜볼 수밖에 없었다. 얼마나 시간이 흘렀을까? 아내가 돌아 앉더니 정색하며 한 마디 했다. '당신 정말 무서운 사람이야' '이렇게 독한 사람인 줄 짐작도 못했어요..' 하더니 다시 울기 시작했다. '절대 자원은 않겠다'는 약속을 깬 것에 대한 배신감, 그런 사실을 그렇게 오랫동안 철저하게 속인데 대한 '불신' 때문인 듯 했다. 아내의 입장에서는 당연한 일이라는 생각이 들었다. 뭐라 할 말이 없었다. '미안하다'는 말 밖에. '다시는 그런 일 없을 것'이라는 약속밖에.

　한참 후 아내가 다시 돌아 앉았다. 눈이 퉁퉁부어 있었다. '당신 나가 있는 동안에 내 마음이 어땠는지 짐작이나 해 봤어요? 길거리 다니면서 고개를 제대로 들고 다니지 못했어요. 행여 마주오는 사람과 눈이 마주치면 시비가 걸릴까봐. 그러면 당신에게 안 좋은 일이 생길까봐. 시장에 가서 반찬거리를 살 때 한 번 물어보고는 그냥 돌아서지 못했어요. 뒤통수에 대고 안 좋은 소리할까봐. 그러면 당신에게 안 좋은 일이 생길까봐. 뉴스에 당신이 나오면 '저 위험한 데서 빨리 나와야 할 텐데...' 가슴을 졸이다가 며칠 방송에 보이지 않으면 '혹시 무슨 일이 생긴 건 아닐까?...' 잠을 이루지 못했어요. 전쟁터를 향해 공항을 떠난 그날부터 다 마치고 돌아온 그날까지 어머니나 나나 죄인된 심정으로 매사를 조심 조심하면서 살아야 했어요. 그런 가족들의 마음을 상상이나 해 봤어요?...' 뭐라 할 말이 없었다. 구구절절이 가슴을 울리는 말이었다. 단 한 번도 그런 생각은 해보지 못했었다. 잘못했다고 빌고 또 비는 수밖에 다른 방도가 없었다.

다행히 냉전은 오래가지 않았다. 이미 지나간 일이라는 사실, 무엇보다 무사하게 돌아왔다는 사실이 마음을 푸는 데 도움이 된 것 같았다. 물론 나는 '다시는 그런 일이 없을 것'이라고 다짐하고 또 다짐해야 했다. 무엇보다 그때 우리는 바빴다. 서로의 직장 생활에 그리고 숨가쁜 신혼 생활에... 그때는 아내도 나도 몰랐다. 그것이 숱한 종군취재의 시작이 될 줄을....

소말리아
수단 내전

뿌리깊은
냉전의 **상처,**
지도자의 중요성을
일깨워준 **전쟁**

지도자의

무능과 탐욕이

부른 지옥,

무정부는 독재보다

훨씬 위험했다!

2

01

소말리아에 다녀와라!

1992년 11월, 세계는 아프리카 북동부의 소말리아에서 전해지는 소식에 경악했다. 머리만 도드라진 채 앙상하게 뼈만 남은 아이들, 기력이 다해 초점 없는 눈망울로 그저 누워 있는 아이들, 얼굴에 파리가 날아 들어도 눈 한 번 깜빡거리지 못하는 아이들, 그런 아이들 곁에 넋나간 표정으로 앉아 있는 엄마…. 그렇게 그저 죽음을 기다리는 모습들이 생생하게 안방까지 전해졌다. 이미 굶어죽은 사람이 30만 명에 이르고 수백만 명이 곧 죽을 위기라는 설명도 이어졌다. 20세기 말, 한편에선 음식 쓰레기가 넘쳐 심각한 문제가 되는 시대에 다른 한 쪽에선 수십만 명이 처절하게 굶어 죽는, 그런 세상이 존재한다니… 많은 사람들은 눈앞에 펼쳐지는 비극적 상황에 입을 다물지 못했다. 기자이기 이전에 세계인의 한 사람으로 나도 충격속에 그 모습을 지켜봤다.

도대체 무엇이 저런 지옥을 만들고 있단 말인가? 왜 저렇게까지 비참한 상황이 빚어지고 있단 말인가?… 궁금증에 자료를 찾아봤다. 아프리카의 뿔로 불리는 소말리아. 아시아와 중동, 유럽을 연결하는 지정학적 요충지에 자리 잡고 있는 나라였다. 그 지리적 잇점을 이용해 한때는 번영을 구가했던, 아프리카에서는 드문 단일민족 국가라는 사실을 알 수 있었다. 영국과 이탈리아의 지배를 받다 1960년 독립국가가 됐으나 장기독재로 이어지며 상황이 안 좋아졌다는 사실, 그 독재자를 몰아내기 위해 협력했던 군벌들이 쿠데타에 성공한 후 권력 쟁탈전에 돌입하며 비극이 시작됐다는 사실, 그 와중에 이어진 극심한 가뭄과 흉년으로 사상 최악의 상황이 초래됐다는 사실 등.... 권력만 추구하는 포악한 지도자들이 부른 인재에 가뭄이라는 천재까지 더해진 결과라는 사실을 확인할 수 있었다. 냉전시대 미국과 소련 양쪽에서 경쟁적으로 지원한 엄청난 양의 무기들이 비극을 악화시키는 결정적인 요인으로 작용하고 있음도 알 수 있었다.

구호기관들은 국제사회에서 식량 등 구호품들은 긴급 지원하고 있지만 별 효과를 내지 못하고 있다며 안타까워하고 있었다. 군벌들이 강탈하거나 보급을 방해하기 때문이라고 했다. 보다 못한 UN이 1992년 4월 평화유지군을 파견했지만 그들 또한 역할을 하지 못하고 있는 상황이라고 했다. 감시는커녕 군벌들에게 공격당하고 심지어 살해당하는 일도 종종 발생하고 있다고 했다. 외신들은 군벌들이 난민 캠프로 가는 보급로를 막고 구호품을 강탈하는 일이 비일비재 하다고 전하고 있었다. 구호품을 차지하기 위한 치열한 전투도 드물지 않다고 했다. 그 때문에 모가디슈 항에 도착하는 구호품은 많았지만 창고에만 쌓일 뿐 난민 캠프까지 전달되는 것은 최소량에 불과하다고 했다. 아무리 권력이 중하다고 국민 대다수가 굶어 죽는 상황을 방치하고 조장하면서까지 파워게임을 벌이다니... 창고에 쌓여 있는 식량을 전달하는 것조차 막아서다니... 들여다 볼수록 소말리아는 한심한 나라였다.

사안의 성격으로 볼 때 우리도 누군가는 현장에 가야 할 것 같았다. 마침 보도국 안에서도 그런 논의가 진행되는 것 같았다. 카이로에 주재하고 있는 김 ○○ 특파원을 보내야 한다는 것이 대체적인 의견인 것 같았다. 사실 그가 중동 아프리카 지역을 담당하는 책임자였으니 그런 판단은 당연한 것이었다. 특정 도시에 적지 않은 비용을 들여 지국을 운영하는 것은 바로 그런 목적 때문이기도 했다. 그런데 어느 날 회의를 마치고 나온 부장이 나를 지목했다. '다녀오는 게 어떻겠냐?'는 얘기였다. 형식은 물음이었지만 은근한 명령으로 다가왔다. '아니, 특파원이 있는데 왜 제가 갑니까?' 약간의 반감을 가지고 그렇게 물었다. '그 친구 펄쩍 뛰면서 못들어 간다더래. 소말리아가 무정부 상태가 돼서 들어가는 항공편이 아예 없다고...' '말도 안되는 소리지요. 항공편이 없어 못들어간다면 현재 모가디슈에서 방송하는 외신 기자들은 어떻게 들어갔게요?' 내 얘기에 한심하다는 듯 미소를 흘리며 부장이 다시 받았다. '글쎄 말이야. 말도 안되는 소리지. 위험하니까 못 가겠다고 머리 굴리는 거지...' '일 할 사람 안 보내고 머리 큰 사람들 특파원으로 보내놓더니....' 말꼬리를 흐리던 부장은 날 들으라는 듯 목소리를 높였다. 그런 뒤 결정적으로 한 마디를 던졌다. '그 친구는 도저히 안 되겠다고 박선규 보내면 어떻겠냐고 국장이 묻던데..' 잠시 내 표정을 살피던 부장은 답도 듣지 않고 국장실로 향했다.

당시 카이로 특파원은 중동 아프리카 전문가를 자칭하는 분이었다. 이집트에서 대학을 나와 언어는 물론 역사와 문화에도 정통하고 현지 네트웍도 탄탄한 것으로 소문나 있었다. 나보다 연배도 한참 위로 '베이루트 내전 취재경력'을 기회있을 때마다 자랑하는 분이기도 했다. 한데 그런 전문가이자 경력자를 두고 나보고 가라니... 회사의 처사는 정말 말이 되지 않는 것이었다. 한데 나 스스로 놀란 게 있었다. 부장에게 반발은 했지만... 말로는 거부를 하면서도 가슴 깊은 곳에서 뭔가 꿈틀 하는 것이 있었다. 아니 이게 뭐란 말인가? 기자정신? 열정? 종군시절에 대한 그리움?.... 전혀 예상하지 못했던 내 마음 속 깊은 곳의 반응이었다. 하지만 곧 고개를 저었다. 그곳은 걸프전과는 비교할 수 없을 정도로 위험한 곳 아니던가? 거기에 걸프전을 통해 종군기자에 대한 말도 되지 않는 처우를 경험하지 않았던가? 위험 수당은 고사하고 보험조차 들어주지 않았으니... 사지에 보내놓고도 만일의 경우를 대비한 책임회피에 머리 굴리는 모습도 보지 않았던가... 하지만 그렇게 당신의 생각을 툭던진 부장은 더 이상의 얘기를 하지 않았다. 아마도 '저 놈은 분명 스스로 가겠다고 할 거야'라고 믿고 있는 것 같았다.

퇴근해서 넌지시 말을 꺼냈다. '회사에서 소말리아 다녀오라는데...' 걸프전때 자원 사실을 속였던 후유증이 컸기에 솔직히 말하는 게 나을 것 같았다. 최대한 조심스럽게 말을 꺼내며 아내의 눈치를 살폈다. 한데 의외로 아내가차분했다. 극렬한 반대를 예상했는데 그게 아니었다. '가면 얼마나 있게 되는데요?' 의외였다. 아니 이건 반대하지 않는다는 얘기 아닌가? 오히려 내가 당황했다. '당신 괜찮겠어?' 아내가 차분하게 말했다. 그동안 같이 살면서 '이 사람은 한번 하겠다고 하면 말릴 수 없는 사람이구나' '그런 사람 주저 앉히려고하면 서로 간에 상처만 생기겠구나..' 판단했다고 했다. 그래서 이왕 하게 될것이라면 '부담 갖지 않게 동의해 주는게 좋겠다' 마음 먹었다고 했다. 그 얘기에 가슴이 찡했다.

진심으로 고마웠다. 쉽지 않은 마음일텐데... 결혼해서 만 3년이 되지 않았는데 아내는 이미 나라는 놈을 다 파악하고 있는 것 같았다. 아마도 걸프전 이후 사내 외에서 달라진 기자로서의 내 위상도 어느 정도는 작용한 듯 했다. 정말이지 과분한 평가들이 이어졌고 알아봐주는 사람들도 많이 생긴 상태였다. 어머니도 아내와 그런 얘기를 나눴다며 '어찌 됐건 기도 열심히 하고 몸상하지 않도록 주의하라'며 웃어주셨다. 일이 생각과 다른 방향으로 풀리고있었다. 원래 계획은 집에서 반대하면 그걸 핑계로 마음을 눌러보려고 했던것인데 오히려 집에서 기정 사실화하는 상황이 돼버렸으니... 부장은 이런 것까지 미리 예상을 했던 것인가?...

다음 날 '회사에서 명령한다면 가겠다'고 의사를 밝혔다. 부장은 그럴 줄 알았다는 듯 빙그레 웃었다. 그러면서 당신의 계획을 얘기했다. '특별히 위험도가 높은 지역임을 알기 때문에 에이스들로만 팀을 꾸려주겠다. 최고의 PD를 한 사람 붙이고 카메라 기자 두 명을 묶어 4명으로 팀을 꾸리겠다.' PD를 한 사람 붙이는 것은 전체 상황을 조정하면서 만약에 내게 문제가 생길 경우 대신 마이크를 잡게 하기 위해서라고 했다. 오디오 맨 없이 카메라 기자 둘을 붙이는 것 또한 만일의 경우 한 사람이 촬영을 못하게 되더라도 차질없이 일을 진행할 수 있게 하려는 의미라고 했다. 듣고 보니 배려가 아니라 겁주는 얘기였다. 죽거나 다칠 가능성이 높기 때문에 플랜 B까지 예상하고 팀을 짜겠다는 의미 아닌가?

그런 얘기에 위험의 정도가 실감 났다. 사실 화면에 전해지는 모습만으로도 위험은 충분하게 감지되고 있었다. 아무렇게나 총을 걸친 젊은이들이 시도때도없이 총을 쏴대는 장면이 흔해도 너무 흔했다. 하지만 그렇다고 겁 먹을 내가 아이었다. 오히려 오기가 생겼다. 성공적인 걸프전 취재로 자신감도 생긴 상태였다. '까짓 것 한번 해보죠 뭐. 걱정하지 마십시오...' 역사적인 소말리아 취재팀은 그런 비장함 속에 탄생했다. 박정용 PD와 이중완, 유혁근 두 촬영 기자, 그리고 나까지 해서 4명으로 팀이 꾸려졌다. 이중완, 유혁근 두 기자는 영상취재부의 에이스 중 에이스였다. 연차가 차이 나는 선후배 사이가 아니라 동기 사이이기도 했다. 둘다 주연이란 의미였다. 그만큼 회사차원에서 신경쓰는 프로젝트라는 의미였다.

02

여전히 전쟁보험은 안 되는 대한민국

이왕 가기로 한 것, 조금이라도 빨리 가야 했다. 외신에서는 연일 소말리아 관련 소식을 쏟아내고 있었다. 상상을 초월하는 기사와 화면에 국민들의 안타까운 탄식이 더해졌다. 마음이 급했다. 하지만 소말리아는 나라는 있지만 정부는 없는, 무정부 상태였다. 공식적으로 누구에게도 도움을 받는 게 불가능하다는 의미였다. 거기에 모가디슈로 들어가는 항공편도 완전히 차단돼 있었다. 그렇다고 손을 놓고 있을 수도 없었다. 외교부는 물론 현지에서 활동하고 있는 유니세프와 국제기아대책본부까지… 도움이 될 만한 곳들에 다 도움을 청했다. 모두 적극적으로 도와주겠다고 했지만 확실한 건 아무 것도 없었다. 그런 과정을 통해 케냐의 나이로비가 통로라는 사실을 확인할 수 있었다. 나이로비의 한국 대사관에 도움을 청했다. 하지만 거기서도 기대했던 답을 들을 수는 없었다. '너무 위험한 곳이다. 누구도 당신들의 안전을 책임질 수 없다. 들어가지 말라고 권하고 싶다..' 도와줄 수 없다는 얘기였다. 들어가지 말라는 강력한 경고였다. 하지만 이미 예상하고 결정한 일이었다. 나이로비로 들어가 현지에서 모든 것을 해결하는 방법을 택하기로 했다.

급하게 서류를 꾸려 결재를 받는데 사장실에서 제동이 걸렸다. 비용이 너무 많다는 것이었다. 당연한 일이었다. 다른 출장에서는 상상도 못 할 비상시 탈출비용, 경비행기 임차비용 등이 포함됐기 때문이었다. 아마도 그때까지 보도본부에서 나가는 해외출장 비용 가운데 가장 많았을 것이다. 하지만 박성범 본부장이 직접 나서면서 문제는 바로 해결됐다. 서류를 들고 사장실을 찾아가 직접 설득했다고 했다. '외신이 아닌 우리 시각으로 보도한다는 것이 의미가 있다' '세계적인 현장에 우리 기자들을 보내 훈련시킨다는 의미도 있다...' 그런 본부장의 설득에 '그렇다면 보내야지'하며 사장도 흔쾌하게 사인했다고 했다. 입사 후 처음으로 KBS가 멋진 회사라는 생각이 들었다.

다행히(?) 회사에서는 이번에는 '자원서'를 요구하지는 않았다. 하지만 보험회사들은 이번에도 위험지 보험은 취급하지 않는다고 했다. 걸프전 땐 '더 조심하자'고 대범하게 포기했지만 이번에는 그러면 안될 것 같았다. 어떤 식으로든 보험을 만들지 않으면 안되겠다는 생각이 들었다. 누군가가 아이디어를 냈다. 여행자 보험에 돈을 더 주고 특약을 맺으면 되지 않을까?... 고맙게도 안국화재보험이 '그렇게 해주겠다'고 했다. 담당직원은 계약서를 작성하며 '사망만 담보하는 것'이라고 강조했다. 그러면서 이런 조건을 적어 넣었다. '＊단 총상 포상 등 직접적인 전쟁 피해에 한함.' 웃어야 할지 울어야 할지... 보험이 생긴 것은 다행이지만 특약 조항이 영 꺼림칙했다. 증서가 효력을 발휘하려면 총탄이나 포탄에 죽어야 한다니.... 이 증서는 나중에 KBS 역사 박물관이 만들어진다면 그곳에 전시해도 좋겠다는 생각이 들었다. 지금도 내 서재 어딘가에는 그 특약 내용이 기록된 증서가 있을 것이다.

그렇게 정신없이 준비를 하는데 귀에 확 들어오는 외신이 전해졌다. 12월 6일, 네이비씰과 해병대를 앞세운 미군이 소말리아 해변을 통해 모가디슈에 입성했다는 내용이었다. '희망회복작전'으로 명명된 바로 그 작전이었다. 한데 그 내용이 참으로 엉뚱했다. 장갑차 등을 앞세운 4,000여 명의 미군이 아무런 저항없이 모가디슈에 입성했다는 것이었다. 치열한 전투를 각오하고 어둠을 틈타 모가디슈항에 상륙했을 때 그들을 맞은 것은 소말리아 군이 아니라 기자들의 카메라 세례였다고 했다. 극비로 진행돼야 할 대규모 기습 작전이 사전에 노출됐고, 그 사실이 언론에까지 알려져 벌어진 해프닝이라고 했다. 군인들이 아닌 기자들이 비밀스럽게 상륙하는 작전병력들을 기다려 후레쉬를 터뜨리는 상황, 아마도 군사작전 역사상 최초의 사건이 아닐까 생각됐다.

 그건 분명 미군의 입장에선 망신스런 사건이었다. 하지만 다른 한편으로는 무자비한 군벌들이 미군을 얼마나 겁내고 있는지 분명하게 확인시켜준 사건이기도 했다. 그들은 아예 미군과는 맞설 엄두를 내지 못하고 있음이 분명했다. 그리고 며칠 뒤, 우리가 출발하기 하루 전날엔 겁먹은 최대 군벌 지도자 아이디드가 미군에 휴전협상을 제안했다는 소식도 전해졌다. 협상 제안자가 미군이 아니라 최대 군벌 지도자라는 사실이 의미심장했다. 그런 분위기라면 생각보다 쉽게 정리될 수 있겠다는 기대도 생겼다. 마음이 훨씬 가벼워졌다. 모가디슈가 미군의 통제 아래 들어갔고 최대 군벌이 협조를 약속한다면 그만큼 위험 부담은 줄어든다는 의미였다. '일단 들어가기만 하면 되겠구나...' '가서 비극적인 현실을 차분하게 풀어내기만 하면 되겠구나...'

 떠나는 마음이 상당히 가벼워졌다. 처음 얘기가 나온 지 열흘쯤 지난 시점이었다. 하지만 정신없이 서두르느라 놓친 것이 몇 가지 있었다. 그 중 하나가 아프리카에 가기 위해선 반드시 맞아야 하는 황열병 예방주사였다. 뒤늦게 그런 사실을 확인하고 출발 당일 공항 보건실을 찾았다. '언제 나가냐?'는 물음에 잠시 후 비행기를 탈 것이라고 말하자 간호사는 기가 막히다는 표정을 지었다. 최소한 일주일 전에는 맞아야 효과를 볼 수 있다고 했다. 죄송하다고, 그래도 일주일 이상 머물 것이니 놓아주시면 고맙겠다고 사정을 해 겨우 맞았다. 말라리아 약도 준비하지 못한 상태였다. 구하려 해봤지만 국내에서는 파는 곳이 없었다. 결국 비행기를 갈아 타기 위해 런던 히드루 공항에 내렸을 때 공항 구내 약국에서 키니네를 사야 했다. 그렇게 구한 약을 갈아탄 비행기 안에서 처음으로 먹었다. 그 또한 미리 먹어야 했던 것인데... 돌아보면 참으로 무모한 취재길이었다. 그렇게 그렇게 허겁지겁, 허둥지둥 끝에 나이로비에 도착할 수 있었다. 서울에서 출발한 지 23시간 만이었다.

03

'한국기자 최초 소말리아 입성'을 위해

나이로비는 생각보다 번화한 도시였다. 낡고 허름한 건물에 세련된 빌딩들이 섞여 있었다. 세계적 체인의 호텔들, 다양한 상가들과 프랜차이즈 패스트 푸드점들, 깔끔한 레스토랑... 나이트 클럽 등... 거리는 사람들로 복잡했고... 전체적으로 활기가 느껴졌다. 놀라운 것은 중심은 세계 어디에 내놓아도 손색없는 현대적인 분위기였지만 조금만 외곽으로 나가면 원시 아프리카가 펼쳐진다는 사실이었다. 시내에서 30분만 나가면 마사이마라족과 그들의 주거지를 볼 수 있었다. 현대와 원시의 공존, 개발과 자연의 공생.. 나이로비는 그런 독특한 모습이었다. 높고 파란 하늘에 맑은 공기는 우리의 가을 날씨와 비슷했다. 기온이 적당했고 공기도 쾌적했다. 그래서 휴가시즌만 되면 전 세계의 관광객들이 몰린다고 했다. 특히 유럽의 부자들에겐 가장 인기 높은 관광도시라고 했다.

서울서 확인했던 대로 나이로비는 소말리아로 들어가는 가장 효과적인 통로였다. 정식 항공편은 없었지만 수시로 비행기가 드나들고 있었다. 구호물품과 인력을 실어 나르는 군용 또는 국제기구의 비행기들이었다. 거기에 경비행기도 있었다. 물론 비정기적인 운행이었다. 기자들은 이런 비행기들을 운 좋게 얻어 타거나 아니면 경비행기를 전세 내 이용하고 있었다. 그렇게 소말리아에 들어가기 위해 나이로비에 머물고 있는 기자가 150명쯤 된다고 했다. 한시가 급한 우리는 경비행기를 이용하기로 했다. 편도 비용이 4,500달러 정도, 열흘 전까지만 해도 3,000달러면 가능했는데 기자들이 몰린 탓에 엄청 올랐다고 했다. 비용이 만만치 않았지만 그보다 중요한 건 시간이었다. 업자들에겐 일종의 전쟁 특수인 셈이었다. 누군가의 불행이 다른 누군가에겐 행운이 된다는 세상사의 이치가 여기서도 확인됐다. 비상식량과 물, 모기약, 키니네 등을 챙겨 짐을 꾸렸다. 많이 줄였는데도 배낭이 5개나 됐다.

한데 변수가 생겼다. 느닷없이 MBC 이○○ 기자가 나타난 것이었다. 놀랍게도 그녀는 혼자였다. 그녀는 우리와 같은 비행기로 왔다며 넉살 좋게 이후의 일정을 함께하고 싶다고 했다. 뒤늦게 KBS가 소말리아에 간다는 사실을 확인한 MBC가 부랴부랴 이 기자를 보낸 것 같았다. 맘씨 좋은 우리팀의 아저씨들은 여리여리한 여기자의 청을 거절하지 못하고 그렇게 하자고 덥석 받아버렸다. 그리고 가식없이 그녀를 배려했다. 문제는 우리가 갖지 못한 이동식 위성장비를 그녀가 가졌다는 사실이었다. 어디서든 위성청약이라는 복잡한 절차없이 영상을 서울로 보낼 수 있다는 의미였다. 프리랜서 카메라 기자를 통해 On-mike(기자가 회사 로고가 달린 마이크를 들고 화면에 직접 등장해 멘트하는 것. 공식 용어는 reporter to camera지만 기자들은 보통 그렇게 말한다.)만 한 뒤 기사를 녹음해서 보내면 서울에서 외신 화면을 활용해 훌륭한 소말리아 리포트를 만들 수 있는 시스템이었다. 아주 영리한 계획임이 분명했다. 그런 의도를 아는 나로서는 긴장하지 않을 수 없었다.

그 상태로 소말리아에 함께 들어간다면 우리가 밀릴 수밖에 없었다. 우리는 일일이 다른 나라 기자들과 경쟁을 해가며 '활용 가능한 위성 시간'을 찾아 청약을 해야 했기에 어떻게 해도 경쟁상대가 될 수 없었다. 그렇게 되면 '한

국기자 최초 비극의 소말리아 입성'이라는 회사의 야심찬 계획은 무너질 수밖에 없었다. 더 큰 문제는 그것이 한 차례로 끝나지 않는다는 것이었다. 취재하는 것마다, 그후로도 사사건건 밀릴 수밖에 없게 돼 있다는 것이었다. 그러나 나를 제외한 그 누구도 그런 심각한 상황에 대해 신경쓰지 않고 있었다. 그런 현실에 걱정이 밀려왔다. KBS의 50% 규모도 되지 않는 MBC가 이동위성장비를 구입해 쓰는데 우리는 뭐란 말인가? 말로는 대한민국 대표 공영방송이라면서 장비도 제대로 갖추지 못하고... 왜 이리 한심하단 말인가? 결국 내가 총대를 맬 수밖에 없었다.

'함께 들어가면 무조건 우리가 깨지게 돼 있다. 그렇게 되면 회사의 계획도 우리의 일정도 다 무너질 수밖에 없다...' 설명을 했다. 하지만 '그런 생각까지는 못했다'면서도 세 사람의 반응은 미지근했다. '설사 그렇더라도 약속한 건데 어떻게 깰 수 있냐?'는 것이었다. '정 그러면 이○○ 기자에게 부탁해 MBC 장비를 같이 쓰면 되지 않겠느냐?'는 순박한 얘기도 나왔다. 답답한 일이었다. 헛웃음이 나왔다. '앞서 가는 상대를 방해하기 위한 이런 일은 기자들 사이에서는 드물지 않은 일'이라고, '이○○ 기자 본인도 너무 잘 알 것'이라고, '나중에 내가 직접 양해를 구하겠다'고... 그렇게 길게 더 설득해야 했다. 하지만 얘기를 다 들은 뒤에도 그들은 여전히 마뜩치 않은 표정을 풀지 않았다. 그들이 싫다면 나로서도 방법이 없는 일이었다. 한마디를 더 던지고 그 자리를 물러나왔다. '나로서는 의견을 밝혔으니 결정되는 대로 따르겠다. 나중에 이 일로 회사에서 문제가 제기되면 발뺌들은 말아달라'... 내가 빠진 후 그들끼리 논의를 하는 듯했다. 그러더니 잠시 후 그들도 '그렇게 하는 것이 좋겠다'는 의견을 전해왔다. 그런 우여곡절을 거쳐 우리는 예정을 당겨 소말리아를 향해 출발했다.

인간적으로는 미안했지만 어쩔 수 없는 선택이었다. 그것도 험지에 혼자

온 여기자였기에 찝찝한 맘이 더했다. 기자라는 직업은 그렇게 때론 비인간적인 선택을 강요받곤 했다. 하지만 아무리 생각해도 장시간 철저하게 준비하며 진행했던 취재를 급하게 따라 나선 경쟁사와 함께 할 수는 없는 노릇이었다. 그렇게 '소말리아 최초 입성' 보도를 포기할 수는 없었다. 하지만.. 그렇게 스스로 합리화도 해보고 강변도 해봤지만 마음이 개운해지지는 않았다. 며칠 후 모가디슈에서 그녀를 만났을 때 얼마나 미안하고 민망했던지... '정말 미안하다. 무시무시한 이동식 위성장비 때문에 어쩔 수 없었다'며 손을 내밀었다. 그녀의 반응이 쿨했다. '다 이해한다'고, '자기가 우리 입장이었더라도 그렇게 했을 것'이라며 활짝 웃었다. 그녀도 역시 기자였다. 부담스러웠던 마음이 많이 가라앉았다. 그녀는 나이로비에서 이후 일정을 함께 하자고 제안했을 때 우리가 선뜻 그렇게 하자고 받아줘서 오히려 놀랐었다고 했다. 치열한 경쟁을 벌여야 하는 사이였기 때문에 제안은 하면서도 OK라는 답은 기대하지 않았다는 것이었다. 사실 그게 경쟁적인 언론사들 사이의 일반적인 관계였다. 그날 이후 우리는 그녀를 진심으로 배려했다. 우리 카메라로 그녀의 On-mike를 잡아주는 등 제작도 지원했다. 그렇게 부담없는 일정을 도와주는 것으로 미안한 마음을 덜어낼 수 있었다.

04
총 든 청년들, '모가디슈까지 400달러 내라'

이른 아침 나이로비 공항으로 가는 길은 한적했다. 오랫동안 추진했던, 역사의 현장을 향하는 걸음이었지만 마음이 무거웠다. 아무리 스스로를 합리화시켰다 해도 이○○ 기자를 따돌리고 가는 걸음이 편할 수는 없었다. 누가 뭐래도 그건 약속 위반이었고 신뢰를 저버린 행위였다. 애초에 생각없이 덜컥 약속을 해버린 것이 문제였지만 당시만 해도 그녀가 위성장비를 가졌다는 사실은 알지 못했었다. 별 중요하지도 않은 그런 생각들이 꼬리에 꼬리를 물었다. 힘차게 고개를 저어 그런 생각들을 떨쳐냈다. 경비행기 계류장은 공항의 한쪽 편에 있었다. 간이 세관에는 이름 모를 식물이 산더미처럼 쌓여 있었다. 소말리아 사람들이 습관적으로 씹는 가트라는 마약성 강한 풀이라고 했다. 거기까지 따라온 안내인이 세관 직원에게 10달러만 주면 만사 OK라고 했다. 그게 관행이라고 했다. 그의 말은 사실이었다.

우리가 타고갈 비행기는 9인승 세스나기였다. 생각보다 실내 공간이 넓었다. 첫 경비행기 경험이었다. 이륙이 소란스럽지 않고 참 가뿐했다. 하늘에서 내려다보니 모든 것이 평화로웠다. 짙은 녹색 사이로 나 있는 땅은 유난히 붉은 빛이었다. 손바닥만 한 크기로 점점이 흩어져 있는 구름은 붓으로 터치만 한 듯 엷은 상태였고... 눈에 보이는 모든 것이 그전에 보던 것들과는 달랐다. 내전의 땅으로 간다는 사실도 잊고 한동안 발아래 펼쳐지는 특별한 풍경에 마냥 빠져들었다. 그렇게 한참을 가던 비행기가 어느 순간 위로 올라 구름을 뚫었다. 조종사는 소말리아 국경 근처라고 했다. 경비행기를 향해서 공격을 하는 경우가 많아 그걸 피하기 위한 것이라고 했다. 위로 오르니 기류의 영향을 받아 비행기가 심하게 흔들렸다. 여유로운 상념이 사라지고 긴장이 엄습했다. '정말 위험한 지역으로 내가 들어서고 있구나...'

그렇게 구름 위로 흔들리며 한참을 날던 비행기가 고도를 낮췄다. 다 온 것인가? 시계를 보니 3시간이 조금 넘게 지나고 있었다. 하지만 내려다 보니 건물도, 도로도, 사람들도... 아무 것도 없었다. 온통 잡목들과 잡풀들이 가득한 평지에 중심 부분만 붉은 흙이 드러난 공터같은 곳이었다. '설마 여기가?'... 의아하게 생각하는데 비행기는 벌써 그곳으로 내려앉고 있었다. 덜컹거리며 착륙을 마친 조종사는 태연한 표정으로 '목적지에 다왔다'며 내리라고 했다. 무슨 소리인가? 아무 것도 없는 허허벌판인데... 이상한 생각에 몇 번을 물었지만 조종사는 분명히 목적지가 맞다고 했다. 그는 스스로 서둘러 우리의 짐까지 다 내려놓았다. 자신은 여기까지 데려다 주는 것으로 얘기를 들었다고 했다. 그러더니 급하게 비행기에 올라 바로 하늘로 올랐다.

황당한 일이었다. 걱정이 밀려왔다. 예상과 너무 다른 상황이었다. '어찌 해야 하나?..' 고민하고 있는데 저만치서 5~6명의 젊은이들이 걸어오고 있었다. 총을 한 정씩 들거나 매고 있었다. 덜컥 겁이 났다. 이젠 황당이 아니라 공포가 엄습했다. 복장은 남방과 티같은 남루한 평상복 차림, 건들거리는 걸음걸이에 불안감이 커지고 있었다. 바짝 얼어 붙어 그들이 오는 것을 지켜볼 수밖에 없었다. 이미 우리를 확인하고 오는 것이었기에 어디로 도망 갈 수도 숨을 수도 없었다. 그들이 가까이 오기까지 길지 않은 시간 동안 온갖 험한 상상이 다 떠올랐다. 다행히 가까이 온 그들의 얼굴이 악해 보이지는 않았다. 의도적으로 공포 분위기를 조성하거나 불순한 공격적인 태도도 보이지 않았다. 모두 풀 같은 것을 씹고 있었는데 입가에 허연 액을 흘리고 있었다. 공항에서 봤던 가트라는 풀이었다. 마약성 강한 풀이라는 얘기를 들었기에 그게 또 걱정을 배가시켰다. '당황하지 말자.' '정신 바짝 차리자.' 마음을 다지고 또 다지며 그들의 표정을 살폈다.

그들 중 한 명이 다짜고짜 말했다. '모가디슈까지 데려다 줄테니 400달러 내라.' 예상과 다른 행동이었다. 말하는 친구를 제외한 나머지는 주변에서 우리를 주시할 뿐이었다. 모두 총을 든 상태였다. 약간의 위압감이 느껴졌지만 다분히 사무적인 말투였다. 총 들이대고 '다 내놓으라'면 어쩌나 잔뜩 겁먹고 있었는데... 일단 그건 아닌 것 같았다. '최악은 아닌 것 같구나....' 일단 안도하며 속으로 한숨을 내쉬었다. 다른 사람들도 다 같은 마음인 것 같았다. 하지만 아직 마음을 놓을 단계는 아니었다. 사실 그들이 선량함을 가장하고 있는 것은 아닌지, 악의가 없다고 하더라도 계속 씹고 있는 마약에 취하면 어떻게 돌변할지... 누구도 모르는 상황이었다. 총을 들이대며 다 내놓으라고 하면 꼼짝없이 다 줘야 할 판이었다. 저들은 우리가 적지 않은 돈을 가진 기자라는 사실을 알고 있을 터였다. 거기에 우리가 내린 곳은 모가디슈에서도 한참 떨어진, 외진 곳이었다. 우리가 그곳에 내린 것을 아는 사람도 거의 없고 따라서 무슨 일이 일어난다고 해도 누구도 알지 못할 뿐더러 관심도 가지지 않을 것이 분명한 상황이었다. 그런 사실들이 불안감을 증폭시키고 있었다. 그랬기에 처음 그들이 총을 들고 우리쪽으로 접근할 때 개인적으로는 신변에 위협이 생길 수도 있다는 판단까지 하고 있었다.

'정신 바짝 차리자'고 '쫄지 말자'고 거듭 거듭 다지고 다지며 조심스럽게 흥정을 시도했다. '너무 비싸다. 우린 돈이 없다. 200달러로 하자.' 실제로 가격을 깎겠다는 목적보다는 그들을 판단해보기 위한 시도였다. 그러면서 그들의 표정을 살폈다. 괜히 그들의 기분을 잘못 건드렸다간 더 낭패를 볼 수도 있다는 걱정이 있었지만 그들의 속마음을 파악하는 것이 중요했다. 그들의 반응을 보면 진짜 데려다 줄 친구들인지 아니면 그걸 미끼로 유인하려는 것인지 판단할 수 있을 것 같았다. 의외로 부드럽게 대화가 이어졌다. '그건 안된다. 거리가 60킬로나 된다. 가는 길이 위험하기도 하다. 우리가 경호도 해줄 것이다'…. 그들은 정말 거래를 원하고 있는 것 같았다. 그런 분위기에 마음이 조금 편해졌다. 그렇게 몇 차례 얘기가 오간 끝에 300달러로 합의가 됐다. 일단 큰 걱정은 안해도 되겠다는 판단이 들었다. 그들은 경비행기 회사들과 일종의 계약을 맺고 있는 것 같았다. 비행기가 거기에 내려 놓으면 모가디슈까지는 자신들이 안내하는 것으로… 최악은 면했다고 생각했지만 여전히 마음을 다 놓을 수는 없었다.

얘기가 끝나자 그들은 온통 찌그러지고 낡힌 트럭에 우리를 태웠다. 흰색 일제 도요타였다. 모가디슈까지 30분쯤 걸릴 것이라고 했다. 일단 차가 출발하자 그들은 우리는 거들떠 보지도 않고 자기들끼리 신나게 떠들어 댔다. 차는 넓지도 좁지도 않은 비포장 길을 쌩쌩 달렸다. 심한 흙먼지, 주변엔 온통 잡목들과 시든 풀들… 오랜 가뭄이 실감났다. 길가엔 얼기설기 나뭇가지로 엮은 움막같은 집들이 많고… 달리는 차량을 향해 구걸하는 사람들도 있었다. 분명 이제까지 보던 세상과는 확연히 다른 모습이었다. 조금 더 달리니 도로가 넓어지고 거리가 조금 복잡해졌다. 반대편에서 기관총 등으로 무장한 트럭들이 나타났다. 요란한 경적을 울리며 내달리고 있었다. 트럭 위에는 예외 없이 불량기 가득해 보이는 젊은이들이 10여 명씩 타고 있었다. 그들 가운데 한 명이 느닷없이 허공을 향해 총을 쏘아댔다. '타다다다….' 정신이 번쩍 들었다. 그러자 멀지 않은 다른 곳에서도 연발 총소리가 들려왔다. 서로 화답하는 것 같았다. 거리에도 총을 든 사람들이 많았다. 조금 풀렸던 마음이 다시 쪼그라들기 시작했다. 긴장하지 않을 수 없었다. 하지만 그들은 아무렇지도 않은 듯 신경도 쓰지 않았다.

05

'타다당' 겁나는 인사, 여기는 모가디슈

눈 앞에 펼쳐지는 모든 장면들이 예상을 뛰어넘고 있었다. 불안한 내전의 분위기가 그대로 전해져 왔다. 하지만 중요한 영상 거리임에도 두 촬영 기자는 카메라에 담을 엄두도 내지 못하고 있었다. 그저 예상보다 훨씬 심각한 현실에 위축돼 질린 모습이었다. 물론 나도 마찬가지였다. 대단히 위험할 것이라며 걱정하는 사람들 앞에서 '까짓것'하며 호기를 부릴 때도 이런 정도는 상상을 못했었다. 스스로 자꾸 쪼그라드는 느낌을 떨치기 어려웠다. 어느 순간부터인가 우리끼리도 말이 없어졌다. 그저 굳은 표정으로 풍경만 주시했다.... 그러다 가만히 있으면 겁먹은 것으로 보일 것 같아 의식적으로 그들에게 말을 걸었다. 농담도 던지며 그들의 표정을 살폈다. 그들은 단답으로 짧게 반응할 뿐이었다. 우리에게는 전혀 관심이 없는 듯 했다.

얼마쯤 더 달렸을까... 잠시 들렀다 갈 곳이 있다며 차가 방향을 틀었다. 덜컥겁이 났다. '한적한 곳으로 데려가 다 뺏고 해꼬지하려는 것은 아닌가?' 그러려고 말을 걸어도 일부러 무뚝뚝했던 건 아닐까?... 나쁜 상상들이 또 꼬리를 물었다. 하지만 그대로 있을 수밖에 없었다. 그들은 자기들끼리 뭔가 알아들을 수 없는 대화를 하다가 갑자기 다투는 듯 목소리를 높이기도 했다. '혹시 우리를 어떻게 할까?'를 두고 논쟁을 벌이는 것은 아닐까?... 그때마다 긴장이 더됐다. 불안한 마음으로 그 모든 것들을 지켜보는 수밖에 다른 도리가 없었다.

잠시 후 차는 제법 규모가 있는 마을로 들어섰다. 우리에게 내리라고 했다. '어이쿠....' 주변으로 사람들이 몰려들었다. 잠시 풀렸던 마음이 다시 얼어붙었다. 우리는 그저 시키는 대로 할 뿐 뭘 물어볼 수도 없었다. 다 내리자 그들은 우리가 앉았던 의자를 들어올렸다. 무기들이 쌓여 있었다. 기관총을 비롯해 소총, 수류탄 등... 상당한 양의 무기들이 쏟아져 나왔다. 의자 밑에 그렇게 많은 무기가 숨겨져 있을 줄은 짐작도 하지 못했었다. 잔뜩 겁먹은 우리의 마음을 읽었음인지 그들 중 한 명이 설명을 했다. 모가디슈로 들어가는 길목에서 검문 검색이 강하기 때문이라며 씩 웃었다. 그렇게 무기를 내려놓은 차는 10분쯤 뒤 다시 출발했다. 마을의 경계지점마다에는 엉성한 바리케이트가 처져 있었다. 총을 든 경비병들은 일일이 사람을 확인한 뒤 차량을 통과시켰다. 내 긴장이 느껴졌는지 옆에 앉은 친구는 걱정말라고, 자기들은 아이디드 편인데 이쪽은 모두 자기들 지역이라고 했다.

차를 탄지한시간쯤 지나고 있었다. 모가디슈가 가까운 것 같았다. 주변이 조금씩 복잡해지며 사람들도 많아졌다. 도로변에 건물들도 많았다. 큰 건물이든 작은 건물이든 거의 모두 깨지거나 부서져 있었다. 얼마나 전투가 치열했는지 쉽게 짐작할 수 있었다. 어느 정도 안정이 됐는지 이중완 선배가 운전석 옆에서 그 모든 장면들을 열심히 카메라에 담고 있었다. 서울에 보낼 1보, 첫 번째 기사에 쓸 그림들이었다. 국내 언론으로는 첫 번째로 소말리아에 입성한 것이었으니 분명 9시 뉴스 톱으로, 의미있게 다뤄질 터였다. 기사를 써야 하는 나도 작은 것 하나도 놓치지 않기 위해 온 신경을 집중하고 있었다. 조금 한산해진 거리에 5~6명의 사람들이 조금씩 거리를 두고 지나고 있었고 그들 가운데 3명은 어깨에 총을 매고 있었다. 그들과 떨어져 도로를 조금 벗어나서는 양떼를 몰고가는 소년이 있었고... 그는 총을 거꾸로 매고 있었다. 흔해도 너무 흔한 총에 '저렇게 어린 아이들까지 총을 갖고 있으니...' 속으로 혀를 차며 주변을 살피는 중이었다.

한데 갑자기 '타다당' 총성이 울렸다. '기우뚱' 차가 크게 흔들리면서 타고 있던 친구들이 바로 대응사격 자세를 취했다. 30여 미터쯤 앞서 길을 가던 젊은 친구가 느닷없이 돌아서며 우리를 향해 총을 쏜 것이었다. 정신이 번쩍 들었다. 우리는 바짝 엎드린채 미친듯이 '고!' '고!'를 외쳤다. 혹 전투라도 벌어지면 꼼짝없이 당할 수밖에 없는 상황이었다. 현장을 벗어나는 것이 급선무라는 생각밖에 들지 않았다. 엔진에서 터질듯한 굉음이 났다. 그들도 놀란 것 같았다. 미친놈이라고 흥분해서 소리를 질러댔다. 그렇게 현장을 벗어난 뒤 뒤를 돌아보니 총을 쏜 젊은이가 두 팔을 치켜들고 우리차를 바라보고 있었다. 아마도 장난 삼아, 뒤에서 차 소리가 나니까 한번 쏴본 것 같았다.

너무 놀랐다. 심장이 쉽게 진정되지 않았다. 우리를 태운 친구들도 놀란 것 같았다. 특히 시야에 들어와 있던 사람이 돌아서며 총을 쏬으니... 운전자는 더 놀란 것 같았다. 놀란 그들은 그 지점을 한참 지나서도 자기들끼리 시끄러운 소리들을 주고 받고 있었다. 우리에게도 뭐라고 열심히 설명을 해댔지만 전혀 귀에 들어오지 않았다. 대범한 척 살짝 웃어주긴 했지만 누구도 대꾸를 하지는 않았다. 정말 위험이 실감났다. 도착한 지 2시간도 안 돼 벌써 몇 번째란 말인가? 얼마간 시간이 지난 뒤 거의 사색이 됐던 이중완 선배가 한마디 했다. 자신은 죽는 줄 알았다고 했다. 마침 카메라로 그 친구를 찍고 있었는데 그가 느닷없이 돌아서 총을 쏘더라고 했다. 뷰파인더 속에 들어와 있던 친구가 총을 쏬으니 당연히 자신을 향한 사격으로 인식될 수밖에 없는 상황이었다.

그가 받았을 충격이 짐작이 됐다. 긴장을 깨기 위함인지 박 PD가 한마디 했다. '카메라 기자가 총 맞는 기분으로 찍은 것이니 그림은 무지 좋겠네...' 함께 웃어주기는 했지만 씁쓸했다. 불안감도 지워지지 않았다. 누구도 더 이상 말을 하지 않았다. 그렇게 침묵 속에 모가디슈에 거의 도착할 즈음 또 한 차례 비슷한 상황이 벌어졌다. 이번엔 뒤쪽이었다. 차가 스칠 때 기분 나쁘게 눈을 마주친 녀석이 총을 쏴댄 것이 분명했다. '따다당..' 다행히 총알은 비껴갔고 더 이상의 상황도 없었다. 하지만 우리의 간은 쪼그라질 대로 쪼그라져 있었다.

30분이면 된다던 길이 1시간 30분쯤 걸렸다. 시내에 들어서니 다국적군이 보였다. 그들은 중무장한 상태로 길목을 지키고 있었다. 장갑차를 타고 순찰하는 프랑스 군인들도 보였다. 적지 않은 사람들이 멀찌감치 떨어져서 그들의 모습을 바라보고 있었다. 또 제법 많은 사람들은 무심하게 주변을 지나고 있었다. 공중에서는 헬리콥터 소리도 요란했다. 상공에서 구석구석을 감시하고 있는 것 같았다. 군인들과 헬리콥터만 아니라면 일상적인 거리의 모습이었다. 소란하고 혼잡스런 느낌은 있었으나 그 모습에 오히려 마음이 놓였다. 비로소 긴장도 조금 풀렸다. 그렇게 많던 총을 든 사람들도 시내에서는 보이지 않았다. '아, 정말로 만만치 않은 곳이구나. 정신 바짝 차려야겠구나...'

그날 저녁 서울에 1보 기사, '모가디슈 입성'을 만들어 보내기 위해 로이터 TV 사무실을 방문했다. 영상을 찍어 언론사에 팔고 위성송출도 돕는 세계최대의 영상전문 회사였다. 어디든 세계적인 사건이나 이벤트가 벌어지는 곳에는 그들이 있었다. 당연히 특종도 많이 하는 회사였다. 그런 그들이 이중완 선배가 식겁하며 찍은 화면을 보더니 깜짝 놀랐다. '엄지척'을 해보이며 그렇게 생생한 그림을 어떻게 찍었느냐고, 자신들도 아직 그런 그림은 찍지 못했다고 했다. 자신들에게 그림을 팔지 않겠느냐 묻기도 했다. 그 한마디에 이 선배의 얼굴이 조금 펴졌다. 마음 고생, 몸 고생이 조금은 보상받은 듯한 표정이었다.

06

불안한 평화, 기자들 상대로 장사하는 반군 호텔

들어오던 길을 생각하면 모가디슈는 오히려 평화로웠다. 적지 않은 상점들이 문을 열었고 거리에 오가는 사람들도 많았다. 군인들을 제외하고는 총을 가진 사람들도 없었다. 활기가 느껴졌다. 첫 경험을 독하게 한 우리에게는 의외의 상황이었다. 사실 약간 놀라운 일이기도 했다. 먼저 온 기자들에게 물어보니 오래전부터 그런 것은 아니라고 했다. 불과 이틀 전까지만 해도 완전히 다른 상황이었다고 했다. 양대 분쟁세력인 아이디드파와 마흐디 모하메드파가 도심 한복판에 경계선을 그어놓고 대치했다고 했다. 양 군벌의 병사들이 중무장한 채 거리를 활보하며 총을 쏘아대고 수시로 전투도 벌어졌다고 했다. 그 때문에 시민들은 숨 죽인 채 집에 숨어 있어야 했고 거리는 살벌했었다고 했다. 그랬던 분위기가 이틀 사이에 달라졌다는 것이었다. 미국이 양 군벌의 지도자를 불러놓고 평화협정을 체결하도록 한 결과라고 했다. 도시를 양분했던 경계선이 폐지되고 중무장한 채 거리를 활보하던 양쪽 전투원들도 다 사라지면서 변화가 생긴 것이라고 했다. 우리는 그나마 많이 좋아진 상태에서 들어온 것이라는 의미였다.

다행스런 일이었다. 물론 그렇다고 그들이 전투병력을 다 철수시켰을 것이라고 생각되지는 않았다. 분명 상당수를 남겨 놓고 분위기를 살피고 있을 터였다. 하지만 적어도 그들이 드러내놓고 활동하지 못하게 된 것만은 분명해 보였다. 어쨌든 모가디슈 중심부는 예상과 완전히 다른 모습이었다. 상점이 문을 열고 숨어 지내던 사람들이 나왔다는 것은 달라진 분위기를 보여주는 일종의 상징이었다. 사람들의 표정에 오랜 은둔을 털어낸 시원함, 자유롭게 공기를 호흡하는 뿌듯함 같은 게 풍기고 있었다. 물론 언제라도 합의가 파기되고 문제가 터질 가능성이 높다는 전망도 있었지만 외형적인 모습은 그랬다.

하지만 그것은 시내 중심의 모습일 뿐... 중심에서 조금만 벗어나면 여전히 총기를 든 병사들과 트럭들의 질주가 이어지고 있었다. 노골적인 충돌만 사라졌을 뿐 긴장은 여전하다는 의미였다. 또 모가디슈를 제외한 다른 지역에서는 여전히 충돌이 이어지고 있는 상황이었다. 그것을 알기에 다국적군이 수시로 시내를 순찰하고 헬기가 공중 감시를 하는 것일 터였다. 적어도 미군이 주둔하는 한 그런 일은 쉽지 않을 것이라는 또 다른 전망이 강하긴 했지만 마음을 놓을 수 없는 상황인 것만은 분명했다.

그렇게 가장 기본적인 치안은 확보됐지만 시내의 전기와 전화는 거의 끊긴 상태였다. 묵을 수 있는 호텔도 거의 없었다. 어렵게 공항 근처에 있는 자그마한 건물에 숙소를 정했다. 전투로 망가진 시설을 긴급 복구해 자체 발전을 하는 4층 건물이었다. 손님들은 100% 외국에서 온 기자들이었다. 한국에서는 가장 먼저 간 기자였지만 이미 방은 가득찬 상태였다. 현관 옆 조그만 공간에 짐을 풀었다. 드나드는 모든 사람들과 눈을 마주쳐야 하는 곳이었다. 지배인은 거기도 괜찮겠냐며 쓸 거면 하루 200달러를 내라고 했다. 선택의 여지가 없었다. 그는 매트리스 2개에 홑이불 같은 것 2개를 내 주었다. 칼만 안 들었지 강도나 다름없다는 말, 딱 그런 경우였다. 그래도 숙소를 잡으니 마음이 놓였다. 적어도 안전 문제는 해결됐기 때문이었다. 건물을 빙 둘러 무장한 경비들이 24시간 근무를 선다는 사실이 마음을 편하게 했다. 알고보니 그 지역을 장악하고 있는 아이디드가 운영하는 곳이었다.

방도 아니고 그렇다고 벽으로 막힌 것도 아니고.... 완전히 오픈된 공간이었지만 잠 자는데는 별 문제가 없었다. 하지만 아무리 생각해도 요금이 너무 비쌌다. 샤워는 고사하고 세면을 할 수 있는 것도 아니고 가장 기본적인 프라이버시가 지켜지는 것도 아니고... 문제를 제기하자 깎아줄 수 없다고 했다. 싫으면 나가라고 했다. 속이 부글부글 끓었지만 달리 방법이 없었다. 양치와 세수는 준비해간 생수를 조금씩 따라쓰며 해결했다. 문제는 화장실이었다. 자그마한 공용 화장실이 몇 칸 있었지만 우리가 도착하기 전에 이미 넘치는 상태였다. 방을 얻은 친구들은 문제가 없었지만 우리처럼 밖에서 지내는 사람들에겐 그것이 가장 큰 문제였다. 어쩔 줄 몰라 하는데 누군가 팁을 줬다. 뒷문으로 나가면 해결할 곳이 있다고. 확인해 보니 밭 같은 제법 널찍한 공간이 있었다. 이른바 야전 화장실이었다.

알고 보니 그곳을 이용하는 것은 우리뿐이 아니었다. 방에 딸린 화장실도 잘 작동이 되지 않아 그들도 애용한다고 했다. TV 카메라 앞에서 멋있는 척, 고상한 척 하는 기자들이 엉거주춤 앉아 볼 일을 해결하는 진풍경이 매일 아침 벌어지고 있었다. 웃기기도 하고 슬프기도 한 역사의 현장이었다. 하지만 한편으로는 전쟁터에서만 경험할 수 있는 특별한 추억이기도 했다. 세상에서 둘째 가라면 서러워 할 만큼 자존심 강하고 잘난 척 하는 기자들이, 매일 아침 들판에서 엉덩이 내놓고 볼 일을 보는 모습이라니... 그것도 한두 명이 아니고 십여 명씩 줄지어서... 누군가 사진을 찍어 놓았다면 참 재미있는 작품이 됐을 것임이 분명했다. 다른 측면에서는 재미있는 다큐멘터리의 소재도 됐을 것이었다. 지금처럼 스마트폰이 일상화 됐다면 분명 엄청난 화제가 되는 작품이 나왔을 텐데.....

07

일본 기자의 충고, '절대 외진 곳에 들어가지 말라'

위험이 상존하는 곳인 만큼 프레스 카드를 만드는 것이 중요했다. 또 시급했다. 신분 보장을 받기 위한 또 취재의 편의를 제공받기 위한 필수적인 작업이었다. 유사시에는 강력한 보호 장치가 될 수도 있었다. 다행히 미군이 운용하는 프레스센터가 있다고 했다. 폐쇄된 공항의 한쪽에 있다는 얘기뿐 구체적인 정보는 없었다. 쉽게 찾을 수 있을까 걱정했지만 주변에 CNN, BBC 등 언론사 차량들이 줄지어 서 있어 찾는 것이 어렵지는 않았다. 기자들의 편의를 돕고 자주는 아니지만 작전이나 구호품 전달에 관한 브리핑도 간혹 진행된다고 했다. 주변에는 구경 나온 듯한 모가디슈 시민들이 적지 않았다. 그들은 그저 편안하게 지켜볼 뿐 관심을 끌 만한 모습은 보이지 않았다. 뚜렷하게할 일이 없는 그들에겐 그것도 구경거리인 것 같았다.

카드를 만드는 것은 어렵지 않았다. 묻지도 않고 따지지도 않고 정해진 폼을 채운 뒤 사진을 내니 그 자리에서 만들어줬다. 하긴 그런 위험한 곳에까지와서 프레스 카드를 만들 가짜 기자는 없을 터였다. 담당자에게 혹시 난민 캠프에 갈 계획이 있는지, 그 경우 기자들을 위한 차량을 운영하는지 물으니 결정된 것은 없다고 했다. 기자들을 위한 활동이 많은 것 같지는 않았다. 도와

줄 기관이 아무 곳도 없는 상태에서 프레스센터까지 특별한 지원활동을 하지 않는다니…. 필요한 사람들이 스스로 해결해야 하는 수밖에 없다는 얘기였다. 프레스 카드를 갖게 됐다는 사실에 만족해야 했다. 하지만 의미는 작지 않았다. 취재를 위한 강력한 무기를 갖춘 셈이었다. 최악의 상황에서는 보호 수단이 되기도 할 터였다. 마침 한 무리의 외신 기자들이 보였다. 뭔가 정보를 얻을 수 있을까 접근했지만 그들도 하루 전에 도착한, 우리와 같은 처지라고 했다.

그래도… 뭔가 정보를 얻을 수 있을까 서성거리는데 뜻밖에도 한 동양기자가 다가왔다. 한국에서 왔냐고 물었다. 놀랍게도 한국말이었다. 일본 요미우리 신문의 카이로 특파원이라고 했다. 명함을 보니 이름이 히라노였다. 그는 1980년대 말 한국 특파원을 했었다며 반가움을 표했다. 소말리아에 온 지는 일주일쯤 됐다고 했다. 자신도 처음 도착했을 땐 정말 막막했었다며 참고가 될 만한 얘기들을 해줬다. 미군이 들어왔지만 치안은 여전히 불안한 상태라는 얘기, 그래서 해가 진 후에는 절대 숙소 밖으로 나가서는 안된다는 얘기, 바이도아 등 난민 캠프는 미군이 들어오고 나서도 사정이 별로 달라지지 않았다는 얘기, 가면 모든 문제들을 다 볼 수 있으니 꼭 한번 다녀오라는 얘기 등…. 그는 취재할 계획이 있다면 프레스센터에 기대지 말고 스스로 움직여야 한다고 했다. 그러면서 독자적으로 움직이는 것보다는 다른 기자들을 모아 함께 가는 게 좋다며 숙소에 방을 붙이면 지원자들이 나올 것이라고 방법까지 코치해줬다. 자기도 그렇게 다녀왔다고 했다.

여러 얘기들 가운데 그가 가장 강조한 것은 정신을 바짝 차려야 한다는 것이었다. 아무나 믿지 말라고 했다. 낯선 사람이 와서 '어디에 뭐가 있다'고 잡아 끌어도 대로를 벗어나 외진 곳에는 절대 들어가지 말라고 했다. 문제가 생겨도 누구도 도와주지 않고 지켜주지도 않는다고 했다. 그렇게 끄는 대로 따라 들어갔다가 강도를 당한 기자들이 적지 않다고 했다. 그는 자신이 일주일 있으면서 그런 일을 당하지 않은 것을 행운이라고 했다. 그의 말에 '그 말은 일주일 정도 있게 되면 한 번쯤 험한 일을 당하는 것이 정상이라는 의미냐?'고 묻자 자기가 아는 기자들만 해도 여럿이 당했다고 했다. 아찔한 얘기였다. 하지만 그렇게 질서가 무너지고 어떤 통제도 없다 보니 좋은 점도 있다고 했다. 운이 좋으면 최고의 군벌 아이디드와 인터뷰하는 것도 가능하다고 했다. 직접 인터뷰 요청서를 작성해 그의 경비실에 맡기면 된다고 했다. 그러면서 모가디슈 외곽에 있는 아이디드의 은신처 약도를 그려줬다. 자신은 성공하지 못 했지만 몇몇 기자들은 그런 식으로 인터뷰를 했다면서... 참으로 친절하고 자상한 친구였다. 여러 모로 귀하고 중한 정보들이었다.

정말 고맙다는 인사에 그는 한국에서 근무할 때 한국기자들에게 도움을 많이 받았다며 웃었다. 당시 한국의 역동성에 많이 놀랐고 한국 사람들의 장점을 많이 알게 됐다고도 했다. 덕분에 자신도 가족들도 한국팬이 됐다며 두 나라가 더 친해지면 좋겠다고도 했다. 그의 얼굴에 진심이 담겨 있었다. 위험한 땅 소말리아에서 그런 감동적인 얘기를 듣게 될 줄이야... 그는 무엇보다 안전을 챙기라고 거듭 당부하며 자신은 더 이상 취재할 것이 없어 다음날 떠날 것이라고 했다. 눈물 나도록 고마웠다. 개인적으로는 흥미로운 경험을 하나 더한 것이었다. 해외 취재중에 만난 일본 기자들은 대체로 그와 같은 모습이었다. 먼저 다가와 말을 걸었고 정보를 나누려고 했다. 진지하고 친절했다. 적어도 내가 만난 일본 기자들은 그랬다.

08

난민들의 숙소로 변한 한국 대사관

모가디슈에서의 첫 번째 취재는 한국 대사관이었다. 91년 1월, 절체절명의 위기 상황에서 남북 외교관들이 함께 탈출하는 역사를 이뤘던 곳이었다. 당시 긴박했던 탈출 과정이 소개된 기사에 나도 가슴이 먹먹했었다. 특별히 총 맞고 숨진 북한 서기관을 현장에 묻고 떠나야 했다는 사연에 온 국민이 안타까워 했었다. 그곳을 직접 보고 싶었다. 국민들도 궁금할 터였다. 소말리아 취재가 결정된 후 당시 탈출극의 주인공이었던 강신성 대사를 만났었다. 그는 '그때를 생각하면 지금도 가슴이 뛴다'며 '하늘이 도왔다'고 회고했었다. '도움 청할 곳이 없는 상황에서 반군들의 기세가 워낙 험악해 '살아나가지 못할 수 있다는 생각까지 했다'고 했었다. 그러면서 '돌이켜 생각해도 북한 대사에게 연락해 함께 나온 것은 정말 잘한 일이었다'며 흐뭇한 미소를 지었었다. 그날 강 대사는 웃고 있었지만 당시의 끔찍했던 기억에서 완전히 빠져나오진 못한 것 같았다.

'반군들이 모가디슈에 진입한 뒤 외국 대사관과 관저가 표적이 됐다. 우리는 자체 예산으로 경비병력을 사서 큰 피해는 없었지만 북한 대사관은 그렇지 못했다. 8차례나 공격을 받았다는 소식을 듣고 그대로 있을 수 없었다. 해서 김용수 대사에게 전화해 직원들과 가족 모두 우리 대사관으로 오도록 했다. 그렇게 해서 우리 대사관에 남북한 사람들이 함께 모여 있게 됐는데 상황은 하루가 다르게 악화되고 있었다. 하지만 정부차원의 탈출계획에 대한 얘기는 없고... 노심초사하고 있는데 마침 이탈리아 대사가 자국에서 철수용 비행기를 보내기로 했다며 갈거면 자기네 대사관으로 오라고 했다. 북한 대사관 직원들과 함께 차량에 나눠타고 탈출을 감행했다. 그 과정에서 길을 막고 있던 일단의 무리에 공격을 받아 운전하던 북한 서기관이 총에 맞았다. 무수한 총소리 속에서 어떻게 현장을 벗어났는지 모르겠다. 이탈리아 대사관에 도착해서야 운전자가 총에 맞았다는 사실을 알게 됐다. 숨이 꺼져가면서도 운전대를 놓치 않았던 그는 도착 직후 바로 숨을 거뒀다. 그를 급하게 대사관 마당에 묻어주고 서둘러 공항으로 빠져 나왔다. 슬퍼할 겨를도 없었다. 그렇게 극적으로 22명의 남북 외교관과 가족들이 모가디슈를 빠져나올 수 있었다...' 강 대사가 전한 당시의 상황이었다. 그런 얘기를 전하면서 그는 모가디슈에 들어가면 대사관을 꼭 한번 찾아봐 달라고 당부했었다.

숙소 앞에 모여 있는 사람들 사이에서 '한국 대사관 위치 아시는 분'을 외쳤다. 숙소 앞에는 일거리를 찾아 나온 사람들로 항상 복잡했다. 안내나 운전, 잔심부름까지... 어떤 일이든 할 준비가 돼 있는 사람들이었다. 마땅한 일거리가 없던 소말리아 사람들에겐 그런 일들이 훌륭한 돈벌이 수단이 되기 때문이었다. 마침 한 청년이 잘 안다고 했다. 선한 인상에 손에는 영어 사전과 소설책을 들고 있었다. 그 모습에 믿음이 갔다. 그와 함께 운전자도 섭외해 대사관을 찾아 나섰다. 대사관은 공항 뒤편 외국인 거리에 위치하고 있었다. 외교가 답게 겉모습은 여전히 번듯했다. 거리 자체가 깔끔했고 주변 다른 건물들도 마찬가지였다. 문이 열려 있었다. 안으로 들어서니 밖과 달리 정원엔 전투로 인한 파괴의 흔적이 역력했다. 깨지고 부숴지고... 창틀도 다 뜯겨 있었다. 건물 안 책상과 의자 등 집기들도 다 부숴져 있었고.... 하지만 내부의 지저분한 것들은 한쪽으로 치워진 상태였다. 청년은 그곳이 도서관이 있던 자리라고 했다. 책상과 의자엔 MADE IN KOREA가 새겨져 있었다. 군데군데 총알 자국이 보였다. 청년은 대사관 직원들이 철수한 뒤 이곳에서 치열한 전투가 벌어졌었다고 전했다.

역력한 전투의 흔적에 당시의 상황까지 그려져 마음이 우울해졌다. 그렇게 우울한 마음으로 돌아보는데 2층에서 사람들이 황급하게 내려왔다. 그들은 팔을 벌려 촬영을 막았다. 아이들도 함께였다. '우리는 한국에서 온 기자들이다. 사람들은 안 찍고 건물만 찍겠다'고 했지만 막무가내였다. 그들은 자신들의 집이라고 했다. 한국은 오래 전에 떠났다고 했다. 그들을 안심시켜야 했다. '걱정하지 마라. 당신들을 쫓아내러 온 것이 아니다. 어찌 변했나 궁금해서 온 것이다 ..' 20여 분의 얘기 끝에 그들이 마음을 풀었다. 그들은 일종의 난민들이었다. 들어와서 산 지 여러 달이 됐다고 했다. 한두 가정씩 모인 것이 지금은 10가구, 6~70명이 된다고 했다. 모가디슈의 다른 지역에 비해서 편하고 안전해 좋다고 했다. 마음이 풀린 그들에게 안내를 부탁했다. 2층과 3층에 자신들이 살고 있는 살림집을 보여줬다. 소파와 텔레비전까지 갖춘 깔끔한 모습이었다. 하지만 여기 저기에 총알 자국 등 전투의 흔적이 선명했고 계단의 난간은 다 떨어져 나가 있었다. 늘 국기가 펄럭였다는 옥상에는 태극기는 사라진 채 부숴진 국기 게양대만 홀로 바람에 흔들리고 있었다.

그러나 아무리 둘러봐도, 아무리 세심하게 찾아 봐도 찾는 것이 보이지 않았다. '대한민국의 흔적'이었다. 여기가 대한민국의 대사관이었다는 것을 보여줄 수 있는게 도무지 보이지 않았다. 그들에게 물어봤지만 자신들도 알지 못한다고 했다. 혹시 우리가 보지 않은 방이 있으면 알려달라는 말에 그들은 본관 뒤편으로 안내했다. 그렇게 몇 곳을 더 돌아보다 주방 근처의 크지 않은 방에서 드디어 흔적을 하나 발견했다. 부숴진 책장이 넘어져 있었는데 옆면에 딱지가 붙어 있었다. '관리책임자 정: 대사 강신성, 부: ○○○'. 공공기관의 비품에 붙이는 바로 그 표식이었다. 한글로 된 그 작은 딱지가 그렇게 반가울 수 없었다. 한편으론 짠하기도 했다. 무정부 상태로 변한 소말리아에 대한민국의 흔적은 그렇게 꽁꽁 숨겨져 있었다.

　돌아오는 마음이 무거웠다. 안내를 맡았던 친구는 한국 유학을 준비하던 중 내전이 터졌다고 했다. 유학 수속을 밟기 위해 대사관을 여러 차례 찾았었다고 했다. 그래서 그렇게 속속들이 잘 알고 있는 것이라고 했다. 모든 수속을 마치고 6개월을 기다리던 중 3개월을 남겨놓고 비극이 시작됐다고 했다. 그는 23살이라고 했다. 소말리아 비극의 가장 큰 문제는 부족주의라고 단정한 그는 독재자 바레만 물러가면 될 줄 알았는데 그게 부족간 권력다툼으로 돌변하면서 상황이 더 악화됐다고 했다. 그래도 미군이 들어오면서 상황이 많이 나아진 것이라고 했다. 그 전엔 아예 집 밖으로 나오지 못했고 아무데서나 시도때도 없이 전투가 벌어졌다고 했다. 자기 주변에서도 죽은 사람들이 여럿이라고 했다. 지금은 적어도 낮에는 자유롭게 다닐 수 있게 됐으니 미국이 고맙다고 했다. 짠한 마음에 약속한 금액보다 더 많은 안내비를 쥐어주며 힘내라고 안아줬다. 그의 손에 들린 영어 사전과 영어 소설책이 슬프게 느껴졌다.

09

아찔했던 군벌 최고 지도자 아이디드 인터뷰 시도

히라노 특파원의 얘기 가운데 가장 솔깃한 것은 아이디드를 인터뷰할 수 있다는 것이었다. 모하메드 파라 아이디드. 그가 누구인가? 22년 바레 독재 정권 붕괴 이후 알리 마흐디 모하메드와 함께 소말리아를 양분하고 있는 내전의 핵심 인물이었다. 구미가 당겼다. 그는 사실 69년 쿠데타를 일으켜 정권을 잡은 시아드 바레의 오랜 심복이었다. 77년 바레가 대소말리아 정책의 일환으로 에티오피아와 오가덴 전투를 벌일 때는 군의 최고 책임자였고 80년부터 5년 동안은 인도 대사로 일하기도 했던 인물이었다. 한마디로 독재 바레 정권의 핵심 중의 핵심이었다. 하지만 바레가 정치적 반대세력을 잔혹하게 탄압하면서 장기독재를 이어가자 반정부로 돌아섰고 결국 반정부연합세력을 주도해 바레를 축출시키는 데 일등공신이 된 인물이었다. 당연히 한때 국민의 열광적인 지지도 받았던 인물이었다.

문제는 그렇게 독재자를 쫓아내는 데까지는 혁혁한 공을 세운 그가 권력을 독점하려 욕심을 부리면서 괴물이 됐다는 것이었다. 그의 변심에 나라도 국민도 비참한 상태가 되고 말았다는 것이었다. 그는 과거의 혁명동지들에게 총구를 겨눴고 그 과정에 포악함과 잔인함으로 소말리아 전역을 전쟁의 소용돌이에 몰아넣었다. 소말리아 전역을 공포와 절망의 땅으로 만들었다. 자신의 권력욕을 위해 굶어 죽는 국민들을 방치하며 혼란과 무질서를 조장하기도 했다. 세계를 경악하게 한 소말리아의 비극을 만든 장본인인 셈이었다. 누군가 아이디드라는 이름의 의미를 설명해 줬었다. '모욕 당하면 결코 그냥 넘기지 않는다'는 뜻이라고 했다. 그는 이름마저 공포스런 인물이었다.

한데 그런 아이디드와의 인터뷰가 가능하다니... 불가능할 것이라 생각해 아예 계획을 잡지도 않았었는데... 인터뷰가 성사만 된다면 엄청난 성과가 될 수 있는 일이었다. CNN 등 외신도 인용하게 될 큰 기사가 될 터였다. 전 세계가 소말리아의 비극에 주목하고 있는 가운데 그 핵심 당사자를 만나는 것이었으니... 또 그를 통해 문제를 깊이 진단하고 미래를 전망해 볼 수도 있을 것이니... 구미가 당겼다. 일단 추진해 보기로 했다. 밑져야 본전인 셈이라고 생각했다. 한 가지 걸리는 것은 안전 문제였다. 누구도 책임져줄 수 없는 상황에 위험부담은 없는 것일까? 혹시 감정을 자극해 화를 당하게 되는 것은 아닐까?... 고민스러웠으나 프레스 카드를 믿고 부딪혀 보기로 했다. 기자는 정말 무모한 직업인이었다.

일단 마음을 정하니 늦출 이유가 없었다. 가급적 정중한 표현을 동원해 인터뷰 요청서와 질문지를 작성했다. 박정용 PD가 깔끔하게 정리를 잘했다. 그것을 들고 시내에 있는, 아이디드가 이끄는 통일 소말리아 회의 (USC) 사무실을 찾았다. 사전에 전화도 없이, 약속도 없이 그곳을 찾았으니 정말 무모한 시도였다. 취지를 설명하고 인터뷰 요청서를 내밀었다. 우리를 맞은 직원이 상당히 황당하다는 표정을 지었다. 그는 자신들의 소관 사안이 아니라며 직접 숙소로 찾아가 보라고 했다. 안 된다는 게 아니라 직접 요청하라니... 그 반응에 또 용기가 났다. 아이디드를 직접 찾아가기로 했다. 안내인은 잔뜩 겁에 질려 못가겠다고 했다. '차를 멀리 댈 것이니 당신은 차 안에서 기다리고 있으면 된다'고 '위치만 안내해 주면 된다'고 그를 설득했다. 히라노 특파원이 그려준 약도를 토대로 그가 살고 있다는 집을 찾아갔다. 시내 중심에서 조금 벗어난 곳, 의외로 근처에 재래시장이 있는, 조금은 붐비는 곳이었다. 주변 경비가 아주 삼엄했다. 시내에서 볼 수 없었던 소총을 든 군인들, 기관총으로 무장한 젊은이들이 요소요소를 지키고 서 있었다. 마음이 움찔했지만 이왕 결심한 마당이었다. 별 일 아닌 것처럼 걸어가 큼지막한 철제 대문을 두드렸다.

문을 열고 나온 사람은 의외로 어린 소년이었다. 열서너 살이나 됐을까? 다짜고짜 아이디드를 면담하고 싶다며 인터뷰 요청서를 건넸다. 위에 전달 좀 해주고 물어봐 달라고 했다. 소년은 어리둥절한 표정이었다. 잠시 후 누군가에게 전화를 걸더니 안 된다고 했다. 한 번만 더 물어봐 달라고 하자 난처한 표정으로 '그러면 화를 낼 것'이라고 했다. 그렇게 소년과 얘기를 하고 있는데 안에서 젊은이들이 3~4명이 몰려나왔다. 험악한 표정으로 거의 뛰어나오다시피 했다. 밖에서 우리의 모습을 힐끔힐끔 지켜보던 총든 친구들도 다가왔다. 그들에게 찾아온 이유를 설명하려고 하자 말도 다 끝내기도 전에 빨리 가라고 했다. 어서 꺼지라는 표정이었다. 그 분위기가 어찌나 살벌하던지... 더 이상 아무 말도 할 수 없었다. 바로 돌아섰다.

조금 멀리 주차한 탓에 한참을 걸어야 했다. 그곳까지 걸어 차에 오르기까지 시간이 왜 그렇게 길게 느껴지던지... 뒤통수가 근질근질했다. 그렇다고 뒤를 돌아다 볼 수도 없었다. 최대한 서둘러서... 그렇게 겁먹은 모습으로... 차에 오르고 나서도 우리는 긴장을 풀지 못했다. 무사히 시동을 걸고... 한참을 달린 뒤에야 비로소 우리는 한숨을 내쉴 수 있었다. '무모한 시도가 맞았다'며 웃을 수 있었다. 모두가 뭔 일이 생기는 줄 알았다고 했다. 특히 안내했던 친구는 총든 친구들이 우리에게 몰리는 순간 '일이 벌어지겠구나'하는 생각에 기겁했다고 했다. 애초부터 위험하다며 가지 말라고 막았던 그는 몇 번씩이나 정말 다행이라고 되뇌고 있어다. 기자라는 직업, 전쟁터라는 현장을 다시금 실감한 순간이었다.

조금 여유를 찾은 듯 안내인은 멀지 않은 곳에 병원이 있다며 가보겠냐고 했다. 다른 나라 기자들과 한번 가본 적이 있다고, 거기는 위험하지 않다고 했다. 내전 중인 나라, 거기에 수십만이 굶어죽어 가는 나라의 병원이었으니 마다할 이유가 없었다. 7~8층 짜리 건물이었다. 내전 전에는 학교였던 듯 상당히 컸다. 입구에 중무장한 병사들이 지키고 있었다. 우리를 바라보는 눈빛이 예사롭지 않았지만 태연하게 걸어 들어가니 막지는 않았다. 마침 한 어린 아이의 다리 상처를 째는 치료가 진행되고 있었다. 보잘 것 없는 장비들, 청결해 보이지도 않는 시설... 의사는 무표정했고 아이는 울지도 않았다. 치료를 마친 담당 의사는 병원의 상황을 묻자 모든 것이 좋다고 했다. 요즘 말로 영혼 없는 반응, 기계적인 답변이었다.

옆의 진료실도 살펴봤다. 거의 아무 것도 없었다. 후텁지근하고 어두컴컴하기까지 했다. 벽면 한쪽에 아이들의 것인 듯 X-ray 사진 두 장이 붙어 있고 다른 한쪽에서 간호사인 듯한 여인이 거즈로 피묻은 가위를 닦고 있었다. 방의 주인인 듯한 사내는 환자 400여 명에 의사는 2~30명쯤 된다고 했다. 그러더니 느닷없이 취재 허가증을 보여달라고 했다. 무작정 들이닥쳤으니 그런게 있을 리 없었다. 허가증을 어디서 받느냐 물으니 관리 사무실에 가보라고 했다. 사무실을 찾았더니 허가증은 자신들이 내주는 것이 아니라 아이디드 장군이 발급해주는 것이라고 했다. 그랬다. 거기 또한 아이디드의 지역이었다. 허가증을 얻기 위해 조금 전에 식은 땀 흘리며 빠져나온 곳을 다시 갈 수는 없었다.

다시 쫓겨날 수밖에 없었다. 나오며 생각하니 그방은 너무 시원했다. 이해할 수 없는 일이었다. 병실엔 없던 에어컨이 관리 사무실에선 씽씽 돌고 있었으니... 나쁜 친구들. 정작 필요한 환자실, 진료실은 열기를 방치해 놓고... 모가디슈에 도착한 이후 짧은 시간 동안 확인한 것이 여기서도 예외가 아니었다. 무엇을 원하던 아이디드와 연결되지 않으면 가능한 일이 없다는 것이었다. 우리만 그런게 아니라 시민들도 마찬가지라고 했다. 그 상태 그대로 모든 것을 견뎌야 한다고 했다. 병원을 빠져나오는데 강렬한 눈빛이 느껴졌다. 들어갈 때 째려보던 그 친구들이었다. 소말리아에 오기 전에는 한 번도 경험하지 못했던 눈빛, 그러나 모가디슈에서는 벌써 여러 차례 경험하는 살기가 느껴지는 눈빛이었다. 오싹했다.

그렇게 그날은 시도하는 것마다 다 막히고 있었다. 막히기만 하는 것이 아니라 내가 지금 얼마나 위험한 곳에 와 있는지를 일깨우고 있었다. 그 위험한 곳에서 우리는 정말 맨땅에 헤딩을 하고 있었다. 정말로 무모하게 온몸으로 부딪히고 있었다. 숙소 주변에서는 볼 수 없었던 총든 사람들이 조금 벗어났다고 왜 그리도 많은지... 총든 친구들의 표정은 왜 그리도 하나같이 험악한지... 놀랍게도 그런 모습도 조금씩 익숙해지고 있었다. 어느 순간부턴 총든 모습 정도는 아무렇지도 않게 바라볼 수 있을 정도가 됐다.

10

누군가를 죽여본 사람들의 눈빛

미군이 지키고 있는 상태였지만 모가디슈엔 곳곳에 위험이 산재해 있었다. 첫날 느꼈던 안정감은 뭘 모를 때의 섣부른 판단이었음이 분명했다. 숙소를 제외하고는 어느 한 곳 안전하다고 느껴지는 곳이 없었다. 그러나 그렇다고 손을 놓고 있을 수도 없었다. 위험 속에서도 일을 찾아야 했고 막히면 새로운 시도를 해야 했다. 그게 기자의 숙명이었다. 안내하는 친구에게 시내를 한바퀴 돌아보자고 했다. 그 친구는 좋다며 차를 외곽으로 뺐다. 외곽으로 나가면 돈을 더 주기 때문에 안내인들은 대개 그렇게 움직였다. 일종의 위험수당인 셈이었다. 어디든 외곽에는 총을 든 젊은이들이 많았다. 심지어 어린 아이들도 총을 가진 경우가 적지 않았다. 아이디드와 모하메드 사이에 맺어진 평화협정은 시내 중심에서만 지켜지고 있는 것임이 분명했다. 양 군벌 사이의 경계선을 폐지하고 모가디슈에서 모든 무장병력을 철수시킨다는 약속은 그렇게 시작부터 어긋나고 있었다. 의아한 것은 미군도 이런 상황을 잘 알고 있을 텐데 특별한 움직임이 없다는 것이었다. 지나칠 정도로 소극적이라는 생각을 지울 수 없었다. 무리하게 정리를 시도할 경우 충돌이 일어날 수 있음을 우려하는 것 같았다. 그렇다면 왜 들어왔단 말인가 묻고 싶을 정도였다.

맞은 편에서 기관총을 장착한 채 달려오던 트럭 위 친구들이 기분 나쁜 눈빛으로 바라봤다. 눈의 흰자위 전체가 붉게 충혈된 채 핏줄이 선명하게 드러난 눈빛이었다. 계속 반복되는 일이었다. 저들은 왜 마주칠 때마다 질리도록 기분 나쁜 눈빛으로 째려보는 것일까?지... 그들은 기자고 군인이고 외국인의 존재 자체를 달가워하지 않는 것 같았다. 사실 이해가 되는 측면도 없지 않았다. 일반 국민이 아닌 권력을 가지고 있는 군벌들의 입장에서는 외국인들이 많이 껄끄러울 것이었다. 외국 군인들이나 기자들만 아니면 뭐든 자기들 마음대로 할 수 있을텐데 그러지 못하게 됐으니... 외국인들이 들어온 후 뭐 하나 마음대로 할 수 없게 됐으니... 속이 상할 수 있을 것 같았다. 그런 불만들이 마주칠 때마다 기분 나쁜 눈빛으로 나타나는 것 같았다. 문제는 이런 눈빛엔 도무지 적응이 되지 않는다는 것이었다. 마주칠 때마다 기가 질려 움찔할 수밖에 없었다. 그들의 눈을 보기 전엔 그저 막연하게 '살기'라는 것을 생각했었다. 하지만 그들의 눈을 보면서 비로소 '아, 살기란 저런 것이겠구나. 누군가를 죽여 본 사람의 눈빛은 저런 것이겠구나...' 생각하게 됐다.

그런 분위기에 마음 약한 이중완 선배는 아예 카메라를 내려놓고 있었다. 겁이 나서 도저히 찍을 수 없다고 했다. 충분히 이해가 됐다. 미안했다. 솔직히 나도 찜찜했다. 누가 시키는 것도 아닌데 괜시리 무리하는 것은 아닌지.... 숙소로 들어갈 것을 괜히 한바퀴 돌자고 한 것이 아닌지 후회가 됐다. 하지만 이미 엎질러진 물이었다. 안내인은 과거 운동장이었다는 곳에 차를 세웠다. 주변에 제법 사람들이 많고 복잡했다. 안으로 들어가 보니 난민 캠프였다. 운동장 가득 난민들이 모여 있었다. 모가디슈에 있는 여러 난민 캠프 가운데 하나라고 했다.

사실 소말리아의 비극을 세상에 알린 것은 난민촌의 어린이들이었다. 머리만 덩그러니 큰 뼈만 앙상한 모습으로, 기력이 쇠할 대로 쇠해 눈도 껌뻑거리지 못하는 모습으로, 거죽만 남은 엄마 젖을 문 채 그저 멍하게 있는 모습으로... 죽음을 기다리는 듯한 어린 아이들의 이런 모습에 세계는 경악했었다. 나 역시 그랬었다. 그건 인간 세상의 모습이 아니었다. 그건 이제까지 봐오던 어린이들의 모습이 아니었다. 역사에 존재했던 어떤 비극적인 어린이들의 모습과도 차원이 달랐다. 도대체 어떤 일들이 있길래 저런 비극이 초래됐단 말인가? 도대체 어떤 나라길래 어린이들을 저런 상태로 방치하고 있단 말인가? 그런 관심이 세계 언론을 소말리아로 불렀고 결국 미군을 포함한 UN의 병사들의 희망회복작전을 이끌었었다.

운동장엔 텔레비전 화면을 통해서 보던 장면들이 펼쳐져 있었다. 궁핍과 불결이 가득한 곳에 죽음의 그림자가 가득했다. 뼈만 남은 갓난 아이들부터 눈두덩이 푹 패인 노인들까지... 눈꼽 가득한 아이들의 눈엔 파리가 꼬여 있고... 자는지 이미 숨이 끊어졌는지 겨우 인형 만한 아이는 엄마 품에 안겨 미동도 하지 않고... 그런 아이들 곁에 턱 괴고 앉은 젊은 엄마는 건들기만 해도 쓰러질 듯 아슬아슬했다. 아이들과 떨어져 저만치엔 초점 잃은 눈동자로 앙상하게 누워있는 청년도 있었다. 그렇게 스러져 가는 사람들이 한둘이 아니었다. 어린이들만이 아니었다. 그 넓은 운동장에 그런 사람들이 천지였다. 하지만 신음소리조차 나지 않았다. 기묘한 적막이 운동장을 휘감고 있었다. 굶주림의 고통은 어른 아이를 가리지 않는 것이 분명했다.

뭐라 말조차 할 수 없었다. 마침 배낭속에 약간의 과자와 초컬릿이 있었다. 엄마 품에 안긴 아이의 손에 과자를 쥐어 줬다. 하지만 아이는 그걸 입으로 옮길 힘조차 없었다. 그저 쥐어준 대로 손에 걸친 채 거친 숨을 몰아 쉴 뿐이었다. 초컬릿을 입에 넣어줘도 제대로 빨지 못했다. 많은 아이들이 그랬다. 한순간 아이에게 쥐어줬던 과자를 황급히 자신의 입으로 옮기는 여인이 눈에 들어왔다. 부끄러운 듯 고개를 숙인 채였다. 못 본 척 눈을 돌리고 말았다. 처절한 배고픔은 저렇게 모성마저 흔드는구나... 어쩌면 과자는 죽어가는 아이보다 엄마에게 더 필요한 것인지도 몰랐다.... 저렇게 아이들이 죽어가는 것이구나. 어른들도 굶주림 앞에서는 어쩔 수 없는 것이구나... 다음에 오면 저아이들은 없겠구나... 과자 주는 모습에 상태가 괜찮은 아이들이 몰려들었다. 준비해 간 게 금방 동나고 말았다. 못 받은 아이들에게 너무 미안했다. 큰 잘못을 저지른 것 같았다. 가슴이 아려왔다.

뉴스에서 대할 때와는 완전히 다른 느낌이었다. 상상초월의 상황에 말문이막혔다. 이중완 선배와 교대해 카메라를 잡은 유혁근 선배는 '아이들을 좀 안아주라'고 했다. 화면에 따뜻한 모습을 담고 싶다는 의미였다. 알았다고 대답은 했지만 쉽지 않았다. 마음은 그렇게 하고 싶은데 눈이 아이들을 거부했다. 눈꼽에 콧물까지 덕지덕지 엉긴 지저분한 얼굴을 푸근하게 안아주기 어려웠다. 가슴에 끌어 안고 쓰다듬어 주는 게 쉽지 않았다. 만지면 부서질 것 같은 그 뼈만 앙상한 아이를 가슴에 안아 볼을 비벼줄 자신이 없었다. 유 선배는 엉거주춤한 내 모습에 조금 더 밀착하라고, 조금 더 안고 있으라고 주문했지만 그게 마음처럼 쉽지 않았다. 스스로 생각해도 부끄러웠지만 사실이 그랬었다. 결국 쪼그리고 앉아 손을 잡아주고 볼을 만져주는 것으로 대신해야 했다.

놀랍게도 그렇게 심각한데도... 이 캠프는 다른 곳에 비해 사정이 나은 편이라고 했다. 모가디슈 시내에 있어 상대적으로 관심을 받기 때문이라고 했다. '아니, 대체 이런 모습이 그래도 나은 편이라면 다른 곳은 대체 어느 정도란 말인가?'... 나오면서 보니 죽음의 그림자가 가득한 그런 모습들의 한쪽에서는 상대적으로 건강해 보이는 사람들의 낄낄거림도 있었다. 모두가 남자들이었다. 이해가 되지 않았다. 이런 상황에서 웃을 수 있다는 것이. 죽어가는 자들과 그들을 바라보며 낄낄거리는 자들이 넓지 않은 한 공간에 함께 살아가는 곳, 소말리아는 그런 곳이었다.

그날 저녁 숙소로 돌아와 마음이 많이 복잡했다. 우선 생수를 부어가며 손을 씻고 또 씻었다. 옷을 벗어 털고 또 털었다. 그 불결한 환경에서, 아이들을 안아주고 만져주는 과정에서 혹 나쁜 균이라도 묻지 않았을까... 문제를 일으킬 수 있는 어떤 것들이 묻어오지는 않았을까?... 아이들의 얼굴이 사라지지 않았다. 그들을 따뜻하게 안아주지조차 못했던 스스로의 못난 모습이 부끄러웠다. 그런 마음들과 이런저런 생각에 잠이 오지 않았다. 아이들에게 진실로 미안했다. 그런데 그런 마음은 나만이 아닌 것 같았다. 저만치 떨어져 이중완 선배도 연신 담배 연기만 뿜어대고 있었다.

11

바이도아 난민촌, 손목의 빨간 띠는 곧 죽는다는 의미

가장 많은 난민이 모여있다는 바이도아에 가 보기로 했다. 모가디슈에서 북동쪽으로 260km 떨어진 곳이었다. 히라노 특파원이 알려준 대로 숙소에 방을 붙여 같이 갈 기자들을 모았다. 방 붙이는 것을 본 어떤 기자가 '자신들도 가다가 너무 위험해서 다시 돌아왔다'며 정말 조심해야 한다고 했다. 가다 돌아왔다는 말까지 들으니 걱정이 더 됐다. 하지만 스페인 기자들이 같이 가겠다고 했다. 포르투갈 기자들도 붙었다. 안 그래도 어떻게 갈까 고민하던 중이라고 했다. 마음이 조금 놓였다. 같이 간다고 해서 특별히 도움을 주고 받을 것은 없었다. 하지만 작은 단위로 움직이는 것보다는 큰 단위로 움직이는 것이 조금 더 안전할 것이라는 게 우리 모두의 판단이었다. 물론 그런 권고도 있었다. 우리는 각자 차를 렌트하고 각자 경호원을 사야 했다. 출발만 함께 하는 것이었다. 600달러에 괜찮아 보이는 차를 렌트했다. 경호원 4명을 포함한 가격이었다. 안내인에게 안전이 최고라고, 안전에 대한 다짐을 받고 또 받았다. 그는 걱정말라고, 이미 여러 차례 바이도아에 다녀왔다고 우리를 안심시켰다. 우리는 간단한 비상식량을 챙긴 뒤 6시 40분에 출발했다. 늦어도 10시 30분 전에는 도착해야 했다. 그래야 배식시간을 맞출 수 있었다. 마침 미국의 NBC 방송차가 앞서 가고 있었다. 그 뒤를 따르기로 했다.

내륙으로 들어갈수록 건조함이 심해졌다. 메말라 푸석푸석한 대지, 하얗게 시들어버린 잡목들... 사막화 현상이 심각했다. 3년 가뭄의 흔적이리라. 비교적 이른 시간인데도 거리에 오가는 사람들이 적지 않았다. 양을 치는 소년들, 낙타떼... 나귀에 나무를 싣고 가는 남자, 숯을 구워가는 사람들, 등에 가득 나무를 지고 가는 여인들... 흥미로운 것은 나무를 진 사람들은 모두 여자라는 사실이었다. 길가엔 싸리나무 같은 것으로 얼기설기 엮은 집들이 이어져 있었다. 간혹 콘크리트 건물도 보였지만 성한 것은 하나도 없었다. 얼마쯤 가니 도로 밑으로 크지 않은 작은 내 같은 것이 보였다. 하지만 물은 한눈에도 깨끗하지 않은 누런 빛, 그 누런 물을 길어 나르는 사람들이 있었다. 사람들이 먹을 물이라고 했다. 그런 물조차 대부분 흐름이 끊긴 채 군데군데 고여 있는 상태였다. 이런 곳에서 어떻게 살아갈까?...

어느 순간 거리에 사람들의 행렬이 이어졌다. 다른 지역에서 난민촌을 찾아 이동하는 사람들이라고 했다. 바이도아가 멀지 않았다는 의미였다. 모가디슈를 제외한 지역에서는 여전히 반군들 사이에 전투가 이어지고 있어 대부분 사람들은 그렇게 고향을 떠나고 있다고 했다. 그래도 난민촌에 들어가면 바깥보다는 안전하고 먹는 문제도 해결할 수 있기 때문에... 그런 사람들이 모두 난민촌으로 몰리고 있다고 했다. 기관총으로 무장한 채 흙먼지를 날리며 달리는 차량들도 보이기 시작했다. 여러 대였다. 이들은 이번에도 허공을 향해 총을 쏘아대며 뭔가 소리를 질러댔다. 우리에게 경고를 보내는 것인지 아니면 자신들끼리 놀이를 하는 것인지... 소말리아 도착 후 계속 느끼는 살벌함이 훨씬 더 구체화 된 느낌이었다. 구호기관의 차량들도 무장한 경호원들이 없으면 움직이지 못하는 곳이라고 했다. 불안함을 눈치챘는지 경호원들이 안심시켰다. 자신들과 잘 알고 지내는 친한 친구들이니 걱정하지 않아도 된다고 했다. 희망회복작전으로 모가디슈를 장악한 다국적군도 아직 바이도아에는 들어오지 못한 상태였다.

난민촌은 하나만 있는 게 아니었다. 도로를 타고 곳곳에 이어져 있었다. 제법 규모가 있어 보이는 도로변 난민촌에 무작정 들어갔다. 마침 배식이 시작되고 있었다. 드럼통을 반으로 자른 것 같은 대형 솥에 옥수수와 밀가루를 섞어 끓였다는 유믹스라는 죽이었다. 우유도 함께 나눠주고 있었다. 줄이 길었지만 질서가 유지되고 있었다. 더 달라고 보채는 사람도 먼저 받겠다고 새치기 하는 사람도 없었다. 아이들도 어른들도.. 모두가 무표정한 얼굴로 그릇을 들고 차례를 기다리고 있었다. 거동할 형편이 안 되는 사람들은 급식장소에서 조금 떨어진 움막이나 그늘에 누워 있었다.

그들의 공통점은 뼈만 남은 앙상한 몰골에 어떤 자극에도 반응이 없다는 것이었다. 멍한 눈으로 허공만 바라볼 뿐이었다. 떠 넣어주는 죽도 제대로 삼키지 못하고 반 이상은 밖으로 흘리고 있었다. 그들 가운데 살가죽만 남은 엄마에게 붙어 필사적으로 젖을 빨고 있는 아이가 있었다. 5개월 됐다는데 이제 갓 낳은 아이로 느껴질 만큼 왜소했다. 엄마는 그저 거죽뿐인 젖을 내줄 뿐 아무런 감정도 보이지 않았다. 아이도, 젖이 안 나올 텐데도 보채지는 않았다. 그럴 힘조차 없는 것 같았다. 움막 안을 보니 조금 큰 소년이 누워 있었다. 곁으로 다가가 사탕을 건네니 벌떡 일어나 한입에 삼키곤 다시 누웠다. 그 모습이 당황스러웠다. 여인은 아들이라고 했다. 여인은 벌써 3명의 가족을 잃었다고 했다.

다른 캠프를 보고 싶었다. 지나며 보니 곳곳에 급식소가 많고 예외없이 긴 줄이 이어져 있었다. 남녀노소를 가리지 않고 그릇을 들고 기다리는 사람들... 그들 옆으로 씽씽 지나 다니는 차에는 예외없이 총을 든 젊은이들이 무력시위를 벌이고 있었다. 청년이라고 할 수 없을 정도의 12~3살쯤 됐을 법한 소년들도 적지 않았다. 그곳엔 일을 해서 먹고 사는 사람은 한사람도 없는 것 같았다. 군벌에 가담하거나 아니면 캠프에 기대거나... 그런 난민 캠프가 바이도아 전체에 40개가 넘는다고 했다. 물어 물어 가장 크다는 곳을 찾았다. 2평 정도의 엉성한 움막들이 끝도 없이 펼쳐져 있는 곳이었다.

차에서 내리자 수십 명의 꼬마들이 모여들었다. 아이들은 서로 곁에 오겠다고 몸싸움까지 벌였다. 그렇게 다가와서는 경쟁적으로 손을 잡고 옷을 잡았다. 정에 굶주린 것일까, 아니면 뭔가 줄 것이라고 기대한 것일까?... 하지만 너무 지저분했다. 얼굴엔 환한 웃음이 담겼지만 곱슬한 머리엔 온갖 지저분한 것이 더덕더덕 엉겨 있었다. 얼굴엔 콧물 흔적이 가득했고 몸에선 퀴퀴한 냄새가 진동했다. 그렇다고 그들을 피하거나 물리칠 수는 없었다. 서울에서 준비해간 사탕과 과자, 비상용으로 챙긴 건빵과 초컬릿까지 다 풀었다. 순식간에 동이 났다. 체구가 작아 멀찌감치 있던 녀석들은 아무 것도 챙기지 못하고 멀뚱멀뚱 쳐다보기만 했다.

규모가 커서인지 이곳엔 위중한 사람들이 더 많았다. 입구에서 멀지 않은 그늘진 곳에 한눈에도 영양 상태가 심각해 보이는 아이들이 누워 있었다. 뼈만 앙상한 모습으로 그저 누워만 있는 아이들의 손목엔 빨간 띠가 둘러져 있었다. 그런 아이들이 30명쯤 되는 것 같았다. 의미를 물어보니 곧 죽음을 맞게 될 아이들이라고 했다. 노란 띠를 한 아이들도 있었다. 이런 아이들은 영양부족이 심각하지만 죽을 정도는 아닌 아이들이라고 했다. 빨간 띠를 한 아이들은 눈만 휑한 채 아무 움직임도 없었다. 얼굴 가득 파리가 꼬이는 데도 눈도 깜빡이지 않았다. 그럴 힘조차 없는 것 같았다. 유난히 도드라진 큰 머리에 움츠려든 몸집은 왜소하고... 모든 뼈들이 그대로 드러난 앙상한 아이들은 왜 또 그렇게 많은지.... 그저 그런 모습으로 누워 있을 뿐, 아이들은 울거나 칭얼거리지도 않았다. '아, 그렇구나. 우는 것도 칭얼대는 것도 힘이 있을 때나 가능한 것이구나....'

이런 모습은 모든 난민 캠프의 공통적인 현상이었다. 그런 가슴 아픈 현실에 어떤 감정도 보이지 않는 주위 사람들의 모습도 공통적이었다. 그럴 기력이 없는 것 같았다. 다들 지치고 지쳐 진이 다 빠진 모습들이었다. 그들에게 그런 풍경은 그저 너무 흔한 일상일 뿐인 듯했다. 그들 또한 그런 현실의 일부일 뿐이었다. 인간에 대한 연민, 서로에 대한 위로도 생존의 문제가 해결됐을 때나 가능한 것임을 깨달았다. 죽을 받아 갖고 가는 6~7살이나 됐을까 싶은 아이의 뒤를 따라가 봤다. 한참을 걸어 움막 안으로 들어갔다. 아무 것도 없는 움막 안엔 이미 거동이 불가능해진 아빠가 누워있었다. 그 옆의 엄마는 그나마 조금 나은 모습이었지만 그녀 역시 병색이 완연했다. 그녀는 이미 아들 둘을 잃었다고 했다. 아무 감정도 없는 표정으로 조만간 남편도, 5달 된 아들도 죽을 것 같다고 했다. 더 이상 바라 볼 수도, 무엇을 물어볼 수도 없었다. 돌아서 나오는데 바로 옆 움막 앞에 열 살도 채 돼 보이지 않는 3자매가 앉아 있었다. 우리가 다가가도 고개도 돌리지 않은 채 그대로 였다. 마치 마네킹 같았다. 기력이 하나도 남지 않은 듯 했다. 그렇게 캠프 안에는 삶과 죽음이 그대로 이어져 있었다. 죽음의 그림자가 짙게 드리워져 있었다.

12

삶과 죽음이 일상적으로 공존하는 곳

난민 캠프의 모습은 어딜 가나 다 비슷했다. 한 가지 다행인 것은 그래도 식량은 부족하지 않은 것 같다는 사실이었다. 배식하는 장소 어디서도 더 달라거나 다투는 사람들이 없었다. 못 받는 사람도 없었다. 양이 부족하지는 않다는 얘기였다. 난민들도 그 사실을 잘 아는 것 같았다. 그런 믿음이 조바심 내지 않고, 욕심부리지 않고 질서있게 차례를 기다리게 하는 것 같았다. 덕분에 캠프의 사망자 수가 크게 줄었다고 했다. 여전히 죽어 나가는 사람들이 적지 않지만 한참 심할 때에 비하면 거의 5분의 1 수준으로 줄었다고 했다. 미군의 희망회복작전 이후 달라진 변화라고 했다. 대대적인 상륙작전의 성공 이후 모가디슈에만 머물면서 적극적인 활동을 벌이지는 않는 상태였지만 미군은 그 존재만으로도 그 정도의 영향력은 발휘하고 있는 것 같았다.

안내인과 함께 다른 캠프를 돌아보는데 한 사람이 죽었다는 연락이 왔다. 현장으로 가 봤더니 움막 안에 한 남성이 이불에 덮인 채 누워 있었다. 40살 가장이라고 했다. 부인은 덤덤한 표정으로 입구에 서 있을 뿐이었다. 어디에도 죽음을 슬퍼하거나 난감해 하는 모습은 없었다. 옆에 서 있는 어린 두 아들의 표정도 덤덤했다. 20대 중반이라는 여인은 기근을 피해 6개월 전에 바이도아에 왔다고 했다. 남편은 내전 중 반군들에게 심하게 두들겨 맞아 오기 전부터 아팠다고 했다. 제대로 치료도 못 받은데다 배까지 곯아 계속 누워 있었다고 했다. 여인은 내전 이후 남편을 포함해 4명의 가족을 잃었다고 했다. 그렇게 얘기를 나누고 있으려니 건장한 남성 2명이 수레같은 것을 끌고 나타났다. 남성들은 성큼성큼 이불에 쌓인 시신을 들어내 수레에 싣더니 움막 뒤편 언덕쪽으로 이동했다. 어떤 의식도 어떤 감정의 표현도 없었다. 그저 어떤 짐을 처리하는 느낌이었다. 그들의 뒤를 따라가봤다.

5분쯤 가니 공동묘지가 나타났다. 조금 넓은 메마른 땅에 엉성하기 짝이 없는 무덤들이 가득했다. 땅을 얕게 파 겨우 시신만 덮은 것들이었다. 간혹 슬레이트 조각 같은 것으로 표시를 해 놓은 곳도 있었지만 대부분은 그저 약간 불룩한 모습이었다. 남성들은 한쪽 편에 수레를 세워놓은 뒤 땅을 파기시작했다. 누군가 먼저 준비를 해 놓은 듯 이미 약간은 파진 상태였다. 팔 때마다 푸석푸석 먼지가 이는 건조한 땅이었다. 그렇게 어느 정도 파더니 시신을 들어 묻고는 흙을 덮는 것으로 모든 절차가 끝났다. 전체 시간이 20분이나 걸렸을까? 거기까지 따라온 젊은 부인과 아들들은 무심하게 지켜보기만 할 뿐이었다. 형식적인 의식도 곡도 없었다. 시신을 묻은 사람들은 올 때처럼 별일 아니라는 듯이 옷만 툭툭 털고 돌아갔다. 아무 표정 없이 지켜보기만 하던 여인이 근처에서 주먹만한 돌을 하나 찾아와 무덤 앞에 세웠다. 아들들은 여전히 서 있을 뿐이었다.... 마침 조금 떨어진 곳에서는 아이를 묻고 있었다. 거긴 수레도, 가족도 없었다. 한 젊은이가 조그만 박스 같은 것에 담아온 아이를 꺼내 묻는 것으로 끝이었다. 그야말로 손바닥만 한 공간이었다. 그때까지 내가 알던 죽음과는 너무 다른 죽음이요 너무 다른 이별이었다. 이 캠프에서만 매일 3명 정도가 죽는다고 했다. 희망회복작전이 시작되기 전에는 하루에 15명 이상씩 죽었다고 했다.

근처에 유니세프 사무실이 있었다. 구호기관 답지 않게 경비가 삼엄했다. 반군들이 구호물자를 탈취하기 위해 종종 공격하기 때문이라고 했다. '아무리 무도한 자들이라고 하지만 인도주의를 실천하는 UN 사무실까지 공격하다니...' 정말 위험한 지역이었다. 후텁지근한 사무실에는 현지 사람들을 포함해 5~6명의 직원들이 바쁘게 움직이고 있었다. 그곳에서 어린이들을 위한 구호식량지원과 의료지원을 함께 하고 있다고 했다. 내전 상황이 악화되면서 모두 소말리아를 떠났다가 6개월쯤 전부터 다시 활동을 시작했다고 했다. 죽어가는 어린이들을 내버려둘 수 없었다고 했다. 그들은 미군이 모가디슈에 들어온 후 난민 캠프의 사정은 좀 나아졌지만 위험도는 오히려 더 높아졌다고 했다. 반군들의 공격이 더 많아졌다는 것이었다. 반군들은 노골적으로 적의를 드러내며 당장 떠나라고, 떠나지 않으면 그냥 두지 않겠다고 협박도 한다고 했다. 그런 분위기를 설명하며 현지 책임자는 미군이 대체 뭐하고 있는지 모르겠다고 불만을 터뜨렸다. 바이도아에는 왜 안오는지 이해할 수 없다고 했다. 폼 잡고 모가디슈에만 있는 동안 다른 지역의 사정이 더 나빠지고 있는 걸 모르는 것인지 정말 궁금하다고 했다.

하지만, 매일 매 순간이 위험하고 본부에서도 철수하라고 권고하고 있지만 그들은 떠날 수 없다고 했다. 떠나지 않을 것이라고 했다. 자신들마저 떠난다면 불쌍한 아이들이 다 죽을 텐데 그렇게 되게 놔둘 수는 없다고 했다. 자신들만 그러는 것이 아니라 함께 난민들을 돕고 있는 적십자사와 기아대책본부 등 국제구호기관들도 같은 마음일 것이라고 했다. 정말 대단한 사람들이었다. 위대한 천사들이 분명했다. 그 위험한 상황을 온몸으로 맞서며, 치열하게 견디며 숭고한 일을 하고 있는 그들이 진심으로 존경스러웠다. 그들에 비하니 기자들은 아무 것도 아니었다. 우리가 겪고 있는 위험은 저들과는 비교할 수도 없는 것이었다. 책임자는 이미 25%의 어린이가 죽었고 나머지 75%도 지금 상태가 이어질 경우 같은 운명에 처할 수밖에 없다고 했다. 기사를 잘 써서 관심을 환기시켜 달라고 당부했다.

　요미우리 기자가 왜 바이도아에 가보라고 했는지 알 것 같았다. 소말리아의 모든 문제들이 거기 다 녹아 있었다. 끔찍한 비극을 만들고 있는 구조적 문제점들도 다 확인할 수 있는 곳이었다. 오기를 정말 잘 했다는 생각이 들었다. 이제 떠나야 할 시간이었다. 바이도아에는 묵을 곳이 없었다. 무엇보다 총을 든 수많은 사람들, 낯선 모습으로 우리를 바라보는 섬뜩한 눈빛들을 견뎌낼 자신이 없었다. 정말 불안했다. 저들의 핏발선 눈빛은 아무리 봐도 익숙해지지 않았다. 떠나기 전 거리와 사람들을 배경으로 On-mike를 시도했다. 난민 캠프를 벗어나 그래도 활기가 느껴지는 곳이었다. 처음에 한 것이 마음에 들지 않아 두 번째 시도를 하는데 저만치 있던 경호원들이 다급하게 뛰어오며 빨리 차에 타라고 소리쳤다. 심상치 않은 분위기에 마무리도 못하고 급하게 차에 올랐다. 우리를 태운 차는 최고 속력으로 그곳을 벗어났다. 한참을 달린 뒤에야 그들이 말했다. 내가 On-mike 하는 곳을 향해 총을 든 젊은 친구들이 달려오더라고, 우선 피해야 한다는 생각에 소리질렀다고... 거긴 자신들의 구역이 아니기에 자신들이 막을 수 없었다고 했다. 심각한 위험을 느꼈었다고 했다. 그 얘기를 들으니 정말 아찔했다.

13

독재보다 훨씬 위험하고 치명적인 무정부

소말리아의 무정부 상태는 독재자 시아드 바레가 91년 1월 26일 황급하게 나라 밖으로 탈출하며 시작됐다. 모가디슈가 반군들에게 함락되기 직전이었다. 그의 탈출과 함께 22년 철권통치가 막을 내리며 소말리아는 무정부 상태를 맞은 것이었다. 바레 정권의 붕괴후 반정부 연합 세력이 마음을 합했다면 좋았을 것을.... 그들은 대신 권력을 독차지하기 위한 싸움을 택했다. 전국이 이전보다 훨씬 복잡한 피비린내 나는 내전에 휩싸였다. 내전은 전통깊은 부족 중심으로 진행돼 양상이 더 복잡했다. 놀랍게도 소말리아는 단일민족국가였다. 핏줄이 같은 사람들끼리 더 가까운 핏줄 중심으로 뭉쳐 잔인한 싸움을 이어갔으니.... 비극도 그런 비극이 없었다. 승자없는 잔혹한 내전이 끝도 없이 이어지며 소말리아는 현실의 지옥으로 변했고 세계인의 관심이 집중되는 가장 불쌍한 지역이 되고 말았다. 우리가 소말리아를 찾은 것은 바레 정권 붕괴후 2년 가까이 지난 시점이었다. 여전히 정부는 없는 상태였고 차마 눈뜨고 볼 수 없는 비극만이 더 깊게 이어지고 있는 상태였다. 국민과 국토는 있지만 이끌고 갈 정부는 없는 기막힌 현실, 나는 그곳에서 무정부의 실체를 똑똑히 볼 수 있었다.

무정부라는 것은 모든 것을 스스로 알아서 해야 한다는 의미였다. 어느 것 하나 확실한 게 없었다. 모든 일을 스스로, 부딪혀 보면서 판단해야 했다. 그것이 가장 어려웠다. 어디를 가든, 무엇을 하든 책임있게 도와줄 기관이나 사람이 없었다. 위험한 상황에서도 도움을 청할 곳이 없었다. 억울한 일을 당해도 호소할 데가 없었다. 약속과 다르다고 항의할 수도 없었고 서비스가 안 좋다고 불평할 수도 없었다. 그저 눈치를 살펴가며 선택하고 상황에 맞게 살아야 했다. 주어지는 대로 받아야 했다. 총이 곧 법이었고 힘이 곧 규칙이었다. 모든 것이 힘 있는 사람 마음대로였다. 사람들은 그 힘을 따라 움직이거나 아예 힘을 피해 숨는 길 중 하나를 택해야 했다. 그러다 보니 취재에 나섰던 기자가 장비와 돈을 다 뺏기는 일도 드물지 않았다. 안내인을 구해 나가지만 그들조차 총을 든 강도 앞에서는 속수무책일 수밖에 없었다. 숙소에서 만난 한 기자는 취재 나갔다 돈도 카메라도 다 뺏겼다고 했다. 한데 놀랍게도 뺏긴 카메라가 그날 밤 야시장에 매물로 나왔더라고 했다. 그러나 뺏긴 것이라고 달라할 수도, 누군가에게 신고할 수도 없었다고 했다. 그는 몸이 다치지 않은 것만도 감사하게 생각하자고 스스로를 다독였다고 했다. 무정부는 그런 것이었다. 교과서로만 알았던 무정부, 그것은 독재보다 훨씬 위험하고 치명적인 것이었다.

그러다 보니 스스로 보호수단을 강구해야 했다. 기자는 그런 상태에서도 일을 해야하는 존재였기에…. 상황을 핑계삼아 현실을 피할 수 있는 직업이 아니었기에…. 그렇기에 일을 나설 때 가장 중요한 일은 믿을 만한 안내인과 차량을 구하는 것이었다. 소말리아 사람들도 그런 기자들의 처지를 잘 아는 듯했다. 숙소 앞에는 언제나 안내인으로 써 달라며, 차량을 이용해 달라며 선택을 기다리는 사람들로 복잡했다. 그들의 입장에서는 무정부 상태의 도시에서 그것만큼 확실한 일자리는 없는 셈이었다. 그들은 대개 종이 박스 같은 것을 뜯어 $300, $500 등 가격을 써들고 오가는 기자들을 잡았다. 대개 차량에 경호원 4명을 포함하는 가격이었다. 물론 그들은 최대한 선량한 표정을 지었고 가고자 하는 지역에 따라 가격 흥정도 가능했다. 하지만 우리 입장에서 가격은 그리 중요하지 않았다. 정말 중요한 것은 '믿을 수 있는지' 여부였다. 자칫 잘못될 경우 목숨까지 위협받을 수 있기 때문이었다. 하지만 누구도 그들에 대한 정보를 주거나 특정인을 추천하지는 못했기에 철저하게 감을 이용할 수밖에 없었다.

우리가 택한 방법은 이랬다. 그들 사이를 돌며 우선 인상 좋은 사람을 골랐다. 한 사람만의 인상이 아니라 함께 있는 다른 사람들의 인상까지 살폈다. 그리고 말을 걸어가며 말씨와 표정을 살폈다. 대개의 경우 말을 해보면 많은 것을 알 수 있었기에… 일종의 진단 프로그램 같은 것이었다. 그리고 비슷한 조건이면 깨끗하고 좋은 차량을 가진 사람을 택했다. 내전 분위기 속에서 좋은 차를 가졌다는 것은 그만큼 영향력이 있는 사람일 것이라는 판단 때문이었다. 그런 판단에 무슨 근거가 있는 것은 아니었고 효과가 있으리라는 보장도 없었다. 하지만 그렇게라도 해야 불안한 마음을 조금이나마 덜 수 있을 것 같았다. 그렇게 만난 사람들이 괜찮을 경우 다음에도 이용하면 됐지만 하루만 건너 뛰면 이미 다른 기자들이 채가고 없었다. 누구나 사람보는 눈은 비슷하다는 사실을 거기서도 확인했다. 다행히 그렇게 고른 사람들 가운데 우리를 불안하게 했던 사람들은 없었다. 우린 굉장히 운이 좋았던 셈이었다.

안전이 담보되지 않았기에 웬만하면 밖으로 나가는 것도 피해야 했다. 모든 것 무시하고 나갈 수는 있었지만 위험 부담이 너무 컸다. 나쁜 맘을 갖고 있는 사람들에게 기자는 가장 좋은 타겟이었다. 돈을 가지고 있는데다 눈에 쉽게 띄기도 했다. 그나마 안전한 숙소가 존재한다는 사실에 감사해야 하는 것이 현실이었다. 숙소는 아이디드의 무장병력이 지켜줘 외부에서 함부로 들어올 수 없었다. 그게 받는 대접에 비해 엄청 비싼 비용을 지불하면서도 숙소에 묵는 가장 중요한 이유였다. 정말 다행이었던 것은 공간에 비해 수용인원이 너무 많았고 프라이버시를 위한 최소한의 장치조차 없는 상태였지만 도난 사고를 포함한 불미스러운 일이 전혀 없었다는 점이었다. 그건 전적으로 역지사지의 심정으로 서로를 바라보며 마음 써준 기자들의 수준 덕이었음이 분명했다. 나의 취재수첩엔 불안한 외부환경 덕에 더 발현된 기자정신의 승리였다고 기록됐다.

그런 상황에 위기가 찾아왔다. 나이로비에서 가지고 들어온 물이 떨어진 것이었다. 예상보다 이른 시점이었다. 식수로만 쓴 것이 아니라 고양이 세수같은 것이었지만 세면에도 조금씩 사용한 탓이었다. 특히 난민촌에 다녀온 날에는 더 많은 물을 사용한 것이 치명적이었다. 손 잡고 비볐던 아이들의 흔적을 씻어내는 데 의외로 많은 물이 들었다. 풍토병이나 에이즈가 신경 쓰여 찝찝했지만 어디에도 씻을 수 있는 시설이 없기 때문이었다. 물론 비누도 없었다. 그렇다고 아이들이 달려드는 것을 피할 수도 막을 수도 없는 노릇이어서... 손을 포함해 접촉이 이뤄지는 부위에 상처를 입지 않기 위해서도 최대한 신경을 써야 했다. 그것도 만만치 않은 스트레스였다.

하지만 물이 떨어졌다고 밖으로 나가 물을 구할 수도 없었다. 그랬다. 문을 연 가게들이 있기는 했지만 물을 파는 곳은 없었다. 사실 파는 곳이 있었다고 해도 가지 못했을 것이었다. 매서운 눈초리로 최소 수십 명이 지켜보는 가운데 가게에 드나들 만한 무모한 배짱이 우리에겐 없었다. 그저 물건이 없으면 없는 대로, 필요한 게 떨어지면 떨어진 대로 견딜 수밖에 없었다. 물이 떨어졌다는 얘기에 숙소에서 만난 미국의 ABC 방송 기자들이 뜻밖의 호의를 베풀었다. '서울 올림픽 때 KBS 신세를 많이 졌다'며 물을 무려 3박스나 나눠준 것이었다. 그게 그렇게 고마울 수 없었다. 자기들은 정기적으로 지원을 받는다고 했다. 그랬었다. 위험한 상황을 뚫고 직접 물건을 구입하러 나서지 못하는 것은 그들이나 우리나 마찬가지였다. 하지만 모든 것을 스스로 조달해야 했던 우리와 달리 그들은 회사차원에서 필요 물품을 비행기로 공급받고 있다고 했다. 그게 바로 미국 기자와 한국 기자의 차이였다.

힘든 생활을 더 힘들게 한 것은 먹는 문제였다. 사실 아무리 힘들어도 먹는 것이 든든하면 웬만한 것은 견딜 수 있는데 무정부 상태의 소말리아는 그렇지 못했다. 호텔을 제외하고 식사를 할 수 있는 곳은 사실상 없었다. 해서 어디를 가든 비상식량을 준비해 갖고 다녀야 했다. 그러나 그 비상식량이란 것이 보잘 것 없었다. 건빵이나 초컬릿 정도가 고작이었다. 더 문제는 그런 비상식량조차 먹을 시간이 없다는 것이었다. 취재를 하다 보면 타이밍을 놓치기 일쑤였다. 차 안에서라도 먹으면 되지만 운전자와 경호원들을 제껴놓고 우리끼리 먹는다는 것도 민망한 일이었다. 따라서 시간이 많이 걸리는 취재를 다녀올 때는 거의 기진맥진해서 돌아오기 일쑤였다. 당연히 호텔 식사에 대한 의존도가 높을 수밖에 없는데... 그게 완전히 수준 이하였다. 위생불량은 물론 모래가 지근 지근 씹히기도 했다. 항의를 해봤지만 전혀 달라지지 않았다. 싫으면 나가라는 투였다. 화가 났지만 달리 대책이 없었다. 뒤늦게 호텔 안에서 비상식량을 먹는 경우가 많았다.

그러던 어느 날, 비상식량도 거의 바닥날 즈음 수박을 파는 곳이 있다는 얘기를 들었다. 숙소에서 멀지 않은 시장에서 (시장이라고 해봐야 길거리에 허접한 몇 가지 갖다 놓고 파는) 판다고 했다. 한 통에 1달러라고 했다. 마음이 굴뚝 같았지만 거기까지 갈 용기가 없었다. 너무 위험한 길이었다. 하는 수 없이 숙소 앞에 서 있는 사람들 가운데서 수박 사다줄 사람을 구해야 했다. 기꺼이 사다주겠다는 사람이 있었다. 하지만 수박값 1달러에 별도의 심부름비 5달러를 줘야 했다. 말도 안되는 소리였지만 그게 현실이었다. 수박은 길죽한 타원형이었다. 다행히 수분이 많고 아주 달았다. 그날 이후 우리는 기회가 될 때마다 수박을 사서 부족한 식사를 보충했다. 아마도 그 수박마저 없었다면 소말리아에 관한 기억은 온통 어두운 것뿐이었을 것이다.

14

발가벗겨져 시내를 끌려다닌 여교수

모가디슈의 거리는 사람들로 늘 복잡했다. 다행히 특별히 위험스런 상황은 빚어지지 않았다. 군데군데 중무장한 채 경계를 서고 정기적으로 순찰을 도는 군인들 덕인 것이 분명했다. 외곽의 상황은 완전히 달랐지만 아무튼 시내의 겉 모습은 그랬다. 그덕에 기자들은 적어도 낮시간에, 시내에서는 비교적 자유로운 취재활동을 할 수 있었다. 물론 어디선가 노려보는 눈빛들이 느껴지는 순간들이 있었다. 그러면 그 순간부터 몸과 마음이 위축됐고 서둘러 그곳을 벗어나야 한다는 생각에 몹시 서둘게 됐지만…. 위험하다는 느낌이 한 번도 현실화되지 않은 것이 고마울 뿐이었다. 어디를 가도 도무지 다음 상황을 짐작할 수 없다는 것, 그것이 엄청난 스트레스였다.

미국도 모가디슈 외곽과 지방도시의 상황을 잘 알고 있는 듯 했다. 의아스러웠던 것은 잘 알면서도 모가디슈 중심만 지키고 서 있는 그들의 모습이었다. 그들은 도무지 적극적으로 더 움직일 생각은 없는 것 같았다. 진행되는 상황을 보니 미군의 목표는 딱 거기까지인 것 같았다. 보급로 확보와 안전한 구호물자 전달. 모가디슈 장악과 치안유지는 그를 위한 최소한의 조치인 셈이었다. 군벌 해체와 민주정부 수립 지원은 아예 그들의 관심사가 아닌 것 같

있다. 그건 분명 미군이 이전에 다른 지역에서 벌였던 작전들과는 확연하게 다른 것이었다. 물러나는 대통령(아버지 부시)의 입장에서 전격적으로 개입은 결정했지만 인도적인 차원을 넘어선 군사적, 정치적 개입은 의도적으로 피하려는 것으로 이해됐다. 아마도 새로 들어서는 대통령(클린턴)을 의식한 판단이 아닐까 생각됐다. 사실 인도주의라는 명분을 넘어서 소말리아 개입을 통해 미국이 얻을 수 있는 이익은 없는 상태였다. 소련이 사라진 상태, 체제경쟁이 마감되며 미국이 슈퍼 파워로 세계질서를 장악하고 있는 상황에서 소말리아는 그전에 누렸던 전략적 가치를 완전히 상실한 상태였다.

미국의 그런 의도를 군벌들도 알아차린 것 같았다. 모가디슈 입성 당시 납작 엎드렸던 그들이 슬금슬금 움직이기 시작했다. 시작은 직접 나서지 않고 시민들을 앞세우는 방식이었다. 그들은 미군을 포함한 UN 평화유지군을 평화군이 아닌 침략군이라고 흘렸다. 특히 소말리아의 이슬람 사람들을 기독교로 개종시키려고 한다며 그들의 돈독한 신심을 자극했다. 이런 선전에 시민들이 흔들리기 시작했다. 미군을 향한 시위가 나타나기 시작했다. 대담하게도 그들은 시작부터 미군 철수를 외치고 있었다. 규모가 크지 않았지만 시위 자체가 가지는 상징성이 작지 않았다. 시간이 지나며 참가자들의 수가 늘고 강도가 높아졌다. 그들은 노골적으로 미국에 반감을 표시하면서 구호의 수위도 높여가고 있었다. 내게는 '어느 선까지 가능한지' 미국의 의중과 인내심을 시험하는 것으로 보였다. 그러나 그럼에도 미군은 지켜보기만 할 뿐 특별한 움직임을 보이지 않았다.

그러던 어느 날 놀라운 일이 벌어졌다. 성난 군중들이 한 여인을 발가벗겨 시내 중심부에서 트럭으로 끌고 다니고 있었다. 여인은 정신이 반쯤 나간 모습이었고 수백 명이 그 뒤를 따르며 격하게 구호를 외치고 있었다. 그 모습에 거리의 시민들도 박수를 치며 환호했다. 알아보니 여인은 프랑스 대학 출신의 대학교수라고 했다. 모가디슈에 입성한 프랑스군 통역으로 일하던 사람이라고 했다. 그 사실에 분노한 사람들이 공개적인 응징에 나선 것이라고 했다. 외국 군대를 위해 일한 것 자체가 배신행위라는 게 그들의 주장이었다. 충격적인 일이었다. 이유도 방식도 상상초월이었다. 그건 선량한 시민들에 대한 강력한 경고일 뿐 아니라 다국적군에 대한 강한 도전이기도 했다. 자신들에겐 미군도 프랑스군도 적일 뿐이라는 사실을 분명하게 확인시킨 일대 사건이었다. 물론 아이디드가 배후에서 조종하는 일임이 분명했다. 놀랍게도 눈 앞에서 그런 일이 벌어지는데도 군인들은 그저 바라보고만 있을 뿐이었다.

야심찬 희망회복작전은 모가디슈에서조차 그렇게 도전받고 있었다. 소말리아의 군벌들은 정확하게 미국의 의도를 읽고 있었다. 다수의 모가디슈 사람들은 그런 아이디드와 마흐디의 지시에 따라 움직이고 있었다. 선량한 시민들은 불안감 속에서 그런 모습을 숨죽이고 지켜볼 뿐이었다. 그런 상황에도 소극적인 미국이 정말 이해가 되지 않았다. 그럴 것이라면 왜 들어왔단 말인가?... 분명 군벌들은 자신감을 얻은 것 같았다. 자신감이 점점 더 커지는 것 같았다. 반미시위의 규모가 커지고 횟수가 점점 늘어나고 있었다. 분위기가 달라지면서 기자들이 느끼는 위험 수위도 높아지고 있었다. 밖으로 나가는데 더 많은 용기가 필요했다. 미국의 소극적인 모습을 질타하면서 앞으로 상황이 어떻게 전개될지 촉각을 곤두세우고 있었다.

15

창고엔 옥수수가 가득 쌓여 있는데...

우리도 일단 멀리 나가는 것을 피하고 주변 상황에 집중하기로 했다. 소말리아에 들어온 후 처음으로 모가디슈 항을 찾았다. 숙소에서 멀지 않은 곳이었다. 국제사회의 지원이 이어지고 있는데도 난민들의 상황은 크게 나아지지 않는 이유를 눈으로 확인하고 싶었다. 식량창고까지 접근하는데 별 어려움은 없었다. 군인들이 지키고 있었지만 프레스 카드를 내보이자 막지 않았다. 그들은 창고를 살필 수 있도록 안내까지 해줬다. 그들이 보기에도 답답했던 모양이었다. 문을 열자 눈 앞에 놀라운 현실이 펼쳐졌다. 대형 창고엔 거의 천정까지 옥수수가 쌓여 있었다. 산처럼 쌓여 있다는 말은 아마 그런 경우에 해당되는 표현일 것이었다. 그 창고만 그런 게 아니었다. 항구의 모든 창고가 같은 상황이었다. 커다란 자루에 담긴 옥수수와 구호품들이 가득했다. 희망회복작전 직후에는 나가는 것이 많았지만 그 후로는 쌓이기만 할 뿐 나가는 경우가 거의 없다고 했다. 바다에는 또 다른 구호품을 싣고 온 듯한 대형 선박들도 여러 척 정박해 있었다.

식량과 구호품들이 그렇게 쌓여 있는데 사람들이 계속 죽어가다니.... 어이가 없었다. 말도 안 되는 현실이었다. 소말리아의 문제를 적나라하게 보여주는 장면이었다. 미군을 포함한 다국적군은 항구와 창고를 장악했을 뿐 보급로조차 제대로 확보하고 있지 못하고 있음이 분명했다. 각 군벌의 병사들은 모가디슈 시내에서만 조심스러울 뿐 시내를 벗어나서는 중무기로 무장한 채 보급로를 위협하고 있음도 분명했다. 경비병들에게 물어보니 그런 짐작이 틀리지 않았다. 지방의 도시들은 여전히 각 군벌들이 장악하고 있고 그들 사이의 전투도 여전하다고 했다. 구호품은 이들이 가장 눈독을 들이는 대상이라고 했다. 중간에서 약탈되기 일쑤인데다 캠프까지 전달된 구호품조차 탈취되는 일들이 자주 발생한다고 했다. 그렇게 되자 구호품 전달이 중단됐고 창고가 넘치게 된 것이라고 했다. 한국을 떠나기 전, 외신에서 읽었던 일들이 미군이 모가디슈를 장악한 후에도 그대로 이어지고 있다는 얘기였다. 어이없는 현실에 화가 났다. 정말 미국은 무엇을 하고 있단 말인가? 군벌을 방치하고 보급로조차 확보하지 않으면서 대체 무엇을 하겠단 말인가?

쏟아지는 비난을 들었음인가… 그 며칠 후 미군과 프랑스 외인부대가 드디어 바이도아에 진입했다는 소식이 들려왔다. 모가디슈 장악 열흘 만이었다. 그 직후에는 남부 항구도시 키스마유에도 미군과 벨기에 공정대가 투입돼 거점을 확보했고 이어서 바르데라와 호두르에 다국적군이 진입했다는 소식도 전해졌다. 기자의 입장을 벗어나 안타까운 한 사람의 입장에서 반가운 얘기였다. 그러나 실제 상황은 모가디슈에서와 크게 다르지 않은 것 같았다. 도심만 내줬을 뿐 군벌들은 전혀 위축되지 않은 듯했다. 구호품을 차지하기 위해 군벌들끼리 치열한 전투를 벌였다거나 미군이 직접 전달한 구호품이 그들이 떠나자 마자 탈취됐다는 등의 소식들이 여전히 이어졌다. 무기를 가진 그들은 여전한 영향력으로 지역의 구석구석을 누비고 있다는 얘기였다. 그런 가운데 12월 31일 부시 미국 대통령이 소말리아를 방문할 것이란 소식이 전해졌다. 그리고 새 대통령이 취임하는 1월 20일 이전에 미군은 UN 평화유지군에 역할을 넘기고 소말리아에서 철수할 방침이라는 얘기도 흘러나왔다. 아이디드 등 군벌들이 환호할 만한 소식이었다.

이런 상황에 부트로스 갈리 UN 사무총장이 심각한 우려를 표했다. '무장을 해제시키지 않고 미군이 철수할 경우 소말리아는 원래 상태로 되돌아갈 것'이라는 경고였다. 나는 그런 부트로스 갈리의 입장에 100% 공감했다. 나뿐 아니라 기자들 모두의 생각이 그랬다. 그렇게 된다면 희망회복작전이 무위로 돌아갈 것이 분명하다는 것이 일치된 판단이었다. 그럴 것이라면 굳이 왜 시작을 했는지 묻고 싶은 심정이었다. 하지만... 그런 많은 사람들의 우려에도 미국은 해병대를 철수시키고 말았다. 93년 4월이었다. 그렇게 되자 반군들이 기다렸다는 듯 다시 움직이기 시작했다. 그들은 평화유지군으로 남아 있던 파키스탄 병사 24명을 사살할 정도로 대담했다. 우려가 현실로 드러나고 있었다.

심상치 않은 상황에 미국은 그제야 아이디드 제거작업에 나섰다. 모가디슈에 있는 그의 은신처를 공습했다. 하지만 애꿎은 민간인 60여 명만 희생시킨 채 작전은 실패하고 말았다. 현장 취재를 위해 달려간 외신기자 4명이 성난 군중들의 돌에 맞아 죽는 안타까운 비극으로 이어졌다. 그해 9월, 아이디드는 모가디슈 남부를 정찰 중이던 헬리콥터를 추락시키며 미국을 또 자극했다. 미국은 최정예부대를 동원해 또 한 차례의 작전에 돌입했지만 이번에도 실패하고 말았다. 헬리콥터 2대가 격추되고 사망 19명에 부상자가 79명에 이르는, 그야말로 처절한 실패였다. 아이디드의 병사들은 숨진 조종사의 시신을 트럭에 매달아 모가디슈 시내를 돌아다니는 만행도 서슴지 않았다. 그 모습에 미국은 물론 세계가 경악했다. 이 사건 후 미국은 전면 철수를 결심했고 소말리아는 다시 혼돈의 상황에 빠져들고 말았다.

16

지옥으로부터의 탈출

일주일도 안 됐는데 한 달 이상 지난 것 같았다. 한순간도 긴장을 풀 수 없는 상황에 몸도 마음도 지쳐가고 있었다. 땀 흘리고 씻지 못한 몸에선 쉰내가 진동했고 구겨지고 더러워진 옷차림은 거의 난민이었다. 제대로 감지 못해 덥수룩해진 머리, 따가운 햇살에 타 거칠어진 얼굴 또한 영락없는 현지인이었다. 모든 것이 불편하니 잠도 깊이 이룰 수 없었다. 밤새 뒤척뒤척 자다 깨다 자다깨다... 불편함에 뒤척이다가 문득 눈 떠보면 이중완 선배가 구석에 앉아 처량하게 담배를 피우고 있었다. 한국에 있을 땐 청바지는 물론 속옷도 다려 입는다고 소문날 정도로 깔끔한 양반이었다. 자다 말고 일어나 담배를 피우는 그 눈빛에 쓸쓸함, 무력감 같은 게 짙게 배어 있었다. 괜시리 미안했다. 나도 가뜩이나 약한 기관지가 놀랐음인지 기침이 자주 났고 목소리도 잘 나오지 않았다. 은근히 걱정이 됐다.

이제 그만 소말리아를 벗어나고 싶었다. 난민 캠프를 충분히 취재했고 병원도, 항구도, 우리 대사관도... 살펴야 할 곳들은 대강 다 살핀 것 같았다. 다국적군이 장악한 상태에서도 여전히 불안한 치안과 무정부가 빚어내는 위험성도 충분히 취재했다. 더 있는다고 해서 특별히 더 취재할 것도 없을 것 같았다. 마음이 그리 향하니 한시라도 빨리 떠나고 싶었다. 무엇보다 하루하루 강도가 높아지는 긴장감을 더 견디기 어려웠다. 처음 들어올 땐 아무리 위험하다고 해도 '그까짓 것' 하는 일종의 '용감한 무식'이 있었는데 현장을 겪어보니 그야말로 장난이 아니었다. 총이 너무 흔했고 총든 이들의 눈빛은 너무 험했다. 경호원이 있다 해도 실제 전투가 벌어지면 꼼짝없이 당할 수밖에 없다는 현실도 확인했다. 여인을 발가벗겨 트럭으로 끌고 다니던 모습과 그에 환호하는 군중들은 실로 충격이었다. 마침 물도 또 떨어지고 있었다.

드러내 놓고 먼저 말을 못했을 뿐 모두가 같은 마음이었다. 우리는 벗어나기로 했다. 과감하게 짐을 꾸려 숙소를 나섰다. 벗어나는 방법은 하나뿐이었다. 유일하게 살아 있는 군용 비행장으로 나가 비행기를 기다리는 것이었다. 운이 좋으면 새로 기자들을 태우고 들어오는 경비행기를 만날 수 있다고 했다. 더 운이 좋으면 구호품을 싣고 들어오는 국제기구의 비행기나 군용기도 얻어 탈 수 있다고 했다. 단점은 목적지를 정할 수 없어 어디든지 내려주는 곳에 내려야 한다고 했다. 중요한 것은 그 어떤 것도 확실한 것은 없다는 사실이었다. 들어오는 시간도, 심지어 들어오는 비행기가 있는지 없는지도 알 수 없었다. 무작정 공항에 나가 기다리는 수밖에 없었다. 점심 직후에 나갔는데도 이미 공항엔 우리 같은 생각을 갖고 나온 기자들이 길게 줄을 짓고 있었다. 어림잡아 50~60명은 될 것 같았다. 이 정도라면 비행기가 오더라도 우리에게까지는 기회가 올 것 같지 않았다. 하지만 다른 선택의 여지가 없었다. 무조건 기다리기로 했다. 그래도 소말리아를 벗어난다는 설레임 때문인지 하늘은 더 맑아 보였고 바람도 더 시원하게 느껴졌다.

그렇게 무작정 기다리기를 한 시간, 두 시간... 여러 시간을 기다려도 비행기는 한 대도 들어오지 않았다. 날이 어둑어둑해졌지만 비행기는 여전히 올 기미를 보이지 않았다. 앞에 섰던 기자들이 하나둘 빠져나가기 시작했다. 그들은 밤에는 비행기가 들어오지 않는다며 더 기다려봐야 소용이 없다고 했다. 우리도 결정을 해야 했다. 하지만 결정은 전혀 어렵지 않았다. '비행장에서 밤을 새더라도 돌아가지는 않는다'는데 한 사람도 이의가 없었다. 지저분하고 복잡하고... 거기에 오가는 길에 위험까지 느껴야 하는 그 숙소로 결코 돌아가고 싶지 않다는 게 모두의 일치된 의견이었다. 그곳보다 텅빈 공간이긴 하지만 비행장이 훨씬 쾌적하고 좋았다. 다행히 안전에 대한 걱정도 할 필요가 없었다. 우리는 비상식량으로 준비해간 육포를 씹으며 유쾌하게 웃는 여유도 보일 수 있었다. 참으로 오랜만에 느껴보는 여유였다. 어느 덧 다른 모든 기자들이 사라지고 우리만 남았다. 이미 세상은 깜깜해진 상태였다. '오늘 비행기가 오지 않는다고 해도 내일은 우리가 1등'이라는 생각으로 우리는 흐뭇했다. 모가디슈 밤 하늘의 별이 총총했다. 서울에서 볼 수 없었던, 어린 시절 시골에서 올려다 보던 그런 하늘이었다. 한데 밤 10시쯤 됐을까? 저 멀리 하늘에 빨간 불빛이 움직이는 게 보였다. 분명 우리가 있는 공항으로 들어오는 비행기였다.... 오, 하나님 감사합니다.! 우리는 얼싸 안고 만세를 불렀다.

긴급 구호물자를 싣고 들어온 적십자사 비행기였다. 뭔가 급하게 전할 물건이 있었던 모양이었다. 어디로 가는지 물을 생각도, 필요도 없었다. 무조건 태워달라고 했다. 고맙게도 비행기는 나이로비로 가는 것이었다. 이미 여러 차례 경험이 있는 듯 직원은 친절하게 자리를 마련해줬다. 전쟁터에서만 맛볼 수 있는 특별한 경험이었다. 국경을 벗어나면서도 비자도 따지지 않고, 통관 절차도 없고, 티켓도 요구하지 않고... 그저 서로의 처지를 헤려 호의를 베풀고 손을 내미는 진한 정이 있었다. 비행기는 구호품을 내려놓자 마자 바로 이륙했다. 하늘로 오르자 창 아래로 모가디슈가 내려다 보였다. 불빛도 거의 없는 적막한 모습이었다. 어떤 생기도 희망도 느껴지지 않았다. 모가디슈를 벗어나니 그마저 없는 깜깜한 적막강산이 이어졌다.

지난 시간들이 하나둘 생생하게 살아났다. 초원 같은 곳에 내려 총들고 가트를 씹으며 접근하던 젊은이들을 공포 속에서 맞던 첫 순간부터 아이디드를 인터뷰하겠다고 나섰다 식겁했던 순간, 난민 캠프에서 만났던 숱한 안타까움과 가슴 아픔까지…. 돌아보니 무모한 시도가 적지 않았다. 아찔했던 순간들도 많았다. 특히 총을 든채 핏발선 눈빛으로 우리를 쏘아보던 사람들… 섬뜩했었던 그 상황, 누군가를 죽여본 사람의 눈빛이 필경 저럴 것이라 생각하게 했던 그 눈빛… 그 기억은 오래 갈 것 같았다. 죽 한 그릇 받아놓고도, 비스켓 한 조각 받아 손에 들고도 입으로 가져갈 힘조차 없어 그저 누워 허공만 바라보던 소년의 멍한 눈 빛, 남편과 자식의 죽음 앞에서도 아무 감정없이 무덤덤했던 여인의 쓸쓸한 눈빛과 함께.

그래도 고마운 것은 안전하게 일정을 마쳤다는 것이었다. 목표했던 것 이상으로 취재가 잘 됐다는 것이었다. 저절로 기도가 나왔다. '하나님 감사합니다. 정말 감사합니다…' 어머니와 아내의 얼굴, 하은이의 얼굴이 살아 왔다. 긴장이 풀렸던지, 아니면 피곤이 몰렸던지 모두들 잠에 빠져들고 있었다. 한데 나는 전혀 졸립지 않았다. 오히려 정신이 더 또렷해졌다. 그 엄청났던 모든 과정을 함께 했던 나의 분신, 취재수첩을 꺼내 들었다. 그리고 적었다. '지옥으로 부터의 탈출!!!' 그랬다. 지난 며칠 내가 경험한 세상은 지옥이었다. 상상할 수도 없었던 지옥이었다. 주여 감사합니다. 또 다른 세상을 경험할 기회를 주시고 안전하게 지켜주셨군요… 그렇게 기도하며 '앞으로 적십자 회비 열심히 내야겠다'고 다짐하고 있었다.

17

혹시 풍토병에 걸린 것 아닐까?

얼마만의 샤워인가? 또 얼마만의 푸근한 잠인가? 다음날 오후까지 우리는 죽은 듯이 잠만 잤다. 한데 심각한 문제가 생겼다. 4명 모두에게 이상 증세가 나타났다. 설사가 공통이었다. 이중완 선배와 나는 오한에 두통까지 심했다. 좀처럼 아픈 내색을 하지 않는 이 선배는 도저히 안 되겠다며 좀 쉬었으면 좋겠다고 했다. 나도 비슷했다. 오한이 나는데다 속까지 메슥거렸다. 일찍이 경험해보지 못한 불편함이었다. 소말리아에서의 긴장이 풀린데다 '지옥으로부터의 탈출'을 자축한다고 마신 맥주가 문제가 된 것 같았다. 난감했다. 그럴수록 먹어야 한다고, 움직여야 한다고 서로 독려하며 일식집을 찾았다. 우동을 시켰지만 한 젓갈도 뜨지 못했다. 은근히 걱정이 됐지만 바로 낫겠거니 했다. 하지만 몸은 점점 더 무거워졌다. 움직이는 것조차 쉽지 않았다. 우선 설사라도 잡아야겠다 싶어 속을 완전히 비우기로 했다. 그렇게 5끼를 굶으며 꼼짝 못하고 이틀을 누워 있어야 했다.

회사에서 연락이 왔다. 이명구 차장이었다. 대뜸 '너희는 괜찮지?' 하고 물었다. 그러면서 '필리핀에 취재 나간 홍○○ PD가 풍토병으로 숨졌다'는 충격적인 소식을 전했다. 그래서 걱정돼서 우리에게도 전화를 했다는 것이었다.

정신이 번쩍 들었다. '그렇다면 나도....' 그제야 키니네를 제대로 챙겨먹지 않았다는 사실이 떠올랐다. 최소 일주일 전에는 맞아야 하는 황열병 예방주사를 출발 당일에야 맞았다는 사실도 기억났다. 지금 내가 앓고 있는 게 말라리아나 풍토병일지도 모른다는 공포가 엄습했다. 얼떨결에 별 일 없다고 답하기는 했지만 머리가 멍했다. 물론 키니네는 소말리아 도착 직후엔 열심히 먹었다. 하지만 하루에도 몇 차례씩, 매일 먹어야 하는 양이 만만치 않은데다 긴박한 상황에 먹어야 할 시간까지 놓쳐 한 이틀 먹다가 포기했었다. 그러면서 '젊은데 별 문제가 있겠어?'하며 긴장을 풀었다. 난민 캠프에서 서로 손을 잡겠다고 달려드는 지저분한 아이들을 안아주고 쓰다듬어 준 뒤, 그 찝찝함을 고작 생수로 씻어내면서도 '설마... 괜찮겠지' 했었다. 한데, 그렇게 합리화를 했었는데 지금 내 몸이 괜찮지 않은 것이었다.

전화를 끊고 벌떡 일어났다. 누워 있어서는 안 될 것 같았다. 머리가 핑 돌았다. 택시를 잡아 타고 한식당으로 갔다. 김치찌개와 불고기를 시켰다. 맛이 있는지 없는지... 잘 구분되지 않았지만 무조건 먹었다. 밥이 푸석푸석하고 냄새가 조금 났지만 개의치 않았다. 식사 후엔 가방을 뒤져 챙겨간 키니네를 다시 먹기 시작했다. 다른 테이블에 앉았던 교민들이 반갑게 인사를 했다. 그분들은 김영삼, 김대중, 정주영 씨가 맞붙은 한국 대선 얘기를 하고 있었다. 선거를 앞두고 나이로비에 주재하던 현대 지사장은 선거를 도와야 한다며 한국으로 들어갔다고 했다. 그분들은 만약 정주영 씨가 대통령이 된다면 그 지사장이 케냐 주재 대사로 나올 수도 있는 것 아니냐며 웃었다. 현대 직원들은 정주영 씨가 대통령이 된다고 확신하고 있는 것 같더라는 얘기도 전해줬다. 비웠던 속을 채우고 그렇게 부담없는 대화를 나누다 보니 몸도 마음도 한결 가벼워졌다.

다시 택시를 잡아타고 이번엔 나이로비에서 제일 유명한 디스코텍이나 나이트클럽에 데려다 달라고 했다. 유럽 사람들이 가장 즐겨 찾는 관광지답게 연말의 나이로비는 화려했다. 때는 크리스마스 연휴가 시작되는 대목 직전이었다. 기사가 내려준 나이트클럽에 들어서니 잔잔한 음악이 흐르는 가운데 젊은 여인들만이 음악에 맞춰 몸을 흔들고 있었다. 40~50명쯤 될까? 그들의 눈길이 일제히 우리 4명에게 다 쏠렸다. 그도 그럴 것이 홀은 엄청나게 넓었지만 우리 말고는 손님이 없었다. 그녀들의 눈에는 낯선 동양사람들이 특이하게 보였던 모양이었다. 춤을 추던 그녀들이 우리 자리로 몰려왔다. 그리곤 주변에 자리를 차지하고 앉아 '어디서 왔느냐?' '뭐하는 사람들이냐?' '맥주 한잔 사주면 안 되겠느냐?'... 물으며 때론 자기들끼리 수다를 떨어가며 떠날 생각을 안 했다. 놀랍게도 다들 유창한 영어를 쓰고 있었다. 그들도 무료했던 모양이었다.

한데 그들과 달리 계속 춤만 추며 우리쪽을 힐끔힐끔 바라보는 다른 여인들이 있었다. 7~8명쯤 되는 머리가 긴 여인들이었다. 그들은 한눈에도 케냐 여인들과 다른 외모를 갖고 있었다. 초컬릿색 피부에 쌍꺼풀진 눈, 오똑한 콧날, 갸름한 턱선... 소말리아 여인들로 짐작됐다. 아마도 전쟁을 피해 케냐까지 피난 나온 사람들인 것 같았다. 그녀들은 케냐 여인들의 기세에 눌려 우리쪽으로 접근하지 못하고 있는 것 같았다. 춤을 핑계로 그녀들에게 다가갔다. 예상했던 대로 전쟁을 피해 소말리아에서 왔다고 했다. 의외의 장소에서 전쟁의 또 다른 비극을 확인한 셈이었다. 취재를 하면 좋을 것 같았다. 내일 만나 얘기를 좀 들을 수 있겠냐 물으니 가능하다고 했다. 그들에게서 주소를 받았다.

18

나이로비에서 만난 소말리아 여인들

소말리아 여인들이 사는 곳은 나이로비 외곽 이슬린이라는 곳이었다. 중심에서 차로 20분쯤 걸리는 지점, 마침 비가 와서 땅이 질척거렸다. 난민촌에서 봤던 움막보다는 나았지만 허름하기 짝이 없는 집들이 몰려 있는 동네, 그한쪽 편에 그녀들의 집이 있었다. 흑백사진에서 봤던 6.25 당시 피난민촌 움막과 비슷하다고 할까... 낯선 이방 기자들의 등장에 여기저기서 사람들이 나와 호기심 어린 눈으로 우리를 지켜봤다. 전날 봤던 친구들도 나와 아는체를했다. 하지만 대부분 여인들뿐, 남자들의 모습은 거의 보이지 않았다. 하나같이 궁핍에 찌든 피곤한 모습이었다. 각 집들마다에는 문 옆에 키스마유, 바르데라 등 도시들의 이름이 적혀 있었다. 떠나온 자신들의 고향이라고 했다. 내전이 끝나고 고향으로 돌아가겠다는 염원을 담은 것이라고 했다.

양해를 구해 19살과 20살 아가씨 3명이 함께 산다는 방을 들여다 봤다. 5평이나 될까?...어두컴컴한 분위기에 낡은 침대가 눈에 들어왔다. 벽 쪽에는 화장대인 듯 허름한 탁자, 그 위에 작은 거울과 싸구려 화장품들이 놓여 있었다. 벽에는 아가씨들의 옷가지... 그게 거의 전부였다. 야스민이라는 아가씨는 아버지가 내전 중에 죽었다고 했다. 엄마와 함께 키스마유 난민 캠프 생활을 하다 혼자 탈출했다고 했다. 건강이 악화돼 움직이기가 쉽지 않았던 엄마가 등을 떠밀었다고 했다. 거기는 사람이 살 곳이 아니었다고 했다. 그녀는 엄마가 죽었을 것이라며 눈물을 떨궜다. 사라라는 다른 아가씨는 운전기사로 일하던 아버지가 1년 전쯤 내전으로 죽은 뒤 가족들과 함께 탈출했다고 했다. 다른 가족들은 몸바사에 있는데 자신은 돈을 벌기 위해 나이로비에 머물고 있다고 했다. 자신이 벌지 않으면 가족들이 살 수 없다고 했다. 다들 사연이 비슷했다. 대부분 아버지와 남편은 내전 중에 죽었다고 했다. 내전이 일어나기 전 소말리아에서는 남부럽지 않게 살았다는 얘기들도 있었다. 고위 공직자 가족, 대학교수 출신도 있다고 했다. 이해가 되는 말이었다. 내전 중에 국경의 난민 캠프가 아닌 나이로비까지 나와 살 정도라면 궁핍하게 살던 일반인들은 아니었을 것이라는 생각이 들었다. 나름대로 어느 정도 위치를 차지하고 살던 사람들일 가능성이 높다고 판단됐다.

'뭘 하며 사느냐?'고 직설적으로 물었다. '특별히 하는 일은 없고 단지 머물 뿐'이라는 답이 공통적으로 돌아왔다. '단지 머물 뿐'이라는 얘기가 의미심장했다. 비참하고 곤궁한 삶을 가능한 한 빨리 벗어나 떠나고 싶다는 염원이 느껴졌다. 하지만 쉽지 않은 일이었다. 그들이 할 수 있는 일이란 게 거의 없었다. 거의 유일한 일자리는 매일 저녁 나이로비로 출근하는 것이라고 했다. 그것도 젊은 여인들에게나 가능한 일이라고 했다. 그들은 매일 오후 1시간 30분 이상 걸어서 나이트클럽에 나가 춤을 추며 누군가가 자신을 선택해 주기를 기다린다고 했다. 내전 전에 무엇을 했는지, 어떻게 살았는지는 중요하지 않다고 했다. 그렇게 번 돈으로 그들은 가족들의 생계를 꾸린다고 했다. 그래서 자신들은 아파서는 안된다고 했다. 아파서 일을 못하면 가족 모두가 굶을 수밖에 없다고 했다. 그곳의 모든 여인들은 예외없이 그렇게 살고 있다고 했다. 그것 말고는 다른 대안이 없다고 했다.

문제는 그마저도 쉽지 않다는 것이었다. 케냐 아가씨들이 어찌나 텃세를 하는지 차례가 잘 오지 않는다고 했다. 케냐 아가씨들이 전부 손님을 받은 뒤에야 기회가 온다고 했다. 혹 눈치 없이 손님을 먼저 차지하면 쫓겨나야 한다고 했다. 그래서 밉게 보이지 않으려고 온갖 눈치를 다 살펴야 한다고 했다. 슬프고도 아픈 얘기였다 .하지만 그런 얘기를 하는 그녀들의 표정이 어둡지 않았다. 어쩐 일인지 밝은 얼굴로 술술 잘도 풀어내고 있었다. 익숙해져서인지 아니면 누군가 자신들의 얘기를 들어주는 것이 고마워서인지, 그것도 아니면 원래 천성이 그런 것인지... 혼란스러웠다. 잠시 후 그들 스스로 의문을 풀어줬다. 우리에게도 자신들의 손님이 돼 달라는 은근한 제안을 해온 것이었다. 그랬다. 그들에게 우리는 기자이기 이전에 돈을 벌 수 있는 상대인 셈이었다. 생각지도 못했던 뜻밖의 제안에 우리는 씁쓸하게 웃을 수밖에 없었다.

 가슴이 아팠다. 그들의 현실이, 그들의 마음이, 그들의 불확실한 내일이... 취재를 마치고 방을 보여주고 인터뷰를 해준 사람들에게 일종의 사례비를 건넸다. 많지는 않았지만 주머니를 탈탈 털었다. 원래 예정에 없던 일이었다. 그렇게 하지 않으면 안 될 것 같았다. 그들은 정말 고마워했다. 아마도 소말리아 탈출 후 나이트클럽 일이 아닌 다른 일로 벌어본 최초의 돈일지 모르겠다는 생각도 해봤다. 친해졌다고 느꼈음인지 그녀들은 오늘도 출근한다며 시간이 되면 클럽으로 놀러 오라고 했다. 해맑은 표정과 장난기 섞인 웃음이 영락없는 청춘의 모습이었다. 그 모습이 더 마음을 아리게 했다. 내전이 벌어지기 전엔 그저 꿈많은 소녀들이었을 텐데... 예쁜 얼굴에 한껏 자존심을 세우던 빛나는 청춘이었을 텐데.... 좋은 부모 밑에서 아무 걱정없이 행복한 하루하루를 살던 귀한 딸들이었을 텐데... 그랬던 귀한 삶들이 고향 땅 버리고, 가족은 다 잃고 낯선 곳에서 외국인들에게 웃음을 팔고 몸을 팔아 생계를 꾸리고 있다니...

난민 캠프와는 또 다른 묵직한 감정이 일었다. 걸프전, 끔찍한 현장에서 죽은 사람들의 주머니를 뒤지던 젊은 여인을 봤을 때와 비슷한 감정이었다. 전쟁이 나면 여자와 어린아이들이 불쌍해진다는 얘기가 바로 이런 것이었구나.... 못난 지도자는 스스로만 파멸시키는 게 아니라 선량한 국민 모두를 이렇게 비참하게 만드는구나.... 최소한의 존엄성마저 포기하게 만드는구나.... 병자호란 후 청나라에 끌려갔던 조선의 여인들, 돌아와서도 환향녀라는 주홍글씨를 안고 살아야 했던 가여운 여인들의 역사가 기억났다. 일제 강점기 외국으로 끌려가 인간 이하의 처절한 삶을 살아야 했던 위안부들의 아픈 사연도 살아났다. 6.25 후 미군 부대 주변에서 하루하루를 힘겹게 버텨내야 했던 기지촌 누님들의 삶도 떠올랐다. 저들의 아픈 현실이 결코 머나 먼 남의 나라, 다른 사람의 일로만 느껴지지 않았다.

19

소년병 캠프를 가다, 11살 소년병 레트

나이로비로 나와 찬찬히 살펴보니 국경지대 여러 곳에 소말리아 난민촌이 형성돼 있었다. 오랜 기근과 내전으로 국민의 대다수가 난민의 처지로 전락해 있음이 확인됐다. 그런 캠프들 가운데 만데라는 곳이 있었다. 소말리아, 케냐, 에티오피아 3국이 접한 지역이었다. 소말리아 난민 5만여 명이 생활하고 있다고 했다. 그들을 취재하면 좋을 것 같았다. 고향을 떠나 제3국에서 힘겹게 살고 있는 난민들의 실상을 통해 무능한 정치의 죄악상을 알리고 싶었다. 그들을 돕고 있다는 나이로비 WFP(세계식량기구) 사무실에 협조를 요청했다. 다행히 씬디 서(Cindy Seo)라는 한국계 여직원이 담당자로 있었다. 컬럼비아 대학에서 유전공학을 전공했다는 그녀는 자신이 WFP에 있는 유일한 한국계일 것이라며 반가움을 표했다. 국제기구에서 일하는 것이 재미도 있고 보람도 크다면서 환한 표정으로 정말 열심히 도와줬다. 그녀는 UN을 포함해 국제기구에 일본의 지원과 관심이 크다는 사실을 강조하면서 한국 정부와 젊은이들도 관심을 가지면 참 좋겠다는 희망을 밝히기도 했다.

우리를 돕기 위해 동분서주하던 그녀가 아쉬운 소식을 전했다. 만데라는 어렵겠다는 얘기였다. 워낙 난민들이 많이 몰리자 케냐 정부가 지역을 봉쇄

한 것 같다고 했다. 언론은 물론 자신들의 접근도 허락하지 않는다고 했다. 항간에는 이미 폐쇄됐다는 얘기도 있다고 했다. 때는 대통령 선거를 목전에 두고 있던 상황, 케냐는 소말리아 난민들이 자국으로 쏟아져 들어오는 것을 강하게 경계하고 있다고 했다. 그런 소식을 전하면서 대안으로 카쿠마에 가 보면 더 좋을 것 같다는 의견을 제시했다. 케냐의 북쪽, 남수단과 경계지역이 라고 했다. 그곳엔 수단과 우간다, 르완다 등지에서 탈출해 나온 난민들과 내 전에 참여했던 소년병들의 캠프가 있다고 했다. 아프리카 문제의 핵심인 내 전의 문제를 다른 각도에서 살필 수 있다는 얘기였다. 마다할 이유가 없었다. 마침 WFP의 비행편이 있다고 했으나 날짜가 맞지 않았다. 우리는 또 한번 경비행기를 이용할 수밖에 없었다.

배낭 3개에 비상식량과 필요한 부식 등을 챙겼다. 숙소가 없을 것이라는 말에 4인용 텐트도 하나 빌렸다. 여차하면 캠프 한쪽에 텐트라도 치고 자겠 다는 생각이었다. 소말리아에서의 경험 때문에 식수도 더 여유있게 준비했 다. 경비행기는 소말리아에 들어갈 때 탔던 것보다 작은 6인승, 실내 공간이 좁았다. 다행히 비행기는 낮게 날았다. 소말리아에 들어갈 때와 같은 흔들림 이 없었다. 탁트인 평원, 푸른 숲... 하지만 조금 더 들어가니 매마른 대지가 펼쳐졌다. 강의 흔적은 있는데 물은 보이지 않았다. 다 말라버린 것 같았다. 여기도 가뭄이 심했구나... 간혹 나타나는 평원엔 떼지어 있는 얼룩말과 기린 의 모습도 보였다. 비행 시간 내내 그런 풍경들이 이어졌다 끊겼다를 반복했 다. 2시간여의 비행, 드디어 로키초키오 공항이라는 곳에 도착했다. 공항이 라고 해봐야 WFP의 대형 창고 3동이 있을 뿐 아무 것도 없는 초라한 벌판이 었다.

공항에서 5분 정도 이동하자 WFP와 UNICEF(유엔아동기금)의 수단지원본 부가 나왔다. 나무가 적당하게 있고 바람도 적당하게 불어주는 평지였다. 입구에 새겨진 UN 마크가 선명했다. 건물은 하나도 없었지만 크기가 각기 다른 텐트들이 질서 있게 세워져 있어 마치 군 부대 같았다. 텐트들은 사무실과 숙소, 식당, PX, 화장실 등으로 구분돼 있었다. 숙소로 쓰는 소형 텐트에는 침대와 선풍기가 다 갖춰져 있었다. 그리고 빈 공간엔 배구장, 농구장도 있었다. 여유와 평화가 느껴졌다. 이 정도면 거의 휴양지 수준이었다. 그들은 우리에게도 텐트를 2개 내줬다. 식당도 최고 수준이었다. 매끼 뉴욕의 고급 레스토랑 못지 않은 식사가 제공됐다. 식당은 입구에 비치된 노트에 매끼 소속과 이름만 적으면 제한없이 이용할 수 있었다. 당시엔 무료로 제공되는 것으로 알았는데 그렇진 않았다. 출장 일정을 다 마치고 귀국한 뒤 얼마쯤 지나 회사로 요금 청구서가 날아와 깜짝 놀랐었다. 철저한 사람들... 새로운 경험이었다. 아무튼 최악을 각오하고 찾아간 곳에서 최상의 대접을 받다니. 전쟁터가 아니라면 어디를 가도 UN 직원들은 그렇게 갖춰 놓고 근무한다고 했다. 그래서인지 직원들도 소말리아에서 보던 피곤함이나 절박함은 전혀 없었다. 여유있는 모습이었다.

멀지 않은 곳에 적십자 병원이 있었다. 역시 숲에 둘러싸인, 평화로워 보이는 병원에 들어서니 흰옷 입은 환자들이 손을 흔들었다. 상태가 괜찮아 산책을 즐기고 있는 환자들이라고 했다. 그들도 낯선 외국 기자들이 반가운 모양이었다. 이곳은 성인과 어린이들이 함께 있는 곳이었다. 환자들이 원하지 않을 경우 촬영하지 않겠다는 약속을 한 뒤에 병실을 둘러볼 수 있었다. 놀랍게도 대다수 환자들이 손과 다리가 없었다. 내전 중 총상이나 지뢰에 다친 사람들이라고 했다. 이들은 부상 직후 바로 이곳 병원으로 오는 게 아니라 일단 우간다로 옮겨졌다 다시 온다고 했다. 치료시설과 재활시설을 겸하고 있어 수용 기간이 길다는 게 병원측의 설명이었다. 환자들은 180명이라고 했다. 걱정과 달리 그들은 촬영을 거부하지 않았다. 거부감 없는 몸짓으로 인터뷰에도 적극적으로 응해줬다.

그런 환자들 가운데 유난히 눈길이 가는 소년이 있었다. 체구가 작아 한 눈에도 소년임을 알 수 있는 환자였다. 11살, 이름이 레트라고 했다. 내전 중에 다리에 총을 맞았다고 했다. 다친 다리가 붕대에 감겨진 채 위로 올려져 있었다. 한쪽 눈도 파편에 다친 듯 퉁퉁 부어 있었다. 얼굴은 어렸지만 표정은 아이의 표정이 아니었다. 그 모습에 가슴이 아렸다. 왜 싸웠냐는 물음에 '수비병이 필요해서'라고 했다. 그러나 어쩌다 다쳤냐는 질문엔 입을 닫았다. 소년병이 된 지 2년이 됐다고 했다. 9살 때부터 총을 잡았다는 얘기였다. 그는 더 이상의 얘기는 하지 않으려고 했다. 멍한 시선으로 허공을 바라보던 그의 얼굴이 갑자기 일그러졌다. 고통이 몰려오는 것 같았다. 호흡도 거칠어졌다. 눈을 감았지만 여전히 찌푸린 얼굴이었다. 그의 모습을 지켜보다 가만히 손을 잡아줬다. 작고 부드러웠다. 그 손에 초콜릿바를 하나 쥐어주었다.

바로 옆에 다른 소년이 누워 있었다. 왼손이 잘려 나갔고 오른손엔 두껍게 붕대가 감겨져 있었다. 다리도 성치 않은 것 같았다. 그는 괴로운 듯 인상을 찡그린 채 아무 대답도 하지 않았다. 안내인은 지뢰에 다쳤다고 했다. 그의 옆에도 앳된 소년 환자였다. 다리에 붕대를 감은 소년은 잠들어 있었다. 도처에 그런 어린 환자들이었다. 차마 눈 뜨고 보기 어려운 모습이 대부분이었다. 가슴이 아팠다. 한숨이 절로 나왔다. 불과 10~12,3세의 어린 아이들 아닌가? 철부지 어린이들까지 성한 사람들은 다 총을 잡게 만들었으니... 과연 그 어린 소년들은 총을 드는 이유나 제대로 알았을까? 그런 현실을 어떻게 이해할 수 있단 말인가? 안내인이 말했다. 수단에서 건강한 남자들은 총으로 죽고, 유아와 여인들은 배고파 죽고, 노인들은 병들어 죽는다고... 무슨 이런 세상이 있단 말인가?

병원 관계자의 얘기가 더 충격적이었다. 상태가 회복되는 사람들 가운데 상당수는 수단으로 돌아가길 원한다는 것이었다. 가서 다시 총을 잡으려고 하는 것 같다는 게 그들의 얘기였다. 이는 또 무슨 얘기란 말인가? 기껏 다쳐서 그 위험한 전쟁을 벗어났는데 낫자마자 다시 그 지옥으로 돌아간다니... 도저히 이해할 수 없는 얘기였다. 단단히 세뇌가 된 것 같다고 했다. 어떻게 훈련을 시켰길래... 어떤 마음을 심어 놓았길래... 하지만 그런 얘기들에도 불구하고 휠체어에 앉거나 목발에 의지한 사람들은 평화로워 보였다. 잘려 나간 팔과 다리를 제외하면 저들은 표정도 행동도 건강해 보였다. 그래서 더 가슴이 아팠다.

20

잘린 다리로 목발 짚고 공 차는 아이들

숲속 텐트에서의 밤은 약간 한기가 느껴질 정도로 쌀쌀했다. 밤 늦게까지 원주민들의 북소리, 박수소리, 노랫소리가 이어졌다. 무슨 축제인 것 같았다. 호기심에 나가 볼까도 했지만 혹시나 하는 불안감이 발목을 잡았다. 최대한 조심하자며 마음을 눌렀다. 시끌벅적한 소리는 참으로 오래도 이어졌다. 밤이 많이 깊도록 끝날 줄 모르는 그 소리를 들으며 잠에 빠져들었다. 나이로비에서 풍토병을 걱정할 정도로 신경 쓰였던 컨디션은 많이 회복된 상태였다. 덕분에 편한 잠을 잘 수 있었다. 얼마나 잤을까? 경쾌하게 지저귀는 새 소리에 잠을 깼다. 나가 보니 텐트 바로 앞까지 온갖 종류의 새들이 찾아와서 신나게 울어대고 있었다. 맑은 공기, 시원한 바람... 이 무슨 복이란 말인가? 그 순간이 행복했다. 소말리아에서 고생한 것을 충분히 보상받고도 남을 정도의 기쁨이었다. 오늘은 소년병 출신들만 모여 있다는 카쿠마에 가 보기로 했다.

카쿠마는 차로 한 시간쯤 걸리는 거리였다. 왕복 2차선, 도로도 비교적 잘 포장돼 있었다. 하지만 우리차를 제외하곤 한 대도 보이지 않았다. 주변에 펼쳐지는 풍경은 완전 원시 아프리카의 모습. 아주 새까만 사람들이 아무렇게나 천 조가리를 두른 모습으로 우릴 지켜봤다. 원시의 한복판에 난 아스팔트

길... 부조화의 조화라고나 할까... 그들의 눈길이 강렬했다. 그야말로 원시와 현대의 공존, 20세기 말 아프리카를 상징하는 모습 가운데 하나가 아닐까 생각됐다. 도로 양편으로는 얄으막한 구릉과 끝없이 펼쳐진 평원... 몇 개의 마을을 지나며 양떼를 치는 목동들, 노새들의 무리, 말라버린 강, 그 강변에 늘어선 아름드리 나무들... 이런 풍경들을 여러 개 지난 뒤에 소년병들이 모여 산다는 카쿠마 캠프에 도착했다. 숲속에 자리잡은 널찍한 마을 같은 곳이었다. 이안 레쓰브리지라는 UNHCR(유엔난민기구) 책임자가 반갑게 맞아줬다. 나이는 40이나 됐을까?.. 몸은 조금 마른 편이나 말씨와 행동 하나하나가 진중했다. 믿음이 갔다. 그는 우리가 아시아 기자로서는 처음으로 캠프를 찾은 사람들이라며 호감을 표했다.

캠프엔 소년들이 가득했다. 놀랍게도 여자는 단 한 명도 보이지 않았다. 표정은 밝았고 구김살도 없었다. 신발을 신은 아이들이 거의 없었다. 옷도 다 헤진 것이었다. 하지만 비참하게 보이진 않았다. 한쪽에서 축구를 하는 아이들이 있었다. 자세히 보니 공이 달랐다. 헝겊을 뭉쳐 만든 공이었다. 그 공을 갖고 이리 뛰고 저리 뛰는 아이들... 뛸 때마다 뿌연 먼지가 일었지만 소리지르며 내달리는 아이들의 표정은 행복했다. 놀랍게도 한쪽 다리가 없어 목발을 짚고 뛰는 아이도 둘이나 있었다. 그들의 움직임 또한 전혀 어색하지 않았다. 공을 향해 뛰고 소리 지르고... 모든 게 너무 자연스러웠다. 모두 수단 내전에 참여했던 소년병 출신들이라고 했다. 전쟁에 겁먹고 배고픔에 지쳐 수백 킬로를 걸어 온 아이들이라고 했다. 고사리 손에 총을 들었던 아이들이 이 캠프에서 비로소 자신들의 나이를 되찾고 있다고 했다. 18살 이하만 자그마치 4천 4백 명에 이른다고 했다. 4천 4백?... 잘못 들은 줄 알고 재차 물어야 했다. 충격이었다.

가만히 보니 팔 다리 잘린 아이들이 한둘이 아니었다. 한 아이에게 어쩌다 다쳤는지 조심스럽게 물었다. 전투 중에 다쳤다고 했다. 하지만 적들에게 당한 것은 아니라고 했다. 알쏭달쏭한 얘기에 더 물었지만 더 이상의 말은 하지 않았다. 한쪽 다리가 잘려 목발을 짚고 있는 다른 친구에게 물었다. 왜 그런 것인가고? 뱀에게 물렸다고 했다. 전투에서 다친 게 아니라고 했다. 곁에 있던 또 다른 아이는 악어에게 물렸다고 했다. 여러 아이들에게 물어봤지만 대답은 대개 그런 식이었다. 전투에서 다쳤다는 아이들은 한 명도 없었다. 너무도 어린 아이들의 얼굴에 가슴이 아팠다. 더 안타까운 것은 그 어린 얼굴에 서린 눈빛이었다. 전쟁 얘기를 꺼내기 전엔 맑고 천진했던 눈빛들이 한순간에 확 달라졌다. 그건 어린이의 눈빛이 아니었다. 뭔가에 눌린 듯 어둡고.. 음울하고... 세상풍파를 다 겪은 듯한... 처연한 눈빛이었다. 말로 표현할 수 없는 뭉클함이 올라왔다. 레쓰브리지 씨는 캠프내에 이들을 조종하는 세력이 있는 것 같다고 했다. 그 조직을 통해 반군들이 수시로 지령을 내리는 것 같다고도 했다. 그들의 입장에서는 이 소년들은 언제라도 데려다 쓸 수 있는 예비 전투병들인 셈이라며 혀를 찼다.

캠프의 자치 책임자라는 청년을 만났다. 17~18세쯤 됐을까? 건장하고 활달한 청년이었다. 다원다라는 청년은 국제사회에 대한 서운함을 토로했다. 소말리아와 에티오피아 그리고 유고의 내전에는 큰 관심을 가지면서도 40년 이상 내전이 계속되는 수단에 대해서는 어떤 관심도 보이지 않는다는 것이었다. 어디서 학습된 것인지, 아니면 스스로 깨친 것인지 모르겠지만 그는 국제사회의 흐름을 알고 있었다. 수단의 현실에 대해서도 문제의식을 가지고 있었다. 그런 그는 자신은 잘 알지도 못하는 코리아라는 나라에서 온 기자들이 관심를 가져주는 것이 고마운 모양이었다. 본인도 소년병 출신이냐는 물음에 자신은 아니라고 했다. 소년병들에 대해서는 '반정부 세력이 소년들을 이용하는 것이 아니라 정부가 소년들에게 총을 쥐어주고 있다'고 주장했다. '반군세력이 캠프내 소년병들에게 지령을 내리고 있다던데...' 라는 질문엔 우리가 잘

못 알고 있는 것이라고 했다. 가끔씩 사라지는 아이들이 있기는 한데 어디로 갔는지는 모른다고도 했다. 캠프 관계자는 이 청년이 반군쪽에 있었던게 분명하다고 귀띔했다.

해맑은 표정으로 신기한 듯 계속 우리 뒤를 따라다니던 소년이 갑자기 손을 잡아 끌었다. 자기집을 구경시켜 주고 싶다는 것이었다. 그는 13살이라고 했다. 엉성하긴 했지만 비바람은 막을 수 있는 곳이었다. 허름한 흙바닥 공간에 침대가 5개 놓여 있었다. 고만고만한 또래 5명이 살고 있다고 했다. 소년의 부모는 내전 중에 죽었다고 했다. 부모님이 죽던 날 반군에 끌려가 소년병이 됐다고 했다. 훈련도 힘들었지만 배고픈 것이 가장 힘들었다고 했다. 겁도 났다고 했다. 어디론가 이동하던 날 경비가 소홀한 틈을 타 도망나왔다고 했다. 누군가 카쿠마에 가면 살 수 있다고 해 무작정 걷고 또 걸어 여러 날만에 도착했다고 했다. 같이 사는 아이들 중 둘은 형제이고 나머지 둘은 오는 길에 만났다고 했다. 소년이 자신의 침대라고 지목한 곳 머리맡에는 영어책이 놓여 있었다. 소년은 공부가 재미있다고 했다. 열심히 공부해서 유학을 가고 싶다고 했다. 소년의 표정은 한없이 맑고 밝았다.

캠프 한쪽에는 병원도 있었다. 대형 텐트를 이어 만든 병원이었다. 안에는 30여 명의 환자들이 누워 있었다. 한 청년이 바닥을 비로 쓰는데 먼지가 엄청났다. 어이가 없었다. 물이라도 뿌리고 비질을 할 것이지... 건강한 사람도 병에 걸리게 할 것 같았다. 환자 가운데 폐병 환자가 여러 명이라는 설명에 더기가 막혔다. '저 친구는 대체 생각이란 것 하면서 일을 하는 것일까?' 놀랍게도 안내인 또한 어이없어 할 뿐 그를 제지하지 않았다. 이해가 되지 않았다. 뿌연 먼지 속에 계속 비질을 하는 그의 표정이 엄숙하기까지 했기에 우리도 입을 가릴 뿐 뭐라 할 수 없었다. 청소가 끝나길 기다렸다 취재를 시작해야 했다. 병실 한쪽에 불안한 표정으로 서 있는 한 소년이 눈에 들어왔다. 배를 쓰다듬으며 뭔가 중얼대고 있는데 한 마디도 알아들을 수 없었다. 풍토병에 걸린 아이라고 했다. 앉지 못하고 서 있거나 누워 있어야만 하는 병이라고 했다. 이 병이 돌면 한 마을 사람들이 다 죽을 정도로 무서운 병이라고 했다. 찡그린 표정으로 소년은 아프다고만 했다. 부모님 얘기를 물으니 '6년 전에 보고 못 봤'다고 했다. 겨우 알아들을 수 있는 웅얼거리는 소리였다. 뭔가를 더 물을 상황이 아니었다.

안타깝게도 그곳엔 인터뷰가 되는 환자들이 없었다. 그저 멍한 표정으로 누워 있거나 잠들어 있었다. 하긴 의사표현이 제대로 되는 사람들이었다면 그렇게 먼지 나는 청소를 그대로 받아들였을 같지 않았다. 안내인은 정말 불쌍한 아이들이라고 했다. 부모는 물론 가족이나 고향에 대한 기억을 다 버리고 사는 아이들이라고 했다. 대부분 자발적으로 소년병이 되는게 아니라 느닷없이 끌려가 소년병이 돼야 했기에. 아이들은 갑자기 들이닥친 반군에 부모가 죽고, 가족이 다치고, 고향이 불타는 상황에서 강제로 끌려가 소년병이 된다고 했다. 부모와 가족의 죽음을 슬퍼할 겨를도 없이 공포 속에서 총을 잡게 된다고 했다. 그리곤 간단하게 훈련받은 뒤 바로 전투에 나서게 된다고 했다. 그렇기에 어린 그들의 머릿속에는 공포와 두려움만 있을 뿐 나머지 생각은 자리잡을 틈이 없었을 것이라고 했다. 기억 속의 가족과 고향은 너무도 끔찍했기에 일부러 지워버린 것이 아닌지 모르겠다고도 했다. 생각도 못했던 또 다른 비극이었다.

마음이 무거웠다. 병원을 나오면서 보니 나무 그늘 아래 카드놀이를 하는 아이들이 있었다. 두꺼운 종이에 그림을 그려 오려 만든 카드였다. 표정이 진지했다. 그 옆에서는 나무와 깡통으로 기타를 만들어 노래를 부르는 아이들도 있었다. 공터에서는 여전히 헝겊공을 차고 뛰는 축구 놀이가 한창이었다. 햇살이 따가웠지만 아이들은 흐르는 땀을 팔뚝으로 훔쳐가며 축구에 열중했

다. 그야말로 아이들의 세상이었다. 여느 다른 지역의 또래들과 다르지 않았
다. 이들의 표정 어디에도 소년병의 흔적은 없었다. 누구도 이런 모습만으로
이들의 과거를 짐작할 수 없을 터였다. 이 천진한 아이들이 총을 들고 치열한
전투에 나섰던 전사였다는 사실을 누가 상상이나 할 수 있을까? 소말리아에
서 굶어죽는 아이들을 봤을 때와는 또 다른 먹먹함이 차 올랐다.

21

다르지 않은 비극, 그러나 철저히 잊혀진 수단

WFP(유엔세계식량계획)에서 일하는 포터라는 친구가 '지옥을 보고 싶지 않냐?'고 물었다. '내일 우간다에 들어가는데 원하면 같이 가자'고 했다. 마다할 이유가 없었다. 우간다는 독재자 '이디 아민'으로 내게 기억되던 나라였다. 세계에서 가장 끔찍한 독재자였던 그는 '인육'을 즐겼다는 소문이 날 정도로 잔인하고 엽기적이었던 인물이었다. 인간백정으로 불렸던 그가 쫓겨난 지 10년이 조금 넘었지만 우간다는 끝없이 이어지는 내전 속에서 혼란을 겪고 있었다. 포터는 그런 우간다의 상황을 '지옥'이라고 표현한 것이었다. 한편으론 기대가 됐지만 다른 한편으론 걱정도 됐다. 그런 복잡한 마음으로 준비를 하고 있는데 우간다행 비행편이 취소됐다는 소식이 전해졌다. 출발을 불과 3시간쯤 남겨 둔 상태였다. 뭔가 돌발적인 상황이 생긴 것 같았다. 포터는 미안한 표정을 지으며 대신 수단에 갈 텐데 원하면 같이 가자고 했다. 매일 두 차례씩 수단에 구호식량을 전달하는데 같이 가자는 것이었다. 해서 목적지를 바꿔 수단행 구호 비행기를 타게 됐다. 옥수수와 크리스마스 선물 등을 실은 대형 수송기였다.

비행기는 빠른 속력으로 북쪽으로 날았다. 비행기 아래로 끝없는 평원이 펼쳐졌다. 한눈에도 메마름이 느껴지는 평원이었다. 푸른색은 거의 보이지 않고 갈색의 마른, 건조한 들판이 끝없이 이어졌다. 목적지에 접근하자 지금까지와는 완전히 다른 형태의 촌락이 들어왔다. 지붕을 높게, 뾰족뾰족하게 만든 집들이었다. 90분쯤의 비행, 제법 넓게 닦인 비행장에 수송기가 내렸다. 남부의 와트라는 지역이었다. 사람들이 모여들었다. 어른, 아이, 여자, 남자... 의상이 케냐와 소말리아보다 훨씬 투박하고 원시적이었다. 모여든 사람들 사이로 표범가죽을 걸쳐 입고 몸에는 온통 하얀 칠을 한 호리호리한 사람이 나타났다. 키가 2미터는 족히 될 것 같았다. 우리가 아프리카의 한가운데와 있음이 실감났다. 이중완, 유혁근 두 카메라 기자는 분위기에 질려 아예 카메라를 들이댈 엄두를 내지 못했다.

UN은 정말 대단한 기관이었다. 아프리카의 그 깊은 오지에도 사무실과 직원들을 두고 있었다. WFP, UNICEF, ICRC(국제적십자위원회).. 얼굴만큼이나 큰 썬글라스를 쓴 여자가 다가와 어떻게 왔냐고 물었다. 난민들을 취재하고 싶다 하니 '사전에 연락받은 것이 없다'며 매몰찬 표정으로 돌아섰다. 그녀의 입장에서는 당연한 반응이었다. 따라가며 서울에서부터 UNICEF와 주고 받은 공문, 나이로비 WFP와의 협의 내용 등을 설명하니 그제서야 표정이 조금 풀렸다. 그녀는 우리를 벙커 같은 곳으로 안내했다. 직원들 3~4명이 더 있었다. 그들은 내전으로 모든 상황이 좋지 않다고 했다. 가장 큰 문제는 난민들은 끊임없이 밀려드는데 물이 절대 부족하다는 것이었다. 샘을 하나 파기는 했지만 필요량에는 한참 미치지 못한다고 했다.

동네를 돌아보고 싶다는 얘기에 그녀가 사무실의 한 사람을 지목했다. 그 지역 사람이라고 했다. 동네는 평화로웠다. 그저 가옥이 있고 도로가 있고 간간이 사람들이 오가는 평범한 마을이었다. 너른 공터가 있는 중심인 듯한 한 지점에 이르자 적지 않은 사람들이 보였다. 나무 그늘이 드리워진 지점마다

20~30명씩 무리지어 있었다. 서로간에 말도 없이 그저 쭈그리고 앉아 있는 모습들이 특이했다. 난민들이라고 했다. 피곤에 절은 표정이 역력했다. 옷을 제대로 입은 사람은 거의 없었다. 아이들은 아무것도 걸치지 않은 경우가 대부분이고 옷을 입은 경우도 헤져 빵구가 나다 못해 아예 헝겊 조가리라는 표현이 어울릴 정도로 너덜거렸다. 어떤 사람들은 두꺼운 겨울 옷을 걸치고 있기도 했다.

아이들을 위한 급식소에서는 한창 죽을 끓이고 있었다. 소말리아에서 봤던 유믹스였다. 기다리고 있는 아이들은 하나같이 살과 뼈가 붙은 앙상한 모습이었다. 말라도 어찌 저렇게 마를 수 있을까? 팔다리 뼈가 마디마다 툭툭 불거져 터져나올 것 같고 가슴팍엔 갈비뼈의 윤곽이 선명했다. 분명히 살아 있는 생명체인데도 그 상태로 뼈의 마디와 모양이 그대로 다 드러나 있었으니... 충격이었다. 몸은 삐쩍 말랐는데 배만 산같이 부른 아이들도 있었다. 배에 물이 차서 그렇다고 했다. 살이 다 빠진 엉덩이도 놀라움이었다. 가죽만 남아 축 처진 채 쭈글쭈글... 엉덩이가 저렇게 될 수도 있는 것이구나... 그전까지 단 한 번도 본 적 없는 모습이었다. 아이들은 무표정하게 서 있거나 앉아 있었다. 눈만 크게 뜬, 그저 멍한 모습으로... 아무런 감정도 담기지 않은 모습이었다. 손에 든 깡통과 바가지 같은 것이 버겁게 느껴질 정도였다.

새로 팠다는 샘 앞에는 긴 줄이 만들어져 있었다. 물이 고이기를 기다리는 것이라고 했다. 수량이 풍부하지 않아 물이 차기를 기다렸다 어느 정도 차면 나눠준다고 했다. 행렬과 떨어져 한 소녀가 흙바닥에 고여 있는 물을 조그마한 깡통으로 퍼담는 모습이 눈에 들어왔다. 5~6세나 됐을까?... 고인 양이 아주 적고 그나마 흙탕물이었다. 우리가 지켜보는 것을 아는지 모르는지 소녀는 계속 물을 퍼담기만 했다. 무념무상의 표정이었다. 아무런 감정도 드러내지 않은 채 같은 동작만 반복했다. 진지했다. 무엇에 쓰려는 것인지 물어볼 수도 없었다. 하지만 우리를 제외한 어느 누구도 소녀의 행동에 관심을 보이지 않았다. 사람들 또한 지친 표정으로 자신의 자리만 지키고 있을 뿐이었다. 그 또한 내게는 놀라움이었다.

옆에 있는 다른 우물에선 청소작업이 진행되고 있었다. 노란 핼멧을 쓴 두 사람이 우물 안으로 들어가 오물을 담아 올리는데 끝없이 올라왔다. 얼마나 깊은지 안을 들여다봐도 끝이 보이지 않았다. 깊이가 70미터를 넘는다고 했다. 최소 70미터는 파야 물이 나오기 때문이라고 했다. 건져 올려진 오물들을 보니 나무토막과 비닐 등 각종 쓰레기에 상아도 있었다. 대체 누가 귀한 우물에 저런 것들을 버렸을까? 가뜩이나 물의 양이 적은데 쓰레기들이 다 막아 청소를 하는 것이라 했다. 근처 십자가가 세워진 곳에 아이들이 모여 있었다. 교회라고 했다. 아이들의 수가 200명쯤 되는 것 같았다. 내전 중에 부모를 잃은 고아들이라고 했다. 해서 교회에서 돌보는 아이들이라고 했다. 놀랍게도 이곳 아이들의 표정은 조금 전에 봤던 급식소 등 다른 아이들과 많이 달랐다. 비교적 깨끗했고 표정은 맑고 밝았다. 스스럼없이 다가와 손을 잡기도 했다. 종교의 영향일까, 헌신적인 교회의 도움 때문일까?... 궁금해졌다.

ICRC(국제적십자위원회)에서 일하고 있는 프랑스 여의사는 상태가 안 좋은 환자들은 로키초키오로 보낸다고 했다. 그래도 하루에 3~4명 정도는 죽는다고 했다. 하지만 어느 누구도 죽음을 애도하거나 안타까워하지 않는다고 했다. 죽음이 삶만큼이나 익숙한 곳이라고 했다. 그래서인지 죽은 사람은 매장하지 않고 그냥 외곽 들판에 내다 버린다고 했다. 그러면 들짐승이나 새들이 처리해준다고 했다. 도착 직후부터 하늘의 수많은 새떼를 보며 가졌던 의문이 풀렸다. 그랬었구나. 새들이 있는 곳에 죽은 사람들의 시신이 있었던 것이었구나... 답답해진 마음으로 계속 돌아보는데 큰 나무 아래 한 무리의 사람들이 모여 있었다. 다른 지역에서 먹을 것을 찾아 막 도착한 사람들이라고 했다. 날마다 30~50명 정도가 그렇게 새로 찾아 온다고 했다. 그들의 얼굴엔 안도의 빛이 어려 있었다. 그들을 배경으로 On-mike를 하나 했다. 그들의 눈엔 동양사람인 내가 신기한 것 같았다.

22

반군 지역 사령관 리에를 인터뷰하다

UN 관계자에게서 뜻밖의 말을 들었다. 마을에서 멀지 않은 곳에 반군 지역사령부가 있다는 얘기였다. 그러고 보니 마을 요소요소에 총을 든 군인들이 있었다. 위압적이진 않았지만 신경이 쓰였었다. 다행히 그들은 구호활동을 방해하지 않고 지켜주고 있다고 했다. 안내를 맡은 사람에게 사령부로 우리를 안내할 수 있는지 물었다. 잠시 기다려보라더니 어디론가 사라졌다 잠시후 다시 나타난 그의 얼굴에 득의의 미소 가득했다. 가능하다고 했다. 사령관 인터뷰도 할 수 있을 것 같다고 했다. 예정에 없었던 일, 긴장이 됐다. 하지만 놓칠 수 없는 기회였다. 내전으로 신음하고 있는 나라의 반군 대표를 직접 만날 수 있는 기회였으니... 소말리아에서 아이디드 인터뷰를 시도했다 식겁했던 기억이 살아났다. 설마 이번엔 그렇지 않겠지....

사령부 건물은 멀지 않은 곳에 있었다. 소박했다. 높은 흙벽에 갈대잎을 얹은 전통 가옥이었다. 규모는 생각보다 컸다. 입구에 군복을 입고 총을 든 젊은 친구들 6~7명이 경계를 서고 있었다. 미리 연락이 된 듯 이들은 우리를 경계하지는 않았다. 건물 안으로 들어섰다. 햇살 따갑던 밖과 달리 시원했다. 하지만 컴컴했다. 아무 것도 보이지 않았다. 밖의 밝은 햇살에 익숙했던 눈이 적응하는데 시간이 필요했다. 안쪽 저만치에서 호탕한 목소리가 들려왔다. 웰컴! 웰컴! 박수 소리까지 들렸다. 수단민족해방운동 (Sudan People's Liberation Movement)의 3개파 가운데 한 개파 사령관인 리에 장군이라고 했다. 가까이 가기까지 유난히 하얀 눈동자와 치아만 보일 뿐 그의 전체 얼굴은 보이지 않았다. 신기한 경험이었다.

눈이 적응되니 그제야 상황이 눈에 들어왔다. 지붕이 꽤나 높고 넓은 공간이었다. 자세히 보니 리에를 중심으로 양쪽에 참모들이 7명씩, 14명이 앉아 있었다. 사령관보다 한 계단 낮은 위치였다. 아마도 회의를 하던 중이었던 것 같았다. 리에는 양쪽 어깨에 별이 달린 각잡힌 군복에 몸집이 상당히 큰 사람이었다. 눈이 크고 부리부리해 외모에서도 장군같은 느낌이 풍겼다. 그는 카메라를 의식했음인지 벗어두었던 베레모를 썼다. 붉은 색이었다. 그는 인터뷰에 앞서 직전 치러진 우리 대통령 선거 얘기를 꺼냈다. '혹시 누가 당선됐는지 아느냐?' 전혀 예상하지 못했던 질문이었다. 그는 우리가 한국을 떠나온지 20여 일 지났다는 말에 선거 결과를 잘 모를 것이라고 생각했던 모양이었다. 그는 자랑스럽게 팩스로 받은 뉴욕타임스의 선거결과 기사를 내밀었다. 그러면서 '김영삼 후보가 당선돼 최초의 민간인 출신 대통령이 됐다'는 사실을 전했다. 기업인 출신인 정주영 씨가 선전했다는 얘기도 곁들였다. 놀라운 일이었다. 아프리카 반군 캠프에서 우리의 대통령 선거 소식을 듣다니... 가까이서 보니 말할 때마다 혀의 붉은 색이 강렬했다. 까만 피부에 하얀 눈, 하얀 이, 그리고 붉은 혀. 그는 벌써 내 머리에 색으로 강하게 새겨지고 있었다.

그는 대통령 선거결과를 비롯해 최근의 우리정세에 대해 비교적 폭넓은 지식을 갖고 있었다. 우리가 오랫동안 북한과 적대적 대치관계에 있다는 사실, 군사정부시절 반정부 데모로 많은 사람들이 희생된 역사, 우여곡절 끝에 민주화를 이룬 내용까지... 의외였다. 우리가 인터뷰하러 온다는 말에 급하게 공부한 것이겠지 했지만 그렇게 치부하기에는 지식의 폭과 깊이가 상당했다. 인터뷰가 결정된 것이 불과 1시간쯤 전인데 그 사이에 대선 기사까지 챙겨갖고 있었으니... 놀라운 일이 아닐 수 없었다. 조직력과 순발력이 대단하게 느껴졌다. 우리 정치사에 해박한 반군 지도자를 만나다니... 아마도 정부의 정책과 행태에 반발하고 있는 반군 리더의 입장에서 외견상 유사한(?) 과정을 거친 우리를 공부한 것이 아닌가 싶기도 했다. 아무튼 그의 예기치 않은 한국 얘기로 긴장이 많이 풀렸다. 분위기도 아주 부드러워졌다.

단도직입적으로 왜 정부에 반대하는지 물었다. 그는 영국과 이집트의 식민지 시절부터 역사를 얘기하기 시작했다. 북부의 아랍민족과 남부의 흑인들을 묶은 제국주의의 잘못이 원인이라는 것이었다. 결국 아랍민족 중심으로 흘러가는 현실, 남부의 흑인들이 차별받고 불이익 받는 역사를 바로잡기 위해서는 총을 들 수밖에 없었다고 했다. 하지만 그렇게 총을 듦으로써 상황이 더 어려워지고 수많은 흑인들이 더 희생되는 것 아니냐?고 다시 물었다. 그런 사실을 잘 알고 있다고 했다. 비참한 상황이 이어지는 것도 걱정하고 있다고 했다. 하지만 진정한 독립 없이는 더 나은 상황을 기대할 수 없기에 싸울 수밖에 없다고 했다. 정부군을 상대로 한 투쟁은 필수 불가결한 행위라고 했다. 하면서 국제사회가 소말리아와 에티오피아에 대해서는 관심을 가지면서도 40년 동안이나 내전이 계속되는 수단에는 왜 관심을 가지지 않는지 모르겠다고 목소리를 높였다. 카쿠마 캠프에서 자치 책임자 청년에게 들었던 바로 그 얘기였다. 청년에게 들었던 얘기를 그도 똑같이 반복하고 있었다.

'우리가 당신을 인터뷰 하는 목적이 바로 그것이다.' '그런 문제를 알리기 위해 먼 길을 찾아온 것이다'라고 답하니 여간 고마워하는 게 아니었다. 사실 그랬다. 수단은 그 오랫동안 내전을 치르며 비참을 넘어 처참한 상태에 내몰렸지만 국제사회의 조명을 받지 못하고 있었다. 그저 그들만의 일로 치부되며 철저하게 외면받고 있었다. 나도 내 눈으로 상황을 직접 보기 전까지는 그런 사실을 전혀 알지 못하고 있었다. 내가 한국에 돌아와 프로그램의 제목을 '잊혀진 비극의 땅, 수단'이라고 붙인 것도 그런 이유였다. 사실 수단에 비하면 소말리아는 복 받은 곳이라고 말할 수 있을 정도였다. 국제사회의 관심과 원조가 끝없이 이어지고 있었으니...

안 물을 수 없는 얘기를 물었다. '당신과 만나기 전 어린 소년병 출신 부상자들을 많이 봤다. 팔 다리가 잘린 모습에 가슴이 아팠다. 어떻게 생각하느냐?'는 질문이었다. 그는 정부군이 어린이들에게 총을 쥐어줘 그런 비극이 벌어지고 있다고 비난했다. 나쁜 놈들이라고 목소리를 높였다. 그러면서 자신들에겐 소년병이 없다고 했다. 그의 큰 눈이 더 커지며 침까지 튀겼다. 믿어 달라는 의미같았다. 하지만 그대로 받고 넘어 가기엔 너무 중요한 이슈였다. 그의 거친 반응에 질문을 조금 돌려봤다. '정부군에서 소년병들을 동원하고 있다는 얘기를 우리도 들었다. 하지만 반군도 소년병들을 동원하고 있다고 하던데...' 조심스러운 톤이었다. 그는 한번씩 웃고 나선 자신들은 그렇지 않다고 거듭 강조했다. 그러면서 '다른 지역에서 그런 일들이 조금 있는 것 같기는 하더라'라는 식으로 얼버무렸다. 하지만 그건 분명 잘못된 일이라고도 했다. 자신만만했던 그의 표정이 약간은 곤혹스런 모습으로 바뀌어 있었다.

그 정도 얘기를 들었으면 됐다는 생각이 들었다. 간접 화법으로나마 소년병의 존재를 시인한 셈이었으니... 그 한마디로 의미있는 인터뷰가 된 셈이었다. 이젠 분위기를 바꿔야 했다. 표정을 바꿔줘야 했다. 빨간 베레모가 참 잘 어울린다고, 말씀 듣고 보니 조만간 뭔가 좋은 일이 생길 것 같다고 덕담을 건넸다. 그가 기분 좋게 웃었다. 인터뷰에 응해줘서 고맙다고, 혹시 더 하고 싶은 말이 없는가고 물었다. 다시 환한 표정으로 돌아온 그는 어서 전쟁을 끝내고 한국을 한번 방문하고 싶다고 했다. 정말 한국에 관심이 많은 것 같았다. 그러면서 자신들은 기독교도들로 이슬람교도들과 맞서 싸우고 있다는 사실을 강조했다. 단순한 내전이 아니라 종교전쟁의 성격도 강하다는 의미였다. 그러니 특별히 한국의 기독교 신자들에게 자신들의 입장을 잘 전해달라고 간곡히 부탁했다.

인터뷰를 마치자 참모들이 박수를 쳤다. 사령관에 대한 아부였는지 아니면 내용에 대한 만족감 이었는지…. 표정들을 보니 만족스러웠던 것 같았다. 나오는 길엔 앉았던 모든 참모들이 일어나 악수를 청했다. 순간적으로 '일제 강점기 독립운동본부의 분위기가 이렇지 않았을까?' 생각했다. 누군가 우리의 입장을 들어주고 또 힘까지 실어주겠다 말해줬다면 그들이 다 고맙지 않았을까? 그들에게 더 기대고 싶지 않았을까? 이들에겐 우리가 그런 사람으로 인식되지 않았을까?… 정부군과 반군 어느 쪽이 옳고, 그르고의 판단을 넘어 상황 자체가 그럴 것 같다는 생각이었다. 건물 밖으로 나오니 경비병들이 환하게 웃어줬다. 기념 삼아 사진 한 장 찍자는 청에도 거부감이 없었다. 예상 외의 소득에 기분이 좋았다. 아마도 지금까지 수단 반군 지도자를 인터뷰한 한국 기자는 없었으리라. 들어갈 때의 긴장감이 뿌듯한 만족감으로 바뀌어 있었다.

23

오지 않는 비행기를 기다리며

　예정에 없었고 그래서 맨땅에 헤딩하는 기분으로 달려들었던 로키초키오 취재는 기대 이상으로 잘 됐다. 감사하게도 손대는 모든 취재마다 잘 되고 있었다. 소말리아를 포함한 아프리카의 문제를 보다 깊이 들여다볼 수 있는 기회가 됐다. 무엇보다 소년병 출신들을 직접 만날 수 있었던 것은 엄청난 행운이었다. 국내에는 존재조차 제대로 알려지지 않았던 아프리카 비극의 상징과 같은 존재들, 인간적으로는 가슴이 아렸지만 기자로서는 의미가 작지 않았다. 세상에 10살, 11살 아이들에게 까지 총을 잡게 하다니... 천진함과 침울함, 멍함이 뒤섞인 그들의 표정이 마음을 심란하게 했다. 도대체 부모에게 한창 재롱을 부리며 자라야 할 소년들을 그렇게 만든 이들은 대체 어떤 사람들이란 말인가? 고사리 손에 총을 쥐어주고 무자비한 총질을 하게 한 사람들을 어떻게 이해해야 한단 말인가?... 건강한 이는 전쟁터에서 죽고 연약한 이들은 굶주려 죽고 아이들은 끌려다니다 죽고... 이 무슨 비극이란 말인가? 놀라운 것은 그런 지옥같은 곳에서도 목숨을 걸고 헌신적으로 노력하는 사람들이 있다는 사실이었다. 구호기관의 봉사자들, 그들은 진정 천사들이었다.

　다시 나이로비로 돌아가야 할 시간이 됐다. 며칠 동안 친해졌던 UN 직원들에게 작별 인사를 하고 경비행기를 맞기 위해 공항(?)으로 나왔다. 한데 시간이 돼도 비행기가 나타나지 않았다. 약속된 시간에서 한 시간이 지나고 두 시간이 지나도 비행기는 올 기미를 보이지 않았다. 비행기를 보내주기로 한 여행사 사장도 연결이 되지 않았다. 이 무슨 일이란 말인가?... 어쩌나? 어떻게 해야 한단 말인가? 아프리카의 한 낮 햇살이 따가웠다. 하지만 그보다 힘든 것은 비행기가 영 안올지도 모른다는 두려움이었다. 답답한 것은 기다리는 것 외에 뾰족한 대책도 없다는 것이었다. 나무그늘에 앉아 취재 수첩을 꺼내들었다.

기다린다는 건 기대가 있다는 것
기다림이 간절하다는 건 그만큼 기대가 크다는 것
조바심이 생긴다는 건 그 기대가 허물어지고 있다는 것

기대가 조바심으로...
그 조바심이 걱정으로,
걱정은 다시 실망으로...
실망은 또 절망으로 변해가고 있다

약속했던 시간이 지나버렸다
그것도 2시간 반씩이나
한데도 이렇다 저렇다 연락도 없다

무슨 일이 생긴 것이냐
어째서 안 오는 것이냐
동쪽 하늘을 수도 없이 바라보고 또 바라보고
째려보고 또 째려보고 있건만

온다던 비행기는 기미도 보이지 않으니
이 어찌된 일이란 말이냐

안되는데...
오늘 못가면 안되는데...
내일은 크리스마스인데...
내일은 비행기가 오기 더 어려울텐데...
그렇게 되면 에티오피아행은 불가능해질 텐데...

큰일이다.
그러면 정말 안 되는데...

김 사장은 분명히 3시까지 보내주겠다고 약속했었다
가장 바쁠 때라고 해서 요금까지 백 달러 더 주기로 했었다
결코 실수할 사람으로 보이지 않았는데...
내가 사람을 잘못 본 것인가?
아니면 항공사 친구들이 장난하는 것인가?
도대체 어디서 틀어진 것인가?
사전에 연락이라도 해 줘야 할 것 아닌가?...

'굿바이' 인사 나눴던 UN 직원들이 오가며 웃는다
오며 가며 세 번이나 마주친 친구가
'아직도?'냐며 짓궂게 농을 건넨다
나이로비의 크리스마스보다
로키초키오의 크리스마스가 훨씬 환상적일 것이라고
텐트 비어 있으니 다시 돌아오라고...

믿지 않은 농담에 웃어주긴 했지만 속이 탄다
정말 그렇게 될 것 같다

나이로비에 가면 집에 전화하려고 했었는데
목소리로 나마 아쉬움을 달래 보려고 했는데…
집에서도 무척 기다릴 텐데…
박 PD는 어제가 결혼기념일이었고
유 선배는 오늘이 결혼기념일이라는데…
그래서 나보다 더 기다렸을 텐데…
도착 다음날부터 설사에 기침을 해대는 이 선배는
오늘 저녁은 한국식당 야야에서
얼큰한 김치찌개를 먹을 수 있겠다며 잔뜩 기대했었는데…

현재로선 모든 것이 어려울 것 같다
시간은 계속 흐르는데 하늘은 그저 파랗게 웃기만 할 뿐이다
입에선 주문같은 기도만 흐른다
주여, 도와주소서!
이제까지 모든 것 다 잘 풀어주시지 않았습니까?
지금보다 훨씬 어려운 상황도 다 해결해 주시지 않으셨습니까?
도와주소서!
비행기를 보내주소서!

하지만 기대가 점점 약해진다
벌써 해가 많이 내려왔다
앞으로 1시간 안에 비행기가 오지 않으면
오늘은 갈 수가 없겠다

경비행기는 야간 비행을 할 수 없다고 했었다
하지만...
하지만...
안타까운 미련은 여전히 포기도 못하고
애꿎은 하늘만 올려보고 또 올려본다

멀리 우체국까지 나갔던 사람들이 돌아온다
김 사장과 통화가 됐단다
오전 11시쯤 항공사에서 비행기가 갈 수 없다고 연락해 왔다고
해서 다른 비행편 찾느라 지금까지 백방으로 뛰고 있다고
하지만 소득이 없다고
크리스마스 연휴를 맞아 경비행기가 동이 났다고
우리와 계약했던 친구들도
분명 돈을 더 준다는 어느 유럽 손님들에게 넘어갔을 것이라고...

그나마 다행이라고 해야 할까
김 사장이 사정을 알고 있다는 걸 확인했으니
그래, 김 사장이 뛰고 있다니 7시까지는 기다려보자
야간 비행이 안된다는 얘기를 들었으면서도
미련의 끈을 놓지 못하는 못난 나여!

그 사이 해가 더 떨어졌다

한데....
한데....
분위기 맞지 않게...

석양이 왜 이리도 멋진 것이냐
이제껏 한번도 본적 없는 하늘이 가슴을 흔든다
서쪽 하늘 가득 채운 환상적인 노을이 온몸에 전기를 흘린다

눈이 닿는 모든 공간이 온통 짙은 주황빛으로 황홀하다
아니구나 주황만이 아니구나
진황 진홍에 먹빛까지 뒤섞였구나
가만보니 주황도 한 가지 주황이 아니고
진황 진홍 심지어 먹빛도 한가지 빛깔이 아니구나
누군가 색을 풀어 획획 휘저어 놓았구나
흩뿌려 놓았구나

장엄하다
거룩하다
온갖 것들 다 녹여 한 품에 다 담으려는 것이구나
다 끌어안고 그렇게 섞여 하나가 되려는 것이구나
물러남이 아쉬운 듯 더 짙게 더 강하게
그 중심에 알처럼 환하게 박힌 태양은
여전한 강렬함으로 스러짐조차 장렬하구나

가까이 또 멀리 떠 있는 구름들은
진하게 혹은 여리게...
먹물 머금은 모습으로 숙연함을 더하고
선선한 바람뿐인 주변은
고요함을 넘어
묵직한 적막으로 가는 해를 전송하고 있다

그 많던 새들은 대체 다 어디로 간 것이냐

실루엣으로 서있는 키 큰 고목이 유난히 외롭다
아픈 아프리카의 현실을 고해하고 있는 것일까
불쌍한 소년병들의 처지를 안타까워함일까
아니면
그 모든 것을 보면서도 어찌할 수 없는 스스로를 자책하는 것일까?
숙인 어깨가 힘겨워 보인다

예기치 않은 상황에서 만난
황홀한 아프리카의 풍경
이제 보니 나도
그 안에 한 조각이 돼 서 있구나

감사하다
눈물겹다
이런 경험을 갖게 하시려 기다림을 주셨구나
어디서도 못 볼 이런 비경 보게 하시려
애태우게 하셨구나
지난한 기다림의 시간이 고맙고 또 고맙다

주변이 어두워졌다
못오겠다
안되겠다
이젠 기쁘게 포기해도 되겠다
다시 캠프로 들어가야겠다

하지만 속상하지 않다
이미 마음이 완전히 달라졌다

그들이 웃으면 개선장군처럼 손을 흔들어줘야겠다
속상함은 다 사라지고 벅찬 감동이 물결친다

약속 지키지 않은 사람들이 서운하기는 하지만
목 빠지게 기다릴 가족들에 미안하기는 하지만
에티오피아 일정 차질이 신경쓰이기는 하지만
굿바이 하고 나갔다 다시 들어가는 발걸음이
조금 쑥스럽기는 하지만
덕분에 상상도 못했던 아프리카의 진면목을 봤으니
평생 기억될 만한 감동을 얻었으니....

모두가 감사할 일이다
더 없이 행복할 뿐이다

24

크리스마스에 쓴 편지

내 사랑!

성탄절 아침이오. 지금은 오전 6시 30분, 내 텐트 주위에서는 온갖 새들이 아침 노래를 부르고 있소. 어서 일어나라고 채근하는 것 같소. 조금 떨어져서는 원주민 아이들의 흥겨운 노래 소리가 들리고. 빈 깡통에 작은 돌멩이를 넣은 뒤 그걸 발목에 묶어 리듬을 맞추면서 노래를 부르는데 그렇게 아름다울 수가 없다오. 청아한 하이톤이오. 빈 소년 합창단은 저리 가라할 정도로 대단하다오. 어제 저녁에 노래를 불러 사탕과 과자를 줬는데 오늘도 그 생각이 나는 모양이오. 노래도 노래지만 눈빛과 표정이 그렇게 맑을 수가 없다오. 순진함이 뚝뚝 떨어지는 아이들이라오. 아프리카 사람들이 천부적으로 춤과 노래에 능하다는 얘기, 아이들을 보니 확실히 알겠소.

로키초키오에 와서 네 밤을 지냈소. 첫날부터 들려오던 박수소리와 노래소리의 정체를 알았소. 원주민들이 아기 예수의 탄생을 축하하는 소리였소. 이 얼마나 놀라운 일이오? 아프리카의 깊은 산동네에서 예수님의 탄생을 축하하는 축제가 며칠 동안 벌어지고 있다니... 가서 보니 특별한 것은 없었소.

그저 사람들이 한 자리에 모여 노래 부르며 줄지어 뛰어다니는 것이 전부라고 해도 과언이 아니었소. 리더가 있어 그때그때 노래와 춤을 바꿔주는데 그것이 그렇게 호흡이 잘 맞을 수가 없었다오. 흥미로운 것은 그들의 노래였소. 간단한 멜로디를 가냘픈 목소리로 모두 함께 부르는데 어찌 들으면 신이 나는데 또 어찌 들으면 깊은 한이 느껴지더란 말이오. 분명 그들은 웃으며 노래를 부르는데도 말이오.

미안하오. 정말 정신없이 돌아다니고 있소. 그러다 보니 당신도 하은이도 잊고 지낼 때가 많다오. 기자가 내 천직은 천직인 모양이오. 새로운 일들이 겁나기보다는 가슴이 뛰니 말이오. 바쁠수록 힘이 들기보다는 더 신이 나니 말이오. 몸이 고되기는 하지만 보고 배우는 것이 너무 많다오. 나중에 돌아가면 하나하나 얘기해주리다. 원래 계획대로라면 어제 나이로비로 가서 오늘은 당신에게 전화했을 텐데 차질이 생겼다오. 2천 달러나 주고 계약한 비행기가 돈을 더 준다는 관광객들쪽으로 내뺐던 모양이오. 케냐가 유럽인들에게 그렇게 인기있는 관광지라는 사실을 여기 와서야 알았소. 크리스마스 연휴는 그 중에서도 피크라 하오. 얼마나 허탈하고 화가 나던지. 덕분에 엄청난 아프리카의 석양을 보기는 했지만... 고맙게도 꿈을 통해 아쉬움을 달랠 수 있었다오. 한국으로 날아가 당신을 맘껏 안아보고 하은이를 정신없이 보듬었지. 당신도 같은 꿈을 꿨나 모르겠소. 당신 하은이 어머니... 모두 무척 그립소. 집 떠난 지 1년은 족히 된 듯한 느낌이오. 하루하루는 잘 가는데 그놈의 20일은 왜 이리 더디게 가는지....

어젯밤 나는 그놈의 비행기 덕분에 색다른 성탄절 이브를 보낼 수 있었다오. 이곳에서 일하는 UN 산하기구 친구들과 참으로 낭만적인 파티를 했다오. 쏟아질 듯 하늘을 가득 채운 별을 바라보며, 시원한 바람을 온몸으로 맞으며 맥주잔 들고 함께 '메리 크리스마스'를 외칠 때의 기분이란... 놀랍게도 한 겨울이 아닌 한 여름밤의 크리스마스였소. 유니세프 비행기를 조종하는 친구는 이브를 위해 준비했다며 아프리카산 백 포도주를 내 놓았고 세계식량기구에서 일하는 친구는 땅콩 안주를 푸짐하게 풀어놓았소. 그렇게 각자 감춰두었던 또는 이날을 위해 아껴두었던 비장의 무기들을 모아 놓고 크리스마스 추억담들을 나누었다오. 특별한 경험이었지. 특별히 준비한 것이 없었던 우리는 PX에서 맥주 한 박스를 사고 비상식량으로 준비해간 육포를 내 놓았다오.

갑자기 누군가 나지막하게 노래를 시작했소. 'Silent night holy night All is calm all is bright....' 노래는 어느 새 합창이 되었다오. 환상적이었소. 한밤중 아프리카 숲속에서 은은하게 울려퍼지는 성탄송. 그것도 세계 여러나라에서 온 각기 다른 사람들이 화음까지 맞춰서 부르는.... 종이 박스를 파 만든 Merry X-mas And a Happy New Year 장식등이 운치를 더했다오. 그 분위기엔 화려한 조명보다 그 촌스럽고 투박한 골판지가 훨씬 더 어울리는 법이지. 누군가 한국의 크리스마스에 대해 물었다오. 나는 집집마다 돌아다니며 성탄축하 노래를 불러주는 새벽송 얘기를 해줬지. 청년들이 밤새 집집마다 방문한다는 얘기, 노래를 해주고 메리 크리스마스를 외치면 집주인이 나와 과자 등 선물을 준다는 얘기, 아침이 되면 그렇게 모아진 선물을 나눠 먹으며 신나게 논다는 얘기 등... 모두 멋지다며 큰 관심을 보였다오. 다른 사람들도 물론 각자의 고향 성탄절에 대한 얘기를 했지. 요란함이나 넘치는 흥은 없었지만 각자 그렇게 조용히 잔을 비워가며 아기 예수의 탄생을 축하한 특별한 밤이었다오.

쓰다 보니 자랑 비슷하게 돼 버렸구려. 미안하오. 당신은 어떻게 지내고 있소? 나 없는 성탄절을 어떻게 맞고 또 보냈소? 짐작하오. 쉽지 않았겠지. 하은이 데리고, 어머니 모시고 교회에 왔다 갔다 하는 것조차 만만치 않았겠지.

언감생심 어찌 성탄축하 활동에 참여할 꿈이나 꾸었겠소. 정말 미안하오. 어찌어찌 하다 보니 작년엔 하은이 백일을 함께 못했고 올핸 성탄절을 함께 못했구려. 결혼해서 두 번째 맞는 성탄절인데… 나도 아쉽고 또 아쉽소. 내년 성탄절은 정말 멋지게 꾸며주리다. 아무리 멋진 취재거리가 생겨도, 회사에서 등을 떠밀어도 당신 곁을 지키리다. 결코 당신 혼자 있게 하지 않을 것이오. 이 약속을 반드시 지키겠소.

보고싶은 내 사랑!

고맙게도 취재는 기대 이상으로 잘 되고 있다오. 바쁘고 때론 어렵기도 하지만 지금까지는 모든 것이 잘 되고 있다오. 여러 가지로 평생 남을 만한 새로운 경험도 적지 않다오. 다 당신과 어머니의 기도 덕분이라 믿고 있소. 아무튼 돌아가면 할 얘기가 참으로 많다오. 조금만 더 참아주오. 이제 정말 며칠 남지 않았소. 돌아갈 때까지 어머니 잘 모시고 조금만 더 고생해 주오. 그리고 나와 우리팀을 위해 기도도 부탁하오. 당신이 무척이나 보고 싶소. 사랑하오.

1992. 12. 25 성탄절 아침, 아프리카의 로키초키오에서

25

못난 지도자가 망가뜨린 역사. 아, 에티오피아!

시간이 빠듯했지만 에티오피아를 보고 싶었다. 에티오피아는 어린시절 맨발의 마라토너 아베베로 기억에 새겨진 나라였다. 두손을 들고 맨발로 결승선을 통과하던 그의 사진이 어린 눈에도 무척 강렬했었다. 또 하일레 셀라시라는 독특한 이름의 황제로 기억되는 나라이기도 했다. 중학교 시절 친구의 우표책에서 그의 사진이 새겨진 방한 기념우표를 보고 얼마나 부러워했던지.... 그 시절 우표수집은 많은 중학생들의 대표적인 취미였다. 나는 그런 친구들을 부러운 눈으로 바라보기만 했지만...

그랬던 에티오피아가 6.25 당시 지원군을 파병한 16개 나라 가운데 하나라는 사실을 나중에야 알게 됐다. 인류역사상 가장 지혜로웠다는 솔로몬 왕과 그와 지혜를 겨뤘던 시바 여왕의 후손들이라는 사실도 알게 됐다. 그러나 1974년 멩기스트가 주도한 군부 쿠데타로 공산화 된 후 세계에서 가장 못하는 나라가 됐다는 사실, 그후 고마운 참전용사들은 북한과 싸웠다는 이유로 재산을 몰수당하고 고문까지 받는 등 박해를 받았다는 사실도 알게 됐다. 그 멩기스트의 군사정권이 붕괴된 지 1년 6개월을 지나고 있는 시점이었다. 여느 아프리카 나라들과 같이 내전과 기근을 피하지 못했던 나라 에티오피아, 그 고마운 나라가 그 동안 어떻게 달라졌는지 직접 확인해보고 싶었다.

오전 10시 35분, 나이로비를 떠난 에티오피아 국적기는 2시간 만에 우리를 아디스아바바 공항에 내려놓았다. 세관의 검색이 무척 까다로웠다. 방송장비는 물론 지갑속의 돈까지 일일이 다 세었다. 사람은 많지 않았지만 통과하는데 적지 않은 시간이 걸렸다. 공항을 빠져나와 우선 20분쯤 거리에 있는 공보국에 들러 취재 허가서를 받았다. 절차가 복잡하지는 않았지만 정작 보고 싶은 난민 캠프는 취재가 안 된다고 했다. 정 보고 싶으면 가서 구경만 하라고 했다. 난민 캠프에는 북쪽 에리트리아에서 온 난민들이 있다고 했다. 1962년 강제 병합한 에리트리아가 맹기스트 축출 이후 혼란스런 틈을 타서 독립을 선언하면서 그곳에서 쫓겨난 사람들이라고 했다.

New flower라는 의미답지 않게 아디스아바바는 초라한 모습이었다. 높은 빌딩이 거의 보이지 않았고 그나마 보이는 것들도 낡고 허름했다. 도로는 널찍하고 포장도 비교적 잘 돼 있었지만 몇 군데를 제외하고는 차선도 표시돼 있지 않았다. 4거리 로터리에도 신호등이 없는 곳이 대부분이고... 거리를 오가는 차들의 대부분은 도요타 등 일제차였다. 그 가운데 가끔씩 현대의 스텔라가 보였다. 그 모습이 반가웠다. 의외로 대형버스는 벤츠가 많았다. 대중 교통수단은 택시와 우리의 밴을 변형시킨 것 같은 작은차, 거기에 코란도 같은 짚차까지... 이런 차들은 아무데서나 멈춰서서 사람을 태우고 내렸다. 어디에도 질서가 잘 보이지 않는 혼잡하고 혼란스런 모습이었다. 우리의 60년대 후반, 70년대 초반의 모습과 비슷하다고 할까...

시내 중심에 메네릭 2세의 동상이 서 있었다. 에티오피아가 풍요를 구가할 당시의 황제라고 했다. 황제는 말 위에 올라타 위용을 뽐내고 있었지만 주변은 지저분하기 그지 없었다. 누워자는 사람들, 무슨 생각을 하는지 턱을 괴고 멍하게 앉아 있는 사람들... 거기에 구걸하는 거지들까지... 안타까운 대비에 기분이 묘했다. 한국에서 왔다고 하니 '6.25때 우리가 당신들을 도왔다'고 으쓱해 하는 사람들이 여럿 있었다. 예상하지 못했던 일이었다. 그들의 표정에 자부심이 어려 있었다. 그럴만도 했다. 당시 파병됐던 에티오피아 군인들은 정말 대단했었다. 황제 근위대 출신이었던 그들은 전쟁 중 253전 전승을 기록할 정도로 용감했었다. 그들은 전쟁 후에도 보화원이라는 고아원을 세워 전쟁 고아들을 돌볼 만큼 따뜻한 사람들이기도 했다. 그런 기록들을 읽으며 에티오피아에 대한 호기심을 키웠었다.

한데 그 고마운 나라가 세계에서 가장 못 사는 나라 가운데 하나가 돼 있다는 얘기에 가슴이 아팠다. 어쩌다 그렇게 됐을까 속이 많이 상했었다. 내 눈에 비치고 있는 현실은 그런 얘기들이 틀리지 않는 사실임을 확인시켜주고 있었다. 휴전 40여 년이 지난 시점에, 지금은 훨씬 못사는 처지가 된 그들에게서 6.25 당시의 참전 얘기를 듣다니... 그들의 자부심 어린 얘기를 대하다니.... 전혀 예상하지 못했던 일이었다. 갑자기 '그들은 한국을 어떻게 생각할까?' 하는 궁금증이 일었다. 자신들이 구해줬던 그 나라가 지금은 자신들보다 훨씬 잘 사는 나라가 돼 있다는 사실을 알고는 있을까?... 몇 사람에게 물어봤다. 하지만 그들은 모르고 있었다. 전쟁 후 40년 만에 한국이 얼마나 대단한 나라로 변모했는지 그들은 전혀 모르고 있었다. 한국뿐 아니라 바깥 세상의 변화에 그들은 큰 관심이 없는 듯 했다.

동상 위쪽으로 국립박물관이 있었지만 그 주변도 다르지 않았다. 구걸하는 사람들이 왜 그리도 많은지... 그들은 외국인만 보이면 무조건 손을 벌렸다. 위험스럽게 차 앞을 막아 서기도 했다. 그런 사람들 틈에 구두닦이 소년들이 있었다. 과거 우리나라에서 보던 구두닦이들과 거의 다르지 않았다. 나무로 만든 자그마한 통에 구두약과 구두솔, 헝겊을 넣고... 그마저도 구두솔은 털이 거의 다 빠져 있었다. 그들은 한 곳에 몰려 앉아 있었다. 지나가는 외국인은 무조건 잡고 보는 것 같았다. 그들은 심지어 운동화를 신은 나도 잡아 앉혀 놓곤 깨끗하게 닦아주겠다며 넉살 좋게 웃었다. 멩기스트 치하 18년, 에티오피아의 역사는 심각하게 퇴행한 것이 분명했다. 곳곳에 궁핍이 널려 있었다. 게으름이 넘치고 있었다. 최고 지도자 한 사람의 잘못이, 그 길지 않은 기간에 나라를 어떻게 망쳐 놓았는지를 아디스아바바는 생생하게 증언하고 있었다.

조금 외곽으로 나가니 시장이 있고 그 옆에 회교 사원이 있었다. 사람들이 엄청났다. 사원 한쪽 담에 기대 허름한 움막들이 이어져 있었다. 허름하다는 표현이 고급스러울 정도로 다 쓰러져가는, 지저분한 움막들이었다. 에리트리아에서 온 난민들이 사는 곳이라고 했다. 많은 차들이 지나다니고 사람들이 복잡하게 오가는 길거리에 움막이라니... '제대로 잠을 잘 수 있을까?'는 고사하고 지극히 위험해 보였다. 천진한 눈망울의 아이들이 많이 보여 안타까움이 더 했다. 전쟁이나 기근을 피해 고향을 떠난 난민들의 생활은 어디서나 비슷한 것 같았다. 마침 우리가 탄 차의 기사는 6.25 참전 용사라고 했다. 2년 8개월 동안 강원도 화천과 금화 등에서 싸웠다고 했다. 그는 난민촌을 지나며 떠듬 떠듬.. 손짓을 섞어가며 6.25 당시 한국에도 저런 사람들이 많았다고 했다. 참전 용사라는 말에 정이 더 갔다. 사실 얼마나 고마운 인연인가? 말이 통하지 않아 더 이상의 얘기는 들을 수 없었지만 그의 눈에도 감회가 서려 있었다.

시내를 조망하기 위해 엔토토산이라는 곳에 올랐다. 올라가는 길에 보니 나무를 짊어지고 내려오는 사람들이 꽤 많았다. 놀랍게도 모두 여자였다. 어린 아이들도 적지 않았다. 어른이든, 어린 아이든 남자는 한 사람도 보이지 않았다. 그들은 신발도 신지 않은 맨발이었다. 자신의 몸집보다 훨씬 큰, 거의 몇

배는 되는 나무 더미를 진 채 아래로 아래로 향하는 사람들…. 땔감이라고 했다. 그들의 표정에서 어떤 감정도 읽을 수 없었다. 기억해 보니 시내에서 누워있거나 그늘에 앉아서 쉬는 사람들은 전부 남자들이었다. 이 나라에서는 여자와 어린아이들만 일을 하는 것 같았다. 산에는 온통 나무를 벤 흔적이었다. 우리 같으면 손도 못대게 할 아름드리 나무들이 뭉텅뭉텅 잘려나간 자리가 수도 없었다. 20세기 말인데도 나무를 가장 중요한 연료로 쓰고 있는 나라, 에티오피아는 그런 나라였다. 때문에 아디스아바바 주변 산은 대부분 민둥산이 돼 있었다.

가는 곳마다 사람들이 많다는 것도 놀라움이었다. 웬 사람들이 그리 많은지… 더 놀라운 것은 그들 가운데 일을 하는 사람들은 거의 없다는 사실이었다. 적지 않은 수는 구걸을 했고 아니면 그저 그늘을 찾아 앉아 있거나 누워 있었다. 일거리도 일자리도 없어서라고 했다. 일을 하고 싶은데 일자리가 없으니… 그렇다고 집에만 있을 수도 없고… 그래서 거리에 나와 어슬렁거리게 되는 것이라고 했다. 그런 사람들의 눈빛이 밝을 수 없었다. 하지만 달리 말하는 사람들도 있었다. 내전과 기근도 물론 문제지만 그보다는 게으름이 가장 큰 문제라는 것이었다. 국토의 75%가 경작 가능한 땅인데 그중에 3분의 1밖에 농사를 짓지 않는다고 했다. 일거리가 바로 눈앞에 있는데도 엉뚱한 곳만 바라보며 핑계를 댄다는 것이었다. 힘 없는 여자와 아이들에게는 험한 일 시키고 그늘에 앉아 잠이나 자면서도 부끄러움을 모르는 것이 이 나라 남자들의 문제라고 했다. 잠깐 동안의 관찰이었지만 내게는 그런 판단에 설득력이 더 있었다. 우리 같으면 결코 그러지 않았을 것 같았다. 남의 땅이라도 붙잡고 뭐라도 했을 것 같았다.

까맣게 잊고 있었던 옛날 기억이 떠올랐다. 중학교 시절 어느 날, 에티오피아라는 나라에 쿠데타가 일어나서 왕이 쫓겨났다며 한참을 설명하시던 선생님의 모습이었다. 그날 선생님은 약간 흥분하신 듯 했었다. 평소에도 복잡한 세상 얘기, 정치 얘기를 자주 해주던 분이셨다. 그 선생님은 사회주의를 동경했던 분이 아닐까? 오늘의 모습을 보신다면 선생님은 무슨 말씀을 하실까?... 왜 느닷없이 당시의 기억이 살아난 것일까 스스로도 궁금했다. 답답하고 안타까운 오늘의 현실, 무기력하고 무능력하고 부끄러움도 다 잊은 국민들의 모습은 혹시 사회주의의 유산이 아닐까?... 하는 생각도 이어졌다. 고마운 나라 에티오피아가 좀 나아졌기를 기대했는데... 그렇지 못하더라도 회복하는 모습이었으면 했는데... 그렇지 못한 것 같아 마음이 아팠다.

26

코테비 난민 캠프에서 본 희망

아디스아바바 외곽, 산기슭 언덕에 빼곡하게 텐트가 들어서 있는 게 보였다. 언뜻 보기에도 난민 캠프였다. 입구에 들어서니 어린 아이들이 몰려들었다. 호기심 어린 눈으로 어른들도 내다봤다. 주변이 순식간에 아이들로 가득 찼다. 어디를 가든 난민 캠프의 공통적인 현상, 여기서도 예외가 아니었다. 아이들의 표정은 하나같이 밝았다. 전날 공보과에서는 둘러보는 것은 가능하지만 취재는 안된다고 했었다. 난민들이 싫어할 것이라고 했다. 그러나 캠프 사람들은 취재를 피하지 않았다. 괜찮다고 했다. 오히려 좋다고 했다.

에리트리아에서 내전을 피해 나온 티그리야족 캠프라고 했다. 6천여 가정에 어린이들만 4천 5백 명 정도 된다고 했다. 안내를 받아 텐트 안을 살펴봤다. 6~7평쯤 될까... 그런 곳에 4가정이 살고 있다고 했다. 그 좁은 곳을 4등분해서 겨우 잠자리만 삼고 있다는 얘기였다. 살림살이라고 해야 변변한 그릇 하나 없었다. 근처의 다른 텐트도 다르지 않았다. 캠프 내 모든 텐트가 마찬가지라고 했다. 우리를 안내한 청년은 내전에 아버지와 형을 잃고 이곳으로 피난 나왔다고 했다. 에리트리아에서보다는 낫지만 모든 것이 부족하다고 했다. 구호기관에서 도와주는 것은 한 달에 밀가루 15킬로그램이 전부라고 했다. 그러면서도 청년은 잠을 편히 잘 수 있고 죽음의 위협을 느끼지 않아 행복하다고 했다.

텐트촌 한쪽에선 여인들이 큼직한 빵을 굽고 있었다. 바닥에 흙을 빚어 만든 엉성한 화덕이었다. 얄팍한, 아무 것도 들어가지 않은 빵이 10사람이 먹을 양이라고 했다. 여인들의 표정은 어둡지 않았다. 눈이 마주치자 수줍은 듯 미소를 짓기도 했다. 그래도 먹고 자는 문제는 신경쓰지 않아도 된다는, 최악의 상태는 벗어났다는 안도감일까? 모든 것이 부족하지만 가족들과 함께 할 수 있음에 마음이 놓인 것일까?... 소말리아나 수단에서 봤던 난민 캠프와는 확연히 다른 모습이었다. 엄마 옆에 쪼그려 앉은 아이, 어린 동생을 업고 지켜보는 꼬마... 신발도 챙겨신지 못하고 땟국물 흐르는 궁핍한 모습이었지만 평화가 느껴졌다. 조급함이나 불안함은 찾아보기 어려운.... 여유가 흐르고 있었다.

조금 떨어진 곳에는 학교가 있었다. 대형 텐트 3개에 꾸려진 학교. 아이들의 맑은 노랫소리가 울려 퍼지고 있었다. 아이들은 천진난만한 표정이었다. 어디에도 구김살이 없었다. 이목구비가 뚜렷한 얼굴 생김, 맑고 투명한 눈망을... 노래는 한참을 이어졌다. 노래의 제목이 '우린 행복할 거야'라고 했다. 난민 캠프에 울려퍼지는 희망의 노래인 셈이었다. 선생님은 21살 청년이었다. 에리트리아에서 고등학교까지 다녔다고 했다. 청년은 캠프 생황이 힘들지만 아이들을 가르치는 일은 행복하다고 했다. 지금은 어렵지만 시간이 지나면 나아지지 않겠냐는 강한 희망을 품고 있었다. 캠프에 자신과 같은 청년들은 많지 않다고 했다. 에리트리아에 함께 생활하던 자신의 친구들 대부분은 내전에 동원됐다고 했다. 그는 한국을 잘 안다고도 했다. 멩기스트의 사회주의 시절 북한과 많이 가까운 사이였으니 그가 말하는 한국은 북한일지도 모른다고 생각했다. 그의 손을 잡아주며 '힘 내라' '밝은 미래가 분명 올 것'이라고 얘기해 줬다. 옆의 다른 텐트에 들어가보니 거기는 산수 시간이었다. 선생님을 바라보는 아이들의 눈망울이 똘망똘망했다.

가는 곳마다 달려들어 서로 손을 잡으려는 몸싸움은 이곳도 예외가 아니었다. 아이들의 눈이 너무 맑았다. 수업시간에 시차가 있는 듯, 달려드는 아이들 한쪽 편으로 손에 손에 노트와 연필을 들고 텐트를 향하는 아이들도 있었다. 그런 아이들은 촬영하는 우리를 보고는 활짝 웃으며 손을 흔들었다. 표정 어디에도 그늘이 없었다. 마음이 흐뭇해졌다. 소말리아에서도, 케냐에서도, 수단에서도... 다른 곳에서 보지 못했던 희망을 나는 보고 있었다. 비극의 아프리카를 취재하며 마지막에 이런 희망을 보게 된 것은 고마운 일이 아닐 수 없었다. 이런 캠프가 아디스아바바 주위에만 11개나 된다고 했다. 전체 난민의 수는 대략 600만~700만 명, 당장 구호가 필요한 사람은 200만 명쯤 된다고 했다. 그들은 국제사회의 도움을 기다리고 있다고 했다. 한국이 도와주면 참 좋겠다는 희망도 전했다. 꼭 찍어 한국을 얘기하는 마음에 왠지 모를 부담감이 느껴졌다.

6.25 직후, 우리의 모습이 이러지 않았을까? 그런 우리를 바라보던 외국 사람들의 마음이 나와 비슷하지 않았을까?... 눈 앞의 난민촌과 크게 다르지 않았던 상황에서 국제사회의 도움으로 일어섰던 우리의 오래지 않은 현대사가 기억났다. 사실 우리도 그런 도움을 통해 최악의 상태를 벗고 일어선 것 아닌가? 그런 도움을 통해 먹는 문제를 해결하고 교육 문제를 지원받아 오늘에 이른 것 아닌가? 그들에게 우선 해줄 수 있는 게 '용기를 잃지 말라'는 말뿐인 것이 민망했다. 프로그램을 만들 때 에티오피아를 도울 수 있는 방안을 함께 제안하면 좋겠다는 생각이 들었다. 어려울 때 큰 도움을 받았으니 이제 우리가 돕자는 얘기를 해도 될 것 같았다. 급하게 주머니를 뒤져 500달러를 내 놓았다. 아이들을 위해 써달라고 부탁했다. 출장팀과 관계없는 개인적인 일이었다. 그렇게라도 해야 할 것 같았다. 나오면서 녀석들이 잘 자라 에티오피아의 일꾼들이 돼주기를 진심으로 기도했다. 마음이 조금 편해졌다.

27

지도자, 역사… 너무 많은 걸 깨우쳐준 동부 아프리카

길고도 험난했던, 또 상당히 힘겨웠던 출장이었다. 서울 출발부터 돌아가기까지 21일, 하지만 그 21일이 21개월 만큼이나 길게 느껴졌다. 그 과정에서 겪어야 했던 일이 너무 많았고 또 어려움이 너무 컸기 때문이리라. 계산해보니 첫 해외 취재였던 걸프전 후 21개월 만이었다. 두 번째 해외취재도 역시 전쟁터라니… 하지만 걸프전 때에 비해 나는 많이 성장해 있었다. 기자로서의 경력도 쌓였고 주변의 인정도 받고 있었다. 그랬기에 소말리아 출장 제안을 받았을 때만해도 약간의 흥분과 설렘이 있었다. 또 다른 역사의 현장을 직접 경험할 수 있다는 기대 때문이었다. '많이 위험하다고 하지만 까짓 것 별문제가 있겠냐' 하는 근거없는 자신감도 있었다. 또 '우리팀이 어떤 팀인데…' 하는 팀원들에 대한 자만심에 가까운 자부심도 있었다. 주위에서 부러움과 기대섞인 눈으로 바라볼 때는 정말 뭐라도 된 듯한 느낌이었다.

하지만 이런 패기는 도착 첫날부터 무참히 깨지고 말았다. 소말리아는 걸프전과 완전히 달랐다. 소말리아에 비하면 걸프전은 너무 쉽고 편한 취재였다. 무정부의 실체는 정말 무시무시했다. 무정부라는 말은 역사 소설에 나오는 것과 같은, 결코 낭만적인 용어가 아니었다. '잘못될 수 있겠다'는 불안을 늘 안고 살아야 했다. 내 생애 기도를 가장 많이 한 시간이었다. 단지 표현은 안했을 뿐 다른 동료들도 마찬가지였으리라... 하지만 과정이 힘들수록 깨달음은 많은 법, 정말 많이 배웠다. 비단 전쟁에 대해서만 배운 것이 아니라 세상에 대해, 사람에 대해 많이 배웠다. 지도자에 대해 많이 생각하는 계기가 됐다. 특별히 과거 소련과 미국을 중심으로 진행됐던 냉전체제의 유산이 얼마나 심각한 문제를 일으키고 있는지를 확인한 것도 작지 않은 의미였다. 정작 당사자들은 손 털고 다 잊고 지내는데 그 경쟁에 동원됐던 순진하고 무지했던 사람들이 그 덫에서 헤어나지 못하고 비극을 맞고 있음이 가슴 아팠다. 현상 뒤에 존재하는 구조, 배경이라는 것에 더 집중해야 한다는 큰 교훈을 얻었다.

모든 것이 힘들었다. 총, 살기 어린 눈빛, 노골적인 협박... 물론 이런 것도 힘들었지만 내색도 못하고 속으로만 끙끙 앓던 '힘듦'이 따로 있었다. 이른바 관계의 문제였다. KBS 입장에서 소말리아를 포함한 동부 아프리카 취재는 의미가 큰 실험이었다. 방송국내에 존재하는 영원한 두 라이벌, PD와 기자, 기자와 PD의 협업을 시험하는 무대였다. 서로가 스스로 잘난 맛에 사는 직종을 묶어 시너지 효과를 내보자는 것이 회사의 의도였다. 회사로서는 의욕적인 시도였고 분명 기대되는 장점도 있었다. 하지만 개인적으로는 장점보다는 서로의 간극을 더 크게 확인한 시간이었다. 1분 30초에 익숙한 기자와 60분에 익숙한 PD는 달라도 너무 달랐다. 접근하는 방식부터 풀어내는 기술, 마지막 정리하는 과정까지... 서로에 대한 이해가 충분하지 않은 상태에서 그런 특성을 가진 두 직종이 한팀으로 움직인다는 것은 정말 어려운 일임을 절감했다.

내가 아는 한 기자는 타이밍을 중시하는 사람들이었다. 반면 PD는 완성도에 목숨을 거는 사람들이었다. 기자는 부족한 완성도를 속보를 통해 보완하는데 익숙한 반면 PD는 한번에 마무리한 뒤에는 깔끔하게 다 털어버리는 것이 몸에 밴 사람들이었다. 그런 인식의 차이가 만들어 내는 방식의 차이는 상상보다 훨씬 큰 것이었다. 그건 누가 옳고 누가 그르고의 문제가 아니었다. 서로의 무대 (뉴스나 별도 프로그램이나)와 문화가 다른 데서 오는 필연적인 결과였다. 각기 독립적으로 일할 때는 아무런 문제가 되지 않던 이런 특성이 함께 일하는 상황이 되자 시도때도 없이 갈등요인으로 작용했다. 부딪히는 지점이 정말 많았다. 다른 마음을 노출하지 않기 위해, 감정을 드러내지 않기 위해 무지하게 노력해야 했다. 다른 곳도 아닌 전쟁터에서, 그것도 하루 이틀도 아닌 20일 이상 함께 해야 하는 상황이었으니.... 그나마 다행인 것은 서로에게 악의가 없다는 점을 서로가 잘 알고 있다는 사실이었다. 정말 힘들었다. 아마 박 PD도 나 못지 않게 힘들었을 것이다.

수도 없이 비행기를 타야 하는데서 오는 긴장감과 육체적, 정신적 피로도 쉽지 않은 요인이었다. 모두 10번의 비행기를 타야 했다. 낯선 경비행기는 흔들흔들 불안감을 자극했고 신고도 없이 올라탄 곡물 수송기는 창문도 거의 없는 답답함으로 공포를 극대화시켰다. '혹시라도..'하는 조바심에 얼마나 떨어야 했던지....그런 상황에 전화라도 자유롭게 할 수 있었으면 통화를 통해 긴장감을 덜 수 있었을 텐데.... 그게 여의치 않았다. 통화조차 되지 않는 곳이 대부분이었고 그런 곳에 한번 들어가면 기본적으로 4~5일씩은 머물러야 했다. 그시간 가족들은 또 얼마나 걱정하며 노심초사했을까... 이미 걸프전 종군을 통해 적지 않은 걱정을 끼친 전력이 있는 나였다. 시시콜콜 말은 안했지만 아내가 얼마나 민감하게 신경쓰고 있는지도 잘 알고 있는 상황이었다. 무엇보다 나는 여전히 결혼 만 3년이 안 된 신혼이었고 첫딸 하은이가 한창 예쁜 짓을 할 때였다. 거기에 고혈압, 당뇨, 심장병 등 모든 병을 다 갖고 계신 어머니는 어떠신지.... 그래서 더 힘들었던 시간이었다.

하지만 그럼에도 불구하고 취재를 마무리하는 단계는 행복이었다. 기자로서 만족도는 최고였다. 나는 복 많은 사람임이 분명했다. 이런 역사의 현장을 두루두루 다니며 익히고 또 배울 수 있었으니... 세상 수많은 기자들 가운데 이런 귀한 기회를 가진 경우가 얼마나 될까?... 자신감도 많이 붙었다. 이제 어떤 상황을 만나도 위축되지 않고 취재할 수 있을 것 같았다. 누구와 붙어도 지지 않을 자신이 있었다. 그 모든 상황이 고맙고.. 반갑고.. 아쉽고.. 시원하고... 온갖 감정이 복잡하게 얽혀 올라왔다. 험난했던 취재를 다 돌아볼 틈도 없이 짐을 꾸렸다. 연말을 넘겨서는 안된다는 명령에 서둘러야 했다. 에티오피아 일정이 너무 짧은 것이 아쉽기는 했지만 다음 기회를 기약하기로 했다. 나이로비에서 탄 귀국 비행기는 우리를 파리에 내려놓았다. 직항이 없던 시절이었다. 비행표를 보니 서울행으로 갈아 타기까지 8시간의 여유가 있었다.

이른 아침, 파리의 겨울은 예상보다 훨씬 추웠다. 추운 정도가 아니라 살을 에이는 것 같았다. 생각해보니 아프리카의 여름에 익숙해졌던 몸이 불과 몇 시간 만에 악명 높은 유럽의 겨울, 그것도 중심을 마주한 것이었다. 당연한 일이었다. 너무 이른 시간이어서 문을 연 가게가 없었다. 돌고 돌아 겨우 여성용 스카프 가게를 만났다. 무조건 따뜻하게 생긴 것을 골라 모양도 생각하지 않고 얼굴에 둘렀다. 그런 우스꽝스런 모습으로 쎄느강변, 몽마르뜨 언덕, 에펠탑 등 파리시내를 누볐다. 너무 추워 풍경이 제대로 들어오지 않았다. 고맙게도 파리 지국장으로 있던 한중광 선배가 고생한 후배들이 왔다며 안내를 자청했다. 한 선배 권유로 몽마르뜨 언덕에서는 그림도 한 점씩 샀다. '이 친구 그림 보니 나중에 크게 될 친구야..'하며 거리의 화가 중 한 명을 택해 그림도 직접 골라주셨다. 고마운 선배의 정이었다.

그렇게... 그렇게... 김포공항에 도착하니 12월 31일 오후 6시 30분쯤 됐다. 까딱했으면 새해를 외국에서 맞을 뻔했다. 마중 나온 이명구 차장이 미안한 표정으로 한마디했다. 연초 특집 아이템으로 결정됐으니 빨리 가서 쉬고 내일 (1월 1일) 오후에는 회사에 나와야 할 것 같다고. 참으로 대단한 KBS였다. 단 하루도 쉴 날을 주지 않다니... 하지만 어쩌겠는가? 방송이 잡혔다는 걸. 불평 한마디없이 '예, 알겠습니다' 대답한 나도 이미 헐렁한 기자는 아니었다. '파리의 스카프'를 선물로 사왔다고 감격했던 아내는 나중에 사진 속에 그 스카프를 두른 내 모습을 보고 모든 것을 알아채 버렸었다. '아, 나를 위한 선물이 아니라 추위를 가리기 위한 바람막이였구나... 어쩐지. 당신이 이런 거 챙길 사람이 아니지...'

유고 내전1

이념의 위험성, '민족'의 의미를 돌아보게 한 전쟁

맹목적 이념에

중독된 군중에겐

가족도 친구도

짓밟아야 할

적이었다!

3

01

무조건 사라예보에 들어가야 한다

　1993년 1월, 중동의 분위기가 심상치 않았다. 불과 2년 전 걸프전에서 일방적인 패배를 당했던 이라크가 다시 쿠웨이트를 집적거리고 있었다. 명분은 과거 자신들이 건설했던 움카세르 해군기지를 해체하겠다는 것. 이라크는 노골적으로 쿠웨이트 국경을 넘나들고 있었다. 국제사회와 사담 후세인을 눈엣가시처럼 여기는 미국이 즉각적인 경고를 날렸지만 이라크는 순순히 물러서지 않았다. 침략이 아니라 자신들의 권리를 행사하고 있다는 주장을 펴면서. 중동에서 다시 전쟁이 일어날 수 있는 일촉즉발의 상황이 전개되고 있었다. KBS는 런던 특파원을 암만에 파견했다. 암만에서 현지 상황을 살피면서 워싱턴과 뉴욕 특파원을 통해 미국과 국제사회의 움직임을 주시하고 있었다. 뉴스 시간마다 암만과 뉴욕은 거의 톱으로 연결돼 시시각각 달라지는 분위기를 전하고 있었다. 다른 언론사들도 기자들을 중동에 특파하는 등 긴박하게 움직였다. 또 다른 전쟁의 긴장감이 감도는 나날들이 이어졌다.

　하지만 대부분 시청자의 눈은 이번에도 MBC에 고정됐다. 한국 기자 중 이진숙 기자가 유일하게 바그다드 현지에서 소식을 전하고 있었기 때문이었다. 문제의 중심에서 전하는 뉴스와 멀리 떨어진 주변에서 한 다리 건너 전하는 뉴스가 같을 수는 없는 일이었다. 공교롭게도 이 기자는 사태가 벌어지기 전부터 연수를 위해 바그다드에 머물고 있었다. 후세인의 도발로 바그다드가 태풍의 눈이 되면서 그녀는 자연스럽게 중심에서 방송을 전하게 된 것이었다. 그런 지독한 운을 어떻게 당해낼 수 있을까?... 경쟁사인 KBS 입장에서는 그야말로 미치고 환장할 노릇이었다. 더 큰 문제는 이라크가 외국 기자들에게는 취재 비자를 내주지 않는다는 것이었다. 바그다드에 지국을 두고 있는 CNN 등 일부를 제외하고는 어떤 기자도 이라크 땅에 들어가지 못하고 있는 상태였다. 그 결과 MBC는 바그다드 상황을 거의 독점적으로 전하는 기막힌 운을 누리게 된 것이었다.

당시는 그 일을 포함해 MBC에 여러 가지 운이 터진 시기였다. 무심코 들이댄 카메라 앵글 안에서 자동차가 충돌하지를 않나, 하필 MBC 기자가 있는 곳에서 대형 사건이 벌어지지를 않나, 대한민국을 흔드는 특종 제보가 줄지어 몰리지를 않나... 오죽했으면 기자들 사이에 '하나님이 MBC편'이라는 농담이 회자됐을까... MBC에도 그랬지만 이진숙 기자에게도 엄청난 행운임이 분명했다. 1차 걸프전에 이어 또 다시 바그다드에서 마이크를 잡음으로써 종군기자로서의 이미지를 확실하게 다지게 됐으니... 종군이라는 강한 분위기와 여기자라는 여린 이미지가 강렬한 대비를 이루면서 그녀는 단박에 스타가 됐다. 수많은 사람들이 걸프전과 함께 여기자 이진숙을 화제로 삼았다. 사무실에서도 식당에서도 가정에서도... 당시 그녀는 대한민국 종군기자의 대명사였다. 물론 그 모든 것의 배경에는 MBC의 적극적인 스타 마케팅이 있었다. MBC는 발빠르게 이 기자를 부각시키면서 상승 효과를 최대한 끌어올리고 있었다. 그런 모습을 나는 약간은 부러운 마음으로, 약간은 씁쓸한 기분으로 지켜보고 있었다. 종군취재라면 나도 뒤지지 않는데.... 솔직히 이진숙이 부러웠다. 그녀를 스타로 키워 활용하는 MBC가 부러웠고 박선규를 그저 원 오브 뎀으로 취급하는 KBS가 아쉬웠다. 상품성이 있는 인물을 스타로 만든 뒤 그를 이용해 이익을 극대화하는 상술에서 MBC는 KBS를 압도하고 있었다.

그렇게 MBC에 속수무책 당하고 있는 상황에서 국장이 불렀다. '한 번만 더 나갔다 와줘야겠다!' 전쟁터에 또 나가라는 의미였다. 소말리아를 비롯한 동부 아프리카에서 죽을 고생을 하고 돌아온 지 한 달쯤 지난 시점이었다. 사실 KBS는 그 특별 취재물로 재미를 많이 봤다. 소말리아 최초 입성, 죽음의 난민촌 심층 취재, 내전의 소년병들 최초 취재, 수단 반군 사령관 인터뷰 등... 공영방송 답다는 전문가들의 칭찬이 이어졌고 시청자들의 반응 또한 뜨거웠다. 그래서 내심 MBC를 보기 좋게 눌렀다고 득의만만한 미소를 짓던 상황이었다. 그러던 차에 당한 일격이어서 더욱 아팠던 것 같았다. '무조건 사라예보에 들어가야 한다!' 국장은 취재의 목적을 분명히 했다. 이라크에서 당하고 있는 상황을 사라예보로 뒤집겠다는 계산을 하고 있음이 분명했다. 이라크의 위기일발 상황 저편, 지구촌 다른 쪽에서는 오래전부터 치열한 내전이 진행되고 있었다. 1992년 시작된 보스니아내전이었다. 발발 이후 수많은 외신기사가 쏟아지고 있었고 한국 언론사들도 현지에 기자들을 특파해 상황을 전하고 있었다. 하지만 당시까지 사라예보까지 들어간 한국 기자는 없었다. 국장은 이번에도 'KBS 기자, 국내최초 사라예보 입성'이라는 욕심을 품고 있는 것이 분명했다.

02
아프리카 취재팀이 그대로 나가는 게 좋겠다

국장은 꽤 오래 생각한 것 같았다. 이미 머릿속에 계획이 다 마련돼 있었다. 내게도 이번엔 의사를 물은 것이 아니라 결정된 사안을 통보한 것이었다. 명령이었던 것이다. 사실 경쟁사에 물을 먹은 뒤 그걸 만회하기 위해 다른 특별한 것을 찾는 일은 언론사엔 일반적인 관행이었다. 그리고 그런 경우 더 센 것, 더 강한 것을 찾는 것도 당연한 일이었다. 하지만 국장의 얘기가 내게는 조금 당황스러웠다. 그런 계획이라면 나보다 적임자들이 이미 있었다. 유고와 인접한 오스트리아 빈과 헝가리 부다페스트, 프랑스 파리에 특파원들이 있었다. 경력도 실력도 나와는 비교할 수 없는 대선배들이었다. '그들이 있는데 또 내가 왜?' 하는 게 첫 번째였다. 소말리아 갈 때와 똑같은 일이 반복되는 것이었다. 거기에 거듭 문제를 제기했던 보험과 위험수당에 대해서도 아무런 제도적 보완이 이루어지지 않은 상태였다. 조직원에게 위험부담을 감수하게 할 것이라면 최소한 장치는 마련해 줘야하는 것이거늘... 회사는 그 문제엔 일언반구도 없었다. 아예 신경조차 쓰지 않고 있는 것이 분명했다. 뭐라 내 생각을 밝힐 사이도 없이 국장은 당신의 계획을 풀어놓았다. '팀은 따로 꾸릴 것 없이 지난번 아프리카 취재팀이 그대로 다시 가는 게 좋겠다' '출발은 가급적 빨리 하는 것이 좋겠다...' 생각이 복잡했다. 그냥 명령을 따라야 하나, 아니면 따르더라도 따질 건 따져야 하나?... 서운한 생각이 몰려왔다.

회사에서는 당시의 취재팀을 성공적이라고 평가하고 있음이 분명했다. 하긴 결과물만 놓고 봤을 때는 당연한 일일 터였다. 취재과정에서 적지 않은 문제를 느끼기는 했지만 돌아와서 기자와 PD의 협업 시스템에 대해서는 문제를 제기하지 않은 상태였다. 어찌 해야하나... 고심하는 사이 카메라 취재부에서 먼저 반발이 터져 나왔다. 먼저 죽을 고생을 했던 이○○ 선배, '회사에서 인정해주는 것은 고맙지만 이건 말도 안된다. 개고생한 사람들을 한 달도 안돼 다시 전쟁터로 나가라니... 나는 상도 필요없고 더 더욱 조직에서 혼자 튀는 것 원치 않는다...' 평소 감정을 잘 드러내지 않는 이 선배가 얼굴까지 붉히며 목소리를 높였다. 유○○ 선배는 한 걸음 더 나갔다. '말도 안 되는 처사다. 보험 하나 챙겨주지 않으면서... 절대 못 나간다.' 그는 격한 감정을 숨기지 않았다. 그럼에도 권고가 계속되자 나중엔 그의 와이프까지 나섰다. '왜 내 남편만 자꾸 험한 곳에 보내려고 하느냐? 나는 절대 허락못한다..' 그들의 마음을 200% 이해할 수 있었다. 아프리카에서 엄청난 고생을 했던 것을 감안하면 당연한 반응이었다. 수차례 생명의 위협까지 느껴야 했으니... 그들의 반발이 내심 반가웠다. 자기들도 한 번 나가보라지.. 하지만... 속 마음은 그랬지만... 그런 상황에 나까지 나서서 뭐라할 수는 없었다.

고심 끝에 데스크에게 속을 털어 놓았다. 직전에 주택조합에 넣을 융자금 보증을 흔쾌하게 서 줬던 분이었다. 고맙다는 인사를 핑계로 만난 자리였다. '솔직히 속이 상한다. 합당한 대접은 안해주면서 부려 먹으려고만 하는 것 같다.... 거기에 나만 너무 튀는 것 같아 부담도 된다....' 선배가 웃으면서 말했다. '신경쓰지 마라. 인정 받으면서 일 할 때가 좋은 거다. 기자에게 경험만큼 중요한 게 어디 있나? 경험할 수 있을 때 이것 저것 최대한 많이 경험해 놔라. 그게 다 자산이 될 것이다.' 그는 지원이나 보상에 관한 회사의 방침이 문제가 있는 것은 분명하지만 그런 것 따지지 말고 다녀오라고 했다. 많은 기자들이 나를 부러워하고 있다고 했다. 용기가 부족해 나서지 못하는 스스로를 자책하면서 나를 주시하고 있다고 했다. 당신도 나의 용기와 열정을 부럽게 생각한다고 했다. 그는 나를 스스로 생각하는 것보다 훨씬 높게 평가하고 있었다. 많은 얘기 가운데서 무엇보다 인정 받고 있다는 말이 기분 좋았다. 현장 경험을 많이 하는 것이 중요하다는 말은 이미 내 스스로도 절감하고 있는 사실이었다.

내친 김에 PD와의 협업에 대해서도 느낀 것을 얘기했다. '간다고 하더라도 PD와는 다시 하고 싶지 않다...' 그가 미소를 띠며 답했다. '그거 별거 아니다. 기자들의 방식으로 만들든, PD들의 방식으로 만들든 사실 시청자들의 입장에서는 무슨 차이가 있겠나. 별 의미도 없는 일이다. 그런 일에 못난 자존심 세울 필요가 없다. 사소한 것에 지나치게 신경쓰지 마라. 정작 중요한 것을 놓칠 수 있다...' 정신이 번쩍 드는 말이었다. 웬만하면 양보하면서 많이 보고 많이 듣는 것에 집중하라는 얘기였다. 그는 사건 기자로서는 둘째가라면 서러워할 정도로 내외에서 인정받는 사람이었다. 철없는 고민, 복에 겨워 투정 부리는 어린아이 같은 내 모습이 보였다. 부끄러웠다. 입사 초기 '방송 부적격자'라는 판정을 받았던 때를 생각하면 지금은 얼마나 행복한 상황인데... 편집부에 있으면서 취재부서에 있는 동기들이 방송하는 모습을 부럽게 지켜보던 때를 생각하면 얼마나 뿌듯한 상황인데....

문제는 이번에도 가족이었다. 야근 뒤에도 바로 퇴근하지 못하는 내 모습에 어머니가 눈치를 채신 것 같았다. 원래는 야근을 마치면 오전 10시 정도면 집에 도착을 했었다. 한데 유고 대사관 등 관계기관에 연락하고 자료를 찾아보고 하느라 퇴근이 많이 늦어졌었다. 어쩔 수 없이 출장계획을 말씀드렸다. 위험한 사라예보 얘기는 쏙 빼고 오스트리아에 가게 될 것 같다고만 말씀드렸다. 위험한 출장이 아니라는 설명도 덧붙였다. 하지만 어머니는 의외로 강경하셨다. 절대 안된다시며 차라리 회사를 그만두라고 하셨다. 아프리카 출장에서 돌아온 뒤 제작한 소말리아와 수단 등 방송을 보시며 정말 많이 놀라셨던 것 같았다. 그 정도로 위험하리라고는 생각 못하셨던 것 같았다. 거기에 죽을 고생하고 돌아온 지 한 달밖에 안 된 상황에 또 내보낸다는 것도 받아들이시기 어려웠던 것 같았다. '왜 좋은데 두고 굳이 전쟁터만 가느냐?' '왜 그 많은 기자들 중에 너만 가느냐?...' 어머니는 정말 속이 상하신 것 같았다.

예상은 했지만 강도가 훨씬 셌다. 내가 물러서지 않고 계속 설득하려 하자 어머니도 점점 더 강경해지셨다. 급기야 보도국장실에 전화까지 하셨다. 눈치 빠른 비서가 나를 찾아 바꿔줬기에 망정이지... 아찔했다. 국장에게 따지며 한바탕 쏟아부으려고 하셨던 것 같았다. 그날 저녁 퇴근해보니 어머닌 아예 자리를 깔고 누우셨다. 편찮으시다며 나를 보려고도 하시 않으셨다. 아들을 향한 명백한 실력행사였다. 정말이지 그 정도의 반발은 상상도 못했었다. 뭔가 느낌이 있으셨던 것 같았다. 31살에 홀로 되셔 4남매를 키우신 어머니 입장에서 나는 단순한 아들이 아니었다. 단순히 장남을 넘어 집안의 대들보로 인식하고 계신 상황이었다. 죄송했다. 그런 어머니를 이해는 하면서도 한편으로는 아쉬움이 일었다. '아들의 일에 조금만 대범해 주시면 좋을 텐데..' '마음을 편안하게 해 주셔야 나도 일을 제대로 할 수 있을 텐데...' 결국 어머니를 설득하지 못한 채로 준비를 진행할 수밖에 없었다. 마음이 많이 불편했다. 아내는 어머니가 자신이 하고픈 얘기를 대신하고 있다고 느꼈음인지 별 반응을 보이지 않았다.

03
목표는 전쟁이 얼마나 위험한 괴물인지 보여주는 것

　가기로 마음을 정하고 나니 그전까지 무심히 스쳐지났던 유고 소식들이 예사롭지 않게 다가왔다. 하나같이 심각성을 알리는 묵직한 얘기들이었다. 외신은 상황이 점점 악화되고 있다며 전면전 가능성까지 언급하고 있었다. 그즈음 국제부에서 야근을 하게 됐다. 야근을 하며 보니 밤새 들어오는 외신의 절반 이상은 유고 관련 소식이었다. 충돌과 피해상황을 전하는 기사는 충격적이었고 현장 화면은 살벌했다. 국지적인 무력 충돌을 넘어 민간인들을 대상으로 한 집단학살 소식까지 들려왔다. 급기야 인종청소라는 충격적 용어도 등장했다. 매시간 뉴스 화면에 비쳐지는 사라예보의 모습은 총탄, 포탄이 난무하고 화염이 가득한 최악의 상황이었다. 마치 정교하게 촬영된 참혹한 전쟁영화의 한 장면 같았다. 걱정이 됐다. 그즈음 우연히 CNN인가 어딘가 외국 방송을 보는데 충격적인 리포트가 나오고 있었다. 내전 중에 편이 갈려 싸우는 부부의 얘기였다. 남편은 크로아티아계, 부인은 세르비아계라고 했다. 기자가 부인에게 물었다. '남편이 나타나면 어떻게 할 것이냐?' 그 질문에 부인은 잠시 머뭇하더니 '쏴야 할 것 같다'고 답하고 있었다. 놀라운 일이었다. 아무리 전쟁 중이라고 하지만 어떻게 저런 일이......

하이야트 호텔 근처에 있는 주한 유고대사관을 찾았다. 취재 목적을 설명하고 비자를 신청했다. 담당자인 2등 서기관은 아주 친절했다. 꽤 합리적으로 보이는 사람이었다. 유고의 상황을 설명하는데 자신들의 입장만 강조하지 않았다. 오늘의 사태를 부른 역사적 배경까지 비교적 상세하게 설명한 뒤 관련 자료들을 챙겨주기도 했다. 그리고 필요하다면 책임있는 당국자와 인터뷰를 주선해 줄 수도 있다고 했다. 그러면서 한 가지를 당부했다. '서방 언론들이 세르비아계에만 모든 책임이 있는 것으로 보도하고 있다. 분명 그렇지 않은 부분도 있을 것이다. 가서 당신들의 눈으로 보고 제대로 전해주면 고맙겠다..' 그들은 1년짜리 복수 비자를 내주었다. 1년 동안은 얼마든지 왔다 갔다 하며 취재해도 좋다는 의미였다. 취재기자에게 복수 비자를 내주는 것은 흔치 않은 일이었다. 본인들도 답답함이 있다는 의미로 해석됐다. 그렇게 비자까지 받고 나니 산란했던 마음이 어느 정도 안정이 됐다. '기분 좋게 다녀오자' '이번 취재는 책임을 규명하는 것이 아니라 전쟁이 얼마나 위험한 괴물인지 보여주는 것이다' '전쟁이 국민의 삶에 어떤 영향을 미치는지, 전쟁이라는 상황 속에서 국민은 얼마나 비참해지는 지 살피는 것이다'...

고등학교시절까지 유고는 내게 '독자적 사회주의'라는 용어로 각인된 나라였다. 사회주의체제를 채택하기는 했지만 스탈린식 소련과는 완전히 다른 나라, 독자적 경제노선과 비동맹 외교로 사회주의 국가들 가운데 가장 잘 사는 나라로 인식돼 있었다. 그런 유고를 수정주의라 비난하며 사회주의 명단에서 제명까지 했던 소련이 결국 다시 인정하고 국교를 정상화 시키는 모습을 보고 많이 놀랐었다. 절대 강자 소련을 이기는 유고의 모습은 젊은 시절 내게 충격이었다. 당시 사회주의 종주국 소련에 맞설 수 있을 만큼 당당했던 유고, 그 중심에 티토라는 걸출한 지도자가 있다고 고교시절 선생님은 설명했었다. 그 자신은 크로아티아 출신이면서 오히려 자기 민족만 챙기지 않고 세르비아계를 중심으로 국정을 운영했다는 큰 지도자의 면모에 정말 대단한 인물이라는 생각을 했었다. 유고는 그렇게 내 머릿속에 강한 인상으로 자리잡은 나라였다. 취재가 결정됐으니 더 공부를 해야 했다. 자료를 뒤졌다.

주의 깊에 살펴보니 유고 얘기는 결국 티토라는 인물이 핵심이었다. 2차 대전 당시 80만 명의 빨치산을 이끌고 점령군 독일을 몰아냈다는 사실, 그래서 초기부터 소련의 간섭을 피할 수 있었고 또 국민들 사이에서 자연스럽게 애국적인 지도자로 받아들여졌다는 사실, 그를 배경으로 각기 다른 역사적 배경과 종교를 가진 6개 민족을 하나로 묶어 연방 공화국을 이끌 수 있었다는 사실, 하지만 1980년 그가 숨지면서 민족주의가 슬금슬금 나타나기 시작했다는 사실, 특히 1987년 서기장으로 선출된 슬로보단 밀로셰비치가 노골적으로 '大세르비아'주의를 주창하면서 균열이 본격화되기 시작했다는 사실 등…. 간단치 않던 역사를 확인할 수 있었다. 위대한 지도자의 위업이 그의 퇴장 후 등장한 못난 지도자에 의해 순식간에 무너지고 그 과정에 분열과 갈등이 조장되면서 결국 폭발한 것이 핵심임을 알 수 있었다.

1989년 베를린 장벽 붕괴와 그에 이은 소련의 해체가 문제를 심화시킨 결정적 계기였다는 사실도 깨닫게 됐다. 여기에 동구권 공산국가들의 연쇄 붕괴까지 이어지면서 연방체제가 급속하게 흔들리게 됐고, 91년 슬로베니아와 보스니아 헤르체고비나의 독립 선언에 세르비아계가 반발하면서 내전상태에 돌입하게 됐다는 사실도 확인할 수 있었다. 망상에 사로잡힌 지도자가 세르비아계를 돕는다는 명분으로 연방군을 무력 개입시킴으로써 걷잡을 수 없는 전쟁의 소용돌이에 빠지게 됐다는 사실까지…. 한마디로 이념이 물러간 자리에 위험스런 민족주의가 들어서면서 빚어진 비극이라는 게 유고내전의 본질이었다. 모든 역사의 퇴보 과정이 그렇듯 역사를 망각한 못난 지도자의 탐욕은 비극을 만들고 키운 결정적 요인이었다. 한심한 정치와 정치인들은 스스로만 파멸시키는 게 아니라 그들이 속한 모든 것을 함께 무너뜨리는 치명적인 악임을 유고는 다시 한번 묵직하게 증언하고 있었다.

2월 10일, 드디어 유고를 향해 출발했다. 처음 얘기가 나온 후 20여 일, 소말리아에서 돌아온 지 41일만이었다. 준비는 다 끝났다. 어머니께 큰 절을 올렸다. 다행이 처음보다는 많이 풀리셨지만 서운한 마음을 다 감추지는 못하셨다. 눈물 가득한 모습으로 '조심하라'고만 당부하고 또 당부하셨다. 마주잡은 손이 가볍게 떨리고 있었다. 어머니의 손을 잡은 아내는 오히려 활짝 웃고 있었다. 내 마음의 부담을 덜어주기 위한 노력임이 분명했다. 아내도 속으로는 울고 있을지 모를 일이었다. 결혼생활 만 3년 만에 이게 벌써 몇 번째 전쟁터란 말인가? 그렇게... 그렇게 정리하고 나서려는데 이번엔 하은이가 떨어지려고 하지 않았다. 벌써 27개월, 어느 덧 의사표시를 분명하게 할 줄 아는 아이가 돼 있었다. '아빠 어디가?' '나도 갈거야..' 언제 그렇게 말이 늘었는지 가방을 붙잡고 서서 떨어지려고 하지 않았다. 차분하게 설명을 하면 알아듣는 것 같다가도 끝은 같이 가겠다는 고집이었다. 결국 울고불고 떼를 쓰는 녀석을 억지로 떼놓고 와야 했다. 마음이 영 좋지 않았다.

04

정말 위험한 곳이다. 주의하고 또 주의해야 한다

서울서 파리까지 13시간, 공항서 대기 3시간, 그리고 오스트리아 비엔나까지 2시간. 18시간 만에 비엔나에 도착했다. 밤 11시가 넘은 시간이었다. 심야의 비엔나엔 적막만이 흐르고 있었다. 호텔까지 가는 도로의 분위기는 평온 그 자체였다. 높은 건물도 서울에서 흔한 네온사인도 거의 보이지 않았다. 냉전시절, 동서 양진영 첩보전의 중심이었던 도시, 북한이 여전한 의욕으로 활발한 활동을 벌이고 있는 도시였다. 불과 15년 전에는 백건우 윤정희 부부 납치공작 사건의 중심으로 밝혀지며 우리에게 불안과 불편함을 안겨준 도시이기도 했다. 그런 사실들을 알고 있었기에 약간의 긴장이 있었다. 하지만 도시는 너무나 차분했다. 얘기를 들어보니 중심부에는 북한 식당도 있다고 했다. 시간을 내서라도 꼭 한번 가봐야겠다는 엉뚱한 생각이 들었다. 우리도 저들의 정보망에 들어가 있을까? KBS 기자들이 도착했다는 사실도 저들의 관심 대상일까?... 괜한 호기심도 일었다. 하지만 사라예보에 들어가기 전까지는 비엔나를 차분하게 즐길 여유가 우리에겐 없었다.

이튿날 비엔나 지국 사무실에 들러 유고에 관한 최신 정보를 모았다. 일종의 사전취재였다. 사라예보에 들어가기 위한 방법에 대해서도 이리저리 타진을 해봤다. 만만치 않았다. 차만순 특파원은 자신도 자그레브까지는 가봤지만 사라예보는 가보지 못했다고 했다. 몇 차례 시도는 했지만 너무 위험해서 포기하고 말았다고 했다. 그건 차 선배뿐 아니라 유럽에 주재하는 모든 한국 특파원들이 마찬가지라고 했다. 그는 진심 어린 표정으로 몇 번이나 주의해야 한다고 강조하고 당부했다. 후배를 걱정해주는 마음이 고맙게 느껴졌다. 사라예보에 들어가는 것은 아무래도 유고에 들어가서 방법을 찾아야 할 것 같았다. 사라예보에 관한 정보는 못 줬지만 대신 차 선배는 믿을 만한 친구라며 안내원을 한 명 소개했다. 발이 넓고 정보가 많은 사람이라고 했다. 익숙한 이름에 확인해보니 한국을 떠나기전 유고대사관에서 소개해 주겠다고 했던 바로 그 친구였다.

비엔나에서 지체할 시간이 없었다. 우선 베오그라드로 들어가기로 했다. 몇 가지 루트 가운데 비엔나에서 헝가리의 부다페스트를 거치는 방법을 택했다. 부다페스트까지는 열차로, 거기서부터는 차로 가는 방법이었다. 비행기로 바로 들어가는 방법도 있었지만 차로 여유있게 구석구석 살피며 내전의 흔적을 확인하고 싶었다. 열차는 오리엔탈 익스프레스! 반가웠다. 고교시절 즐겨 읽던 아가사 크리스티의 추리소설 무대가 됐던, 바로 그 오리엔탈 익스프레스였다. 우리가 예약한 자리는 1등석, 왁자지껄한 2등석과 완전히 구분돼 있었다. 옆자리엔 정장차림의 점잖은 신사들이 대부분이었다. 반면 창밖 2등석은 수학여행을 가는 듯한 학생들과 젊은이들로 시끌벅쩍했다. 허름한 차림의 노인들도 보였다. 비용 차이 때문인 듯했다. 2등석이 나을 뻔했겠다는 생각이 들었다. 이왕 열차를 탔으니 분위기라도 제대로 느껴보기 위해서는... 잠시나마 취재기자의 신분을 잊고 여유있는 여행객의 마음이 돼봤다.

창 밖으로 스치는 풍경들이 평화로웠다. 아름다웠다. 끝없이 농경지가 펼쳐지고 있었다. 그 사이 사이에 크지 않은 마을과 집들... 여유가 느껴졌다.

유럽 풍경을 찍은 사진에서 자주 보던 그런 장면들이었다. 열차가 헝가리 국경에 진입하자 군인들이 올라와 일일이 여권을 확인한 뒤 도장을 찍어줬다. 전혀 까다롭지 않은 입국심사였다. 그렇게 달리기를 3시간 30분여, 열차는 오후 1시 30분쯤 부다페스트역에 도착했다. 규모가 꽤 컸다. 사람들도 많아 복잡했다. 느닷없이 김춘수의 시 '부다페스트에서의 소녀의 죽음'이라는 시가 떠올랐다. 소련에 저항하다 처절하게 스러져간 한 소녀를 통해 공산체제의 만행을 고발했던, 바로 그 시였다. 시인은 부다페스트의 소녀와 한강변에서 죽은 소녀를 연결했었는데.... 고교시절 그 시를 읽으며 분노했던 기억이 났다. 뭔가 뭉클하는 것이 있었다.

한눈에도 돈 가진 외국인으로 보였던지 여러 사람이 은밀하게 다가와 달러를 바꾸라고 했다. 하나같이 두툼한 겨울 외투를 입고 있었다. 달러가 귀한 나라, 그런 달러가 더욱 귀한 시기였다. 차림이나 분위기는 비엔나에 비해 많이 처져보였다. 찬찬히 둘러보니 전체적인 분위기가 어두웠다. 역사 건물도 웅장하기는 했지만 많이 낡아 있었다. 저쪽편에 KBS라고 쓴 팻말을 든 사람이 있었다. 전화로 약속한, 우리의 유고취재 일정을 도와줄 안내인이었다. 조란이라고 했다. 크지 않은 체구에 안경을 낀 말쑥한 신사의 모습, 나이는 40대 중반쯤 됐을까?... 경험이 많은 듯 아주 여유있는 모습이었다.

그의 차로 잘 포장된 도로를 달렸다. 낮은 산 하나 보이지 않는 평원이 이어졌다. 땅은 비옥해 보였고 간혹 나타나는 작은 도시들도 깔끔했다. 예쁜 공원이 군데군데 꾸며져 있었고 사람들의 표정도 밝았다. 내 머릿속에 새겨져 있던 '못사는 사회주의 국가'의 풍경과는 완전히 다른 모습이었다. 작은 충격이었다. 유고와의 국경이 가까울 무렵 조란은 주유소에서 기름을 가득 넣었다. 그것으로 모자라 준비해온 5갤런 짜리 통 2개에 예비용까지 가득 채웠다. 유고에서는 경제제재 때문에 기름을 사는 게 가장 어렵다고 했다. 국경에서는 군인과 세관원들이 여권을 찬찬히 살핀 뒤 통과시켜줬다. 전혀 까다롭지 않았다. 철조망도, 콘크리트 장벽도 없는 그저 도로상에 검문소와 세관 건물만 있는 국경이었다. 자동차뿐 아니라 자전거를 타는 사람, 심지어 걸어서 국경을 넘는 사람들도 있었다. 머릿속의 상상과 전혀 다른 국경, 그런 국경의 모든 풍경이 생소했다.

국경서 멀지 않은 작은 도시에서 식사를 했다. 자그마한, 조용하고 깔끔한 식당이었다. 놀랍게도 음식의 종류가 많았고 주문한 음식의 양도 넉넉했다. 5사람이 배부르게 먹었는데 21달러가 나왔다. 전쟁이나 경제제재가 전혀 느껴지지 않는 풍족함이었다. 물어보니 경제제재가 9개월째 (92. 5.31 시작) 지속되고 있지만 외국에서 수입해야 하는 기름만 구하기 어려울 뿐 먹는 것엔 전혀 문제가 없다고 했다. 이 또한 놀라움이었다. 적어도 식량은 충분한 자급자족이 되고 있다는 설명이었다. 해서 대도시를 벗어난 일반 국민들은 UN의 경제제재도, 전쟁도 거의 실감하지 못하고 있다고 했다. 거기에 국경근처 크지 않은 도시까지 도로가 기가 막히게 잘 닦여 있었다. 티토가 추구했던 독자적 사회주의 유고의 일단을 확인한 기분이었다. 베오그라드까지 가는 과정 전체에서 내 머릿속에 새겨진 초라한 사회주의의 모습은 찾아보기 어려웠다. 전쟁은커녕 여유와 평화가 느껴지는 여행길의 기분이었다. 밤 10시쯤 도착한 베오그라드는 그저 어떤, 유서 깊은 유럽의 도시였다. 비교적 늦은 시간이었는데도 사람이 많았다. 활기가 느껴졌다. 어디서도 전쟁의 그림자는 찾아볼 수 없었다.

05

발칸의 도살자 카라지치를 인터뷰하다

    세르비아 연방정부의 공보성을 찾았다. 서울에서부터 연락을 주고받던 자르코라는 직원이 반갑게 맞아줬다. 인상이 좋았다. 세르비아인인 그 역시 세계 여론이 불공정하다며 잘 보고 실상을 잘 알려달라고 당부했다. 그와 얘기하던 도중에 라도반 카라지치가 베오그라드에 와 있다는 사실을 알게 됐다. 카라지치가 누구인가? 보스니아의 세르비아계 지도자로 유고 내전 주범 가운데 한 사람이었다. 수만 명의 사라예보 시민들을 살해하고 집단학살까지 지시한 것으로 알려져, 발칸의 도살자라는 별명이 붙은 인물이었다. 당시 발칸의 도살자라는 별명이 붙은 사람은 셋이 있었다. 그와 함께 연방 대통령이던 밀로셰비치, 보스니아 세르비아계 군 사령관인 플라디치가 그들이었다. (전쟁이 끝난 후 그들은 다 국제형사재판소에서 전쟁범죄자로 재판을 받았다. 밀로셰비치는 2006년 재판을 받던 중 감옥에서 심장마비로 숨졌고 카라지치는 긴 도피 생활 끝에 2008년 베오그라드에서 붙잡혀 집단학살 등의 혐의로 종신형을 선고받았다. 플라디치도 종신형을 선고받았다) 자르코에게 카라지치와 인터뷰를 주선해줄 수 있겠느냐고 물었다. 큰 기대없이 던진 질문이었다. 한데 웬일인가? 잠시만 기다려 보라며 여기 저기 연락을 취하던 그가 활짝 웃으며 잘 됐다고 했다. 약속까지 잡았다는 것이었다. 그것도 2시간 뒤로. 생각지도 못했던 결과였다. 시작부터 일이 잘 풀리고 있었다.

카라지치는 베오그라드 외곽의 별장에 있었다. 고 티토 대통령의 별장 등 주변이 거물급 인사들의 별장으로 채워진 별장촌 한쪽에 위치해 있었다. 동네 전체가 조용하고 묵직한 느낌이었다. 무전기를 든 건장한 사람 4~5명이 서 있을 뿐 외부 경비는 삼엄하지 않았다. 살벌한 분위기도 아니었다. 그동안 적지 않게 경험해 온 중요 인사 주거지의 풍경과 다르지 않았다. 입구에서 신분을 확인 받은 뒤 안으로 들어가니 응접실에 사람들이 가득했다. 그를 만나기 위해 온 사람들과 참모들, 추종자들이 섞여 있는 듯했다. 국제사회에서는 그를 전범으로 인식하고 있었지만 세르비아인들 사이에서 그는 영웅으로 칭송되고 있었다. 비서는 급한 회의중이라며 잠시만 기다려달라고 했다. 하지만... 그 잠깐이 길어졌다. 약속 시간이 한참 지나고 있었지만 그는 나타나지 않았다. 조금은 긴장되는 마음으로, 또 조금은 짜증스런 마음으로 1시간 넘게 기다려야 했다. 이 무슨 무례인가? 외국에서 찾아온 기자들에게.

그렇게 짜증이 오르던 어느 순간 덩치 큰 사람이 우리가 기다리던 회의실로 들어섰다. 주변에 큰 소리로 뭔가 지시하면서 였다. 성큼성큼 다가온 그는 미안하다며 손을 내밀었다. 솥뚜껑처럼 두껍고 강한 손이었다. 큰 키는 아닌데 덩치가 거인처럼 느껴졌다. 몸집에 비해 얼굴이 컸다. 선입견 때문인지 위압감도 느껴졌다. 자리에 앉아서도 그는 따라 들어온 비서(?)에게 뭔가를 한참 얘기했다. 덕분에 그의 모습을 찬찬히 살펴볼 수 있었다. 염색이 바랜 것인지 머리는 살짝 금빛이 나는 백발에 숱이 많았다. 눈썹은 짙고 굵었고 눈빛이 부리부리하고 강렬했다. 강인한 인상이었다. 영화배우 커크 더글라스와 같이 턱 중앙에 보조개 같은 홈이 있는 것도 인상적이었다. 그가 지시를 끝내고 우리를 향해 자세를 고쳐 잡았을 때 약간의 미소를 띠며 말했다. '뉴스 화면에서 본 것보다 훨씬 잘생기셨다. 시간을 내주셔 정말 감사하다'고. 먼저 분위기를 부드럽게 만들 필요가 있었다. 약간 굳어 있던 그의 얼굴이 풀렸다. 말을 이었다. '기자라는 직업이 그렇기 때문에… 질문이 다소 무례하게 느껴지더라도 이해해 주기 바란다.' 그는 '걱정하지 말라고, 편하게 묻고 싶은 것 다 물어보라'고 여유를 보였다. 그랬다. 그는 여유있는 모습이었다.

먼저 보스니아 사태의 원인에 대해 물었다. 그는 무슬림과 크로아티아 사람들이 일방적으로 독립을 선언한 것이 발단이 됐다고 했다. 그들의 움직임에 세르비아인들은 자위권 차원에서 대응할 수밖에 없었다고 했다. 그러면서 미국을 포함한 강대국들이 보스니아 내전을 뒤에서 조종하면서 문제가 복잡해졌다고 비난했다. 전쟁의 책임이 자신들에 있는 것이 아니라는 주장이었다. 그의 답에 정말 하고 싶은 질문으로 바로 들어갔다. '하지만 국제사회는 연방 대통령인 밀로셰비치의 대세르비아 정책과 보스니아내 세르비아계 지도자인 당신의 정치적 야심이 맞물려 문제가 심각해진 것이라고 보고 있다'고 지적하자 그건 오해라고 맞받았다. 그들이 수적인 우세를 앞세워 체제를 흔들어 댄 것이 문제의 본질이라고 했다. 자신들은 세르비아인들의 이익이 침해당하는 것을 막기 위해 일어난 것일 뿐 그 이상의 다른 목적은 없다고 했다. 욕심은 오히려 그들이 부리는 것이라고 했다.

밀로셰비치의 대세르비아 정책에 무슬림과 크로아티아 사람들이 불안해하는 것은 당연한 것 아니냐?고 치고 들어갔다. 그는 단호한 표정으로 그럴 필요가 없다고 했다. 오해라고 했다. 대세르비아 정책으로 피해를 입을 것이라는 생각은 잘못된 것이라고 했다. 세르비아 사람들은 그들과 어울려 잘 살기를 원한다고 했다. 질문과 동떨어진 대답이었다. 그렇다면 굳이 보스니아의 독립을 반대할 이유가 없는 것 아니냐고 묻자 독립이 평화를 해칠 것이기 때문이라고 했다. 그들은 독립을 이루게 되면 가장 먼저 세르비아계를 몰아낼 것이라고 주장했다. 이미 구체적인 계획을 세워놓은 것으로 안다고도 주장했다. 그런 주장에 근거가 있는 것이냐는 질문엔 이미 세상 모두가 다 알고 있는 사실이라며 허탈하게 웃어 넘겼다. 근거에 대해 더 구체적인 내용들을 따져 묻고 싶었지만 논쟁이 될 것 같아 참기로 했다. 그렇게 얘기를 받아준 후 세르비아계의 봉쇄와 무차별적인 공격으로 사라예보 안에서 사상자가 속출하고 있는 사실을 지적하며 어떤 생각이냐고 물었다. 가슴 아프게 생각한다고 했다. 하지만 그들만 희생당하는 게 아니라는 말도 덧붙였다. 세르비아 사람들도 많이 죽거나 다치고 있다는 얘기였다. 결코 자신들만 비난받을 일이 아니라고 했다. 질문이 생각보다 거칠다고 생각했는지 부드럽던 그의 표정이 조금은 일그러졌고 목소리도 높아지고 있었다.

이왕 질문을 시작한 것, 인종청소가 벌어지고 있다는 외신 보도에 관해서도 질문을 던졌다. 국제사회는 보스니아 안에서 인종청소가 일어나고 있다고 보고 있는데 거기에 대해서는 어떤 입장인가? 그는 있을 수 없는 일이라고 목소리를 높였다. 서방 언론이 자신과 세르비아인들을 공격하기 위해서 말도 안되는 루머를 퍼뜨리고 있다고 비난했다. 그러면서 자신들이 파악한 바로는 도리어 무슬림지역과 크로아티아인 거주지역에서 세르비아인들이 집단학살을 당한 경우가 여러 건 있다고 주장했다. 또 그런 제보들도 여기저기서 들어오고 있다고 주장했다. 보스니아 사태의 해결을 위해 어떤 일이 필요하다고 생각하냐는 질문엔 우선 미국을 포함한 강대국들이 손을 떼는 것이 중요하다고 목소리를 높였다. 그들이 병력을 파견하는 등 군사적으로 개입한다면 문제가 심각해질 것이라고 경고를 하기도 했다.

모든 답변이 그런 식이었다. '잘못 알고 있는 것이다. 그건 세르비아의 잘못이 아니라 무슬림과 크로아티아인들의 잘못이다. 우리는 함께 어울려 살기를 원한다..' 다소 거친 질문까지 다 받아 주기는 했지만 그는 답변을 통해서 다 되치기를 하고 있었다. 때론 목소리를 높이면서 또 때로는 가볍게 책상

도 치면서... 사실 그건 예상하고 있던 일이기도 했다. 내가 중요하게 본 것은
그래도 모든 질문에 답변을 하고 있다는 사실이었다. 그 사실이 의미 있었다.
그런 그의 모습이 고맙게 느껴졌다. 비록 자신들의 입장을 강변하는 것이긴
했지만 그는 낯선 나라에서 온 기자들을 존중하는 모습이었다. 아마도 우리
의 인터뷰 요청을 받았을 때 '한국에서 온 기자들이 세르비아 입장을 들어준
다고 하더라. 그러니 그들을 활용해서 충분히 연방정부와 당신의 입장을 밝
힐 수 있을 것이다. 국제사회의 여론을 바로 잡을 수 있는 좋은 기회다...' 이
런 식의 설명을 듣지 않았을까 싶었다. 그랬기에 예상 못했던 거친 질문에는
약간의 감정을 드러내면서도 끝까지 호의적인 분위기가 이어졌던 것이 아닐
까 싶었다.

　아무튼 논쟁을 하려는 자리가 아니었기에 그런 그의 주장을 일일이 반박하
지는 않았다. 이미 객관적으로 확인된 많은 내용들이 있었기에 사실 여부에
대한 판단은 시청자들이 충분히 할 수 있을 것으로 기대했다. 그리고 그건 균
형있는 언론에서 강조되는 일종의 반론권일 수도 있다고 생각했다. 무엇보다
내가 의미를 뒀던 것은 중요 현안에 대해 책임있는 당사자의 목소리를 직접
듣는다는 것이었다. 그리고 우리는 기자로서 물을 것을 묻는다는 것이었다.
인터뷰를 정리하며 그에게 더 하고 싶은 말이 없느냐고 물었다. 그는 오랜 전
쟁으로 수많은 인명이 살상되는 것 못지 않게 귀한 역사적 유적들이 파괴되
고 있는 것도 안타깝다고 했다. 하루 빨리 전쟁이 끝나기를 진심으로 바란다
고도 했다. 그러면서 전쟁이 시작되기 전에 자신은 정신과 의사이면서 시인
이기도 했다며 하루 빨리 자신의 전공으로 돌아가고 싶다고 했다.

　그렇게 인터뷰는 끝났다. 한순간 무거워졌던 그의 표정도 다 풀려 있었다.
그는 아시아 언론과는 처음 인터뷰라고 했다. 헤어져 집무실로 돌아가려는
그를 잡고 기념사진을 한 장 찍자고 제안했다. 그도 흔쾌하게 응했다. 어찌

됐던 역사적 인물이었고 그곳은 또 다른 역사의 현장이었다. 들어갈 때와 달리 나올 때의 기분은 홀가분했다.

서울에 그와의 인터뷰 사실을 알리고 유고내전 속보 뒤에 붙여 인터뷰 구성만으로 한 꼭지를 내보내도 좋을 것 같다는 의견을 제시했다. 답변의 내용보다는 현재 가장 뜨거운 이슈인 보스니아 사태의 책임자를 KBS가 직접 만났다는 상징성이 작지 않을 것 같다는 판단도 덧붙였다. 회사도 고심하는 것 같았다. 그건 분명 큰 특종이었다. 하지만 보는 각도에 따라 문제가 제기될 수 있는, 위험 부담도 작지 않은 아주 민감한 이슈였다. 두 시간쯤 뒤 회사의 답변이 왔다. 전범의 일방적인 주장이라 오해를 부를 수 있어 내보내지 않기로 했다는 것이었다. 속이 쓰렸다.

06

어릴 적 친구였지만... 더 이상 친구가 아니다

벨리카플라나라는 작은 도시의 난민 캠프를 찾았다. 주변에 있는 3곳의 난민 캠프 가운데 하나라고 했다. 대부분 크로아티아와 보스니아의 사라예보 등지에서 급하게 피난 나온 사람들이라고 했다. 그들은 내전 전에 초등학교 식당으로 사용되던 곳을 숙소로 쓰고 있었다. 적십자사에서 마련해 줬다는 낡은 침대를 제외하고는 별다른 물건들이 없었다. 황급하게 몸만 빠져나오느라 아무 것도 챙기지 못했다고 했다. 조명이 밝지 않은 실내 공기가 싸늘했다. 누군가 먼저 기침을 시작하자 순식간에 기침소리가 넓지 않은 공간을 채웠다. 기침은 전염된다던, 언젠가 책에서 읽었던 얘기가 기억났다. 난방이 되지 않기 때문에 이들은 밤에는 벽돌 같은 것을 데워서 이불 속에 넣고 잔다고 했다.

창가 햇볕이 드는 곳에 기대 앉은 젊은 여인이 있었다. 유치원생쯤 되는 딸과 함께였다. 조심스럽게 물어보니 어느 날 크로아티아군이 들이닥쳐 아버지를 잡아갔다고 했다. 아버지는 이튿날 다른 사람들과 함께 처형됐고 너무 무서워 그 길로 딸과 함께 도망나왔다고 했다. 옆에 있던 허름한 차림의 노인은 두 번째 피난 생활이라며 허탈해 했다. 2차대전때 독일군을 피해 피난살이를 했는데 인생 말년에 또 같은 일을 당한다며 눈물을 글썽었다. 이분은 2차대전 때 아버지를 잃었다고도 했다. 사연을 더 들어보려 말을 시키니 다들 눈물부터 쏟아냈다. 당시의 기억을 되살리는 것만으로 아픔이 복받치는 것 같았다.

세르비아인들이 대부분인 캠프에 무슬림도 있었다. 그는 사라예보에서 전투에 참여했다 다쳤다고 했다. 부상병으로 호송돼 혼자만 떨어지게 됐다는 그는 가족들은 여전히 사라예보에 있다고 했다. 말 끝에 그는 지금은 살았는지 죽었는지도 모르겠다며 긴 한숨을 내뿜었다. 주변 사람들이 자신이 무슬림인 것을 알지만 해꼬지를 하거나 불편하게 하지는 않는다고 했다. 조금 떨어진 곳에 어린 딸을 안고 있는 다른 젊은이가 있었다. 역시 사라예보에서 전투 중에 다쳤다고 했다. 안고 있는 딸이 자신이 다치던 날 태어났다며 행복한 미소를 짓는 그의 얼굴은 순진해 보이기까지 했다. 하지만 전투를 피해 피난 나온 사람들을 치사한 사람들이라고 비난하며 다리가 회복되는 대로 다시 사라예보로 들어가겠다고 했다. 그는 이제 23살이라고 했다. 그런 그의 말에 옆에 앉았던 21살 부인도 따라 들어가겠다고 각오를 보였다. 싸우기 위해서라기보다는 사랑하는 사람을 혼자 전쟁터에 보낼 수는 없기 때문이라고 했다.

사라예보에서 나고 자랐다는 50대 남자에게 크로아티아나 무슬림들을 증오하느냐고 물었다. 잠시 생각하더니 모두 다 증오하지는 않지만 자신과 가족들에게 총을 겨눴던 사람들은 용서하지 못할 것 같다고 했다. 그러면서 어릴 적부터 친하게 지낸 친구들도 여럿 있지만 더 이상 옛날과 같은 친구로 지내기는 어려울 것 같다고도 했다. 그의 표정에 깊은 고뇌가 묻어 있었다. 만나는 대부분 사람들에게 같은 질문을 던져봤다. 비슷한 답이 돌아왔다. 다 증오하지 않지만 자신들을 위협하고 핍박했던 사람들만은 용서할 수 없다고 했다. 포로 상태에서 구사일생으로 탈출했다는 한 노인의 얘기에 많은 것이 담겨 있었다. 어느 날 7~8명의 크로아티아 사람들이 총을 쏘며 집으로 들이 닥쳤다고 했다. 그들은 무섭게 행패를 부리며 구석구석을 뒤져 먹을 것, 돈 될 것들을 약탈했다고 했다. 그런 뒤 몇 명을 남겨 자신들을 감시하도록 했는데 그 중 한 명이 도와줘 탈출할 수 있었다고 했다. 공포스런 상황에 이제 꼼짝없이 죽었다고 생각하고 있는데 한밤중에 묶인 손과 발을 풀어주며 도망하도록 했다는 것이었다. 노인은 들키면 본인도 위험했을 텐데 그것을 무릅쓰고 도와준 크로아티아 청년이 너무 고맙다며 눈물을 글썽였다.

잠시 지켜본 한겨울 난민들의 생활은 비참했다. 발이 쑥쑥 빠지는 눈길에다 떨어진 신발을 신고 다 헤진 외투를 걸치고 살아가는 모습들. 문득 소말리아나 수단의 난민들은 그런 면에서는 그나마 다행이라는 생각이 들었다. 겨울이 없다는 것이, 살을 에이는 추위가 없다는 것이 춥고 배고픈 사람들에게 얼마나 고통스러운지 잘 아는 까닭이었다. 하지만, 환경은 그렇게 좋지 않았지만 적어도 난민 캠프에서 만나본 사람들 가운데 상대에 대해 막연한 증오심을 가진 사람들은 찾아보기 어려웠다. 그들은 증오의 대상을 한정하고 있었다. 총을 들고 자신들을 공격했던 사람, 살기를 가지고 자신들을 대했던 특정한 사람들에 대해서만 국한된 감정이었다. 캠프를 돕고 있는 적십자사 관계자는 굳이 밖으로 드러내지는 않고 있지만 크로아티아 사람과 무슬림들도 여럿 섞여 있다고 했다. 하지만 그들 사이에는 아무런 문제가 없다고 했다. 못난 정치에 착하고 순진한 국민들만 아픔을 겪고 있다는 또 다른 확인이었다. 나오는 길에 적십자 직원들의 눈을 피해 몇 가족에게 50달러씩 쥐어줬다.

07

1:750의 공식 환율, 그러나 실제 거래는 1:25,000까지

    KBS가 왔다는 소식을 듣고 대사관에서 저녁을 사고 싶다고 했다. 반가운 얘기였다. 식사가 반가웠다기보다는 그들을 통해 알아보고 싶은 것들이 많았다. 대사는 마침 한국에 들어갔다며 정○○ 공사와 허○○ 참사, 김○○ 사무관 등이 함께했다. 그들은 유고의 가장 심각한 문제는 실업문제와 그와 연관된 인플레라고 했다. UN 제재 이후 인플레율이 무려 20,000%에 달한다고 했다. 공식적인 환율은 1:750 디나르 정도지만 실제로는 1:15,000에서 어떤 날은 25,000까지 거래가 이뤄진다고 했다. 흥미로운 것은 매일 매일 신문에 암달러 시세가 공시되고 공공기관을 포함해 웬만한 곳에서는 모든 것이 암달러 시세로 거래가 이뤄진다는 사실이었다. 다행히 식량은 자급자족이 되지만 기름이 부족해 난리라고 했다. 차량용 기름은 물론 난방용 기름이 없어 감기 환자가 속출하고 있다고 했다. UN의 눈을 피해 밀수가 이뤄지고 있는 것 같기는 하지만 그 양이 미미한 것 같다고도 했다. 헝가리에서 넘어오면서 우리가 느낀 것이기도 했다. 베오그라드 시내에서도 주유소마다 줄이 수백 미터씩 이어진 것을 볼 수 있었다. 그들 가운데는 3일, 4일 기다렸다는 사람들도 있었다. 연방정부 움직임과 사라예보를 포함한 주요 도시의 상황을 물어봤다. UN의 제재 이후에는 유고 정부와 대사관의 관계가 단절돼 자신들도 속

사정은 잘 알지 못한다고 했다.

정 공사는 연방체제에서 다수파의 지위를 누리던 세르비아계가 연방공화
국들의 독립선언으로 어느 날 갑자기 소수파로 전락하면서 그 위기감 속에
서 강공을 편 것이 내전의 원인이라고 분석했다. 그 과정에서 자신들의 입장
을 설명하고 설득하는 작업을 벌였다면 비극을 피하거나 피해를 최소화시킬
수 있었을 텐데 그러지 못했던 것이 큰 실수였던 것 같다고 아쉬워했다. 중재
를 위해 나선 미국 국무장관의 면담 요청조차 거절할 정도로 그들은 좌우 살
피지 않고 일방적으로 몰아부쳤는데 그것이 문제를 더 어렵고 복잡하게 만든
것 같다는 것이 그의 진단이었다. 세르비아를 향한 국제사회의 비난이 부당
한 것은 아니지만 자신의 생각에는 실제 잘못 이상으로 비난을 받는 것 같다
는 의견도 덧붙였다. 모든 것을 세르비아만의 잘못으로 몰아서는 안 된다는
의미였다. 사실 그런 판단은 그만의 얘기는 아니었다. 취재를 위해 만나본 대
부분의 전문가들은 대체로 정 공사와 같은 분석을 하고 있었다.

하지만 전반적인 분석은 그렇게 하면서도 대사관 직원들은 대사관 담 밖에
서 벌어지는 일들에 대해서는 거의 모르는 것 같았다. 유감스런 일이었다. 사
라예보에 관한 정보는 물론 베오그라드 밖에서 벌어지는 일들에 대해 물었지
만 전혀 아는 것이 없었다. 밀로셰비치 정부의 움직임에 대해서도 마찬가지
였다. 어느 때보다 국제적인 이목이 집중돼 있는 곳, 진행되는 상황에 어떻게
대응하느냐에 따라 국가의 이익이 좌우될 수밖에 없는 상황에 그저 깜깜이
상태인 우리의 외교 현실에 안타까움이 일었다. 답답해 하는 내 마음을 아는
지 모르는지 그들은 주변 상황이 불확실하고 너무 위험해 가급적 외출을 삼
가고 있다는 설명까지 덧붙였다. 그래서 외부 사람들도 잘 만나지 않고 대사
관 직원들끼리만 만난다는 얘기였다. 그런 그들이었으니 우리가 사라예보에
들어가려 한다는 말에 거의 경악스런 반응을 보인 것은 어쩌면 당연한 일일

터였다. 그 위험한 델 군이 왜 가려 하느냐고.... 민간인들뿐 아니라 기자들도 많이 죽는 곳이라고...

대사관을 통해 뭔가 정보를 얻으려던 계획은 완전히 어그러지고 말았다. 괜한 안타까움과 아쉬움만 갖게 됐다. '이건 아닌데...' '외교관들이 이래서는 안 되는데...' 정말 허탈했다. 그들의 모습이 많이 실망스러웠다. 자리를 마치면서 그들은 사라예보에 들어갔다 나오면 다시 꼭 들러달라고 부탁했다. 이미 마음이 상해버린 내게는 그 말이 순수하게 들리지 않았다. 우리에게서 정보를 얻어 마치 자신들이 노력을 통해 얻은 것처럼 본국에 보고하려는 것은 아닐까... 그들은 한 가지를 더 부탁했다. 기사를 쓰더라도 암달러 시세에 관해서는 언급하지 말아주면 좋겠다는 것이었다. 얼굴엔 겸연쩍은 미소가 흐르고 있었다. 그들의 마음이 읽혔다. 비록 전쟁과는 전혀 관계없는 삶을 살고 있었지만 그들은 전쟁국가에서 근무한다는 이유로 월급에 더해 위험수당을 받고 있는 상황이었다. 그것도 귀하디 귀한 달러로, 매월 꼬박꼬박. 한데 받을 때는 1:750의 공식환율이었지만 쓸 때는 20배가 넘는 암달러 시세로 할 수 있었으니... 매달 명목 월급의 몇 배를 실제로 받는 셈이었다. 그들은 그런 사실이 알려지는 것을 부담스러워 하는 것 같았다.

대사관에서는 정보를 얻을 수 없었지만 그렇다고 포기할 수는 없었다. 국영 TV 방송국에 들렀다. 자료화면을 산다는 명분이었지만 더 중요한 것은 정보였다. 그들을 통해 팔레라는 도시를 통해 들어가는 루트가 가장 안전하고 효과적이라는 사실을 확인할 수 있었다. 자료화면도 구했다. 2차대전 당시 크로아티아인들과 세르비아인들 사이의 갈등을 담은 화면이었다. 세르비아의 입장에서 만들어서 그랬겠지만 화면 속에는 세르비아인들을 학대하는 크로아티아인들의 잔학상이 담겨 있었다. 알고 보니 두 민족의 감정의 골은 역사적으로 깊고도 험했다. 독립을 둘러싸고 잔인하게 진행되는 내전은 그런 과거의 뿌리 깊은 원한까지 담고 진행되고 있는 것임이 분명하다는 판단이 들었다. 인종청소라는 끔찍한 용어는 그런 역사적 배경을 확인시켜주는 또 다른 상징이었다.

새삼스럽게 티토라는 지도자가 대단하게 느껴졌다. 그런 역사적 구원을 가진 철천지 원수들을 하나로 묶어 유럽의 모범국가를 만들어 낸 그의 리더십이 정말 존경스러웠다. 자신의 출신과 민족의 한계에 빠지지 않고, 사사로운 감정에 얽매이지 않고 골고루 인재들을 발탁해 그들과 함께 사회주의의 모범국가를 만들었다는 사실에 감동이 일었다. 그야말로 통합과 화합을 통한 새 역사의 창조였다. 그런 유고 앞에서, 티토 앞에서 어떤 영향력도 행세하지 못하고 전전긍긍했던 당시의 슈퍼 파워 스탈린의 모습을 생각하니 통쾌하기까지 했다. 필요한 화면을 고르고 보니 2분 37초였다. 400달러를 내라고 했다. 많이 비쌌지만 정보료가 포함됐다 생각하기로 했다. 한국에 있을 때 외신 기자들이 화면 필요하다고 하면 우리는 그냥 웃으며 넉넉하게 줬었는데....

방송국을 나오니 거리에 함박눈이 내리고 있었다. 적막한 도시가 더 무겁게 느껴졌다. 거리를 오가는 사람들도 별로 없었다. 그들의 얼굴은 무표정했다. 근처 시장에도 들러봤다. 눈 속에도 사람들로 제법 붐볐고 고기와 야채, 과일 등도 풍족했다. 어느 도시 시장에서나 볼 수 있는 일상적인 모습이었다. 우리도 과일을 조금 샀다. 1달러가 안되는 1,000디나르어치 샀는데도 한보따리였다. 차로 시내를 돌아보니 눈 속에도 여전히 자리를 지키며 긴 줄을 이루고 있는 주유소를 제외하고는 특이한 게 없었다. 저녁 식사 후 꿀꿀한 기분을 풀 겸 레스토랑에 들어갔다. 요란한 음악속에 늘씬한 무희들이 춤을 추고 있었다. 러시아에서 온 여인들이라고 했다. 그들은 공연 순서가 끝나면 발랄한 표정으로 손님들의 테이블로 옮겨 술을 따르며 얘기를 나눴다. 그들에게는 팁 대신 음료수를 한 병씩 사주면 된다고 했다. 그러면 나중에 그 음료수를 가게에 되팔아 그 돈을 챙기는데 그것이 그녀들의 수입이라고 했다. 자세히 보니 빈 테이블이 없을 정도로 성업중이었다. 경제제재에 전쟁까지 겹친 1993년 2월 베오그라드는 그런 모습이었다.

08

세르비아 민병대 본부가 있는 곳, 팔레

　이제 사라예보를 향해 나서야 할 때였다. 오전 8시 최소한의 짐만 챙긴 채 길을 나섰다. 혹시 검문소에서 필요할지 모르겠다는 생각에 담배 2보루도 챙겼다. 한참을 쭉 뻗은 고속도로를 달렸다. 어디서나 고속도로의 모습은 비슷했다. 다른 곳과 가장 큰 차이는 도로에 달리는 차가 거의 없다는 것이었다. 그 또한 기름부족 때문이리라... 어느 순간 차가 샛길로 들어섰다. 얼마 전 전투가 벌어져 도로가 폐쇄됐다고 했다. 전투로 심하게 파괴된 지역이나 위험이 있는 지역은 그렇게 돌아갈 수밖에 없다고 했다. 다뉴브강의 지류인 듯, 작지도 크지도 않은 강을 따라 난 시골길이었다. 도로를 벗어난 것이 다행이라 여겨질 정도로 마음에 드는 길이었다. 주변의 풍경이 뭐라 설명하기 어려울 정도로 아름다웠다. 묵직하게 흐르는 강물은 짙은 녹색빛이었다. 깊이를 짐작할 수 없었다. 강 양쪽으론 아름드리 나무들이 길게, 멋들어지게 이어져 있었다.

　넓지 않은 왕복 2차선 도로는 잘 포장돼 있었다. 여기도 차는 거의 보이지 않았다. 간혹 마주치는 차들은 유고라는, 우리의 티코만한 아주 작은 차였다. 도로 양편으로는 아담하고 예쁜 집들이 드문 드문, 여유있게 들어서 있었다.

그 길과 집들 사이론 앙증맞게 철로도 나 있었다. 철로변에서 두툼하게 차려입은 초로의 남자들이 느릿느릿 뭔가를 하고 있었다. 평화, 평화가 가득한 풍경이었다. 군데군데 총을 든 군인들이 지키고 서 있었지만 그마저도 거슬리지 않았다. 평화를 강조하는 소품 같은 느낌이었다. 우리가 전쟁의 땅을 향하고 있다는 생각은 눈꼽만치도 들지 않았다. 모든 것이 예쁜 동화책 속 한 장면처럼 아름다웠다. 단 한순간도 눈을 뗄 수 없는 그런 풍경들이 이어졌다.

얼마나 달렸을까? 그렇게 아름답던 풍경이 한순간에 달라졌다. 도로 곳곳에 총을 든 군인들이 많았다. 한두 명이 아니라 수십 명씩 모여 있었다. 보스니아와의 국경인 즈보르니크라고 했다. 촬영을 하려하자 다급하게 군인이 다가와 막아섰다. 고개를 가로 저으며, 손을 X자로 그었다. 그 표정이 단호했다. 갑자기 긴장감이 몰려왔다. 이제까지 쭉 따라온 강물 위로, 강을 가로질러 다리가 놓여 있었다. 다리를 건너자 제법 규모가 큰 검문소가 나타났다. 도도한 강물과 군인들과 검문소... 전쟁 분위기가 물씬 풍기는 곳이었다. 평화 속에 벌어지는 전쟁의 상징으로 더 없이 좋은 장면이었다. 탐이 났다. 이런 곳에서 On-mike하나 하면 참 좋을 텐데... 하지만 촬영은 엄두도 내지 못한 채 내다보기만 해야 했다. 조란이 우리의 마음을 읽었음인지 촬영은 안 된다고, 시키는 대로 따라야 한다고 목소리를 낮춰 겁을 줬다. 그는 열심히 군인들의 눈치를 살피고 있었다. 여권과 취재 허가서를 내주고 얼마나 기다렸을까? 가도 좋다는 신호가 떨어졌다. 안 그래도 무거운 표정에 경계심을 자극하는 그들은 말을 하는 법이 없었다. 모든 것을 손으로 표현했다. 그것이 더 긴장감을 높이고 있었다.

다리를 건너 조금 지나니 제법 규모가 있는 공동묘지가 나타났다. 전투중에 죽은 사람들의 무덤인 듯했다. 맨 앞줄에 며칠 되지 않은 듯 황토흙의 수분조차 채 가시지 않은 무덤들이 죽 이어져 있었다. 세어보니 20기 정도 됐다. 역시 비극을 보여주기에 더 없이 좋은 그림거리였지만 찍을 수 없었다. 우리보다 조란이 더 긴장한 것 같았다. 조금만 움직여 시도를 해도 안 된다며 막아나섰다. 그런 전투의 흔적들을 지나며 차는 산을 빙글빙글 돌며 한참을 올라갔다. 저격을 피하기 위해 돌아가는 것이라고 했다. 멀리서 이따금씩 총소리가 들려왔다. 얼마쯤 지나니 처참하게 깨지고 부숴진 마을이 나타났다. 폭격을 당한 뒤 불까지 난 것 같았다. 눈에 보이는 집들은 예외없이 지붕이 폭삭 내려 앉고 심하게 그을려 있었다. 마을 대부분의 집들이 그렇게 상해 있었다.

긴장이 됐다. 분명 전쟁의 땅에 들어서고 있는 것이었다. 한데 그런 마음 속에서도 풍경은 아름다웠다. 놀라운 경험이었다. 산길을 조금 더 오르니 눈에 닿는 산 전체가 완전 하얀 눈 세상이었다. 내린 눈이 나무며 돌이며... 보이는 것은 다 덮었고 그 상태로 얼어붙어 버렸다. 바람이 오가며 그렇게 쌓인 눈들을 온갖 오묘한 형상으로 빚어 놓았는데... 동화 속 겨울나라였다. 어느 한 부분이 아니라 산 전체가 그랬다. 눈에 들어오는 모든 산들과 나무들이 다 그랬다. 영화 속에서나 나올 법한 환상적인 설경에 감탄사가 터져나왔다. 군대있을 때 비슷한 경험이 한 번 있었다. 강원도 어느 산골짝에서 엄청난 눈이 내리던 날, 팬티까지 다 젖어가며 훈련받던 그날의 풍경이 그랬었다. 몸은 추워 죽겠는데, 그런 날씨에 훈련을 강행한 무모한 지휘관에 화가 났었는데... 그럼에도 나뭇 가지마다 내려앉은 눈꽃의 모습이 얼마나 멋졌던지.... 눈의 무게를 이기지 못해 툭툭 부러지는 나뭇가지가 꺾이는 소리까지도 기가 막혔었다. 움직이는 우리를 제외하고 모든 것이 순백의 세상... 그 겨울산이 얼마나 환상적이었던지... 다시는 그런 풍경을 못 볼 줄 알았었다. 한데 전쟁터를 찾아가는 길에 그런 풍경을 다시 만난 것이었다. 이건 분명 엄청난 선물이었다. 일이 잘 풀릴 것 같았다. 주여, 감사합니다.

그런 풍경 속에서도 총소리, 포소리는 간간이 이어졌다. 겁나거나 전혀 어색하지 않았다. 그저 감탄.. 또 감탄... 아무리 봐도 질리지 않는 자연의 경이를 온 몸과 맘으로 누리며 팔레에 도착했다. 출발 6시간을 지나고 있었다. 생각보다 작고 아담한 그림같은 도시였다. 온통 하얀 눈속에 파묻힌... 도시 전체가 한편의 동화같은 분위기를 연출했다. '여기는 괜찮겠지...' 그림을 찍으려니 이번에도 군인들이 막아 나섰다. 우리 마음대로 할 수 있는 것이 아무 것도 없었다. 프레스센터에 들러 취재허가를 받은 뒤, 안내자가 동행한 뒤에야 그림을 찍을 수 있었다. 세르비아의 입장을 이해하고 알리기 위해 왔다는 말에 그들은 협조를 아끼지 않았다. 조금 전까지 무섭게 막아서던 군인들과는 완전히 다른 분위기였다. 너 나 할 것 없이 자신들의 입장을 알리고 변호하는 일에 적극적인 모습이 인상적이었다.

09

전쟁 속의 아이들, '친구가 보고 싶어요'

팔레는 사라예보에서 16킬로미터쯤 떨어진 외곽 도시였다. 전쟁 전에는 관광도시로 유명한 곳이었다고 했다. 전쟁 전 인구는 1만 5천 명 정도였지만 전쟁 후 1만 8천 명으로 늘었다고 했다. 전쟁이 나자 거주하던 주민들 가운데 상당수가 피난 나갔지만 그보다 더 많은 수의 피난민이 몰려 인구가 오히려 늘었다는 얘기였다. 사라예보에서 나온 피난민들이라고 했다. 그곳은 사라예보를 포위하고 있는 세르비아 민병대의 본부가 있는 곳이기도 했다. 풍경은 환상적이었지만 한낮인데도 뼛속까지 한기가 파고들 정도로 추위가 매서웠다. 간간이 눈이 내리는 가운데 철모르는 꼬마들만 신나게 놀고 있었다. 멀리서 간헐적으로 총소리, 포소리가 들려왔지만 아이들을 포함해 누구도 신경을 안쓰는 눈치였다.

시내를 한바퀴 돌며 분위기를 살폈다. 군데군데 군인들이 보였지만 전쟁의 분위기는 강하지 않았다. 추운 날씨 탓인지 거리엔 사람들이 많지 않았다. 전체적으로 평온한 도시였다. 우선 숙소를 잡았다. 그림같이 예쁜 곳이었다. 1974년 사라예보에서 세계탁구선수권대회가 열릴 때 선수단의 숙소로 사용됐던 곳이라고 했다. 그 한마디에 왠지 모를 뭉클함이 몰려왔다. 그렇다면 당시 온 나라를 열광시켰던 이애리사, 정현숙 선수가 묵었을 수도 있는 곳이라는 얘기 아닌가? 그녀들이 승리를 다짐하고 우승의 감격을 만끽했을 수도 있는 자리라는 의미 아닌가? 구기종목사상 처음으로 세계를 제패하는 역사를 이뤘던 그날은 내 기억 속에도 생생하게 자리잡고 있었다. 그땐 정말 대단했었다. 당시 나는 승리를 전하는 아나운서의 흥분된 목소리와 두 선수의 펄쩍펄쩍 뛰는 모습에 같이 뛰며 소리를 질렀었다. 어리기는 했지만 학교 축구선수라는, 같은 운동선수라는 동질감 때문에 남들보다 더했던 것이 아닐까 싶었다. '나도 언젠가는 세계를 제패하겠노라' 치기어린 다짐도 했었다. 그런 현장에 내가 와 있는 것이었다. 입가에 미소가 돌았다.

숙소에서 15분쯤 거리에 초등학교가 있었다. 눈이 계속 내리고 있었다. 스노우 체인을 하지 않은 탓에 차가 자꾸 미끄러졌다. 조란은 걱정하지 말라고 했지만 조금 걱정이 됐다. 전체 학생수가 2천 5백 명, 그 가운데 1천 500명 정도가 사라예보에서 피난 나온 아이들이라고 했다. 한창 수업이 진행중인 6학년 교실에 들어가 봤다. 아이들의 표정은 전혀 구김살 없이 밝았다. 놀랍게도 42명 가운데 안경낀 아이가 단 한 명뿐이었다. 전쟁중에 가족이나 친척 중에 숨진 사람이 있다면 손을 들어보라고 했다. 14명이 손을 들었다. 그 가운데 한 아이에게 당시 상황을 얘기해 줄 수 있겠느냐 물었다. 코가 오똑하고 눈망울이 맑은 여자 아이였다. 엄마가 저녁 식사를 준비하던 중에 집안으로 폭탄이 날아 들었다고 했다. 엄청난 폭발음에 다 쓰러졌다고 했다. 나중에 보니 엄마가 피를 흘리며 숨져 있었고 아빠도 다쳐 피를 흘리고 있었다고 했다. 자신과 동생은 무서워서 끌어안고 울기만 했다고 했다. 얘기를 하던 아이가 당시 상황이 기억났던지 울음을 터뜨렸다. 분위기가 숙연해졌다. 미안했다.

나는 참 잔인한 기자였다. 그런 가운데 다른 아이에게 또 묻고 있었다. 10살이라는 다른 소녀가 손을 들었다. 소녀는 동네 가게 앞에서 포탄이 터져 엄마가 죽었다고 했다. 다른 사람들도 여럿 죽거나 다쳤다고 했다. 아빠는 자신들을 팔레에 데려다 놓고 베오그라드로 갔다고 했다. 이 소녀도 끝은 눈물이었다. 조용히 듣다 말없이 눈물을 훔치는 아이들이 여럿 있었다. 선생님은 아예 창 밖을 내다보고 있었다. 쉬는 시간이 되자 아이들은 언제 그랬냐는 듯 신나게 웃고 뛰었다. 카메라가 신기한 듯 옆에 와 만져보고 기자 흉내를 내기도 했다. 우리나라 여느 초등학교의 모습과 다르지 않았다. 역시 아이들은 아이들이었다. 전쟁중에도 아이들은 그렇게 성장하고 있었다.

학교에서 멀지 않은 곳에 병원이 있다는 말에 가보기로 했다. 아담하고 예뻤다. 역시 동계올림픽 때 선수단을 위해 모텔로 사용하던 곳이라고 했다. 환자가 70명쯤 된다고 했다. 대부분 사라예보에서 총상, 포상을 입었다는 사람들이었다. 주로 아이들과 여인들이었다. 간혹 있는 남자들은 노인들뿐이었다. 엄마가 저녁 준비하는 것을 거들다 날아온 포탄에 중상을 입었다는 소녀는 병상에 누운 채 눈만 껌뻑거리고 있었다. 버스를 기다리던 중 날아온 포탄 파편이 옆구리에 박혔다는 할머니도 있었다. 우리를 바라보는 눈빛이 처연했다. 길을 가던 중 포탄이 터지는 바람에 한쪽 다리를 잃었다는 소녀, 집안으로 날아든 총알에 어깨를 다쳤다는 여인 등... 사연들이 가슴 아팠다. 거의 전투와 관계없이 일상 생활을 하다 다친 사람들이었다. 하나같이 얼굴엔 그늘이 가득했고... 그 눈동자들이 선해서 바라보기가 더 힘들었다.

한쪽 다리를 절단한 소녀는 그럼에도 자신은 누구도 증오하지 않는다고 했다. 돌아가신 아버지도 그렇게 말씀하셨다고 했다. 그러면서 친하게 지내던 무슬림 친구들이 보고 싶다고 했다. 어쩌면 친구들도 다쳤을지, 죽었을지 모르겠다며 눈물이 그렁그렁해졌다. 소녀는 전쟁상황을 만들어낸 어른들이 원망스럽다고 했다. 난민들과 환자들을 만나면서 가장 많이 듣던 말을 소녀도 반복하고 있었다. 그렇게 안타까운 마음으로 환자들을 만나고 있는데 젊은 의사가 들어오며 소리쳤다. '방금 전사가 한 명 태어났습니다.' 젊은 산모가 아들을 낳았다는 의미였다. 주변에 있던 사람들이 환호성을 지르며 박수를 쳤다. 이건 또 무슨 상황이란 말인가? 새 생명의 탄생을 축하하는 것인지 아니면 정말로 장래 총을 들고 싸울 군인이라고 박수를 친 것인지.... 전시상황에서의 유머일 것이라고 생각하면서도 그들의 그런 현실이 씁쓸했다.

지나가며 보니 근처 공동묘지에서 장례가 진행되고 있었다. 차를 멈춰 다가갔다. 다행히 누구도 막지 않았다. 어제 무슬림과의 전투에서 숨진 청년들이라고 했다. 3명이었다. 관은 뚜껑이 열려 있었고 관 속 젊은이들은 군복 차림이었다. 한 어머니는 오열하다 아들의 주검 위에서 정신을 잃었다. 아내를 떼어 낸 아버지는 아들의 얼굴에 자신의 얼굴을 파묻고 한참을 흐느꼈다. 이제 겨우 25살이라고 했다. 바라보는 가족들과 동료 병사들은 소리를 죽인 채 굵은 눈물 방울을 떨구고 있었다. 벌개진 눈으로 하늘을 바라보며 눈물을 훔치는 그들의 모습이 원수를 갚겠다고 다짐하는 것 같았다. 관 뚜껑이 덮였다. 정신이 돌아온 어머니가 다시 오열하기 시작했다. 함께 싸웠던 병사들이 조총으로 마지막 가는길을 배웅했다. 조총소리를 신호로 흙이 덮이기 시작했다. 부모에 앞서 죽는 것보다 더 큰 불효는 없다고 했는데... 이 젊은 친구들의 죽음은 도대체 어떤 의미일까? 이들은 눈을 감으며 자신들의 죽음을 어떻게 받아들였을까?... 태어나던 순간부터 함께 이웃으로, 친구로 지내던 사람들과 싸우다 죽은 것인데... 마음이 무거웠다.

10
사라예보 가는 날, 멀쩡하던 거울이 깨지다

숙소는 아늑했다. 하지만 많이 추웠다. 기름이 없어 난방을 못하는 탓이었다. 두꺼운 점퍼를 입고 발에는 가디건을 두른채 모포를 추가로 요청해 덮었지만 한기가 가시지는 않았다. 긴장이 됐고… 거기에 간헐적으로 들려오는 포성까지… 깊은 잠을 이룰 수가 없었다. 그랬다. 내가 있는 곳은 전쟁의 땅이었다. 새벽녘에야 잠이 들어 비몽사몽하는데 옆방에 있던 이중완 선배가 찾아왔다. 조금은 어색한 표정으로 꿈 얘기를 꺼냈다. '꿈에 할머니가 나타났는데 뭔가 기분이 찜찜하다'는 것이었다. 연세가 많은데다 편찮으시기까지 한 분이라고 했다. 말하는 이 선배의 표정에 불안이 담겨 있었다. 나는 그냥 들어주기만 했다. 뭐라 할 수가 없었다. 내가 특별한 반응을 보이지 않자 그는 멋쩍은 미소를 지은 뒤 돌아갔다.

한데 10분쯤 뒤에 그가 다시 찾아왔다. 애써 미소는 띠고 있었지만 좀 전보다 더 불안이 가득한 눈빛이었다. '박선규 씨, 오해하지 말고 들어.' 그는 한 자락을 깔며 어렵게 말을 꺼냈다. 조금 전 나와 헤어진 뒤 면도를 하려는데 갑자기 욕실 벽에 붙어 있던 거울이 떨어져 깨졌다는 것이었다. 손도 대지 않았는데 저절로 떨어져 깨졌다는 것이었다. 그러면서 동서양을 막론하고 '파경'이라는 것은 불길한 징조인데 왠지 기분이 좋지 않다고 했다. 뒷 말은 하지 않았지만 '그러니 사라예보 들어가지 말자' '다음으로 연기하자'는 강한 주장이었다. 조금 전과 달리 이번엔 노골적이었다. 솔직히 그런 얘기에 나도 신경이 쓰였다. 하지만 내색을 할 수 없었다. 계획을 미룰 수 있는 단계가 아니기 때문이었다. 일부러 더 씩씩한 목소리로 '그러면 더 조심해야겠네. 이 선배, 더 조심합시다'하고는 씩 웃어버렸다. 그 방법밖에 없었다. 그런 모습에 한참을 문 앞에 서 있던 그도 더 이상의 말은 하지 않고 방으로 돌아갔다.

단단히 준비를 했다. 안 그래도 위험하다고 느끼고 있는데 불길한 일들까지 더해진 탓이었다. 위기상황에 걸리적거릴 수 있다는 생각에 안경을 벗고 렌즈를 꼈다. 짐도 간단하게 어깨에 질만큼으로 최소화했다. 아무도 더 이상 꿈 얘기나 거울 깨진 얘기는 입 밖에 내지 않았지만 분위기는 무거웠다. 그저 묵묵히 짐만 챙겼다. 나는 속으로 주문처럼 기도만 반복했다. '주여, 도와주소서. 지켜주소서. 아무 일 생기지 않도록 인도해주소서...' 오전 8시 30분, 안내를 맡기로 한 젊은 친구 두 명이 도착했다. 유고라는 작은 차 두 대와 함께였다. 간단한 짐에 3사람이 타면 꽉 찰 정도로 작은 차, 유고의 국민차라고 했다. 차가 크면 노출 부위가 많아지고 그러면 저격당할 확률이 높다며 그들이 권한 방법이었다. 사라예보에 가는 모든 사람들이 다 그렇게 간다고 했다. 두 사람 다 눈빛이 예사롭지 않았다. 한 명은 전쟁이 벌어지기 전 기자였다고 하고 다른 한 명은 전기 엔지니어였다고 했다. 두 사람은 각각 허리춤에 권총까지 한 정씩 차고 있었다.

출발 전 그들은 반드시 지켜달라며 주의사항을 당부했다. 절대 트라이포드(카메라를 고정시키는 3각 다리)를 어깨에 매지 말 것, 뛰라면 뛰고 숙이라면 숙일 것, 어떤 경우에도 혼자 움직이지 말 것, 그리고 기자임을 알리는 어떤 표식도 하지 말 것.. 등이었다. 트라이포드는 어깨에 맬 경우 멀리서 보면 마치

포같이 보여 즉각 공격 목표가 된다고 했다. 이해가 됐다. 검은 색상과 모양이 포로 오해되기 십상이었다. 또 완장 등 프레스 표시는 보호가 아니라 오히려 표적이 될 수 있기 때문이라고 했다. 전쟁의 성격상 국제사회의 관심을 끄는 것이 중요한데 관심을 끄는 가장 효과적인 방법이 기자들을 저격하는 것이라고 했다. 섬뜩한 얘기였다. 그 얘기에 기억이 났다. 매년 연말이 되면 발표되는 그해 순직한 기자들 명단에 사라예보를 포함한 유고내전 현장의 희생자들이 가장 많았던 기사였다. 그 땐 별 생각없이 봤었는데 그런 의미가 있었구나... 찜찜했다. 분명 가볍게 넘길 말들은 아니었다.

드디어 출발! 바로 가면 30분이면 충분한 길을 산길로 산길로 돌고 돌았다. 무슬림의 저격을 피하기 위해서라고 했다. 군데군데 사라예보가 바라다 보이는 곳엔 검문소가 세워져 있었다. 그리고 사라예보 방향으로 시야가 트인 쪽으로는 허리보다 조금 높은 높이로 흙벽이 길게 연결돼 있었다. 별로 튼튼해 보이지는 않았다. 총을 든 병사들은 이동할 때마다 흙벽 아래도 자세를 숙이며 움직였다. 흙벽은 공격을 막기 위한 것이라기보다 관측을 막기 위한 시설물인 것 같았다. 흙벽이 아니라 얇은 베니아판 같은 것으로 가린 곳도 있었다. 총알은 막을 수 없지만 관측을 막는 데는 전혀 지장이 없을 것 같았다. 그리고 주변엔 탱크 등 중무기가 배치돼 있었다. 사라예보 시내가 다 내려다 보이는 곳, 한눈에도 사라예보를 포위하고 있는 형세임을 알 수 있었다. 세르비아계는 그렇게 산지를 빙 둘러 사라예보 전체를 포위하고 있다고 했다. 그렇다면 사라예보는 완전히 독안에 든 쥐 신세일 수밖에 없다는 생각이 들었다.

사라예보가 점점 가까워지고 있었다. 산길에서 많이 내려와 있었다. 어느 지점에 이르자 안내인이 바로 옆으로 무슬림 지역을 지날 것이라며 자세를 최대한 숙이라고 했다. 절대 차량 유리 높이로 머리를 들지 말라고 했다. 잠시 후... 차가 굉음을 내며 쌩하고 내달렸다. 하루에도 몇 차례씩 저격이 일어나는 곳이라고 했다. 그 도로 맞은편으로는 세르비아계의 주거지라고 했다. 아주 조심스럽게 고개를 들어보니 집집마다 무슬림 방향으로 커다란 방패같은 것을 만들어 세워놓고 있었다. 무슬림쪽도 세르비아 방향으로 같은 모양의 차단막들을 세워 놓고 있었다. 서로를 향한 가림막이었다. 상대에게 노출되지 않도록, 그래서 저격을 피하기 위한 것이라고 했다.

긴장 속에 그곳을 지나자 반듯한 도로에 제법 규모있는 건물들이 나타나기 시작했다. 아파트를 비롯한 콘크리트 건물들이었다. 산길에서 많이 내려와 있었다. 시내에 들어섰다는 의미였다. 간헐적으로 이어지던 총소리, 포소리가 조금 더 가깝게 들려왔다. 어떤 소리들은 바로 옆에서 쏘는 듯 들려 소스라치게 놀라기도 했다. 무너지고... 깨지고... 거리는 치열했던 전투의 흔적들이 가득했다. 그런 것들을 제외하고는 오가는 사람도, 심지어 고양이 같은 동물도... 아무 것도 보이지 않았다. 1차 목적지로 삼은 곳은 그르바비차의 최전선, 민병대 지휘본부가 있다는 곳이었다. 그랬다. 우리가 들어가는 곳은 사라예보 안에서도 가장 처절한 전투와 집단 학살로 악명 높은 그르바비차였다. 전쟁 중에는 여인들을 대상으로 한 집단 강간이 행해졌고 전쟁 후에는 집단학살 현장이 발견되기도 한 곳이었다. 차가 시내 중심으로 더 들어가야 한다고 했다. 또 숙이라고 했다. 갑자기 안내인이 성호를 긋더니 전속력으로 악셀을 밟았다. 내리막길이었다. 이번엔 꽤 길었다. 50여 미터를 쌩 달려 골목길에 들어서서야 그가 말했다. 맞은편에 보이던 높은 건물이 무슬림 저격병들이 배치돼 있는 곳이라고 했다. 그 내리막길이 저격 피해가 가장 많은 곳이라고 했다. 정신이 번쩍 들었다.

11

최전선 초소, '30미터 앞에 적이 있다'

겉모습은 완전히 죽은 도시였다. 움직이는 것은 아무 것도 없었다. 이따금 씩 총소리만 울렸다. 하지만 어디쯤에서 나는 소리인지 도무지 알 수 없었다. 그것이 더 마음을 불안하게 했다. 우리의 목적지는 큰 길을 지난 뒤 골목길도 몇 개 구불구불 지나야 하는 곳이었다. 도착해 보니 어느 아파트의 반지하였 다. 이곳에 도착하기까지도 시야가 트인 곳에는 예외 없이 노출을 가리기 위 한 각종 보호벽들이 만들어져 있었다. 콘크리트는 물론 베니어판, 심지어 소 파, 테이블에 불탄 자동차 등까지 동원돼 있었다. 간혹 지나는 사람들은 그런 방어물에 몸을 가린 채 최대한 숙인 자세로, 최대한 빠른 속도로 움직이고 있 었다. 우리도 다를 수 없었다. 머리가 쭈뼛 서고 입이 바짝바짝 말랐다. 초소 에 들어서니 두 사람이 무거운 표정으로 전방을 주시하고 있었다. 한 명은 정 면을 향해 기관총을 거치해 놓고 있었고 어깨에 총을 맨 다른 사람은 무전기 로 뭔가를 교신하고 있었다.

바닥을 포함해 사방에 탄피가 그득했다. 발을 디딜 때마다 찰그랑거리는 소리가 신경을 자극했다. 그 소리가 긴장감을 높였다. 미리 연락을 받은 듯 우리가 들어서자 기관총을 잡고 있던 병사가 자리를 내줬다. 앞을 한번 보라고 했다. 작은 창문을 통해 보니 30미터쯤 전방에 아파트 다른 동의 건물이 보였다. 그곳에 무슬림 사람들이 있다고 했다. 30미터를 사이에 두고 세르비아와 무슬림 양쪽이 맞서 있는 곳, 내가 지금 최전선에 와 있다는 의미였다. 저들도 두 명이 한 조가 돼 24시간 이쪽을 감시한다고 했다. 아마도 저들은 지금 기자들이 취재온 것도 알고 있을 것이라고 했다. 자칫 잘못 움직이면 총알이 날아올 수 있다며 주의에 주의를 당부했다. 온몸의 신경이 곤두섰다.

이들은 무슬림쪽에서 공격을 하지 않는 한 자신들은 먼저 공격하지는 않는다고 했다. 알고보니 우리에게 자리를 내준 사람은 그 지역 민병대 사령관이었다. 어디선가 본듯한 얼굴, 인상이 참으로 선했다. 본인을 밀란이라고 소개한 그는 전쟁이 벌어지기 전에는 사라예보 시내에 있는 제법 큰 회사의 전기 기술자였다고 했다. 한데 그런 분이 어떻게 총을 잡게 됐냐고 물으니 곤혹스런 표정으로 전쟁이 그렇게 만들었다고 했다. 한숨이 섞여 있었다. 일하던 회사에 무슬림 친구들이 없었는지 묻자 허탈하게 웃으며 많았다고 했다. 무슬림과 크로아티아 친구들이 여럿 있었다고 했다. 그는 묻지도 않는데 그들 가운데 상당수는 지금 저쪽에서 총을 들고 있을 것이라고도 했다. 느닷없이 보스니아가 독립을 선언하면서 한순간에 모든 것이 달라졌다며 쓴 웃음을 지었다. 그런 위험스런 상황에서 자신과 가족을 지키기 위해 나설 수밖에 없었다고 했다.

정말 이해할 수 없는 말이었다. 어떻게 그런 일이 가능하단 말인가? 수십 년을 함께 살아 온 사람들이, 친구요 이웃이요 동료였던 사람들이 한순간에 서로에게 총을 겨누는 원수로 돌변할 수 있단 말인가? 그렇다면 그동안의 다정했던 시절은 그들에게 무엇이었단 말인가? 더 이해할 수 없는 것은 함께 살아오는 동안 서로 피가 섞여 민족을 구분한다는 것이 거의 무의미하다는 사실이었다. 출발하기 전 봤던 자료에서는 무슬림과 세르비아, 크로아티아 사람들이 서로 섞여 결혼하는 통혼률이 24%라고 돼 있었다. 사라예보는 더 높아 34%였다. 자료는 그것조차 기록상일 뿐 실제는 50% 정도에 이를 것이라고 추정하고 있었다. 사라예보 사람들의 절반 정도는 다른 민족과 결혼해 살고 있다는 말이었다. 그런 상태라면 민족의 구분은 별 의미가 없다는 말이었다. 그런데 그런 사람들이 민족을 따지며 싸우고 있다니… 무슨 이런 전쟁이 있단 말인가?… 사령관을 포함해 다른 사람들이 그런 말도 안 되는 현실을 인정하고 있었다. 그럼에도 총을 들고 있었다. 사령관의 얼굴은 군복만 아니라면 마음씨 좋은 이웃 아저씨였다. 선한 눈빛에선 어떤 악함도 찾아보기 어려웠다. 그런 그의 얼굴에 대고 '어떻게 그럴 수 있느냐'고 차마 물을 수는 없었다.

그렇게 답답한 얘기를 나누는데 군복 차림의 젊은 친구가 들어왔다. 한쪽 다리를 절고 있었다. 사령관의 참모인 듯 했다. 전투중에 총을 맞았다는 그가 세르비아지역을 안내해 주겠다고 했다. 그를 따라나섰다. 긴장이 엄습했다. 심호흡을 몇 번 해야 했다. 총소리는 나지만 사람은 보이지 않는 상황이 몸을 더 움츠러들게 했다. 총소리가 훨씬 가까워져 있었다. 전면적인 전투는 없지만 지점지점에서는 산발적인 교전이 계속되고 있다는 의미였다. 역시 지나다니는 통로는 대부분 가림막으로 막혀 있었다. 혹 없는 곳에서는 부숴진 콘크리트 더미를 이용해 은폐하고 엄폐하며… 그것조차 없는 곳에서는 몸을 잔뜩 웅크린 채 무조건 뛰어야 했다. 어쩌다 동작이 조금 늦어지면 빨리 오라고 난리였다. 조금만 꾸물대면 저격의 대상이 된다고 했다. 그렇게 건물에서 건물로 이동할 때는 신속하게, 건물에 도착해서는 건물 안으로 조금은 여유있게… 꼬불꼬불 미로같은 길을 지나고 또 지났다.

얼마쯤 가니 물통을 든 사람들 10여 명이 모여 있었다. 사방이 막혀 비교적 안전하게 보이는 곳이었다. 물어보니 식수를 구하러 나왔다고 했다. 추위를 막기 위해서인 듯 옷을 두껍게 끼어 입어 걸을 때마다 뒤뚱거리는 모습에 어울리지 않는 웃음이 났다. 어떤 사람들은 물통을 내려 놓고 햇볕 가득한 벽에 기대 쉬고 있었고 어떤 사람들은 줄을 서 있었다. 가만히 보니 다 노인들 뿐이었다. 그들의 얼굴에는 아무런 표정이 없었다. 지치고 무기력한 모습들 뿐이었다. 뭐라고 말을 걸기도 민망했다. 어른들과 조금 떨어져 놀던 어린 아이들이 우리쪽으로 다가왔다. 낯선 동양 기자들이 신기한 듯 아이들은 이리보고 저리보고... 그러면서 연신 웃어댔다. 하긴 아이들도 힘들 터였다. 그렇게 갇혀지내는 생활이, 총소리 포소리 들으며 숨죽여 살아가야 하는 생활이. 그런 생활에 한 번도 보지 못했던 동양 사람들이 나타났으니 반갑기도 할 터였다.

바로 앞에 있는 아파트 한 가정을 방문했다. 겉으로 보기에는 깨끗하고 멀쩡한 모습이었다. 전쟁의 분위기나 전투의 흔적이 전혀 느껴지지 않았다. 하지만 할머니의 안내를 받아 다른 방을 돌아보니 곳곳이 상처였다. 창문은 다 깨져 테이프로 붙이거나 비닐로 막은 상태였고 벽과 문틀엔 총알 자국이 선명했다. 얼핏 눈에 보이는 것만 세어보니 가까이 보이는 것만 6발이었다. 의외로 할머니는 무슬림이라고 했다. 세르비아 사람들의 한복판에 사는 무슬림 할머니라니. 그것도 서로 총부리를 겨누고 있는 상태에서. 왜 떠나시지 않냐고 물었다. 할머니는 담담하게 25년 동안 살아온 집을 왜 떠나냐고, 떠날 이유가 없다고 했다. 불편하거나 무섭지 않냐고 다시 물었다. 전혀 그렇지 않다고 했다. 비록 무슬림과 세르비아가 싸우고 있지만 자신은 세르비아 이웃들과 여전히 잘 지내고 있고 그들도 자신을 잘 대해주고 있다고 했다. 의약품이 부족한 것이 조금 불편할 뿐 다른 것은 다 견딜 만하다고 했다. 세르비아인들과 잘 살고 있다는 할머니의 얘기에 정신이 번쩍 들었다. 기분 좋은 놀라움이었다.

아파트를 나와 근처에 있는 다른 초소를 찾았다. 제법 요령을 익힌 상태로 은폐, 엄폐를 이용해 숨죽이며 초소에 들어섰다. 역시 두 명의 병사, 전방 40여 미터 지점에 무슬림의 아파트와 초소가 보였다. 바로 그 앞에 푸른색의 방호시설이 있었다. 이 초소에는 군데군데 총알자국이 선명했다. 치열한 교전이 있었음을 확인시켜주는 흔적이었다. 역시 여기저기 탄피도 그득했다. 우리 중 누군가가 총을 잡고 있는 병사에게 사격 장면을 하나 찍을 수 있겠냐고 조심스럽게 물었다. 깜짝 놀라며 안 된다고 했다. 심각한 교전이 벌어질 것이라고 했다. 그러면 모두가 위험해질 것이라고 했다. 나까지 얼굴이 화끈거렸다. 참호 밖으로 나와 은폐용 가림막에 기대, 몸을 낮춘 자세로 On-mike를 시도했다. '사라예보의 최전선이다. 일촉즉발의 긴장감이 감돌고 있다. 내가 서 있는 곳 40미터 거리에 무슬림 초소가 있다.' 이런 내용이었다. 촬영을 하는데 '따다다다다다' 갑자기 총소리가 울렸다. 나도 카메라 기자도 황급하게 엎드릴 수밖에 없었다. 최소 50미터 이내, 아주 가까이에서 나는 소리였다. 하지만 방향도 위치도 짐작할 수 없었다. 누군가 뭔가를 본 것인가? 아니면 무슬림쪽에서 우리를 경고한 것인가? 정신이 번쩍 들었다. 총소리는 그쳤는데… 일어서야 하나, 아니면 더 엎드려 있어야 하나? 일어서면 이번엔 정말 총알이 날아오는 것이 아닐까?… 짧은 순간 별의별 생각이 다 스쳤다. 카메라 기자도 나처럼 복잡한 듯 한참 동안 꼼짝도 않고 엎드려 있었다.

12

포로들이 전해 준 포위망 안의 사정

사라예보는 위험과 긴장이 극에 달한 도시였다. 그런 곳에 있다는 사실만으로도 몸과 마음이 움츠러들었다. 하지만 나는 움츠러들어서는 안 되는 기자였다. 사람들이 사는 곳을 더 보고 싶었다. 더 봐야 했다. 사라예보에 있는한 이동 요령은 어디서나 마찬가지였다. 피하고 숨어서 최대한 신속하게 달린다. 안내인 없이는 어디도 갈 수 없었다. 그렇게 이리 피하고 저리 빠지고하며 사람들이 있을 만한 곳을 살폈다. 쉽게 나타나지 않았다. 대부분은 피난을 갔고 그나마 남아 있는 사람들도 아예 밖으로 나오려고 하지 않는다고 했다. 그렇게 이곳 저곳을 살피다 시장이라는 곳에 도착했다. 우리가 알고 있는그런 시장이 아니었다. 너댓 명이 서너 가지 물건을 앞에 놓고 팔고 있는 곳이었다. 50대로 보이는 뚱뚱한 여인은 손전등 하나와 여자용 스타킹 하나를내놓고 손님을 기다리고 있었다. 그 옆에 있는 60대 남성은 라이타와 배터리몇 개, 그리고 의약품을 펼쳐 놓았다. 대개 그런 식이었다.

안내인이 설명했다. 돈을 받고 팔기 위한 물건들이 아니라고 했다. 일종의물물교환을 기대하고 나온 사람들이라고 했다. 가격대가 비슷한 것을 서로바꾸는 것이 아니라 서로에게 꼭 필요한 것들을 바꾸는 것이라고 했다. 예를 들면 라디오 2대 있는 사람이 라이타가 꼭 필요할 경우 라디오 1대와 라이타를 바꾸는 식이라고 했다. 가격이 중요한 것이 아니라 생존에 절대적으로 필요한 것들이 가치가 높은 것이라고 했다. 그런 모든 것을 감안한다고 해도 모든 것이 너무 초라했다. 물건을 펼쳐놓은 사람들만 있을 뿐 누구도 나와 보지도 않았다. 그들도 팔리기를 기대하는 것 같지 않았다. 그저 무료함을 달래기 위해, 살아 있음을 스스로 확인하기 위해 나와 있는 것 같았다. 하지만 그럼에도 그들의 얼굴엔 아무런 표정이 없었다. 그저 지치고 맥이 빠진 모습이었다.

안내인은 그래도 세르비아쪽은 괜찮은 편이라고, 절박하지는 않다고 했다. 사라예보를 포위한 입장이기에 필요한 물품 공급이 상대적으로 원활하게 이뤄지고 있기 때문이라고했다. 하지만 포위당해 밖으로 나갈 수 없고 물품 공급 통로조차 막혀 있는 무슬림과 크로아티아 사람들은 엄청 힘들 것이라고 했다. 물건을 펼쳐놓고 있는 노인 한분에게 물었다. 어떤 물건으로 바꾸기 원하느냐고 물었다. 자신은 특별히 원하는 것은 없다고 했다. 예상대로 그저 무료해서 나온 듯 했다. 왜 안전한 곳으로 떠나지 않느냐고 또 물으니 자신이 떠나면 그곳을 무슬림이 차지할 것이기 때문에 떠날 수 없다고 했다. 옆에 있던 다른 분은 가족들은 다 피난을 떠났다고 했다. 같이 가자는 것을 자기는 안 갔다고 했다. 나이들어 오늘 죽을지 내일 죽을지 모르는 것 언제 죽더라도 집에서 죽고 싶다고 했다.

그곳에서 멀지 않은 루카비차라는 곳에 포로 수용소가 있었다. 무슬림과 크로아티아 사람들 70여 명이 수용돼 있다고 했다. 관리 책임자는 전투중에 잡은 포로들이라며 고문이나 구타 등 비인도적인 행위는 없다고 강조했다. 자신들은 제네바 협약이 정한 규정에 따라 포로들을 인도적으로 잘 대우하고 있다는 얘기였다. 그의 안내를 받아 감방을 둘러봤다. 대부분 포로들은 노역

작업에 나갔다고 하고 환자들만 몇 명 남아 있었다. 생각보다 환경이 괜찮았다. 침대와 매트리스... 깨끗하게 보이지는 않았지만 예상했던 포로수용소의 그것보다는 훨씬 상태가 좋았다. 체스를 즐기는 사람들, 간혹 도색잡지를 보는 경우도 있었다. 책임자는 금명간에 무슬림측과 포로교환이 있을 것이라고 했다. 포로 몇 명과 얘기를 나눠보니 하나같이 자신들은 군인이 아니라 일반 시민들이라고 했다. 어느 날 집에 있는데 세르비아사람들이 들이닥쳐 끌고왔다고 했다. 그런 얘기에 책임자는 거짓말이라고 했다. 말은 그렇게 하지만 다들 전투 중에 잡힌 사람들이라고 거듭 강조했다.

그들에게 사라예보 안쪽, 포위망 안의 사정을 물어봤다. 다행히 책임자가 제지하지 않았다. 그들은 정말 비참하다고 했다. 모든 것이 부족하다고 했다. 사람들이 계속 죽어나가는데 죽어도 제대로 장사도 지내지 못한다고 했다. 의사가 부족하고 약품도 없어 조금만 치료하면 살 사람들도 그저 죽어갈 수밖에 없다고 했다. 어떤 형태든 총상을 입으면 살아날 확률이 30%도 안된다고 했다. 많은 사람들이 작은 감염에도 죽는다고 했다. 그래서 항생제가 가장 귀한데 어디서도 구할 수 없다고 했다. 간단한 설사가 시작돼 죽음으로 연결되는 경우도 흔하고... 특히 어린 아이들이 심하다고 했다. 옆에서 죽어가는 것을 보면서도 아무 것도 해주지 못하는 게 어른의 입장에서 가장 슬픈 일이라고 했다. 죽음이 워낙 일상적으로 이뤄지니 사람들도 많이 덤덤해졌다고도 했다. 거리엔 온통 무덤들뿐이라고 했다.

실생활에선 물 부족이 가장 어려운 문제라고 했다. 대개 빗물을 받아 드럼통같은 것에 보관한 뒤 끓여 먹는데 가스도, 땔감도 부족해 그대로 먹는 경우가 많다고 했다. 마을 안에 강이 있는 경우 식수 등으로 이용하지만 오염이 보통 심각한 게 아니라고 했다. 그래서 설사가 많고 피부병 같은 것이 끊이지 않는다고 했다. 그렇게 모든 것이 열악하다 보니 도둑과 강도가 말할 수 없이 많다고 했다. 누구도 믿을 수 없다고 했다. 누가 적이고 누가 아군인지 구분이 안된다고 했다. 그래서 대부분 자신과 가족을 보호하기 위해 스스로 무기를 가지고 경계심 속에 살아간다고 했다. 좋아 보이는 옷을 입고 나가거나 근사한 물건을 가졌다고 자랑하는 것은 강도를 부르는 것과 같은 짓이라고 했다. 아무도 믿을 수 없고 믿어서는 안되는 무법천지라는 의미였다. 그들이 전하는 소식은 세르비아쪽과는 비교가 안되게 열악한 것이었다. 그들의 마지막 말이 가슴을 때렸다. '전쟁에는 좋은 편도 나쁜 편도 없는 것 같다. 어느 편이든 나쁜 짓을 저지르는 사람들이 있고 또 어느 편에도 좋은 사람이 있다.'

의외의 소득이었다. 포로의 입을 통해 사라예보 안쪽의 상황을 그렇게 나마 들을 수 있었으니... 세르비아쪽이 아니라 무슬림과 크로아티아쪽도 반드시 가봐야겠다고 다시 마음을 다졌다. 해가 지고 있었다. 이제 빠져나가야 할 시간이었다. 들어올 때는 언덕길을 내려오며 저격을 염려했었는데 이번에는 오르막을 오르며 똑같은 공포를 느껴야 했다. 다행인 것은 어둑어둑해지며 간헐적으로 들리던 총소리가 거의 들리지 않는다는 것이었다. 차라리 어둠이 빨리 짙어졌으면 하는 바램이 간절했다. 안내인은 최대한 속력을 내는 것이라고 하는데... 밟는다고 밟은 차가 왜 그리 느리게 느껴지던지... 일단 가장 위험하다는 언덕은 무사히 지났다. 하지만 몇 고비가 아직 더 남아 있었다. 마지막까지 긴장을 풀 수 없었다. 걸프전과 소말리아에서 느끼던 위험과는 또 다른 차원의 위험이었다. 신음같은 기도가 저절로 흘러나왔다. 다들 나와 같은 마음인 것 같았다. 아무도 말이 없었다.... 그건 몇 번의 종군취재를 통해서 확인한 것이었다. 두려움이 커지면 말이 먼저 없어졌다. 그렇게 그렇게 팔레의 숙소에 도착해서야 안도의 한숨을 내쉴 수 있었다. 주여 감사합니다. 무사히 지켜주셨군요. 정말 감사합니다.

13

발판 밑을 관통한 총알, 아, 불길한 꿈이 이것이었구나!

사라예보 취재는 성공적이었다. 비록 반쪽이기는 했지만 계획했던 것들을 볼 수 있었다. 무엇보다 사라예보에 발을 들였다는 것 자체의 의미가 작지 않았다. 회사에서도 좋아했다. 세르비아의 입장을 충분히 반영하겠다고 약속하고 얻어낸 결과였다. 그렇게 하지 않았다면 불가능한 취재였다. 하지만 한쪽만 취재했다는 것이 영 마음에 걸렸다. 균형을 맞춰야 했다. 조심스럽게 반대쪽, 무슬림과 크로아티아 지역으로 들어갈 방법을 찾아봐야 했다. 하지만 길이 보이지 않았다. 세르비아계가 도시전체를 빙둘러 타이트하게 포위하고 있는 상황이어서 시도 자체가 거의 불가능했다. 그렇다고 세르비아 대사관에서 소개한 조란에게 부탁할 수도, 사라예보 안내를 맡았던 세르비아 친구들에게 부탁할 수도 없었다. 차분하게 가능성을 살펴보기로 했다. 조급하게 서두르지 않기로 했다.

사라예보에서 돌아온 그날 밤, 우리는 무사귀환을 자축했다. 얼마나 흥분됐던지 아무리 맥주를 마셔도 취하지 않았다. 정말 기분 좋았다. 모두들 비로소 얼마나 얼었는지, 얼마나 가슴을 졸였는지 털어놓았다. 박 PD가 먼저 말했다. 운전하던 친구가 저격이 많은 지역이라며 갑자기 십자가 성호를 긋는데 아찔하더라고... 그 친구의 비장한 얼굴을 보고 나니 정말 몸이 쪼그라들더라고 했다. 나도 보탰다. On-mike할 때 우리를 향해 총을 쏘는 줄 알았다고. 최소 반경 50미터 안에서 나는 소리라 판단됐기에 정말 무슨 일이 생기는 줄 알았다고. 그래서 한참 동안 일어나지 못하고 있었다고... 가장 힘들었을 이중완 선배도 입을 열었다. 아침에 꿈 얘기, 거울 깨진 얘기했을 때 정말 심각했었다고. 그때 만약 자신이 후배고 내가 선배였다면 자기는 절대 들어가지 않았을 것이라고. 내가 끌고 간다고 했더라도 자신은 응하지 않았을 것이라고. 하지만 후배가 의연한 모습을 보이는데 쪽 팔려서 더는 얘기할 수 없었다고 했다.

유○○ 기자 대신에 투입된 오디오 맨은 장가도 못 가보고 죽는 줄 알았다고 했다. 회사에서 가겠냐고 했을 때 그저 외국 구경 간다는 마음에 신났었는데 말도 못하고... 엄청 후회했다고 했다. 무거운 장비 때문에 가장 뒤로 처져 뛸 때는 정말 겁 났다고 했다. 총소리는 나는데... 앞서 간 사람들이 손사래치면서 빨리 오라고 재촉하는데 발은 잘 안 떨어지지, 은폐물은 너무 낮아 몸을 다 가려주지 못하지.... 정말 겁났다고 했다. On-mike하다 말고 나도 카메라 기자도 엎어져 꿈쩍 안했을 땐 정말 무슨 일이 생긴 줄 알았다고 했다. 그런데도 내가 흔들어 볼 엄두가 나지 않더라고 했다. 얘기가 끝없이 이어졌다. '맞아' '맞아' 서로 공감도 하고 '정말 그랬어?..' 자각하지 못했던 위험에 놀라기도 하며... 그때마다 함께 가슴을 쓸어내리고 한바탕 웃기도 하며... 유쾌한 밤이었다.

하지만... 별일 없이 끝난 줄 알았던 불길했던 꿈은 그냥 사라진 게 아니었다. 다음날 아침 일찍 나타난 조란이 나와 보라며 밖으로 이끌었다. 그는 우리 차의 조수석 발판 밑에 난 작은 구멍을 가리키며 뭔지 짐작하겠느냐고 물었다. 어리둥절해 하는 우리에게 그가 설명했다. 어제 사라예보에서 맞은 총알 지국이라고 했다. 그의 얘기를 들어보니 아찔했다. 우리가 안내인들과 함께 작은 차로 바꿔 타고 사라예보로 떠난 직후 그도 우리 뒤를 따랐다고 했다. 근처까지 온 김에 그곳에 살고 있는 친척들을 만나보고 싶은 마음이 들었다고 했다. 해서 자신도 우리 뒤를 따라 사라예보로 향했는데 몇 차례 총소리가 나더라고 했다. 특히 사라예보에 거의 도착했을 때 아주 가까이서 2발의 총성이 울려 깜짝 놀랐다고 했다. 그럼에도 그게 자신을 향한 것이라고는 상상도 못했다고 했다. 한데 목적지에 도착해서 혹시나 하는 마음에 차를 살펴봤는데 구멍이 나 있더라고 했다. 어찌나 가슴이 뛰던지... 바로 차를 돌려 전속력으로 도망쳐 나왔다고 했다. 총알이 낮았기에 망정이지 조금만 위로 지났다면 다리에 맞거나 어쩌면 심장에 맞았을 것이라며 정말 식겁했다고 했다... '아. 그랬었구나. 불길했던 꿈과 멀쩡하던 거울이 깨졌던 그 일이 바로 이것을 암시했던 모양이구나...' 생각할수록 아찔한 일이었다.

목표했던 사라예보도 다녀왔겠다, 큰 액땜도 했겠다... 조금은 편해진 마음으로 보고 싶은 현장들을 더 보기로 했다. 팔레 시내에 있는 난민들을 찾아 나섰다. 다른 곳과 달리 이곳의 난민들은 별도의 캠프가 아니라 피난 떠난 주민들의 집에서 살고 있었다. 시 당국에서 정책적으로 그렇게 하도록 배려했다고 했다. 그래서인지 대부분 생활도 여유가 있어 보였고 가족끼리 모여 살다 보니 특별히 난민의 분위기가 느껴지지도 않았다. 무슬림 지역에 살다가 가방 하나 챙기지 못하고 나왔다는 40대 중반의 남자를 만났다. 태어나서부터 그곳에서 살았다는 사람이었다. '어느 날 집에서 쉬고 있는데 무슬림들이 들이닥쳤다. 그들은 총구를 들이대며 5분 안에 떠나지 않으면 다 죽이겠다고 협박했다...'... 그는 두 딸만 데리고 정신없이 몸만 도망 나왔다고 했다. 가장 친한 친구가 무슬림이었다는 이 사람은 이제 더 이상 무슬림 친구는 없다며 침통한 표정을 지었다. 상황을 알지 못하는 어린 두 딸은 인터뷰하는 아버지 옆을 오가며 마냥 즐거웠지만 그의 표정은 비장하기만 했다.

다른 집을 찾아봤다. 겉 모습은 역시 화목한 가정이었다. 아버지와 어머니, 제법 장성한 두 딸. 인터뷰 내내 그들의 입에서 행복한 웃음이 떠나지 않았다. 어디를 봐도 그들은 난민이 아니었다. 딸들에게 전쟁에 동의하느냐고 물었다. 절대 동의하지 않는다고 했다. 도저히 이해할 수 없는 전쟁이라고 했다. 그들은 학교에 무슬림 친구들이 여럿 있었다며 보고 싶다고도 했다. 하지만 아버지의 입장은 달랐다. 완강했다. 그들이 먼저 공격했기 때문에 자신은 용서할 수 없다고 했다. 싸울 것이라고 했다. 인터뷰를 마치고 나오려는데 그가 보여줄 게 있다고 했다. 그러더니 마루를 열었다. 마루 밑으로 무기고가 있었다. 제법 넓은 공간에 총 2정, 여러발의 포탄과 수류탄 등 적지 않은 무기들이 있었다. 지역 민병대에서 자위용으로 나눠준 것이라고 했다. 만일 무슬림이 밀고 오면 그 무기들을 가지고 싸울 것이라고 했다. 부인과 딸들을 지키기 위해 기꺼이 무기를 들 것이라고 했다. 그에게 속히 전쟁이 끝나 집으로 돌아가기 바란다고 인사했다. 의외의 대답이 돌아왔다. 자신도 그렇게 되기를 원하지만 그게 가능하겠냐는 것이었다.

사라예보와 팔레의 취재는 그렇게 기분좋게 마무리됐다. 이제 어떻게 방송을 내보내느냐 하는 문제만 남았다. 나는 최소 2꼭지, 가능하면 3꼭지를 만들어 9시 뉴스에 연속으로 내는 것이 좋겠다는 의견을 제시했다. 1편은 'KBS 사라예보를 가다', 2편 '친구에서 적으로', 3편 '전쟁속의 사람들'. 이런 식으로 나누면 괜찮을 것 같았다. 보도국도 그런 형식을 원할 것이라는 설명도 덧붙였다. 팀원들 가운데 보도국의 분위기에 가장 익숙한 사람은 나였다. 그러나 박 PD의 생각은 달랐다. 굳이 나누지 말고 좀 길더라도 완성도를 높여 한 꼭지로 가는 게 좋겠다는 것이었다. 길게 만들어 주고 필요하면 본인들이 잘라서 쓰게 하자는 것이었다. 소말리아에 이어 또 편집을 둘러싸고 이견이 생긴 것이었다. 나로서는 동의할 수 없는 얘기였다. 사라예보 취재는 그렇게 단발로 끝내기에는 너무 아까운 것이었다. 3개로 나눠도 하나하나가 훌륭한 아이템이 될 수 있는 상태였다. 회사의 입장에서도 당연히 그게 장사가 되는 것이었다.

하지만 합의가 되지 않았다. 얘기를 나누다 보면 어렵지 않게 정리될 것이라 생각했는데 그렇지 않았다. 무슨 이유에서인지 박 PD가 완강했다. 너무도 완강한 PD에 이번에도 물러설 수밖에 없었다. 안그러면 또 팀이 흔들릴 우려가 있었다. 앞으로도 2주 이상을 같이 일해야 하는 팀이었다. 떠나오기 전 PD식이든 기자식이든, 시청자 입장에서 그건 하나도 중요한 게 아니라던 데스크의 얘기도 생각났다. '그럼 그렇게 하자'고 양보를 하면서 분명하게 못을 박았다. '이 문제로 나중에 회사에서는 반드시 질책을 할 것이다. 그때 모른 척하지 말고 내가 주장했다는 얘기는 분명하게 해달라' 결국 우리는 8분 20초 정도의 한꼭지로 아이템을 편집해 보냈다. 전체 뉴스 시간 35분의 4분의 1에 해당하는 엄청난 분량이었다. 분명 그대로 다 나가지는 못했을 것이었다. 속이 상해 나는 방송이 어떻게 나갔는지 확인해 보지도 않았다. 사라예보 방송은 결국 그것으로 끝이었다. 그리고 다른 취재물들도 다음 취재가 끝날 때까지는 보낼 수 없었다. 결국 사라예보 입성 1보만 거창하게 띄운 채 나는 한동안 뉴스에 모습을 보일 수 없었다. 이 문제로 나중에 정말 심하게 깨져야 했다.

14

구타, 강간, 살인... 그들은 한때 알고 지내던 이웃들이었다

세르비아쪽을 봤으니 이제 크로아티아를 봐야 할 차례였다. 아쉽게도 무슬림쪽은 몇 차례 노력에도 길이 열리지 않았다. 크로아티아 입장에서 내전을 살핀다는 것은 균형을 위해서도 필요한 일이었다. 특별히 유고내전이 슬로베니아와 크로아티아의 독립선언으로 시작된 것임을 감안하면 크로아티아의 입장을 살핀다는 것은 여러 모로 의미가 있는 일이었다. 일단 비엔나로 철수해 크로아티아와 관련된 최신 자료를 모았다. 어떤 루트로 어떻게 접근하는 것이 좋을지, 들어가기 위한 효과적인 방법도 모색했다. 그렇게 이틀간의 준비를 갖춘 뒤 자그레브로 향했다. 굵은 눈방울이 쏟아지는 날이었다. 휘몰아치는 눈보라를 헤치며 차로 5시간 30분쯤, 자그레브의 첫 인상은 참 단아하다는 느낌이었다. 웅장하고 높은 건물은 보이지 않았지만 전통 양식의 균형잡힌 건물들이 도로 양편으로 보기좋게 열을 지어 있었다. 특히 주황색 지붕들이 만들어내는 독특한 분위기가 인상적이었다. 거리는 깨끗했고 오가는 사람들의 모습도 말끔했다. 날씨는 추웠지만 어딘가 정감이 느껴지는 도시였다.

먼저 공보성으로 가 프레스 카드를 발급받았다. 어디든 국제적인 이슈가 있는 곳에 갈 경우 가장 먼저 해야 하는 일이었다. 룬제비치라는 담당자에게 취재계획을 설명하고 수상 등 고위관계자와 인터뷰가 가능한지 물었다. 얼마든지 가능하고 주선할 용의도 있다고 했다. 하지만 주말이라 당장은 연락이 안되고 월요일이 돼야 얘기를 해볼 수 있다고 했다. 그러고 보니 금요일 오후였다. 날짜 가는 것은 알았지만 요일이 어떻게 되는지에 대해서는 신경을 못 쓰고 있었다. 쉬는 날 없이 계속 일할 때 생기는 반복되는 현상이었다. 6일 동안 열심히 일하고 7일째 되는 날 쉬라 하신 하나님의 명령에는 안식일을 지키라는 종교적 의미 외에 하루하루가 어떤 날인지 정신 바짝 차리고 살아야 한다는 경계의 의미도 담겨 있음을 깨닫게 됐다. 유럽 사람들은 아무리 급한 일이 있어도 주말은 꼼짝 안한다는 사실을 이미 잘 알고 있었으면서 왜 요일 챙길 생각을 못했을까?... 여전히 꼼꼼하지 못한 스스로에 대한 자책이 밀려왔다.

룬제비치도 금요일이라는 사실을 아쉬워 하며 대신 안내인을 한 사람 소개해 줬다. 토니라고, 180cm가 넘는 훤칠한 키에 잘생긴 청년이었다. 그때까지 만났던 다른 친구들과 달리 별로 말이 없었다. 그래서 믿음이 갔다. 아쉽게도 이 친구에게는 차가 없었다. 렌트를 위해 자그레브 시내를 다 돌았지만 빌릴 차가 한 대도 없었다. UN에서 싹 쓸어갔다고 했다. 하는 수 없이 토니 지인의 차를 빌렸다. 자그마한데다 낡기까지 했지만 달리 대안이 없었다. 렌트 비용은 하루 100달러, 거기에 안내비로 자그레브 외곽은 하루 150달러, 위험지역에 갈 경우에는 200달러를 주는 조건이었다. 물론 식대와 기름값은 별도였다. 안내인에게 있어서 이 정도면 전쟁 상황에 제법 큰 수입이었다. 일반인들의 한 달 평균 수입이 50달러 정도라고 했었다.

자그레브 외곽에 난민 캠프가 있었다. 과거 학교로 쓰던 건물을 사용하고 있었다. 수용 인원은 730명, 전부 사라예보에서 피난 나온 사람들이라고 했다. 40대 후반으로 보이는 한 남자가 자신의 경험담을 쏟아냈다. '어느 날 저녁, 식사 중에 세르비아 군인들이 들이닥쳤다. 그들은 총구를 들이대며 나를 끌어냈다. 아내와 아이들이 겁에 질린 채 내가 질질 끌려나가는 모습을 보고 있었다. 그들은 가족들에게 당장 떠나지 않으면 죽여 버리겠다고 소리쳤다. 밖으로 나와 보니 나 같이 잡혀온 동네 사람 10여 명이 있었다. 우린 손을 묶인 채 차에 태워졌다. 도착해 보니 수용소였다. 사람들이 많았다. 전부 무슬림과 크로아티아 사람들이었다. 그들은 무지막지했다. 32일 동안 하루도 거르지 않고 매질을 당했다. 그들은 무자비하게 때리면서 세르비아 사람들에게 잘못한 것 불라고 하는데... 나는 사실 그런 기억이 없었다..' 그는 수용소에서 18kg이 빠졌다고 했다. 당시 다친 흉터라며 정강이뼈와 늑골의 상처를 보여주기도 했다.

옆에 있던 다른 사람은 9개월 동안 수용소에서 40kg이 빠졌다고 했다. 그렇게 빠진 몸이 여전히 회복되지 못한 상태였다. 얼마나 몸이 상했는지 45살이라는데 65살이라고 해도 믿길 정도였다. 그들은 매번 이름을 불러 밖으로 나오게 한 뒤 매질을 했다고 했다. 그 때문에 이름이 불리기 시작하면 온몸을 떠는 증상이 생겼다고 했다. 어쩌다 이름이 불리지 않고 넘어가는 날이면 오히려 잠이 오지 않을 정도였다고 했다. 간수들은 사람 때리는 것을 무슨 놀이로 생각하는 것 같았다고 했다. 히죽히죽 웃으며, 자기들끼리 농담을 건네가며 매질을 하더라고 했다. 얼마나 매질이 심했는지 자신과 함께 수용돼 있다 맞아 죽은 사람이 2명이라고 했다. 끔찍했던 기억이 되살아 나는 듯 그는 침통한 표정으로 고개를 저었다. 그들은 양측의 포로교환으로 풀려 났다고 했다. 한데 포로 교환 당일에도 버스 안에서 정신없이 맞았다고 했다. 당시를 회상하는 그의 눈에 눈물이 가득 고여 있었다. 그러면서도 그는 '그래도 자신은 풀려났으니 운이 좋은 사람'이라고 했다.

여인들의 증언은 더 끔찍했다. 구타는 물론 수시로 성폭행을 당했다고 했다. 포로들에게 여인들을 강간하도록 한 뒤 무슨 동물 구경시키듯 지켜보게 하는 일도 있었다고 했다. 처음엔 괴로웠지만 그런 일들이 반복되다 보니 수치심도 느껴지지 않더라고 했다. 오직 살아남기 위해, 죽지 않기 위해 모든 것을 견뎌야 했다고 했다. 로가티카 마을에서 왔다는 어떤 여인은 전쟁 직후 한 달 동안 자기 동네에서 강간당한 여자만 백 명이 넘는다고 했다. 그런 못된 짓을 한 세르비아인들 중 상당수는 내전이 일어나기 전 친구였거나 알고 지내던 이웃이었다고 했다. 강간과 살인 저지른 것을 자랑하는 세르비아 사람들도 있었다고 했다. 그중 한 청년은 대놓고 지금까지 강간한 여자가 9명인데 그중 고분고분하지 않았던 3명은 죽였다고 자랑을 늘어놓더라고 했다. 그는 상관들이 '무슬림 것은 뭐든 뺏어도 좋다' '무슬림 여자들은 강간해도, 죽여도 좋다'고 했다면서 동네를 설치고 다니더라고 했다. 그런 얘기를 전한 노인은 그 청년을 전쟁 전부터 '잘 알던 청년'이라며 한숨을 쉬었다. 시장에서 노점상을 하던 청년이었다고 했다. 말수는 적었지만 성실해서 많은 사람들이 칭찬했던 청년이라고 했다. 노인은 도대체 무엇이 괜찮던 한 젊은이를 그렇게 무섭게 바꿔놓았는지 도무지 이해할 수 없다고 했다.

악몽같았던 기억을 말하는 사람들은 모두 '그들은 제정신이 아닌 것 같았다'고 했다. 아예 안면을 몰수하고 독한 짓을 하더라고 했다. 수십 년 이웃으로 함께 살았던 사람들이 어떻게 그렇게 변할 수 있는지…. 도저히 이해할 수 없었다고 했다. 그렇게 진행되고 있는 일들을 믿을 수 없었다고 했다. 처음엔 '현실이 아닌 꿈이겠거니' 하며 정말로 나쁜 꿈이기를, 어서 꿈에서 깨어나기를 기도하고 또 기도했다고 했다. 그러다 어느 순간 꿈이 아닌 현실이라는 사실을 자각하고 나니 정상적으로 살 수 없었다고 했다. 30대 중반의 한 여인은 친구인 세르비아 사람의 이름을 팔아 그런 생지옥에서 겨우 빠져나올 수 있었다며 눈물을 글썽였다. 그녀는 자신을 강간한 남자가 '임신을 하더라도 태어나는 아이는 결국 세르비아인이 될 것이다. 너희는 우리의 씨받이일 뿐이다'라고 하는 말에 정말 큰 충격을 받았다며 몸을 떨었다. 모든 것이 세르비아 쪽에서 듣던 것과는 완전히 다른 얘기였다. 이들은 괴로운 기억에 고개를 가로 저으며, 때론 허공을 응시하며 전쟁 전에는 누구도 미워하지 않았지만 이제는 세르비아 사람들을 극도로 증오한다고 했다.

그들을 만나고 돌아오는 길, 마음이 무거웠다. 도대체 인간이란 존재는 무엇이란 말인가? 어떤 존재이기에 그렇게 잔인해질 수 있고 또 어떻게 그렇게 비굴해지기도 한단 말인가? 도대체 무엇이 사람을 그렇게 변하게 만든다는 말인가?... 피해자들 얘기 가운데 '그들은 전쟁을 핑계 삼아 마음껏 욕정을 풀며 사적인 감정을 해소하고 있었다'는 여인들의 얘기가 내내 마음을 불편하게 했다. 피해자들의 얘기 속에 그려진 가해 세르비아인들은 도덕이나 이성은 눈꼽만치도 없는 야만스런 동물들일 뿐이었다. 전쟁은 점잖던 사람도, 괜찮아 보이던 사람도 잔인한 동물로 만들어 버린다는 사실을 피해자들은 생생하게 증언하고 있었다. 내 마음만 불편한 게 아닌 것 같았다. 팀원 누구도 말을 하지 않았다. 눈을 감고 또는 밖을 응시한 채 아무런 말이 없었다. 분위기가 너무 무겁다고 느꼈음인지 토니가 한 가지 제안을 했다. 오늘 밤에 꼭 구경시켜 주고 싶은 게 있다고.

밤 9시쯤 그가 우리를 자그레브 중심가로 이끌었다. 한데 이게 웬일인가? 거리마다 청춘남녀들이 그득그득했다. 그들은 어깨동무 한 채로, 또는 몸을 흔들며 소리 지르고, 노래 부르고... 신나는 모습이었다. 조금 과장하자면 어느 야간 축제의 분위기였다. 모두가 멋지게 차려입고 예쁘게 꾸민... 하나같이 잘생기고 아름다운 청춘들이었다. 특히 디스코텍 앞에는 지나다니기 어려울 정도로 복잡했다. 경비들은 홀이 가득찼다며 들어가려는 사람들을 통제하고 있었고 적지 않은 젊은이들은 순서를 기다리는 듯 줄을 서 있었다. 입장을 포기했는지, 아니면 입장할 필요를 느끼지 못하는지... 일군의 젊은이들은 차없는 도로를 가득 채운 채 몸을 흔들며.. 음료를 마시며.. 떼창까지 부르고 있었다. 놀라운 일이었다. 지나다니는 사람들조차 드물었던 낮 시간과는 완전히 다른 세상이 펼쳐지고 있었다. 세상에, 전쟁의 한복판에서 이런 청춘들의 향연이 벌어지다니.... 디스코장이 그렇게 성업중이라니... 상상도 못했던 모습이었다. 토니가 설명했다. 매일 밤 이런 모습이 이어지고 있다고. 전쟁의 스트레스를 푸는 자그레브 젊은이들의 방식이라고. 낮시간에는 위험해서 집에 머물다가 해만 지면 이렇게 몰려나오는 것이라고. 한번도 생각해 보지 못했던 전쟁의 또 다른 단면이었다.

15

전체 주민의 20%가 죽었다, 크로아티아 투란야

세면을 하는데 코피가 났다. 응급조치를 했지만 쉽게 그치지 않았다. 피곤이 누적된 모양이었다. 하긴 서울에서부터 강행군을 이어가고 있었으니 이해 못 할 일도 아니었다. 코에 부드러운 티슈를 말아 막은 뒤 고개를 뒤로 젖히고 한참을 앉아 있었다. 멈춘 것 같아 일어서려면 다시 코피가 나고 멈춘 것 같아 일어서려면 다시 흐르고.... 보통은 그러면 멈추는데... 하지만 그렇다고 시간을 지체할 수 없었다. 시간 약속이 돼 있었다. 목적지는 카를로바치의 투란야라고 하는 작은 도시. 숙소에서 150킬로미터쯤 떨어진 곳이었다. 두 시간 반쯤 달리니 평화롭게 이어지던 도로 변에 하나, 둘 부숴진 건물들이 나타나기 시작했다. 그냥 조금 부숴진 게 아니라 겨우 빼대만 남은 처참한 모습들이었다. 안쪽으로 들어가며 보니 멀쩡한 건물이 하나도 없었다. 깨지고 부숴지고 심하게 불에 타고... 그곳에 크로아티아 지역 사령부가 있었다. 이반쇼 스타리치라는 안내 장교가 기다리고 있었다. 계급장을 보니 소령이었다. 그의 안내를 받아 10여 분을 더 달렸다. 바리케이트가 처져 있는 검문소가 나타났다. 소총을 든 민병대 군인들이 지키고 있었다. 거기서부터는 차를 두고 걸어가야 한다고 했다.

투란야, 내전 초기 가장 치열한 전투가 벌어진 곳이라고 했다. 크로아티아가 독립을 선언한 직후인 91년 7월, 유고연방의 군대가 이곳을 완전히 포위한 채 무차별 공격을 퍼부으며 전쟁이 시작됐다고 했다. 탱크와 박격포, 거기에 전투기까지 동원한 연방군에 초기에는 속수무책 당할 수밖에 없었다고 했다. 그런 공세에 남자들을 중심으로 자체 민병대가 결성됐고 그들을 중심으로 죽음을 각오한 저항이 시작됐다고 했다. 그렇게 진행된 치열한 전투가 두 달을 이어지며 전체 주민의 20% 정도가 숨졌다고 했다. 하지만 400명 정도 됐던 세르비아 사람들은 공격이 시작되기 직전 다 빠져나갔다고 했다. 눈에 보이는 모든 것들이 치열했던 당시 상황을 설명하고 있었다. 얼마나 공격을 받았는지 모든 건물은 사방이 뻥뻥 다 뚫려 있었다. 지붕은 다 내려앉았고... 집 주변의 나무들도 성한 것이 없었다. 처참했다. 말로 표현하기 어려울 정도였다. 모가디슈나 바이도아, 쿠웨이트 시티, 카프지 등... 종군을 하며 여러 도시들을 경험했지만 그곳처럼 철저하게 파괴됐던 곳은 없었다.

큰 싸움은 그쳤지만 소규모 전투는 지금도 계속되고 있다고 했다. 하루에도 몇 차례씩 포탄이 날아들고 곳곳에 묻어 놓은 지뢰사고도 잇따르고 있다고 했다. 한참 걷던 안내 장교가 길가의 움푹 패인 구덩이를 보며 조심하라고 했다. 며칠 전 80밀리미터 박격포탄이 떨어진 자리라고 했다. 당시 취재를 나왔던 방송 기자 한 명이 죽고 여러 명이 다쳤다고 했다. 소령은 특별히 카메라 기자인 이중완 선배에게 주의를 당부했다. 이 선배의 표정은 진작부터 굳어 있었다. 주변을 살펴보니 포탄의 파편들이 어지럽게 널려 있었다. 그런 구덩이들이 한두 군데가 아니었다. 포탄이 떨어지거나 지뢰가 터진 자리라고 했다. 소령은 절대 아스팔트 도로를 벗어나서는 안된다고 경고하고 또 경고했다. 그의 말을 입증하듯 도로 한쪽편에 파낸 지뢰들이 군데군데 모아져 있었다. 지뢰 옆으로는 크레모아들도 여러 개가 있었다. 아찔했다. 군 시절 전방에서 크레모아의 위력을 직접 경험한 일이 있었다. 앞은 물론 뒤까지 반경 수십 미터를 쑥대밭으로 만드는 가공할 무기였었다. 한데 그런 크레모아가 적지 않게 설치돼 있다고 했다.

그렇게 끔찍했던 전투의 흔적을 확인하며... 여전히 존재하는 위험을 온몸으로 느끼며 조금 더 깊이 들어갔다. 안쪽으로 10분쯤 더 가니 UN군 복장의 병사들이 나타났다. 폴란드와 나이지리아에서 온 용병들이었다. 거기서부터는 UN이 관리하는 구역이라고 했다. 크로아티아와 세르비아 양쪽 진영으로 500미터씩 1킬로미터가 완충지대로 지정돼 UN의 관리에 들어가 있는 상태였다. 워낙 치열한 싸움이 벌어지며 희생자들이 늘자 우선 전투라도 막자며 UN이 개입한 것이라고 했다. 소령은 거기부터는 자신들도 접근이 안된다고 했다. 하지만 우리에게는 UN에서 발급받은 프레스 카드가 있었다. 그들에게 설명하고 설득했다. 크로아티아인 소령과 토니를 거기에 남겨두고 우리는 완충지대로 들어설 수 있었다.

거기서부터는 방탄복을 입어야 했다. 언제 어느 쪽에서 총탄이 날아올지 모른다고 했다. 그러고 보니 UN군들은 모두 파란색 방탄 조끼를 입고 있었다. 우리도 폴란드인 안내장교가 내준 방탄복을 입었다. 들어가며 보니 중심지 답게 민가가 아닌 콘크리트 건물들이 많았다. 그런 건물들이 밀집돼 있었다. 치열했던 전투의 흔적은 이곳도 다르지 않았다. 굳이 다른 것이 있다면 민병대 대신 UN군들이 지키고 서 있다는 것뿐. 노골적인 전투가 벌어지지 않는 것은 전적으로 UN의 공으로 보였다. 파내진 지뢰는 이곳에도 적지 않았다. 대부분 대전차 지뢰, 크레모아도 역시 섞여 있었다. 그런 지뢰 더미들이 꽤 여러 개 됐다. 그리고 그 근처에는 접근을 막는 철선도 길게 이어져 있었다. UN군들과 지뢰를 배경으로 On-mike를 하나 했다. UN 병사의 인터뷰도 했다. 제3자의 입장에서는 도저히 이해되지 않는 전쟁이라고 했다. 전쟁의 목적이 순전히 원한을 풀기 위한 것 같다고도 했다. 그러면서 겉으로는 휴전이 지켜지고 있는 것 같지만 양쪽 다 뒤로는 무기를 모으고 군인을 모으며 또 다른 전투를 준비하고 있다고 했다. 언제 다시 폭발할지 모른다는 얘기였다.

세르비아쪽 완충지대도 보고 싶었다. 경계지점까지 이동해 의사를 전달했다. 사라예보 들어가기 위해 만들었던 세르비아가 발급한 프레스 카드도 제시했다. 그들도 좋다며 잠시만 기다려 달라고 했다. 그러더니 무슨 이유에서인지 '오늘은 곤란하다'고 입장을 바꿨다. 대신 '내일은 가능할 것'이라고 했다. '우리는 오늘 떠나야 한다'고, '내일은 이곳에 우리가 없다'고 프레스 카드를 앞세워 거듭 요청했지만 결정이 번복되지는 않았다. 하는 수 없이 '얀코'라는 연락장교의 인터뷰로 아쉬움을 달랠 수밖에 없었다. '전쟁 전에는 서로 잘지냈다. 아무 문제가 없었다. 한데 91년 크로아티아 사람들이 독립을 주장하며 상황이 돌변했다. 우리를 몰아내기 위해 마구잡이 공격을 시작했다...'는게 그의 주장이었다. 세르비아인들의 주장은 어디서 누구를 만나도 똑같았다. 교육이 된 것 같았다.

취재를 마치고 나오는 길에 구 유고 연방군이 사용했다는 부대 주둔지가 있었다. 규모가 제법 컸다. 한데 철저하게 다 부숴져 있었다. 전쟁 직후 크로아티아 민병대가 이곳을 점령하자 유고 연방군이 전투기까지 동원해 쑥대밭을 만들어 놓은 것이라고 했다. 소스타리치 소령에게 도대체 이해할 수 없는 전쟁이라며 왜 싸우는지 물었다. 전쟁 전 화공기사였다는 그의 답은 이랬다 '전체 인구의 20%밖에 안되는 세르비아계가 모든 분야의 상위를 다 차지하고 있었다. 그건 부당한 일이었기에 오랫동안 문제를 제기했다. 그러나 전혀 반영되지 않았다. 그런 상황에 독립국가를 추구하는 건 당연한 일 아닌가? 우리처럼 당해봐라. 누군들 변하지 않을수 있겠나?...' 그는 세르비아 쪽에도 친한 친구들이 여럿 있었다고 했다. 하지만 더 이상 그들은 자신의 친구가 아니라고 했다. 그러면서 자식 때까지는 싸움이 가지 않아야 할 텐데 그게 가능할지 모르겠다며 말꼬리를 흐렸다.

나도 모르게 한숨이 새 나왔다. 유고 내전을 취재하면서 생긴 버릇이었다. 적어도 내 눈에 이건 전쟁이 아니었다. 유리한 고지를 점령하기 위해 진격하지도, 땅을 뺏기 위해 상대를 몰아내지도 않는 이상한 전쟁이었다. 그저 현재의 위치에서 상대를 향해 저격하고 포를 쏘는.... 그래서 다치고 죽는 상대를 보며 숫자만 계산하는.... 의미도 실리도 없는 감정싸움일 뿐이었다. 내셔널리즘? 민족주의?... 내 눈엔 그런 것도 아니었다. 그저 답답한 편싸움일 뿐이었다. 못된 정치인들이 자신들의 정치적 이익을 위해, 사적인 화풀이를 위해 편을 갈라 싸움을 붙여놓은 것이었다. 민족은 다만 효과적으로 싸움을 진행하기 위한 명분일 뿐이었다. 착하고 순박한 국민은 그것도 모르고 그저 그들에게 조종당하며 목숨까지 내놓고 있고... 가슴이 답답해 졌다.

16

여기서 전쟁놀이 하던 친구와 진짜 전쟁을 하고 있다

투란야를 품고 있는 도시, 카를로바치의 민병대 지역 책임자가 점심을 사겠다고 했다. 중후한 덩치에 얼굴 가득 온화한 미소가 있는 사람이었다. 전쟁 전 의사였다는 그는 군복이 참 잘 어울렸다. 환자들에게 인기가 있었을 것 같다고 하자 미소띤 얼굴로 고개만 끄덕였다. 그는 조금 특별한 곳에서 식사를 모시고 싶다며 어느 고성으로 우리를 안내했다. 13세기 지어졌다는 두보바치 성이라고 했다. 유럽의 모든 성들이 그렇듯 도시에서 가장 높은 곳에 위치하고 있었다. 다행히 성은 전쟁의 상처를 입지 않은 것 같았다. 성에서는 시내가 한눈에 내려다 보였다. 전쟁으로 깨지고 부숴졌는데도 멀리 떨어져 위에서 바라보니 아름다웠다. 심지어 평화롭기까지 했다. 전쟁이 아니라면 며칠 묵으며 쉬어가고 싶은 곳이었다. 이런 곳에서 전쟁이라니... 다시 한 번 안타까운 마음이 일었다.

주문한 음식을 기다리는 동안 그가 창쪽으로 나를 불렀다. 성벽 바로 밑으로 가파른 언덕에 푸른 잔디가 싱그럽게 올라와 있었다. 한참을 바라보던 그가 입을 열었다. '어렸을 때 바로 이 언덕에서 친구들과 전쟁 놀이를 했습니다. 서로 편을 짜서 막대기로 만든 총 들고 언덕을 오르락 내리락하며 신나게 놀았지요. 그런데 어린 시절 그런 추억이 깃든 이곳에서 지금은 진짜 전쟁을 하고 있습니다.' 그는 회한이 서린 듯 느릿느릿 말을 이어갔다. '근데 말이지요. 지금 우리를 향해 공격하는 저쪽 세르비아군 책임자가 그때 저와 전쟁놀이 함께 하던 친구입니다.....' 아이고... 이게 무슨 얘기란 말인가? 놀라운 얘기였다. 충격적인 얘기였다. 어린시절 전쟁놀이 하던 친한 친구와 실제 전쟁을 하고 있다니... 그는 더 이상 말을 하지 않았다. 한참 동안 그저 허공만 응시했다. 그 친구도, 자신도 그곳에서 나고 자란 토박이 중의 토박이라고 했다.

'그 친구도 당신이 이쪽 책임자인 것을 아느냐?'고 물었다. 당연히 알고 있다고 했다. 가끔씩 연락도 한다고 했다. 전쟁 초기에는 그럴 생각도 엄두도 나지 않았지만 전쟁이 길어지며 또 소강상태가 이어지며 연락을 주고 받게 됐다고 했다. 그는 지금의 현실이 너무 가슴 아프다고 했다. 해서 조금은 짓궂은 표정으로 '어릴 적 전쟁놀이 하던 얘기도 해 봤냐?'고 물어봤다. 한참을 뜸 들이더니 깊은 한숨과 함께 '해 봤다'고 했다. 얘기 끝에 자신도, 그 친구도 씁쓸하게 웃었다고 했다. 그렇게 서로의 마음을 확인한 뒤 어느 순간부터는 서로 공격하기 전에 미리 알려주는 사이가 됐다고 했다. '몇 시에 어디를 공격할 예정이니 피하라'라는 식으로. 위에서 내려오는 명령이라 따르기는 하지만 사람들을 상하게 하기는 싫다는 마음의 표현일 것이라고 했다. 씁쓸한 미소를 짓던 그의 입에서 '이건 미친 짓'이라는 외마디가 불쑥 터져 나왔다.

그에게 정말 궁금한 것 한 가지를 더 물었다. '2차대전 이후 수십 년 동안 함께 살았으면 서로간에 결혼한 경우도 많을 텐데....' 크로아티아 사람들 가운데 세르비아 사람들과 결혼한 사람들은 지금 어떤가고 물은 것이었다. 그 문제로 많은 고민을 했다고 했다. 물론 냉정하게 갈라선 경우도 있다고 했다. 하지만 대부분의 경우는 정말 말도 안되는 현실 속에서 힘들어 했다고 했다.

해서 자신은 남편이 크로아티아 사람일 경우 부인과 아이들은 안전한 곳에 데려다 둔 뒤 와서 싸우도록 했다고 설명했다. 그렇게 돌아 온 사람도 있고 가족들과 함께 사는 것을 택해 돌아오지 않은 사람들도 있다고 했다. 자신은 누구도 비난하지 않는다고 했다. 마찬가지로 세르비아 사람들의 경우에도 아내와 자식들을 피신시킨 뒤 총을 든 사람들이 있는 것으로 알고 있다고 했다. 자신의 주변에 있던 세르비아 사람들은 그렇게 어느 순간 가족들과 함께 사라졌다고 했다. 자신의 친척 중에도 그런 경우가 있다며 그들과 함께 떠난 가족들이 무사하기 만을 바란다고 했다.

옆 자리에 있던 운전기사가 끼어들었다. 자신도 20년 전에 이곳에서 전쟁놀이를 하며 자랐다고 했다. 그 시절 남자 아이들은 다 그렇게 놀았다고 했다. 가만히 살펴보니 전쟁놀이하기에 그만큼 좋은 곳은 없을 것 같았다. 한데 마을에 대한 공격이 있던 날 자신이 근무하던 병원에 있던 세르비아 여직원들이 한꺼번에 다 사라졌다고 했다. 아이들까지 다 데리고... 나중에 확인해 보니 다른 곳에서도 비슷한 일들이 벌어졌다고 했다. 그리곤 이들이 사라진 뒤 6시간 만에 공격이 시작됐다고 했다. 세르비아 사람들은 사전에 공격이 시작된다는 연락을 받고 시간을 정해 다 빠져나갔다는 얘기였다. 그랬기 때문에 세르비아 남편을 둔 많은 크로아티아 여인들은 남편을 따라 빠져나갔을 것이라고 했다. 문제는 그렇게 피난 나간 곳에서 크로아티아 사람이라고 봉변을 당한 경우가 많은 것 같더라고 했다. 그에게 '친했던 세르비아 친구가 지금 나타나면 어떻게 하겠느냐?'고 물었다. 그는 '솔직히 잘 모르겠다'며 자신보다 동료들이 알아서 할 것이라고 답을 피했다. 그렇게 말하는 그의 마음을 이해할 수 있을 것 같았다. 그는 더 이상 세르비아인을 친구로 두기는 어려울 것 같다면서도 어쩔 수 없이 같이 살아야 하는 처지가 된다면 어찌해야 할지 모르겠다고 복잡한 심경을 털어 놓았다.

그날 나는 점심을 어떻게 먹었는지 모르겠다. 감자를 으깬 스테이크였던 것 같은데 맛이 어땠는지, 얼마나 비웠는지도 전혀 기억하지 못하겠다. 충격 때문이었으리라. 그들의 얘기가 계속 귓전을 맴돌았고 그와 연관돼 떠오르는 상상이 머리를 어지럽혔다. 이제까지 경험했던 전쟁과는 완전히 차원이 다른 전쟁이었다. 전선도 정부군과 반군의 구분도 없는 전쟁, 수십 년 친구가 하루 아침에 적이 되고, 옆에 살던 이웃들이 서로에게 총부리를 겨누고, 심지어 부부조차 냉정하게 갈라서 싸우는 전쟁이라니... 도대체 민족이란 게 뭐길래 이런 일들이 벌어진단 말인가? 이런 일을 벌이고 온갖 잔인한 방법을 동원하는 지도자라는 사람들은 대체 어떤 사람들이란 말인가? 머리가 무거웠다. 마음이 복잡했다. 다만 총을 들고 일선에 싸우는 병사들도, 그들을 지휘하는 간부들도... 모두 말도 안되는 현실에 괴로워하고 있다는 사실을 확인한 것은 나름의 위안이었다.

17

어느 여성 변호사의 고백, '나는 지옥에서 살아 나왔다'

누군가 오마르스카 수용소에 수감됐다 나온 여성이 있다고 했다. 오마르스카는 무자비한 구타와 살인, 특히 여성들에 대한 강간으로 악명 높은 세르비아의 수용소였다. 그 잔혹함이 2차대전 당시 유태인을 학살한 나치 수용소와 비견될 정도라고 비난받던 곳이었다. 한국을 떠나기 전 자료를 통해 그곳의 끔찍함을 확인한 뒤 꼭 한번 취재해 보고 싶었던 곳이었다. 하지만 상황이 여의치 않았다. 서방 세계의 강력한 비난에 한때 기자들에게 공개되기도 했던 수용소는 그후 다시 굳게 닫혀 있었다. 한데 그곳에 수감생활을 하다 나온 여인이 있다는 얘기였다. 그것도 56일 동안이나. 그녀를 만나기 전날 취재수첩에 기록했던 수감자들의 인터뷰 기사를 다시 읽어봤다.

*날마다 수감자들이 총알 대신 몽둥이에 맞아 죽어나갔다. *매일 밤 10시쯤 열명에서 열다섯 명 정도씩 불러내 서너 시간씩 구타했다. 수감자들은 그들이 질러대는 비명소리에 잠도 잘 수 없었다. *새벽 5시쯤이면 언제나 소형 트럭이 들어와 시체들을 싣고 나갔다. 온전하지 않은 시체도 많았다. *시도 때도 없이 여성 수감자들에 대한 강간이 자행됐다. 간수들이 강간하기도 했고 다른 수감자들에게 시키기도 했다. 그 모습을 지켜보게도 했다. 창문을 통

해 다른 감방에서도 다 볼 수 있었다.... 이런 얘기들이었다. 온갖 우여곡절 끝에 살아남은 사람들의 얘기였다. 기사를 읽는 것만으로도 마음이 편치 않았다. 오죽했으면 나치 수용소와 다르지 않다고 했을까...

여인이 우리의 인터뷰 요청을 수락한 것은 의외였다. 그들의 죄악을 세상에 알리는 것이 자신의 소명이라는 얘기를 듣고서야 이해가 됐다. 자드란카, 45살이라는 그녀는 나이보다 늙어보였다. 가냘픈 몸매에 짙은 눈썹, 특별히 깊은 눈빛이 인상적이었다. 전체적으로 어두운 그림자가 드리워져 있는 모습, 힘겨웠던 삶의 흔적이 온몸에 배어 있었다. 그러나 그럼에도 그녀는 강했다. 담담했다. 자신은 이번 전쟁의 수많은 피해자 가운데 한 명일 뿐 특별한 사람은 아니라고 강조했다. 살아남은 것을 행운으로 여기고 있다고 했다. 분명 하늘이 자신을 살려 준 데는 이유가 있을 것이라는 생각에 세르비아에 의해 자행된 잔악한 범죄 사례들을 모으고 있다고 했다. 언젠가 시작될 국제전범재판에 제출할 자료들이라고 했다. 반드시 저들의 죄상을 세상에 드러내 책임을 지도록 하겠다며 입술을 깨물었다. 그녀는 전쟁 전 변호사였다고 했다.

차분하게, 나지막한 톤으로 한마디 한마디 던지는 그녀의 음성에 울림이 있었다. 자료수집은 전혀 어렵지 않다고 했다. 시작한 지 얼마되지 않았는데 벌써 3천 건이 넘었다고 했다. 증거가 없는 소문이나 제보는 포함시키지 않은, 모든 것이 구체적인 피해자가 있는 실제 사례들이라고 했다. 자신이 당했던 일도 끔찍했지만 신고된 사례들 가운데는 차마 말로 표현할 수 없는 것들도 부지기수라고 했다. 그런 얘기들을 그녀는 감정의 흔들림 없이 증언하고 있었다. 조심스럽게 다른 사람들의 얘기도 좋지만 그보다는 본인의 경험담을 직접 듣고 싶다고 했다. 끔찍했던 경험에 관한 것이라 직설적으로 물어보는 것이 예의가 아니라는 판단 때문이었다. 즉답 대신 그녀는 담배를 꺼내 물었다. 불을 붙여 깊게 한 모금 들이 마신 뒤 말했다. '당연히 제 개인적인 얘기에 더 관심이 많으시겠지요? 기자들이시니까….' 그녀가 가슴속에 감춰뒀던 자신의 얘기들을 풀어놓기 시작했다.

@어떻게 오마르스카 수용소에 가게됐나?

크로아티아가 독립을 선언하고 전쟁이 시작된 지 1년쯤 지나서였다. 어느 날, 느닷없이 집에 들이닥친 세르비아군에 끌려 간 곳이 오마르스카였다. 92년 6월 14일부터 8월 8일까지 56일 동안 있었다. 주로 전투 중에 잡힌 크로아티아 남자들이 수용돼 있었는데 나 말고도 35명의 여자들도 있었다. 여자들은 군인이 아니었다. 그곳은 한마디로 죽음의 수용소였다. 함께 있던 여자들 가운데서도 5명이 죽었다. 남자들은 매일 죽어나갔다. 여자들은 등록이 안 돼서 죽어도 아무런 기록도 남지 않았다.

남자라고 포로들만 있는 게 아니었다. 대학교수나 시인, 기자, 공무원 등 지식인들이 섞여 있었다. 그곳은 군사 심문소였는데 남자나 여자나 똑같은 운명이었다. 민간인이었지만 나도 포로 취급을 받았다. 그곳에서는 자고 나면 갑자기 사라지는 사람들이 많았다. 그들이 죽었다고는 생각하기 싫었다. 그냥 다른 캠프로 보내졌을 것이라고 생각했다. 곳곳에 숨겨진 수용소가 많았다. 내가 갇힌 방은 2개의 유리창이 있는 감옥 중심부에 있었다. 유리창을 통해 모든 잔학상을 다 볼 수 있었다. 매일 고문에 못이겨 울부짖는 소리, 처절하게 인간성이 무너지는 소리를 들어야 했다. 죽어 나가는 사람도 매일 봤다. 어떤 날은 끔찍하게 손상된 시체들이 소형트럭에 실려 나가기도 했다.

@ 어떤 일을 겪었나?

나는 주로 접시를 닦았다. 접시의 숫자가 2,736개였다. 1인당 하나가 아니었다. 수용인원은 그보다 훨씬 많았다. 그리고 매일 고문실의 피를 닦았다.

처음엔 비린내가 나고 끔찍했지만 나중엔 아무런 감정도 생기지 않았다. 불쑥불쑥 밤에 불려 나가기도 했다. 나가서는 끔찍한 고문 장면을 지켜봐야 했다. 한번은 구타하는 것을 보게 했는데 무려 7시간 동안이나 구타가 이어졌다. 맞은 사람은 피투성이가 된 채 온몸의 뼈가 다 부러진 것 같았다. 운이 나쁘게도 그는 심장이 강한 사람이었다. 그런 상태로 열흘을 더 살다 죽었다. 그날 그 사람의 눈빛을 잊을 수 없다. 그들은 사람들을 그렇게 잔인하게 때려 죽였다. 총에 맞에 죽는 것이 행운으로 여겨질 정도였다. 그날 이후 4일 동안은 연속 밤마다 불려나가 강간과 고문을 당해야 했다.

어느 날 밤 잠자는 나를 깨우더니 남자 숙소로 데려갔다. 포로들 앞으로 데려가서는 한 명을 고르라고 했다. 죽일 사람을 뽑으라는 얘기였다. 어떤 사람들은 눈을 감고 있었고 어떤 사람들은 겁에 질려 고개를 숙이고 있었다. 도저히 고를 수가 없었다. 죽은 듯이 가만히 서 있었다. 그러자 그들은 나를 끌어내 무자비하게 때리기 시작했다. 무려 1시간 반 동안이나 구타가 이어졌다. 그들은 기절한 내게 물을 뿌린 뒤 다시 때리기도 했다. 그러고 나서 다시 그 방으로 데려가 고르라고 했다. (거기까지 말한 뒤 그녀는 더 이상 말을 잇지 못했다. 다시 담배를 꺼내 물고 깊이 한 모금 마신 뒤 허공을 바라봤다. 그런 그녀에게 차마 '그래서 골랐냐?'고 물어 볼 수 없었다.) 그녀가 덧붙였다. 그런 일은 내게만 국한된 것이 아니었다. 모든 여자들에게 공통된 것이었다.

@강간이 많았다던데...
강간은 수시로 자행됐다. 강간은 그들의 욕정을 푸는 수단이면서 우리를 모욕하기 위해 수단이기도 했다. 놀랍게도 그들은 피임기구를 사용했다. 임신을 차단하기 위해서였는지 다른 목적이 있었는지는 모르겠지만 그 덕에(?) 일상적인 강간에도 임신한 사람은 단 한 명밖에 없었다. 그런 일이 반복되다 보니 아픔도 수치심도 사라졌다. 그저 살아야겠다는 생각뿐... 그런 일들조차 그저 일상적인 일로 여겨지기도 했다. 부끄러운 얘기지만 사실이 그랬다.

우리 가운데 25살 된 무슬림 여자가 있었다. 그들은 남성 수감자들에게 그녀를 강간하라고 지시했다. 윤간을 하라는 것이었다. 일부는 응했지만 끝내 버티는 사람들이 있었다. 그들은 사정없이 구타당한 뒤 끌려나갔다. 그후 어찌됐는지는 잘 모르겠다. 여자들에게만 그런 것이 아니었다. 아들과 아버지가 같이 수용된 경우가 있었는데 서로에게 오럴 섹스를 하도록 강요하기도 했다. 그들은 육체는 물론 정신까지 철저하게 파괴했다. 이런 일은 오마르스카에만 있었던 일이 아니었다. 사례를 모아보니 나이에 상관없이 어린 아이들까지 전국적으로 이런 일들이 비일비재했다. 그것은 누군가의 지령에 의해 체계적으로 행해진 것이 분명했다.

그들은 인간이 아니었다. 그들은 끔찍한 짓을 서로 경쟁하는 것 같았다. '나는 몇 명을 강간했다'거나 '몇 명을 죽였다'는 식으로. 그들은 가학적인 행위를 통해 쾌감을 느끼는 짐승들이었다. 전쟁 전 경찰관이었다는 놈이 있었다. 52살이라고 했다. 이놈은 나를 불러낼 때마다 미안한 표정으로 양심의 가책을 느끼지만 어쩔 수 없다고, 이해해 달라고 말하곤 했다. 명령 때문에 어쩔 수 없다는 것이었다. 하지만 나는 분명하게 알고 있었다. 말은 그렇게 하면서도 그놈은 실제로는 엄청나게 즐기고 있었다는 사실을.

풀려나기 며칠 전 수용소에는 '스카이 뉴스'에서 취재 나온다는 소문이 돌았다고 했다. 워낙 악명이 높아 국제적인 비난이 거세지자 '그렇지 않다'며 언론에 공개를 약속한 바로 그 시점이었다. 수감자들은 별 기대를 하지 않았지만 그때부터 눈에 띄게 분위기가 달라졌다고 했다. 무엇보다 노골적인 구타와 고문이 거의 사라졌다고 했다. 여자 수감자 29명은 다른 곳으로 보내졌다고 했다. 그 29명에 포함되지 않았던 그녀는 어느 날 트럭에 태워졌다고 했다. 영문도 모르고 트럭에 탄 그녀는 그 안에서 또 강간을 당했다고 했다. 그녀가 풀려난 날 벌어진 일이라고 했다. 왜 풀려났는지 이유는 몰랐지만, 또 그렇게 마지막 순간까지 당했지만 풀려난 것이 한없이 기뻤다고 했다. 살아서 수용소를 나온 것이 믿어지지 않더라고 했다. 국제적십자사의 도움을 받고 또 지나가는 차를 얻어타고... 마지막엔 30km를 걸어서 집에 도착하니 19살 아들이 혼자 있더라고 했다. 그녀는 대학입시를 준비하다 전쟁 때문에 학업을 중단해야 했던 아들이 '평화주의자'로 커주기를 간절히 바란다며 인터뷰를 마무리 했다.

한편의 다큐멘터리 영화를 본 것 같았다. 영상도 없이 그저 인터뷰만 했을 뿐인데도 모든 상황들이 그림처럼 다 그려졌다. 또 한번 마음이 무거워졌다. 궁금한 얘기들을 묻고 듣고 싶었던 얘기를 다 들었는데, 취재가 잘 됐는데 전혀 기쁘지 않았다. 인간은 대체 얼마나 잔인한 존재인지, 또 얼마나 강한 존재인지... 엄청난 상처를 안은 피해자이면서도 당당하게 목소리를 내는 그녀가 대단하게 보였다. 상처에 주눅들지 않고 죄과를 묻기 위해 열정적으로 뛰는 그 모습이 존경스러웠다. 2시간여의 인터뷰를 마치고 밖으로 나오니 함박눈이 내리고 있었다. 참으로 눈이 많은 나라였다.

18

발칸의 마지막 화약고, 코소보를 가다

이제 전쟁과 관련돼 웬만한 것은 살핀 것 같았다. 전쟁 속에서 피폐해질 대로 피폐해진 일반인들의 삶을 살피고 그들의 절절한 사연들도 들어봤다. 세르비아 사람들과 크로아티아 사람들, 그리고 무슬림 사람들, 그들은 서로에게 손가락을 겨눴지만 처절한 고통을 겪는다는 점에서 큰 차이가 없는 것 같았다. 각기 다른 내용을 얘기하는 경우에도 다 절절한 경험들을 얘기하고 있다는 사실에는 의심의 여지가 없었다. 그랬다. 모두가 피해자였다. 전쟁은 그 지경 안에 있는 모든 사람들을 피해자로 만들고 있었다. 안타깝게도 그들은 견디는 것 말고는 방법이 없었다고 했다. 그렇게 모질게 모질게 견디다가 끔찍한 부상을 입거나 죽어야 했다고 했다. 그들에게 들렸던 수많은 얘기 중 '총에 맞아 죽는 것이 행복한 일로 여겨진다'는 얘기에 가슴이 아렸다.

정신을 가다듬고 보니 코소보가 눈에 들어왔다. 세르비아 남쪽 끝자락에 위치한, 티토 시절 자치주였던 곳이었다. 알바니아계가 전체 인구의 90%를 차지하는 지역, 하지만 5% 남짓한 세르비아계가 권력을 거의 독점하고 있는 곳이었다. 알바니아계의 불만이 없을 수 없었다. 그들은 오래전부터 연방에서 독립한 뒤 이웃한 알바니아와의 합병을 주장하며 독립운동을 벌여왔다. 알바니아와는 남서쪽으로 국경을 맞대고 있었다. 그들의 그런 움직임에 연방의 밀로세비치 대통령은 자치주의 지위를 박탈하는 방식으로 맞대응하며 갈등수위를 높이고 있었다. 사실 세르비아 입장에서도 코소보는 쉽게 포기하기 어려운 땅이었다. 6세기경 세르비아제국 건설 이후 제국의 중심이자 정교의 중심이라는 역사성을 갖고 있기 때문이었다. 양측의 갈등은 크로아티아와 슬로베니아, 보스니아 헤르체고비나 등이 독립을 선언하면서 최고조로 치닫고 있었다. 곳곳에서 유혈충돌까지 벌어지는 상황이었다. 그렇기에 전문가들은 독립을 둘러싼 코소보와 세르비아와의 전쟁을 기정사실화하며 이 지역을 발칸의 마지막 화약고라고 부르고 있었다.

베오그라드에서 차로 5시간쯤 달려 코소보의 수도인 프리스티나에 도착했다. 낡은 건물들과 깔끔하지 않은 거리... 그럴 듯한 것들이 별로 눈에 들어오지 않는, 한눈에도 못사는 지역임이 확인되는 도시였다. 여느 도시처럼 행인은 많았지만 전혀 활기가 느껴지지 않았다. 흐린 겨울날의 을씨년스러움이 도시의 인상을 더욱 어둡게 만들고 있었다. 별이 5개나 되는 호텔에 들었지만 엘리베이터가 제대로 작동이 되지 않았다. 수시로 됐다 안됐다를 반복하고 있었다. 충분한 설명을 듣기 전인데도 알바니아의 모든 상황이 짐작이 됐다. '수도에 위치한 최고급 호텔이 이런 상황이라면....' 우선 알바니아 사람들을 만나보기로 했다. 중심부에서 조금 떨어진 지점에 그들의 본부라는 곳이 있었다. 허름한 건물, Albanian Pen Club이라는 간판이 붙어 있었다. 알바니아계 문인들이 모여 작품을 논하며 토론하던 곳이라고 했다. 그랬던 곳이 독립운동이 본격화되며 알바니아 독립운동의 본부격으로 사용되고 있다고 했다.

사무실은 사람들로 복잡했다. 젊은 사람들부터 나이든 사람들까지 연령층도 다양했다. 삼삼오오 모여 앉아 진지하게 토론하는 사람들, 편하게 차를 나누며 담배 피우며 담소하는 사람들... 분위기가 자유스러웠다. 부회장이라는 페미 아가니 씨가 반갑게 우리를 맞았다. 나이가 60은 됐을 법한, 문인의 분위기가 물씬 풍기는 인상이었다. 프리스티나 대학의 사회학과 교수로 있다가 1984년에 해직됐다고 했다. 그는 자신을 비롯해 알바니아계 대학교수들이 대부분 80년대에 해직됐다고 했다. 사회 각 분야에서 알바니아계를 몰아내는 일종의 인종청소가 그때부터 시작됐다는 얘기였다. 지난 2~3년 동안 일자리에서 쫓겨난 사람들만도 30만 명이 넘는다는 게 그의 주장이었다. 대학교수는 물론, 공무원과 교사, 은행, 일반 기업 등... 분야를 가리지 않는다고 했다. 심지어 학생들도 학교에서 쫓겨나고 있다고 했다. 그런 일은 개별적 차원이 아니라 아예 주정부 차원에서 주도되고 있다며 그는 목소리를 높였다. 그런 현실에 항의라도 할라치면 경찰에 잡혀가 심한 고문을 당한다고 했다. 그들은 더 이상 부당한 대우를 견딜 수 없다고 목소리를 높였다. 독립정부를 위한 자체 의회도 이미 구성해 놓고 있다며 관심을 가져달라고 했다.

그들 가운데 한 사람이 쫓겨난 학생들을 보고 싶냐고 물었다. 그를 따라 나섰다. 펜클럽에서 멀지 않은 곳에 위치한 가정집이었다. 제법 넓은 집, 방과 거실에서 학생들이 수업을 하고 있었다. 고등학교 2학년들이라고 했다. 교실이라고 해봐야 낮고 긴 의자 몇 개와 칠판이 전부였다. 70년대 우리의 야학교실과 비슷한 분위기였다. 선생님은 열정적으로 강의를 하고 있었지만 모든 것이 엉성하고 열악하기 짝이 없었다. 세어보니 학생수가 25명쯤 되는 것 같았다. 마침 수업은 알바니아어였다. 일반학교에서는 가르치지 않는 과목이라고 했다. 조금 떨어진 곳에 그보다 규모가 큰 다른 임시학교가 있었다. 이곳은 크지 않은 5~6층짜리 빌딩 안에 그래도 학교의 모습을 갖추고 있었다. 역시 한 교실에 25명 정도가 있었다. 임시 교실이 운영된다는 말에 많아야 15~16명 정도를 예상했었는데... 이곳은 하루 3교대 수업을 하고 있다고 했다. 이런 임시 교실들이 프리스티나에만 3천 개쯤 된다고 했다.

교무실이라는 곳에 들어가 보니 10여 명의 교사들이 앉아 있었다. 전체 교사 62명에 41개의 학급이 있다고 했다. 그들에게 물어보니 한 사람의 예외도 없이 다니던 학교에서 쫓겨났다고 했다. 50대로 보이는 교장은 24개월 동안 월급을 한푼도 주지 않는데 항의하다 경찰에 끌려갔다고 했다. 학생들을 선동했다는 말도 안되는 죄목으로 고문을 당하고 감옥에 까지 갔다 해직당했다고 했다. 대개 그런 식이었다고 했다. 월급을 주지 않거나 말도 안되는 누명을 씌우거나 그것도 아니면 노골적인 불이익을 준 뒤 항의하면 자르는... 영문도 모르고 쫓겨났다는 사람들도 적지 않았다. 쫓겨나기 전에도 노골적인 탄압이 있었고 알바니아계 모두가 그렇게 당했기에 그들은 물어보거나 따질 생각도 안했다고 했다. 여전히 학교에 남아 있는 사람들도 있지만 그들도 머지않아 다 쫓겨날 것이라고도 했다.

교사들은 학생들에게 자신들이 맡은 교과목을 가르치지만 코소보가 처한 상황도 설명하고 있다고 했다. 세르비아계가 왜 탄압 정책을 쓰는지, 왜 학교가 아닌 임시 시설에서 공부를 해야 하는지, 무엇 때문에 이렇게라도 배워야 하는지.... 다행히 학생들은 열악한 환경에서도 열심히 배우고 있다고 했다. 학생들에게도 궁금한 것들을 물어봤다. 그들의 대답도 크게 다르지 않았다. 자기들은 학교에 가고 싶다고 했다. 한데 못들어 가게 막았다고 했다. 아예 문을 잠갔다고 했다. 좋아하던 세르비아 선생님도 있었지만 자기들이 쫓겨나는 것을 지켜보기만 하더라고도 했다. 학생들은 세르비아에 대한 적개심을 감추지 않았다. 몇몇 남학생들은 상황이 더 악화돼 전쟁이 일어난다면 총을 들고 나가 싸우겠다고 했다. 그들이 말하는 부당한 현실에 대한 자각인지, 교육의 효과인지... 학생들은 분개하고 있었다. 그러나, 그럼에도 불구하고 학생들의 얼굴은 대체로 구김살 없이 맑고 밝았다. 동양 사람들을 처음 보는 듯 큰 관심을 보였다. 그런 모습이 안타까움을 더욱 짙게 했다.

19

짙은 전쟁의 그림자, 증오를 키우는 사람들

안내인에게 가정집도 한번 방문하고 싶다고 했다. 기습적으로 한 집을 택해 들어가보면 안 되겠냐고 물었다. 꾸며지지 않은 그대로의 모습을 원할 때 자주 써먹는 방법이었다. 미리 예고를 하고 약속을 한 뒤 이뤄지는 취재는 상당 부분 준비되고 정리돼 현실과 다를 수 있음을 알기 때문이었다. 안내인도 괜찮다고 했다. 근처에 있는 집의 문을 두드렸다. 안내인이 설명하니 의외로 따뜻하게 맞아줬다. 낮 시간인데도 넓지 않은 거실에 사람들이 가득했다. 세어보니 12명, 전부가 식구들이라고 했다. 성인들이었다. 나가고 싶어도 나갈 데가 없어 집에 있는 것이라고 했다. 모두 실직상태라고 했다.

시청에서 일하다 쫓겨났다는 작은 아들이 먼저 입을 열었다. 30대 중반쯤 됐을까? 그는 알바니아계를 진압하기 위해 비상사태를 선언하려는 시장에게 맞선 것이 문제가 됐다고 했다. 무력으로 시위대를 진압할 경우 불상사가 생길 수 있어 반대 의견을 낸 것뿐인데 그를 빌미로 쫓아냈다는 것이었다. 자신뿐 아니라 알바니아계 대부분이 한꺼번에 잘렸다고 했다. 그는 나중에 생각해보니 시장의 단수 높은 음모에 자신들이 말린 것 같다고 했다. 일부러 함정을 판 것 같다는 얘기였다. 그렇게 알바니아 사람들을 잘라낸 시장은 앓던 이가 다 빠진 것처럼 시원하다는 말을 하고 다녔다고 했다. 그는 직장을 잃은 뒤 가끔씩 아버지 차로 택시 영업을 하는 것으로 생계를 꾸리고 있다고 했다. 그러나 벌이는 시원찮다고 했다. 얘기를 듣고 있던 바로 위 형도 자신의 사연을 털어놓았다. 알바니아계 은행에서 일 했는데 강제로 문을 닫게 해 일자리를 잃었다고 했다. 자신뿐 아니라 은행직원 모두가 하루 아침에 실업자가 됐다고 했다. 알바니아계 은행 전체를 없애려는 세르비아계의 음모에 당한 것이라는 얘기였다. 그들뿐이 아니었다. 11년 동안 독일에서 의학공부를 하고 돌아왔다는 큰딸도 다니던 병원에서 쫓겨났고 대학에서 수학을 전공하고 있다는 막내딸 역시 학교에서 쫓겨났다고 했다.

집안 분위기로 보아 꽤 괜찮게 살던 집 같았다. 놀라운 것은 그런 얘기를 하면서도 표정이 그리 어둡지 않다는 것이었다. 아니 밝았다는 표현이 맞을 정도로 그들의 얼굴에선 그늘을 찾을 수 없었다. 직장에서 쫓겨 났다는 얘기를 하면서도 호탕하게 웃기까지 했다. 낯선 외국 손님들 앞에서 구차한 모습을 보이고 싶지 않았음인지... 아니면 대단한 낙천적 성품을 가진 사람들이기 때문이었는지... 그렇기에 아무 예고도 없이 불쑥 찾아간 외국 기자들을 거부감없이 맞아줬던 것이리라... 아무튼 그들은 세르비아계의 탄압으로 힘들다면서도 처음 보는 나라에서 온 기자들을 정성스럽게 대했다. 참 정이 많은 사람들이었다. 이렇게 정이 많고 따뜻한 사람들에게 전쟁이 닥친다면... 그건 상상조차 하기 싫은 일이었다. 하지만 안타깝게도 전체적인 코소보의 분위기는 전쟁의 길을 향해 가고 있는 것처럼 보였다.

이제 세르비아계의 입장을 들을 순서였다. 밀로스 시모비치 프리스티나 시장을 만났다. 그는 알바니아 사람들에게 쌓인 게 많은 듯했다. 터키 사람들이나 무슬림은 불만이 없는데 유독 알바니아 사람들이 문제를 제기한다는 것이었다. 지난 2년 동안은 모든 것을 거부하고 있다고도 했다. 시 전체에서 조직적인 저항운동이 진행되고 있다는 얘기였다. 그러면서 헌법상 정치참여도 보장돼 있고 실제로 참여도 하고 있는데 뭐가 그리 불만인지 모르겠다고 했다. 알바니아 사람들은 직장에서 쫓겨났다고, 영업을 방해 받고 있다고 주장하지만 다 거짓말이라고 했다. 코소보에서는 알바니아 사람들의 참여 없이는 아무것도 할 수 없는 것이 현실이라고 했다. 은행도 병원도 가게도 식당도… 그런데 어떻게 그들을 쫓아내겠냐고 반문했다. 그들이 그런 식으로 저항운동을 하고 있는 것이라고 했다. 그에게 비상사태 계획에 반대하는 공무원들을 쫓아냈다는데 그건 인사권 남용이 아닌가 물었다. 그는 자신이 쫓아낸 것이 아니라 본인들이 스스로 박차고 나간 것이라고 했다. 반대를 빙자해 그들이 먼저 '세르비아를 위해서는 일하지 않겠다'고 선언한 뒤 연판장을 돌렸다고 주장했다. 알바니아계 교사와 학생들이 임시 학교에서 공부하고 있는 것 또한 쫓아낸 것이 아니라 스스로 나간 것이라고 반박했다. 먼저 교사들이 학교를 뛰쳐 나가 임시 학교를 만들자 학부모들이 기존 학교가 아닌 그들에게로 자식들을 보냈다는 얘기였다.

프리스티나 의회의 세르비아계 의원도 만나봤다. 취재일정에 함께했던 조란이 추천한 사람이었다. 세르비아인이었던 그는 알바니아 사람들의 거친 주장이 많이 불편했던 모양이었다. 양쪽의 입장을 다 들어봐 달라고 부탁했다. 의원은 앉자마자 모두가 알바니아계의 그릇된 욕심에서 비롯된 문제라고 흥분했다. 그들의 주장 뒤에는 대알바니아 정책을 추구하는 이웃한 나라 알바니아가 있다고 주장했다. 그들이 선량한 유고연방의 국민들을 선동하고 있다는 것이었다. 그러면서 의원의 입장에서 주정부나 연방정부에 의한 테러는 결코 있을 수 없는 일이라고 강조했다. 겉으론 문제가 많아 보이지만 조금씩 좋아지고 있다고도 했다. 전쟁은 없을 것이라고 단언했다. '무슨 근거로 그렇게 자신있게 말하느냐?'는 질문에 그는 '모든 것을 한꺼번에 잃을 수 있는 전쟁은 누구도 원치 않을 것이기 때문'이라고 설명했다.

똑같은 현상을 두고 180도 다른, 완전히 상반되는 주장을 듣는 것은 유고 취재 내내 경험하는 독특한 현상이었다. 코소보도 예외가 아니었다. 어느 쪽이 진실이고 어느 쪽이 거짓일까? 진실은 양자 주장 사이의 어디쯤이리라... 제3자의 입장에서 섣부르게 판단할 수 없는 문제라고 생각됐다. 그래서 '판정'이라는 위험한 욕심은 부리지 않기로 했다. 철저하게 판단을 배제하고 현상 중심으로 가기로 했다. 현상을 중심으로 양쪽의 주장을 함께 싣는 기계적 균형을 취하기로 했다. 다만 언제라도 전쟁이 일어날 수 있는 긴박한 상황이라는 사실만은 강조하기로 했다. 진한 전쟁의 기운은 우리 모두가 분명하게 느낀 것이었기에. 그리고 크로아티아와 보스니아에 이어 코소보에서도 전쟁이 벌어질 경우 발칸은 물론 유럽 전체를 혼란의 소용돌이 속으로 밀어 넣을 것이라는 사실도 분명히 하기로 했다. 기자로서 답답함이 있었지만 인정할 수밖에 없는 제3자로서의 한계였다. 그럼에도 불구하고 코소보에서 실제 전쟁이 일어난다면 우리의 취재는 의미를 가질 수 있을 것이라고 자평했다. 그렇게나마 살핀 것은 적어도 대한민국 언론 가운데선 우리가 처음이었기에.

(결국 코소보에서는 전쟁이 일어났다. 1998년 2월부터 이듬해 3월까지. 1만여 명의 사망자와 약 90만 명의 난민이 발생할 정도로 치열한 내전이었다. 유고연방군은 물론 미국과 나토까지 개입된 국제전이기도 했다. 종전 후 코소보는 UN의 보호를 받다 2008년 2월 17일 독립을 선포했다)

20
비엔나의 평양 식당에서 생각해 본 '민족'이라는 말

30여 일의 취재 일정이 마무리됐다. 충분하다고는 할 수 없었지만 다양한 내전의 현장들을 살필 수 있었다. 아찔했던 순간들도 있었고 충격적인 상황들도 있었다. 가슴 아픈 현장들도 적지 않았다. 하지만 모든 것을 종합하면 '정말이지 이해할 수 없는 전쟁'이라는 것이었다. 이런 터무니없는 전쟁은 처음이었다. '인간'이란 존재에 대해, '민족'이란 개념에 대해 다시 생각하는 계기가 됐다. 이해되지 않는 측면들이 너무 많았기에 단순한 현상을 넘어 이면에 감춰진 본질을 보려고 애썼다. 현실적인 흐름과 역사적인 배경을 동시에 살피려 노력했다. 어렴풋하게나마 보이는 것들이 있었지만 충분한 이해에 까진 이르지 못했다. 그걸 그나마 나름의 성과라고 할 수 있을까?....

한 달여 정신없이 휘젓고 다닌 유고를 벗어나려니 생각이 많았다. 소말리아 내전이나 걸프전과는 확연하게 달랐던 성격과 양상, 너무나도 독특했던 유고의 상황을 대하며 이른바 '전쟁이란 것'에 대한 생각을 다시 하게 됐다. 권력을 차지하기 위한 전쟁, 영토를 넓히기 위한 전쟁, 원수를 갚기 위한 전쟁, 불의를 응징하고 정의를 구현하기 위한 전쟁... 그때까지 내가 알던 전쟁은 그런 것들이었다. 하지만 유고에서 확인한 전쟁은 그런 전통적인 개념의 전쟁과는 거리가 멀었다. 친하게 지내던 사람들이, 잘 알고 지내던 사람들이, 심지어 부부가 어느 날 갑자기 적으로 갈라져 그저 죽이고.. 파괴하고.. 괴롭히고... '할아버지가 세르비아계, 할머니는 크로아티계이고, 아버지는 무슬림인데 나 같은 사람은 어떻게 해야 하느냐?'고 되묻던 사라예보 젊은이의 표정이 지워지지 않았다. 그는 사라예보 사람들은 서로 나뉠 수 없고 나눌 수도 없다면서 아무도 누구를 미워할 수 없다고 했었다. 그래서 더욱 슬프다고 했었다... 정말이지 어떤 의미도 찾을 수 없는 전쟁이었다. 부부관계와 가족관계, 친구관계, 이웃관계 등 1차적 관계들이 그렇게 허무하게 깨질 수 있다니....

그래도 일을 끝냈다는 홀가분함은 있었다. 곧 집에 돌아가 사랑하는 가족들을 만난다는 설렘도 있었다. 그런 약간은 복잡한 마음으로 도착한 비엔나엔 폭설이 내려 있었다. 중심 도로는 신속하게 정리되고 있었지만 이면도로에는 거의 승용차 높이만큼 눈이 쌓여 있었다. 순백의 세상, 온 세상에 눈이 가득했다. 그렇게 쌓인 눈이 기분 좋았다. 서울에서는 결코 볼 수 없는 풍경이었다. 인적이 끊긴 거리에서 허리까지 푹푹 빠져가며 때론 자빠져가며 걷는 재미가 보통이 아니었다. 불현듯 재미있는 생각이 떠올랐다. '평양식당에 가서 북한식 삼계탕을 만들어 달라고 부탁해 보자'. 이미 2차례 식사를 통해 연세 지긋한 지배인과 안면을 튼 상태였다. 우리는 슈퍼마켓을 찾아 생닭 2마리를 샀다.

눈 속에 찾아간 식당엔 손님이 한 명도 없었다. 4방 벽면을 장식하고 있는 선녀 그림 속 주인공들도 없었다. (어디를 가든 북한 식당엔 아리따운 선녀 그림들이 그려져 있었다. 서빙하는 종업원들의 얼굴이라고 했다.) 홀로 홀을 지키던 지배인이 반갑게 우리를 맞았다. 환한 웃음에 어머니같은 따뜻함이 배어 있었다. '유고에 가서 내전현장을 취재하고 이제 막 돌아왔습니다.' 먼 길 다녀와 집안 어른에게 그리하듯 인사부터 드렸다. 그런 후 '닭 요리가 먹고 싶어 생닭을 사왔는데 북한식으로 요리 좀 해주실수 있을까요? 남조선에서는 닭요리 먹기도 힘들어서요...' 너스레를 떨었다. '그런 소리 하시지 말라요. 남조선이 잘 사는 것 다 아는데...' 넉넉한 미소로 받은 지배인이 덧붙였다. '긴데 어떡하지요. 조국에서 온 재료가 다 떨어졌는데....' 북한식당은 전세계 어디에 있던지 북한에서 재료를 공급 받아 사용하는데 그 재료가 다 떨어졌다는 얘기였다. '재료 다 안 들어가도 좋으니 있는 것만 가지고 그저 북한식으로 요리만 해주시면 됩니다.' 잠시 생각하는 듯 하던 지배인이 받았다. '기럼 기다려보시라요. 주방장 동무에게 물어볼 테니..' 잠시후 지배인은 주방장이 있는 재료만 써서 요리해주겠단다며 닭을 가지고 들어갔다.

고마운 일이었다. 푸근한 정이 느껴졌다. 요리를 기다리는 사이 우리는 맥주를 기울이며 성공적인 취재와 안전한 마무리를 자축했다. 실로 행복한 시간이었다. 팔레에서의 불길했던 꿈과 거울이 깨져 찜찜했던 얘기, 결국 차에 총을 맞은 얘기, 전쟁놀이를 하던 친구들과 실제 전쟁을 하고 있다는 민병대 사령관의 가슴 아픈 얘기, 전쟁의 와중에 젊음이 발산되던 자그레브의 밤거리 얘기 등.... 이제 더는 신경쓰지 않아도 될 아찔했던 경험담들이 쏟아졌다. 다들 말은 안했지만 무사하기만을 빌고 또 빌었다고 했다. 그렇게 얘기가 무르익는 사이 나는 자리를 옮겼다. 시간을 절약하기 위해 기사를 써야 했다. 언제 왔는지 컴퓨터를 꺼내 토닥거리는 모습을 한참 지켜보던 지배인이 한마디 했다. '기사 잘 써주시라요. 기자동무가 하는 일이 참 중요하디요.'

기다리던 요리가 나왔다. 일종의 찜이었다. 양념이 별로 들어가지 않아 담백했다. 쫄깃했다. 기대 이상의 맛이었다. 진심으로 지배인과 주방장께 감사를 표했다. 두 분께도 양이 넉넉하니 같이 하시자고 권했지만 이미 했다며 자리를 피했다. 사실 식사를 같이하기 보다 옆에 앉아 말씀 나누자는 얘기였는데... 하긴 그분 입장에서는 이것도 저것도 다 불편했으리라... 이미 시간이 제법 늦은데다 담백하고 쫄깃한 맛까지 더해져 우리는 정신없이 먹었다. 얼마나 그리웠던 맛인가? 사실 그날뿐 아니라 그곳 평양식당에서 먹었던 음식은 언제나 좋았다. 특히 평양식 갈비구이와 김치찌개는 일품이었다. 주변 한식당에 비해 맛이 좋은데다 가격까지 싸서 그 매력을 알고는 안 갈 수 없는 곳이었다. 그러나 현지에 살고 있는 공관 직원들이나 직장인들은 자유롭게 다니지 못하는 눈치였다. 지배인은 정신없이 먹는 우리를 살펴보며 가끔씩 부족한 것을 채워줬다. 온화한 미소와 함께.

그녀에게 내일이면 떠난다고, 그래서 인사도 드릴 겸 왔다고 인사를 전했다. 그녀는 '맛있게 먹어줘 고맙다'며 '다음에 오면 꼭 다시 들러 달라'고 했다. 그러면서 자기도 집에 가고 싶은데 어떻게 될지 모르겠다고 했다. 그녀는 태권도 마크가 새겨진 손바닥만 한 카렌다를 챙겨주기도 했다. 남과 북으로 갈라져 살고 있긴 하지만 우리민족 고유의 기본적인 성정은 다르지 않다는 사실을 다시 확인했다. 용기를 얻어 기념으로 술잔을 몇 개 사고 싶은데 가능하겠냐고 물었다. 소주잔만한 작은 사기잔인데 바닥에 선녀 그림을 넣은 뒤 투명한 오목유리를 붙인 것이었다. 그 상태로는 평범해 보이다가 술이 채워지면 선녀그림이 살아나도록 한 아이디어가 돋보이는 예쁜 잔이었다. 원래 파는 것은 아니라면서도 지배인은 10여 개를 내줬다.

기분이 묘했다. 따지고 보면 북한은 적성국가였다. 같은 민족인 건 분명하지만 우리는 적대관계에 있는 각기 다른 나라의 국민들이었다. 그들 입장에서 보더라도 우리는 적성국가의 방송기자들이었다. 그런데도 우리는 편했다. 마음이 통했고 정이 넘쳤다. 문득 남북간의 관계를 잘 알고, 우리의 신분을 잘 아는 누군가가 우리의 모습을 보면 어떻게 생각할까 하는 궁금증이 일었다. 위험하다고 할까? 아니면 재미있다고 할까? 그것도 아니면 안쓰럽다고 할까?… 근 한 달 동안 '민족'이라는 단어가 가지는 그 위험스런 폭발성을 직접 확인하고 나니 그런 현장조차 예사롭지 않았다. 수십 년 섞여 살던 사람들이 단지 민족이 다르다는 단 한 가지 이유로 한순간에 적으로 돌변하는 상황, 전혀 낯선 사람들이 단지 같은 민족이라는 이유로 하나로 똘똘 뭉치는 상황… 그렇게 민족을 세상에서 가장 중요한 가치로 떠받드는 사람들이 많이 있는데 우리는 왜 같은 민족인데도 이리 갈라져 살아야 하는 것일까? 그것도 적성국가라는 표시를 새긴 채…. 연거푸 마신 맥주탓인지 감상적인 생각들이 마구 밀려왔다.

유고 내전2

모든 피해는 고스란히 국민 몫임을 확인시켜 준 전쟁

내전의 끝은

평화가 아니라

더 크고 깊어진 상처를

견뎌야 하는

또 다른 시작이었다!

01

휴전협정 두 달 만에 다시 사라예보로

잔인하고 참혹했던 전쟁이 끝났다. 50년 가까이 같은 국민, 가까운 친구, 살갑던 이웃으로 살던 사람들끼리의 전쟁이었다. 비극의 시간이 무려 3년 6개월을 이어졌었다. 사망자만 20만 명, 난민도 300만 명이 넘을 정도로 끔찍했다. 불가능할 것으로 보이던 평화협정을 이끌어낸 것은 미국이었다. 미국은 1995년 11월 오하이오주의 데이턴에 보스니아의 3민족 대표를 불렀다. 그리고 힘을 바탕으로 중재안을 밀어부쳤다. 3주 동안 진행될 정도로 쉽지 않은 협상이었다. 많은 전문가들은 성과를 내기 어려울 것이라고 예상했고 나 또한 그렇게 봤었다. 하지만 클린턴 대통령은 역사적인 결과물을 만들어내는 데 성공했다. *보스니아-헤르체고비나 영토를 양분해 51%는 무슬림과 크로아티아계의 연방정부가 맡고 나머지 49%는 세르비아계가 맡는다는 것, *충돌을 막기 위해 양 진영 사이에 3.2km의 비무장지대를 설정한다는 것, 그리고 120일 이내에 모든 중화기를 지정된 장소에 반납한다는 내용이 핵심이었다. 협정의 이행을 위해 6만 명의 평화유지군을 투입한다는 계획도 포함됐다. 상상을 초월하는 인종청소까지 자행되던 최악의 상황을 감안하면 분명 엄청난 진전이었다.

해가 바뀌고 협정 두 달이 지날 즈음 문득 사라예보가 궁금해졌다. 전쟁은 정말 멈춘 것일까? 2년 전 만났던 사람들은 어찌 됐을까? 일상은 얼마나 회복됐을까? 전쟁의 상처들은 치유되고 있는 것일까?... 궁금한 게 정말 많았다. 다시 한 번 들어가 확인해 보고 싶었다. 전쟁 이후의 삶을 살펴보고 싶었다. 데스크도 의미있는 취재가 될 것이라며 적극 반겼다. 이번에는 코스를 바꿔보기로 했다. 2년 전에는 세르비아 지역을 봤기에 이번에는 크로아티아를 통해 무슬림들의 거주지로 들어가는 것이 좋을 것 같았다. 당시 보고 싶었지만 길이 막혀 아쉬움이 컸던 지역이었다. 외신 기사들을 뽑아보니 휴전 협정에도 불구하고 여전히 안심할 만한 상황은 아니었다. 곳곳에 위험 요인이 도사리고 있고 지역에 따라 산발적인 충돌도 빚어지고 있다고 했다. 신경이 쓰이긴 했지만 3년 전에 비하면 아무 것도 아니라고 스스로를 다독였다. 엄청난 희생을 통해 결국 독립국가가 된 보스니아가 우리와 12월 15일자로 대사급 외교관계를 수립했다는 사실도 마음을 편케 했다. 아직 상황이 좋지 않아 헝가리 대사관에서 업무를 보고 있는 상태였지만 그것은 분명 든든한 보호장치였다.

그렇게 계획은 잡았는데 출발 일자가 신경쓰였다. 결혼 후 전셋집을 전전하다 주택조합으로 마련한 아파트가 완공돼 입주 날자까지 잡아 놓은 상태였다. 이사만은 내 손으로 마치고 가고 싶었다. 하지만 일이 계획대로 따라주지 않았다. 결국 가장 복잡한 이사 전날 출발하는 상황이 되고 말았다. 가족들에게 또 한번의 못된 짓(?)을 하게 된 셈이었다. 생애 처음으로 갖게 된 내 집인데.... 뭐라 할 말이 없었다. 아내와 어머니는 그러나 웃어줬다. 출장을 막는 시늉조차 하지 않았다. 그저 전쟁이 다 끝나 위험한 곳이 아니라는 사실이 고마운 것 같았다. 그 모습이 더 미안함을 갖게 했다. 이사 문제 외에 둘째 성은이도 있었다. 태어난 지 10개월밖에 안 돼 손이 많이 필요한 상태였다. 5살 하은이에 돌도 안 된 성은이, 거기에 이사까지... 아내는 그런 상태에서도 여전히 직장에도 다니고 있었다. 왜 매번 출장을 갈 때쯤이면 미안한 일들이 생기는지....

2년 전과 마찬가지로 1차 기착지는 비엔나였다. 1월 중순의 싸늘한 공기가 기분을 상쾌하게 했다. 비장한 각오를 다지며 도착했던 2년 전을 생각하니 저절로 미소가 돌았다. 비엔나 지국에 들러 필요한 정보들을 확인했다. 모스타르를 비롯해 몇몇 지역의 상황이 심각한 것을 알 수 있었다. 평화협정으로 큰 전투는 사라졌지만 지역별로 작은 충돌은 계속되고 있다고 외신들은 전하고 있었다. 이번에도 차 선배는 '여전히 위험한 상황이니 절대 무리하지 말라'고 당부했다. 저녁 식사를 위해 평양식당을 찾아갔으나 문이 닫혀 있었다. 영업을 하지 않은 지가 제법 됐다고 했다. 은근히 지배인을 다시 볼 생각에, 시원한 냉면과 담백한 갈비를 맛볼 생각에 기대를 했었는데... 많이 아쉬웠다. 비엔나에서 1박 한 후 자그레브를 거쳐 스플릿에 도착했다. 자그레브 공항에는 LG의 현지 책임자가 나와 있었다. 떠나기 전 현지에 지사가 있는 것을 알고 부탁을 해 놓은 상태였다. 스플릿에도, 사라예보에도 자신들의 파트너들이 있으니 그들에게도 최대한 돕도록 전해 놓겠다고 했다. 고마운 말이었다. 험한 현장, 정부의 손길이 미치지 않는 오지를 다닐 때마다 기업의 힘을 확인했다. 그것은 놀라움이자 또 다른 기쁨이었다. 실제로 그들의 파트너인 스타니치 가문 사람들은 필요한 순간마다 큰 도움을 줬다.

여전히 미숙한 것 투성이였지만 처음보다는 많이 익숙해진 상태였다. 스플릿의 첫 인상은 낭만과 풍요가 느껴지는 멋진 휴양도시라는 것이었다. 파란 하늘과 푸른 바다, 초록 산의 조화가 완벽했다. 아늑함이 가득했다. 평화로웠다. 어느 한 구석에도 전쟁의 흔적이 없었다. 3년 반의 치열한 전쟁기간 동안에도 이곳은 아무 문제가 없었다고 했다. 해안가 야자수 가로수가 만들어내는 낭만적 풍경... 한가하고 여유로웠다. 멋진 카페들이 즐비한 거리에도 지나다니는 사람은 별로 보이지 않고 차량들도 많지 않았다. 바다와 어울려 한 층 분위기를 깊게 해주는 주황색 지붕의 깔끔한 건물들... 돌아보는 마음이 한결 푸근해졌다. 한겨울인데도 전혀 한기가 느껴지지 않을 정도로 따뜻한 날씨였다. 가장 추울 때도 영상 8도 이하로 떨어지는 경우가 거의 없다고 했다. 언젠가 아내와 함께 꼭 한번 봐야겠다고 생각했다.

구시가지로 들어서니 로마를 연상시킬 정도의 웅장한 건축물들이 시선을 압도했다. 디오클레티아누스 황제의 궁이라고 했다. 위태로웠던 군인황제시대의 혼란을 수습하고 황제중심의 통치 체제를 회복시킨 인물이었다. 자료에는 동로마 제국과 헝가리 왕국, 베네치아 공국이 번갈아 가며 이 지역을 지배했던 사실이 기록돼 있었다. 오스만 제국이 위세를 떨치던 시절엔 내륙으로 향하던 가장 중요한 항구였다는 사실도 알 수 있었다. 그랬다. 스플릿은 제국들의 흥망성쇠와 함께 하며 수많은 사연을 축적한 역사도시였다. 눈 앞에 펼쳐진 장대한 풍모는 그런 찬란했던 과거를 웅변하고 있었다. 위험을 각오하고 온 취재길에 이런 멋진 현장을 만나다니... 그건 분명 기자라는 직업이 주는 엄청난 혜택이었다. 행복했다. '내일부터는 분명 많이 다른 상황일 터, 우선 오늘을 즐기기로 했다. 길가의 멋진 카페에 들어가 맥주와 피자를 시켰다. 분위기를 즐기며.. 오가는 사람들을 구경하며 나오기를 정말 잘했다고 스스로에게 칭찬을 건넸다. 취재의 성공을 기원하는 건배가 여러 차례 이어졌다. 집에 전화하니 이사는 잘 했다고 했다. 아내와 어머니의 목소리는 약간 들떠 있었다. 왜 안 그랬을까? 처음으로 갖게 된 집이었으니... 힘은 들었지만 기분은 좋다는 의미였다. 내가 있었어야 했는데... 할 일이 무지 많을 텐데.... 미안했다.

02

더 이상 총소리를 듣지 않게 돼 너무 좋다

기분 좋게 마신 술 탓이었는지 편안하게 잘 잤다. 7시 30분쯤 사라예보를 향해 출발했다. 이번엔 짚차였다. 2년 전에는 저격을 심각하게 걱정하며 티코만 한 소형차로 들어갔었는데.... 적어도 이번엔 저격을 걱정할 필요가 없다는 사실이 마음을 편하게 했다. 짚차는 산으로 난 도로를 통해 위로 또 위로 올라갔다. 아래로 내려다 보이는 스플릿이 그림처럼 아름다웠다. '반드시 꼭 다시 와 여유있게 즐겨보리라...' 도로는 거의 산 정상까지 이어져 있었다. 끝까지 오르니 의외로 넓고 평평한 분지가 나타났다. 지형탓인지 제법 올라왔는데도 높은 산이라고는 별로 느껴지지 않았다. 온통 바위로 뒤덮인 산길이 여유롭게 이어졌다. 그런 길을 1시간쯤 달리자 끝도 없이 늘어선 트럭들이 나타났다. 크로아티아와 보스니아의 국경이었다. 무거운 인상에 총을 들고 까다롭게 묻고 뒤지는 군인들이 지키고 있었다. 그들의 모습에서 여전한 전쟁 분위기가 느껴졌다. 다행히 그들은 촬영을 막지는 않았다. 검문소를 배경으로 On-mike도 하나 할 수 있었다. 의외로 보스니아쪽으로는 특별한 시설이 없었다. 그렇게 국경을 통과하는 데만 2시간 가까이 걸렸다.

국경을 통과하자 그 많던 차들이 거의 보이지 않았다. 다들 어디로 사라진

것일까? 끝없이 이어진 길, 며칠 동안 눈이 내린 듯 주변은 온통 은빛 세상
이었다. 길을 따라 간혹 나타나는 마을들은 완전하게 파괴된 상태, 건물들은
하얀 눈속에 뼈대만 남아 있었다. 온통 흰 바탕에 시커멓게 서 있는 잔해들
이 무슨 설치미술 작품 같은 느낌이었다. 어쩌면 저렇게 철저하게 파괴됐을
까?... 눈에 보이는 모든 마을들이 다 비슷했다. 그런 마을들을 바라보며 한
참 상념에 젖어 있는데 저만치에 반가운 글자가 눈에 확 들어왔다. 포격에 무
너진 건물벽에 비스듬이 걸려 있는 'GOLD STAR'라고 쓰인 간판이었다. 전
쟁 전 가전제품 대리점이었던 것 같았다. 전쟁 폐허의 한복판에서 발견한 우
리 상표가 반가웠다. 유고에서는 LG가 인기라더니... 별 것 아니었지만 상당
한 의미로 다가왔다. 뜻밖의 발견에 미소가 지어졌다.

그런 도로를 달리고 또 달렸다. 하늘에서 봤다면 하얀 공간을 꾸역꾸역 기
어가는 무슨 벌레같은 모습이 아니었을까... 갑자기 그런 생각이 들었다. 파
괴된 건물들이 흉물스럽게 서 있고... 그런 마을들이 여러 개 지나가고... 강
물 위에 흔적만 남아 있는 다리도 여러 개 마주치고... 그런 풍경들을 스치
고 지나며 한참을 달리니 제법 규모가 큰 도시가 나타났다. 키슬리약이라고
했다. 출발 후 7시간이 지나고 있었다. 평소 같으면 4시간이면 충분하다는
데.... 불에 탄 집, 깨지고 무너진 건물 등 전쟁의 상처가 그대로인 건 이곳도
다르지 않았다. 하지만... 도시의 모습은 그렇게 상처투성이였지만 생기가 느
껴졌다. 가게들이 문을 열었고 거리엔 사람들도 많았다. 일 거리를 찾아 나온
사람들과 무료한 일상을 달래려는 사람들이 섞인 것 같았다. 전쟁 직후의 분
위기를 보여주듯 대부분 사람들의 복장은 군복이었다. 군복이 일종의 국민복
이 된 느낌이었다. 차에서 내려 사람들을 만나봤다. 그들은 카메라를 피하지
않았다.

과거 무슬림이 살던 집에 산다는 중년의 크로아티아 여인이 환한 얼굴로

말했다. '이제 무섭지 않다!' 총소리를 듣지 않게 돼 너무 좋다고 했다. 떠난 무슬림이 어떻게 됐는지는 모르지만 죽지 않고 살아 있으면 좋겠다고 했다. 옆의 가게를 지키던 60대 남자는 두 손을 번쩍 들어 '만세'하는 동작을 취했다. 행복감을 그렇게 표현하는 것 같았다. 그는 전쟁이 다시 일어날 확률은 20%도 되지 않는다고 장담했다. 그 근거가 뭐냐고 묻자 답은 하지 않고 미소와 함께 계속 같은 말만 반복했다. 왜 군이 20%라고 못박았을까? 그는 자신의 희망을 그렇게 말하고 있는 것 같았다. 괜한 미소가 지어졌다. 조금 떨어진 곳에 다리를 저는 젊은이가 있었다. 전투 중 총에 맞았다고 했다. 그는 2년 동안 총을 들고 싸웠다며 이제 세 민족이 협력했던 과거의 모습으로 돌아가야 한다고 목소리를 높였다. 더 이상 바보같은 전쟁은 없어야 한다고 강조했다. 그의 말을 받아 앞에 앉았던 다른 젊은이가 말했다. 협력해야 한다는 데는 동의하지만 과거와 같아서는 안된다고 반박했다. 세르비아만 일방적으로 득을 봐서는 안된다는 얘기였다. 그도 역시 2년 동안 총을 들고 싸웠다고 했다. 근처 파괴된 건물의 한쪽에 살고 있는 여인의 집을 들여다 봤다. 좁고 어두컴컴한 방에 고만 고만한 아이 넷이 모여 있었다. 여인은 물도 안나오고... 돈도 떨어지고... 힘들다고 했다. 그러나 더 이상 전쟁은 걱정하지 않는다고 했다.

03

거대한 공동묘지로 변한 올림픽 주경기장

드디어 사라예보 경계에 도착한 것 같았다. 주요 길목마다 IFOR (보스니아 평화유지군) 병사들이 삼엄한 경계를 펴고 있었다. 장갑차까지 동원한 중무장 상태였다. 그 모습에 우리 짚차의 번호판이 신경쓰였다. 한 대는 스필릿 번호 판이었지만 다른 한 대는 크로아티아 번호판이었다. 크로아티아 번호판에 시비를 걸지 모른다며 안내인이 잔뜩 긴장하는 모습이었다. 덩달아 우리도 긴장했다. 다행히 별일은 없었다. 하지만 주변의 작은 움직임에도 신경을 곤두세워야 했다. 외곽에 접어들자 가장 먼저 눈에 들어온 것은 거리에서 기름을 파는 시민들이었다. 각종 용기에 기름을 채워놓고 지나가는 차량들을 대상으로 팔고 있었다. 키슬리약에서 사다 파는 것이라고 했다. 내려서 촬영을 하고 말을 걸으니 피하지 않고 활짝 웃었다. 다들 전쟁이 끝나 행복하다고 했다. 표정이 밝았다. 그들의 모습 어디에서도 전쟁의 공포는 읽을 수 없었다. 달라진 상황에 꽤 적응이 됐다는 의미로 해석됐다.

중심부로 접근할수록 중무장한 IFOR 병사들의 수가 많아졌다. 눈에 보이는 것들 가운데 성한 것은 하나도 없었다. 부숴져도 어쩌면 저렇게 철저하게 부숴질 수 있을까... 대형 콘크리트 건물들조차 뻥뻥 뚫리고 무너져 내린 모습, 드러난 녹슨 철근들이 흉측했다. 휴전 이후 어떤 외신은 전쟁기간 사라예보에 떨어진 포탄이 하루 평균 329개라는 분석기사를 냈었다. 가장 많이 떨어진 날은 3,777개나 됐다고 했었다. 하루 평균 329개라면 1년에 10만 발 이상이라는 의미였다. 어떻게 나온 통계인지 확인은 못 했지만 그 얘기가 전혀 과장이 아닐 것이라는 생각이 들었다. 건물들마다 최소 수십 발의 포탄을 맞은 것 같았다. 그것도 높은 지대에서 쏟아지는 포탄이었으니.... 그랬으니 철저한 파괴는 당연한 일일 터였다. 건물이 파괴될 때 사람들의 희생은 또 얼마나 많았을까... 생각하니 가슴이 먹먹했다. 중심으로 들어서니 전쟁 전 가장 큰 신문사였다는 오슬로 보제니아지 사옥이 보였다. 처참한 모습이었다. 수직 뼈대만 남은 채 덩그러니 서 있는 모습이 괴기해 보이기까지 했다. 대로변이라는 위치와 신문사라는 특수성에 집중 타겟이 됐던 것 아닌가 싶었다. 그러고 보니 대로변에 건물들의 사정은 대체로 비슷했다.

시내 중심에 있는 우뚝 솟아 있는 국회의사당 건물도 처참하기는 마찬가지였다. 자리를 지키고 있기는 했지만 흉하게 깨지고 불에 타 검게 그을리고.... 민주주의의 전당이 비극의 상징으로 변해 있었다. 전쟁 전에는 무슬림과 크로아티아계, 세르비아계 구분없이 보스니아의 발전을 위해 머리를 맞댔을 곳이었다. 민족의 구분도, 종교의 차별도 없이 함께 어울렸을 곳이었다. 사실 전쟁 전 사라예보는 사랑과 관용의 도시로 소문난 곳이었다. 시내 중심에 회교, 정교 , 카토릭, 유대교 예배당들이 서로 이웃해 있으면서도 그 흔한 종교 갈등이 전혀 없던 곳이었다. 결혼하는 10쌍 중 3쌍 이상이 다른 민족과의 결혼일 정도로 타민족에 대한 배타성도 강한 곳이 아니었다. 그랬던 도시였는데 어쩌다.... 그 모든 일들의 중심이었을 의사당의 처참한 모습이 마음을 무겁게 했다. 정치가 무너져 생긴 비극, 그 비극이 정치를 호되게 질책하는 것 같았다. 사라예보를 넘어 보스니아의 비극을 상징하는 모습임이 분명했다.

의사당 건물 맞은편 홀리데이 인의 상황도 크게 다르지 않았다. 내부 외부 할 것없이 온통 상처투성이였다. 로비가 있는 1층은 완전히 박살난 상태였다. 그나마 특유의 노란색이 남아 있어 과거의 기억을 떠올리게 했다. 호텔은 1984년 동계올림픽의 VIP들을 위해 지어진 것이었다. 준공 행사엔 당시 IOC 위원장이었던 사마란치가 직접 참석할 정도로 성대했었다. 한데 그렇게 세계인의 축제를 위해 준비된 평화의 공간이 거의 폐허가 됐다니... 평화의 제전뿐 아니라 내전의 모든 과정까지 생생하게 목격하고 견뎌야 했으니... 홀리데이 인은 이제 단순한 호텔이 아니라 역사적인 현장으로 자리매김 된 셈이었다. 도로쪽으로는 성한 곳이 별로 없었지만 다행스럽게도 안쪽으로는 부숴지지 않은 공간이 제법 됐다. 놀랍게도 그곳을 이용해 영업이 이뤄지고 있었다. 우리도 역사적인 현장이 된 이곳에 묵기로 했다.

내전 당시 외신기자들은 거의 예외없이 이곳에 묵었다고 했다. 교전상황을 바로 지켜 볼 수 있어서 취재에 용이한데다 지하실 등 상대적으로 안전한 공간들이 있었기 때문이라고 했다. 치열한 전투 상황에서 기자들의 일터이자 피난처 역할을 했던 셈이었다. 기자들은 창문을 통해 거리를 오가다 저격당하는 시민들을 촬영했고 저격수들의 시야가 차단된 옥상에서는 On-mike도 했다고 했다. 저격을 피해 달리다가 고꾸라지는 사람들, 쓰러진 아이를 부둥켜 안고 우는 젊은 엄마, 쓰러진 사람의 주위로 번지는 선연한 붉은 빛, 그들을 바라보며 몸을 숨긴 채 지켜보는 사람들의 공포스런 눈빛... 세계인들에게 사라예보의 비극을 전한 사진들은 대부분 그렇게 촬영된 것들이라고 했다. 지배인은 내전 초기엔 카라지치와 가족들의 피난처 겸 세르비아계의 본부로 이용된 적이 있다는 사실도 알려줬다. 무슬림들의 분위기가 격해지며 그는 어느 날 가족들과 함께 도망쳤다고 했다. 창문을 열고 내다봤다. 내전 당시 악명 높았던 '저격의 거리'가 바로 아래로 내려다 보였다. 뻥 뚫린 거리... 여유있게 오가는 사람들... 평화로웠다. 적어도 거리는 전쟁의 기억을 완전히 잊은 듯 했다. 이 거리에서 숨진 사람이 225명이나 된다고 했다. 어린아이들이 60명에 달했고 기자들도 적지 않았다고 했다. 부상당한 사람도 1,030명에 달했다고 했다.

짐을 풀고 나와 시내를 더 살폈다. 끔찍했다. 어디 한곳 성한 곳이 없었다. 그 어디에도 동계올림픽 개최지였던 아름다운 사라예보, 사랑과 문화의 도시였던 유서깊은 도시의 흔적은 남아 있지 않았다. 가장 안타까운 것은 거대한 공동묘지로 변한 올림픽 경기장이었다. 평화의 상징, 열정이 넘쳤던 올림픽 경기장이 무덤으로 가득 채워져 있었다. 관중의 박수와 환호가 넘쳤던 공간엔 말없는 망자들의 흔적만이 가득했다. 누워있는 그들은 이제 평화의 세상이 왔음을 알까? 어쩌면 달라진 세상을 향해, 가슴 아픈 현실을 향해 소리없는 절규를 하고 있을지도 모를 일이었다. 한쪽 편에 덩그러니 서있는, 오륜기가 새겨진 성화대가 정말이지 어색했다. 잘 정돈되지도 않은 초라한 무덤들…. 공동묘지는 그곳뿐이 아니었다. 축구장에도 무덤이 가득했고 공원에도 무덤으로 빈 틈이 없었다. 가는 곳마다 크고 작은 공간이란 공간은 무덤들이 다 차지하고 있었다. 참 많기도 했다. 그렇게 1996년 초 사라예보는 거대한 무덤의 도시로 변해 있었다. 거대한 공동묘지로 변한 도시, 보스니아 내전의 또 다른 상징이었다. 세르비아계가 외곽을 포위한 채 도시 전체를 봉쇄하는 바람에 어쩔 수 없었다고 했다. 날마다 시신은 쌓이는데 운동장과 공원 말고는 공간이 없었다고 했다. 그나마 낮 시간에는 공격이 무서워 엄두도 못내고 어둠이 내린 뒤에야 급하게 묻어줬다고 했다. 묻히지도 못하고 거리에 아무렇게나 방치된 시신도 부지기수였다고 했다.

살아 남은 사람들은 당시 사라예보는 완전히 죽음의 도시였다고 했다. 살아 있는 이들에겐 생지옥이었다고 했다. 전쟁의 공포에 강도에 대한 두려움까지 견뎌야 했다고 했다. 봉쇄 두 달쯤 뒤부터 강도들이 나타났다고 했다.

내부의 생존형 강도들이었다고 했다. 그들은 작게는 3~4명, 많게는 4~50명의 조직까지 이뤘다고 했다. 그러다 보니 가족을 제외하고는 누구도 믿을 수 없었다고 했다. 생존이라고 하는 가장 기본적인 욕구 앞에 사람들은 무섭게 변했다고 했다. 도덕도 윤리도... 걷잡을 수 없이 무너졌다고 했다. 시 관계자는 전쟁 전 50만 명 정도였던 인구가 35만 명 정도로 줄었다고 했다. 그중 11만 명이 난민일 정도로 전체가 불안정한 상황이라고 했다. 공식적으로 확인된 사망자는 만 명을 훨씬 넘고 중상자 2만여 명을 포함해 부상자도 6만 명이 넘는다고 했다. 사람들은 눈앞에서 죽어가는 모습을 그저 지켜봐야 하는 것이 정말 고통스러웠다고 했다. 가족들 중에 한두 명을 잃지 않은 가정은 없을 것이라고 했다.

04 곳곳에 널린 비극의 현장, 상처 위에서 살아가는 사람들

전쟁의 상처는 그렇게 곳곳에 널려 있었다. 하지만 거리엔 사람들이 넘쳐 났다. 중심가에 있는 바세 미스키나 시장은 지나다니는 사람들로 움직이기 불편할 정도였다. 놀랍게도 물건이 많았고 가격은 자그레브보다 쌌다. 활기 가 넘쳤다. 자주 자주 총을 든 군인들과 경찰들을 마주치기는 했지만 살벌한 분위기는 아니었다. 그들 틈에 섞여 지나다 보니 꽃다발이 놓여있는 곳이 있 었다. 92년 6월 박격포탄이 터져 12명이 숨진 곳이라고 했다. 그때는 전쟁이 시작된 지 얼마 되지 않은 시점이었다. 당시 외신을 통해 뉴스를 접하고 안타 까워했던 기억이 났다. 명백하게 장 보러 나온 일반 시민들을 향한 공격이었 다. 느닷없는 폭발에 모두가 놀랐던, 그래서 많은 사람들을 떨게 했던 내전 초기 비극의 현장이었다. 아마도 그때만 해도 내전 상황이 3년 반이나 이어 질 줄은 누구도 몰랐을 것이었다. 직장이 있고, 친구가 있고, 가족이 있는 오 랜 삶의 현장이 그토록 처절한 지옥으로 변할 줄 짐작도 못했을 것이었다.

꽃다발 주변에서는 앳된 소녀들이 과자와 담배를 팔고 있었다. 10살이나 됐을까... 하나 사달라고 권하는 소녀들의 표정이 해맑았다. 그 옆으로는 과 자 장사, 땅콩 장사.... 암달러 상들도 있었다. 그저 일반적인 시장의 모습이었다. 전체적으로 서울의 명동 거리와 비슷한 느낌이었다. 어디서도 전쟁 분위기가 느껴지지 않았다. 조금 더 들어가니 꽃다발 놓인 곳이 또 있었다. 이곳은 휴전 직전 포탄이 터져 44명이 죽은 곳이라고 했다. 움푹 패인 포탄 터진 자국 위에 꽃 한 다발이 놓여 있을 뿐 특별한 것은 없었다. 지나다니는 사람들 가운데서도 관심을 기울이는 사람은 거의 없었다. 워낙 많은 사람들의 죽음을 겪었기에 무덤덤해진 것인지 아니면 아팠던 기억을 다시 떠올리기 싫어서였는지... 하긴 사라예보 전체가 죽음으로 덮였었으니... 과거의 비극과 현재의 활기가 겹치는 이곳에서 On-mike를 하나 했다.

사실 바세 미스키나 시장에서 유명한 곳은 따로 있었다. 1992년 5월 27일 오후 4시, 날아든 포탄에 22명이 숨지고 70여 명이 다쳤던 빵집 앞 거리였다. 세르비아계가 작심하고 사라예보를 포격한 것이 5월 25일이었으니 공격 사흘째 되던 날이었다. 상당수 사라예보 사람들은 전쟁이 시작된 줄도 모르는 상황이었다고 했다. 그런 상황에 가족들과 저녁에 나눌 빵을 사기 위해 줄을 섰던 선량한 시민들이 희생자가 됐다. 전쟁의 공포가 시민들을 엄습했다. 사람들은 비로소 전쟁을 실감하기 시작했다고 했다. 집으로 숨어들어 사태의 추이에 촉각을 곤두세웠다고 했다. 평화로운 오후 시간에, 삶의 마당을 순식간에 아비규환의 지옥으로 만든 곳, 이곳은 분명 향후 진행될 길고 참혹한 전쟁을 예고했던 비극의 현장이었다.

하지만 비극으로만 새겨질 것 같았던 이 사건엔 극적인 반전이 있었다. 위로와 희망의 메시지가 울려퍼지는 특별한 장소로 거듭난 것이었다. 이튿날부터 매일 오후 4시가 되면 이곳에서 잔잔한 첼로 연주가 시작됐다. 폭발 당시 현장을 목격했던 사라예보 오케스트라의 수석 첼리스트가 그 주인공이었다. 그는 비극 다음 날부터 정확하게 오후 4시가 되면 첼로를 들고 현장에 나타났다. 비극이 일어난 바로 시간, 바로 그 자리였다. 그는 아무런 의식도 없이,

아무런 멘트도 없이 그저 자리에 앉아 첼로를 연주했다. 그리고 연주가 끝나면 일어나 떠났다. 연주곡은 알비노니의 '아다지오 G단조'였다. 희생자들의 넋을 위로하기 위한 조곡이었다. 검은 연주복 차림으로 나타나 아무런 말도 없이 진행한 연주, 그로서는 목숨을 건 용감한 의식이었음이 분명했다.

그가 연주하는 동안 시민들은 숨을 죽이고 지켜봤다고 했다. 세르비아 저격수들이 그냥 두지 않을 것이라고 걱정도 했다고 했다. 하지만 놀랍게도 그를 향한 저격은 없었다. 더 나가 그가 연주하는 10여 분 동안은 다른 어떤 총성도 울리지 않았다. 낮고 굵은 현의 구슬픈 멜로디에 사람들은 진한 눈물을 흘렸다고 했다. 더 이상의 비극 없이 상황이 정리되기를 기도했다고 했다. 세르비아 군인들도 그랬던 것 같다고 했다. 처참한 비극의 현장에서 음악을 통해 평화를 이룬 기적같은 순간이었음이 분명했다. 그의 연주는 무려 22일 동안이나 이어졌다. 22명의 희생자를 기리기 위한 것이었다고 했다. (이 사연은 나중에 사라예보의 첼리스트라는 책으로 나온 뒤 영화로도 만들어졌다)

감동적인 얘기였다. 당연히 그 역사적인 현장을 찾았다. 주인이 같은 사람인지는 모르겠지만 빵집은 여전히 문을 열고 있었다. 마침 라마단 빵을 사러 나온 사람들이 길게 줄을 서 있었고... 주인과 말을 나누고 싶었지만 밀려드는 손님들에 아예 접근을 할 수 없었다. 줄을 선 사람들 가운데는 당시의 비극을 기억하는 사람도 있었고 전혀 몰랐다며 깜짝 놀라는 사람도 있었다. 가게 앞에서 한참을 지켜봤다. 빵집과 줄 서 있는 사람들의 표정과 그저 바삐 오가는 행인까지... 특별한 것은 없었다. 하지만 그들을 바라보노라니 당시의 상황이 영화의 한 장면처럼 그대로 그려졌다. 한순간에 지옥으로 변한 현장. 쓰러져 신음하는 사람들, 울부짖는 사람들... 그 사이로 귀에 익은 중저음 첼로의 선율이 살아왔다. 잔잔하게 속삭이듯 부드럽게 감싸안듯 비감 가득한 현의 진동이 가슴을 울렸다. 눈을 감았다. 묵직한 첼로의 선율에 한 예술가의 숭고하고 담대한 마음이 느껴졌다. 그곳을 쉽게 떠날 수 없었다.

05

이산가족의 통로가 된 브라츠바 다리

그렇게 사라예보는 가는 곳마다 숱한 사연들과 비극을 품고 있었다. 어찌 안 그럴 수가 있을까? 포위돼 공격받은 기간이 장장 3년 6개월여. 시도 때도 없이, 장소도 가리지 않고 쏟아지는 무자비한 공격, 거기에 물도 전기도 가스도 끊긴 상태였다. 식량도 생필품도 의약품도 구할 수 없었다고 했다. 경계해야 할 대상은 총포를 쏴 대는 세르비아 사람들만이 아니었다고 했다. 가족과 사랑하는 사람들을 지키기 위해 안에서도 치열하게 싸워야 했다고 했다. 누구도 믿을 수 없고 누구에게도 의지할 수 없는 무정부 상태는 끔찍했다고 했다. 그런 길고 참혹했던 전쟁은 수없이 많은 비극과 비극의 현장을 만들어 냈다. 브라츠바 다리도 그런 곳 가운데 하나였다. 꼭 가보고 싶었고 가봐야 할 곳이었다.

사라예보는 도심을 관통하는 밀리야카강을 경계로 남과 북으로 나뉘어 있는 도시였다. 강을 중심으로 남쪽은 무슬림과 크로아티아 지역, 그리고 북쪽은 세르비아 지역이었다. 당연히 강은 전쟁 당시엔 양측이 맞서는 최전선이었다. 하지만 그렇게 강으로 갈렸다고 수십 년 삶이 하루 아침에 그렇게 쉽게 갈라질 수 없었다. 안타까운 마음들은 위험을 감수하며 다리를 건널 수밖에 없었다. 한데 그런 모험들은 너무도 쉽게 비극으로 이어지곤 했다. 저격 때문이었다. 주변 높은 빌딩에 자리잡은 저격수들은 집요하게 이런 마음들을 노렸다. 수많은 사람들이 맥없이 쓰러졌다. 이른 아침부터 해가 질 때까지... 환할 때 다리를 건너는 것은 거의 목숨을 내놓아야 하는 대모험이었다. 하지만 그런 사실을 잘 알면서도 건너야 하는 절박한 마음들이 있었다. 그런 의미에서 밀리야카강을 가로지르는 다리들은 내전의 또 다른 상징이었다.

브라츠바도 그런 다리들 가운데 하나였다. 하지만 수많은 비극이 빚어졌던 저격수의 거리로 이어진다는 점에서 더 많은 주목을 받은 곳이었다. 무사히 다리를 건넜다고 안심할 수 있는 곳이 아니었다. 자전거를 타고 가다 저격에 쓰러진 백발 노인, 가방을 들고 건너던 말끔한 양복의 중년 신사, 장바구니 차림으로 급하게 가다 고꾸라지는 중년 여성... 외신을 통해 전해진 비극적 사진들에 전세계의 많은 사람들이 눈물을 흘렸다. 브라츠바는 아니었지만 사라예보의 로미오와 줄리엣으로 불린 20대 연인의 죽음도 다리에서 빚어진 일이었다. 근처 브루반야 다리에서 벌어졌던 비극이었다. 남자는 세르비아인 보스코, 여자는 무슬림 아드미라. 대학생이었던 이들은 다리 끝 지점에서 함께 저격 당했다. 그들은 마지막 순간까지 서로를 놓치 않았다. 끌어안은 채 숨진 그들의 모습은 많은 사람들을 숙연하게 했었다.

폭 15미터에 길이 50미터 정도나 될까?... 브라츠바 다리는 휴전 후 양 지역을 연결하는 유일한 통로로 활용되고 있었다. 우리의 판문점과 같은 곳이라고 할까... 점심 가까운 시간, 다리 앞에는 20여 명의 시민들이 나와 있었다. 부슬부슬 내리는 빗속에 우산을 받쳐든 채로... 반대편에서 건너올 가족과 친지들을 기다리는 사람들이라고 했다. 그들은 초조한 표정으로, 아무런 다른 동작도 없이 다리만 바라보고 있었다. 다리는 중무장한 군인들이 지키고 있었다. 장갑차도 10여 대 배치돼 있었다. 불필요한 충돌을 피하기 위해서인 듯 입구에 벽돌같은 것으로 쌓아 반대쪽은 보이지 않는 상태였다. 군인들은 촬영도 못하게 막았다. 나이 지긋해 보이는 남자에게 인터뷰를 시도했다. 그가 놀라며 말했다. '우리는 모두 원숭이 같은 존재들이다. 말 잘못하면 그대로 죽는다. 저리 비켜달라' 당황스런 반응이었다. 그러더니 잠시 후 그는 '화를 내려한 것이 아니었는데 감정이 격해져서 그렇게 됐다'며 미안하다고 했다. 그 모습이 더 안쓰러웠다. 그렇게 사람들은 감정 조절에도 애를 먹는 것 같았다. 다른 사람들도 다 인터뷰를 피했다. 그들의 처지와 마음을 이해할 수 있을 것 같았다.

잠시 후 세르비아 쪽에서 한 사람이 건너왔다. 기다리던 사람이 달려가 격렬하게 껴안고 입을 맞췄다. 바라보는 것만으로도 가슴뭉클한 장면이었다. 그들은 바로 그곳을 벗어났다. 얼마 후 또 한 사람이 넘어왔다. 그는 수레를 끌고 있었다. 건너편에 사는 딸에게 물건을 전해주고 오는 길이라고 했다. 뭘 주고 왔냐는 말엔 그저 필요한 것들이라고만 했다. 딸 집에서 하룻밤 잠까지 잤다고 했다. 그의 표정이 행복했다. 어느 곳에서나 사랑하는 사람들과 만나는 마음은 다르지 않은 것임을 다시 확인했다. 휴전 상태인 지금도 저리들 안쓰러운 표정인데 내전이 한창일 때는 다들 어떤 마음들이었을까? 상대 진영에 섞여 있는 가족들 걱정에 어떻게들 지냈을까? 그리고 적(?)들과 함께 살던 당사자들은 또 어떻게 견뎠을까?...

과거 우리의 이산가족찾기 방송이 기억났다. 휴전은 됐지만 여전히 왕래가 쉽지 않은 상황임을 알 수 있었다. 세르비아쪽으로 넘어가는 여성도 있었다. 표정을 읽기가 어려웠다. 잔뜩 긴장을 하고 있는 것이 분명했다. 아마도 반대편에서 비슷한 장면이 연출되지 않을까 생각됐다. 어디서든 사람들의 감정은 비슷한 것이니... 반대편의 상황도 보고 싶었다. 하지만 기자라고 해서 우리 마음대로 건널 수는 없었다. 군인 한 명의 안내를 받아야 했다. 50미터 거리가 상당히 길게 느껴졌다. 다리를 건너는 잠깐 동안 그 다리 위에서 빚어졌던 숱한 비극적 장면이 떠올라 마음이 무거워졌다. 다리 곳곳엔 총탄의 흔적이 그대로 새겨져 있었다. 참으로 많기도 했다. 세르비아쪽도 보스니아 쪽과 마찬가지로 벽돌 같은 것으로 막혀 있었다.

건너와 보니 세르비아쪽엔 기다리는 사람들이 3~4명뿐이었다. 한눈에도 행색이 보스니아쪽만 못해 보였다. 주변 건물이나 시설도 반대편에 비해 훨씬 초라했다. 왜 그럴까?... 세르비아를 향한 UN경제제재 조치의 영향이 아닌가 생각됐다. 경찰 복장의 한 남성이 우리에게 다가왔다. 프레스카드를 보여주며 상황이 어떤가 물었다. 자신들은 전쟁이 다시 일어날 가능성을 높게 보고 있다고 했다. 그래서 다리 근처에 살던 사람들을 전부 다른 곳으로 이동시켰다고 했다. 건너편 무슬림, 크로아티아 사람들의 얘기와 차이가 있었다. 적어도 세르비아계의 입장에서는 미국의 힘에 밀려 휴전을 하긴 했지만 그 상태로 정리하고 싶지는 않은 것 같았다. 그들은 다시 기회를 엿보는 것 같았다.

다리를 벗어나 조금 안쪽으로 들어가니 아파트 단지가 나타났다. 자세히 보니 지난 93년 들어왔던 그 동네와 분위기가 아주 비슷했다. 실제로 같은 곳일 수 있겠다는 생각도 들었다. 그때 참호의 작은 창문을 통해 내다보던 바깥 모습이 바로 이런 것이었구나... 감회가 새로웠다. 저격을 피하기 위해 몸을 최대한 낮춰 필사적으로 뛰던 당시의 기억이 살아났다. 그땐 정말 심각했었는데.... 움직임을 가리기 위해 도로를 채웠던 은폐물들은 대부분 치워진 상태였다. 거리에 오가는 사람들의 숫자도 늘었고.... 하지만 크게 달라진 것은 없는 것 같았다. 여전히 우중충한 모습에 무거운 분위기였다. 다 깨진 아파트 창문을 카페트로 막고 베니어판으로 가린채 살아가고 있는 모습도 그대로였다.

다리는 9시에 열려 오후 5시가 되면 닫힌다고 했다. 양쪽으로 나뉘어 살고 있는 가족들이 주로 이용하는데 양진영을 합해 하루 20명 정도가 오가고 있다고 했다. 그만큼 경계의 분위기가 여전히 강하다는 의미였다. 방문자들은 양측의 동의가 있을 경우 상대지역에 최대 48시간 동안 머물 수 있다고 했다. 관계자에게 물어보니 무슬림 지역에 남아 있는 세르비아인이 3만 5천여 명, 반면 세르비아쪽에 있는 무슬림은 1천여 명 정도라고 했다. 휴전협정에 따라 자기 진영쪽으로 옮기겠다는 사람들도 있지만 정든 고향을 떠나지 않겠다는 사람들도 적지 않다고 했다.

06

사라예보의 숨통, 맨손으로 뚫은 760미터 땅굴

꼭 가 봐야 할 곳이 한 군데 더 있었다. 전쟁 기간 사라예보 시민들의 생명선이었던 이른바 희망터널이었다. 전쟁기간 내내 사라예보는 완벽하게 포위된 상태였다. 높은 곳에서 사방을 틀어막고 퍼부어대는 세르비아계의 공격은 잔인하고 집요했다. 시민들은 사람도 물자도 전혀 드나들 수 없는 독 안에 든 쥐 신세였다. 이미 전쟁초기부터 수도와 전기, 가스는 공급이 끊긴 상태였다. 총격과 포탄의 공포보다 더한 생존의 공포가 시민들을 엄습했다. 주유소와 생필품 가게들이 가장 먼저 털렸다. 초기엔 정부가 막아보려 했지만 얼마 지나지 않아 공권력조차 무기력해지고 말았다. 기름이 동났고 생필품도 다 떨어졌다. 날이 갈수록 고통이 깊어졌다. 하지만 시민들이 할 수 있는 일이란 견디는 것 말고는 없었다. 강도들도 자주 출몰했다. 식량이나 의약품, 생필품 등이 타겟이었다. 누가 이웃이고 누가 강도인지 구분되지 않는 혼란이 이어졌다. 사람들은 문을 걸어잠근 채 총을 들고 내부의 적들과도 싸워야 했다. 세르비아계가 아니라 강도들과 싸우기 위해 총을 구하고 실탄을 구하는 사람들이 많아졌다. 조금 더 지나자 여기 저기서 굶어죽었다는 사람, 얼어죽었다는 사람들의 소문이 들려왔다.

가장 심각한 것은 물이었다. 집집마다 빗물을 통에 받아 놓고 사용해야 했다. 하지만 턱없이 부족했다. 부득이 강이나 하천물을 사용하기도 했지만 오염이 심했다. 설사와 감염이 빈발했고 그로 인해 죽어가는 사람들이 속출했다. 특히 어린 아이들의 희생이 많았다. 땔감도 중요했다. 물을 끓이고 음식을 만들고 추위를 막는 데 없어서는 안 될 것이었다. 전쟁이 시작된 지 얼마 안돼 동네 공원의 나무들이 순식간에 사라졌다. 그 다음은 문짝이나 창틀, 마루 같은 집안의 목재들이 뜯겨져 나갔다. 그리고 마지막으로 옷장이나 책상과 같은 가재도구들이 아궁이 속에서 사라졌다. 사람들은 약간의 장작을 구하기 위해 야간에 몇 킬로미터씩 걷기도 했다. 가끔씩 미군 비행기가 떨어뜨려주는 비상식량과 생필품이 하늘의 만나였다. 밀가루와 비스켓도 있었다. 낙하산에 박스를 달아 떨어뜨리다 지상 가까운 공중에서 퍼지도록 하는 방식이었다. 하지만 이 또한 턱없이 부족했다. 그나마 멀리 있는 사람, 거동이 불편한 사람들에게는 그림의 떡이었다.

그야말로 지옥과 다름 없는 삶이 1년 가까이 이어졌다. 총탄 포탄에 죽는 사람에 병으로 죽는 사람, 굶어죽는 사람, 강도와 싸우다 죽는 사람... 여기저기서 죽는 사람들이 속출했다. 사람들은 주로 밤시간에 만나 서로에게 필요한 것들을 교환했다. 낮 시간에는 움직일 엄두를 내지 못하는 탓이었다. 교환에 객관적인 가격이나 가치는 전혀 의미가 없었다. 서로에게 절실하게 필요한 것을 나누는 방식이었다. 소총 한정이 배터리와 교환됐고 항생제 한 알은 비상식량 10캔과 맞바꿔졌다. 누구도 무엇을 가졌다고 자랑하지 못했다. 소문이 나는 순간 표적이 되기 때문이었다. 누구도 믿을 수 없고, 누구도 의지할 수 없고, 무엇도 내보일 수 없는 곳... 사라예보는 불과 몇 달만에 그런 지옥으로 변해 있었다. 견디다 못한 시민들이 자구책 마련에 돌입했다. 땅굴을 파기로 한 것이었다. 시민들은 삽자루와 곡괭이를 들고 땅굴을 파기 시작했다. 조심스럽게 흙을 퍼 밖으로 나르며 조금씩 조금씩 앞으로 나갔다. 세르비아계에 들키지 않기 위해 모든 것을 최대한 조심해야 했다. 시 외곽에서 포위망이 없는 곳, 공항 뒤편 자유 보스니아 진영이 있는 곳까지. 높이 1.6미터, 폭 1.2미터... 사람과 물자가 드나들 수 있는 최소 규모였다. 1993년 7월 30일, 드디어 길이 760미터의 땅굴이 완성됐다. 거의 맨손으로 사투를 벌인 지 약 4개월 만의 일이었다. 전쟁이 시작된 지 14개월 만이었다. 그렇게 완성된 터널은 이후 사라예보 시민들의 생명선이 됐다.

터널을 찾는 마음이 착잡했다. 도심에서 한참 벗어난 외곽이었다. 최단 거리를 택하다 보니 그럴 수밖에 없었을 터였다. 터널은 한적한 동네에 2층짜리 건물 지하에서 시작되고 있었다. 건물이 세르비아쪽을 향해 뒤에서 하는 작업들은 은폐가 되는 구조였다. 돌로 지어진 건물 외벽은 온통 총탄 자국, 포탄의 파편 자국들이 가득했다. 건물 바로 앞엔 포탄이 떨어진 흔적들도 여럿 있었다. 터널이 파지고 있는 동안에도 공격은 계속됐을 터였다. '그 공포스런 소리를 들으며 사람들은 마음을 더 다졌겠지' '죽기를 각오하고 매달렸겠지' '얼마나 열심히 파고 또 팠을까?'... '장비는 없고 보이지도 않는 가운데 얼마나 힘들었을까?'... '손이 부르트고 얼굴이 깨지고... 부상은 또 얼마나 많았을까?'... 안으로 들어서는 마음이 숙연해졌다. 터널은 좁았다. 1.2 미터라는 폭이 아주 좁게 느껴졌다. 두 사람이 함께 지나기 어려운 상태였다. 높이도 허리를 구부려야 겨우 지나갈 수 있었다. 그러나 튼튼해 보였다. 무너져 내리지 않도록 굵은 나무 기둥들이 천정과 좌우를 떠 받치고 있었고 바닥에는 레일도 깔려 있었다. 그 레일 위 수레를 통해 수도 없이 물품도, 사람도 오갔을 터였다.

한 30미터쯤 들어갔을까? 어두워서 더 들어갈 수 없었다. 규모가 작은 탓에 움직이는 대로 위로 옆으로 계속 부딪히기도 했다. 당시는 더했을 것이 분명했다. 작은 후래쉬에 의지해 모든 일을 해야 했을 테니... 길이가 760미터

이니 천천히 움직여도 10분 남짓이면 갈 수 있는 거리였다. 하지만 그 희망의 땅에 닿기까지 그 10분이 얼마나 길게 느껴졌을까? 얼마나 마음을 졸였을까? 작게 웅크린 모습으로 허름한 객차에 올라타 밖으로 향하는 사람들의 겁먹은 눈동자가 느껴졌다. 반면 끊겼던 생필품이 들어왔을 땐 또 얼마나 환호했을까? 얼마나 감격의 눈물을 흘렸을까?... 그 작은 굴에서 이뤄졌을 수많은 일들을 떠올리니 가슴이 먹먹했다. 그것은 분명 엄청난 역사였다. 인간 승리의 기록이자 수많은 사람을 구해낸 기적의 역사였다. 그 작은 땅굴은 잘 보존해, 두고두고 전쟁의 비극과 희망의 의지를 알릴 수 있는 역사의 유물임이 분명했다.

터널의 완성으로 사라예보 시민들은 비로소 숨통을 틀 수 있었다. 식량과 물, 의약품 등이 보급되면서 비로소 최악의 상황을 벗어날 수 있었다. 절망에 빠졌던 사람들이 비로소 희망을 가지게 됐다. 터널은 그야말로 생명의 줄 역할을 톡톡히 해낸 것이었다. 시 관계자는 터널을 통해 들어간 식품만 550만 kg, 5천 5백 톤에 이른다고 했다. 연료도 45만 리터, 오간 사람들은 112만 명에 달한다고 했다. 긴박한 상황을 만난 중요 인사들, 그리고 여자와 노약자들이 대부분이었다고 했다. 이 터널의 힘으로 사라예보 시민들은 1,425일을 버틸 수 있었다고 했다. 그의 설명에 숙연해지지 않을 수 없었다. 한계에 달한 상황에 절망했을 시민들의 공포와 겁먹은 눈빛, 그 가운데 생존을 위해 뭐라도 해야 했던 저들의 절박한 마음이 그대로 살아왔다. 터널은 그야말로 희망의 터널이자 생명의 터널이었음이 분명했다.

07

그때 우리는 다 미쳐 있었다

공동묘지는 시내에만 있는 게 아니었다. 오가는 길에도 참으로 많기도 했다. 크든 작든 공간이 있는 곳엔 무덤들이 있었다. 초라한 무덤들은 참 많은 것을 얘기하고 있었다. 올림픽 주경기장에도, 축구장에도, 도심 빌딩들 사이에도, 한적한 도로변에도…. 나무로 허접하게 세운 십자가에는 10살도 채 안된 어린아이들의 이름도 적지 않았다. 가슴이 아팠다. 그런 공동묘지들을 여러 개 지나 사라예보 외곽의 작은 마을에 도착했다. 전쟁 땐 난민 캠프로 쓰였다는 학교가 있는 곳이었다. '전쟁 전엔 450명의 학생이 있었는데 지금은 200명쯤 된다'고 했다. 다 확인되진 않았지만 전투에 나섰다 희생된 학생들도 적지 않다고 했다. 궁금증이 일었지만 더 묻지는 않았다. 그건.. 어쩌면 당연한 일일 터였다. 외관이 비교적 깨끗한 학교는 휴전협정 직후에 다시 열었다고 했다.

인자한 인상의 여선생님이 반갑게 맞았다. 50대 중반쯤 됐을까?… 미소가 득한 얼굴로 무엇보다 아이들을 다시 만나게 된 것이 행복하다고 했다. 여러 사정으로 못 보게 된 아이들도 있지만 지금의 상태로도 만족이라고 했다. 하루하루가 소중하고 감사하다고 했다. 이분은 모든 것이 시원시원했다. 얼마든지 촬영을 하라고 했다. 휴전협정에 관한 학생들의 생각이 궁금하다고 하자 즉석에서 토론회를 제안하기도 했다. 한데 토론의 중심에 나를 세워버렸다. 아마도 내가 토론을 하고 싶다는 줄 알았던 모양이었다. 사실은 선생님과 학생들의 토론을 지켜보며 담고 싶은 것이었는데... 하지만 어쩌랴. 나와 학생들이 토론하는 것도 의미가 있을 것 같았다. 졸지에 20여 명의 학생들과 대화가 시작됐다.

학생들은 적극적이었다. 학교에 나오게 된 것이 꿈만 같다는 학생, 친구들을 다시 만나 너무 좋다는 학생... 학생들은 전쟁의 위험성과 평화의 소중함을 온몸으로 깨닫고 있었다. 지금의 평화가 이어지기를 바라지만 희망대로 될지 모르겠다는 걱정, 전쟁 통에 가장 친한 친구가 죽었다며 전쟁이 또 일어나서는 안 된다는 얘기도 있었다. 거기에 무너진 경제로 실업문제가 걱정이라는 학생, 교육문제에 대한 걱정까지.... 다양한 의견들이 쏟아져 나왔다. 고등학생들답게, 전쟁의 피해를 직접 겪은 당사자들답게 그들의 얘기는 진지하고 현실적이었다. 여러 얘기 가운데 무슬림과 세르비아인, 크로아티아인들이 예전처럼 다시 어울릴 수 있을지 모르겠다는 걱정이 가슴을 때렸다.

토론은 기대 이상으로 잘 진행됐다. 선생님은 전쟁 중에 가족이나 친지를 잃은 학생들이 반 이상이라고 귀띔했다. 하지만 학교에서 얻는 기쁨이 큰 때문인지 학생들의 얼굴에서 어두운 그늘은 별로 느껴지지 않았다. 한데 아뿔싸. 그 귀한 장면들이 제대로 촬영되지 않고 있었다. 토론 장면을 방송에서 구성으로 쓸 것이라고 미리 얘기를 해 놓았는데도 카메라 기자는 잠시 촬영하는 듯하더니 딴짓을 하고 있었다. 애써 눈짓을 통해 계속 촬영을 부탁했지만 잠시 흉내만 낼 뿐 카메라는 다시 바닥으로 내려갔다. 답답했다. 짜증이 났다. 이래서 호흡이 중요한 것인데... 방송 기자로 일하며 가끔 신문기자가 부러울 때가 있는데 바로 이런 경우였다. 하지만 어쩌겠는가?...

선생님의 입장에서도 그런 학생들의 얘기는 처음인 것 같았다. 진지하게 듣던 선생님이 우리 덕분에 학생들의 생각을 알게 됐다며 고맙다고 했다. 학교에는 세르비아계, 크로아티아계, 무슬림에 집시까지 있다며 안 그래도 이들을 어떻게 화해시키고 화합하도록 할까 하는 것이 가장 큰 고민이라고 했다. 이름이 부비차라는 이분은 사라예보의 상황이 생각보다 훨씬 안정되고 물건도 풍족한 것 같다는 내 얘기에 그렇지 않다고 했다. 내가 본 것은 극히 일부분의 표면적인 것일 뿐이라고 했다. 조금만 속을 들여다보면 문제가 심각하고 대부분 사람들은 물건이 있어도 살 돈이 없다고 했다. 교육문제와 실업 문제는 아주 심각한 수준이라고 한숨을 쉬었다.

학교를 나오며 보니 저만치 높은 방호벽이 설치돼 있었다. 방호벽 너머는 전쟁 중 세르비아군이 세운 포로수용소가 있던 그르바비차라고 했다. 그르바비차... 외신을 통해 익히 알고 있던 곳이었다. 세르비아 군인들이 무슬림의 씨를 말리겠다며 무슬림 여성을 조직적으로 강간한 것으로 악명 높은 곳이었다. 그들은 자신들의 씨를 퍼뜨린다는 명분으로 임신한 여성들이 낙태하지 못하도록 출산이 가까울 때까지 감금하는 만행도 저질렀던 것으로 알려졌었다. 세르비아인들은 내부적으로 그것을 이른바 인종청소의 한 방편이라고 설명했다고 했다. 그렇게 당한 무슬림 여성들이 보스니아 전역에서 2만~5만 명에 달한다는 것이 관계자들의 증언이었다. 그리고 그렇게 태어난 아이들도 최대 4천 명에 이른다는 것이 그들의 주장이었다. 많은 경우 그렇게 태어난 아이들은 세상에 나온 직후 버려지거나 죽임을 당했지만 비밀스럽게 길러진 경우도 적지 않았다고 했다. (2005년 야스밀라 즈바니치라는 여성 감독이 만든 '그르바비차'라는 영화에 당시의 상황이 사실적으로 그려져 있다)

그냥 지나칠 수가 없었다. 이곳 또한 여느 도시처럼 처참하게 부숴진 도로변 건물들이 먼저 눈에 들어왔다. 깨지고 무너지고... 그 사이로 녹슨 철근들이 끊어진 심줄처럼 드러나 있는 건물들은 처참하다는 표현으로도 부족했다. 수십 차례, 수백 차례 잔인한 공격이 집중됐음을 확인시켜주고 있었다. 이제까지 경험했던 다른 전쟁들과 확연하게 다른 부분이었다. 대로변의 모든 건물들이 다 그랬다. 그런 철처한 폐허 사이로 간혹 오가는 사람들이 보였지만 그들의 표정은 무거웠다. 활기가 느껴지지는 않았다. 무표정한 얼굴에 경계하는 빛 또한 역력했다. 수용소가 있던 위치를 물었지만 아예 무시하거나 모른다고 했다. 일부러 피하는 것 같았다. 아마도 끔찍했던 기억을 떠올리기 싫어 아예 기억에서 지우고 있는지 모르겠다는 생각이 들었다. 허름한 옷 차림의 노인이 울분을 토했다. '짐승보다 못한 놈들이었다. 닥치는대로 여자들을 강간하고 사람들을 죽였다. 어린 소녀도 노인도 가리지 않았다. 집안으로 들이닥쳐 가족들 앞에서 강간하는 짓도 서슴지 않았다…' 노인은 슬픈 눈빛으로 고개를 가로 저었다.

그렇게 거리에서 인터뷰를 하는데 웬 청년이 다가왔다. 뜻밖에도 청년은 자신이 세르비아 사람이라고 했다. 그는 드러내 놓고 얘기하기 조심스럽지만 세르비아인들이 큰 잘못을 저질렀다고 했다. 당시 세르비아계 방송에서는 무슬림들이 보스니아를 독립시켜 세르비아 사람들을 다 몰아낼 것이라고 선동했다고 했다. 그런 선동이 계속되면서 세르비아 사람들 사이에 적개심이 생겼고 그게 무슬림들을 향한 잔인한 범죄로 이어졌다고 했다. 무슬림 건 뭐든지 뺏어도 되고 무슬림 여자들은 강간해도 되고 심지어 죽여도 좋다는 분위기는 그렇게 생겼다고 했다. 그런 분위기 속에서 세르비아 청년들 사이에서는 몇 명을 강간했는지, 몇 명을 죽였는지를 자랑하고 경쟁하는 일까지 생겼다고 했다. 심지어 민병대에서는 무슬림을 죽일 경우 한 명당 얼마씩의 수당을 주기도 했다는 믿기 어려운 얘기도 했다. 깊은 한숨을 몰아쉰 그는 '당시는 모두가 미쳐 제정신이 아니었다'고 했다. 그의 입에서 더 놀라운 고백이 이어졌다. '한데 그때 그런 엄청난 잘못을 저지른 사람들과 그들에게 당한 사람들이 여전히 같은 동네에 살고 있다는 것이었다. 놀라운 얘기였다. 피해 여성들 가운데 수치심에 고향을 떠난 사람들이 제법 되지만 상당수는 그대로 살고 있고 가해자들은 대부분 그대로 살고 있다는 얘기였다. 그러다 보니 길을 가다 서로 마주치는 경우도 종종 있다는 것이었다.

상상을 초월하는 얘기였다. 충격적인 얘기였다. 끔찍했던 반인륜적 범죄의 피해자와 가해자가 같은 공간에서 살아가고 있다니.... 얼굴을 마주하는 일도 드물지 않다니... 그게 어떻게 가능하단 말인가? 자신이 아는 한 그런 엄청난 범죄를 저지른 사람들 가운데 누구도 심판을 받지 않았다고 했다. 진지하게 반성하는 사람도 보지 못했다고 했다. 그저 모든 것이 어쩔 수 없는 상황에서 벌어진 과거의 일일 뿐이라며 너무 당당하다고 했다. 그는 특히 항상 깔끔한 양복에 지적인 모습을 보였던 옆집 아저씨에게 충격을 받았다고 했다. 전쟁이 벌어지자 완전히 다른 사람으로 변해 가까이 지내던 무슬림까지 잔인하게 공격하는 모습에 충격을 받았었다고 했다. 그랬던 사람이 휴전이 되자 언제 그랬냐는 듯 옛날 모습으로 돌아가더라며 정말 놀랐다고 했다. 사람이 어떻게 그렇게 순식간에 변할 수 있는지 이해할 수 없었다고 했다. 청년에게 당신은 그때 그런 일에 가담하지 않았냐고, 무엇을 했냐고 물으려다 참았다. 스스로 자신들의 잘못을 고백하는 모습 속에서 그가 가졌을 고뇌가 충분히 느껴졌다. 인터뷰 내용을 방송에 내도 되겠냐며 이름을 물었다. 그는 손사래를 치며 오던 길을 돌아갔다.

08

광란의 디스코텍, 세르비아 가수에 열광하는 무슬림 청소년들

전쟁 중 부모를 잃어버린 아이들을 찾아주는 곳이 있다고 했다. 물어물어 사무실을 찾아갔다. 넓지 않은 공간에 젊은 여직원 혼자 사무실을 지키고 있었다. 자신들이 추산하기에 전쟁 중 부모를 잃어버린 사라예보의 아이들은 450명 정도라고 했다. 생각만큼 많지 않아 다행이라는 생각이 우선 들었다. 아마도 전투현장을 피해 피난을 떠나야 하는 일반적인 전쟁의 형태가 아니었기 때문인 듯했다. 그나마 신고가 들어온 것은 30명뿐이라고 했다. 부모를 잃은 아이들은 대부분 이웃이나 친척집에서 생활하는 것으로 추정된다고 했다. 하지만 전쟁 상황에 많은 자료가 소실되고 전화 등 기본 통신수단들이 파괴돼 현황 파악에 어려움이 많다고 했다. 자신들은 일단 신고가 들어올 경우 아이의 인적사항과 특징 등을 가능한한 세밀하게 기록한 후 사진을 곁들여 자그레브에 있는 본부에 보낸다고 했다. 그러면 본부에서 자료를 취합하고 다른 지역에서 온 자료들과 대조해 아이와 부모를 연결한다고 했다. 아이를 잃은 부모나 부모와 떨어진 아이나 얼마나 힘들까? 특히 부모의 심정이 어떨까?... 아이 둘을 둔 아빠의 입장에서 남의 일 같지 않았다. 혹시 그런 가정 가운데 한두 곳을 연결해 줄 수 있냐 물으니 어렵다고 했다. 대부분 자신들을 드러내려고 하지 않는다고 했다.

그곳에서 멀지 않은 곳엔 전쟁 고아들을 돌보는 고아원도 있었다. 브엘라베라는 이름이었다. 아주 갓난 아이부터 초등학교에 다니는 아이들까지 200여 명이 생활하고 있는 곳이었다. 무슬림과 세르비아계, 크로아티아계 다 있다고 했다. 들어올 때부터 어떤 차별도 없다고 했다. 외국의 종교재단에서 지원받고 있다는 이곳의 시설은 괜찮아 보였다. 아이들의 표정도 밝았다. 어떤 그늘도 없이 아이들은 뛰고 뒹굴고 달리고... 아이들 답게 신나게 놀고 있었다. 전쟁도, 원수도, 민족도, 종교도... 아이들에겐 아무 의미가 없는 얘기들이었다. 중년의 여성 여러 명이 아이들을 돌보고 있었다. 그들은 환한 얼굴이었다. 힘들지 않다고 했다. 아이들이 사랑스럽다고 했다. 부모 잃은 아이들의 처지를 생각하면 그렇게라도 도울 수 있는 것이 오히려 감사하다고 했다. 감동이었다. 소말리아에도, 수단에도... 어디나 그런 사람들이 있었다. 어려운 아이들을 위해, 절망적인 상황 속에 있는 사람들을 위해 자신들의 모든 것을 던지는, 심지어 목숨까지 거는... 정말 대단한 분들이었다. 그렇게 곳곳에 숨어 있는 천사들을 만난다는 것은 전쟁터를 취재할 때 느끼는 몇 안되는 행복 가운데 하나였다.

또 하루가 저물고 있었다. 어느 정도 살피고 싶은 것을 살폈기에 조금 여유가 생겼다. 시내 중심의 전통거리에서 커피 한잔 하며 지나가는 사람들을 살폈다. 활기가 넘쳤다. 그들의 표정 어디에도 전쟁의 그늘은 없었다. 모든 것이 예상했던 것 이상이었다. 전쟁기간 동안 억눌렸던 상황을 보상받기 위해서, 쪼그라들었던 몸과 마음을 위로받기 위해서 의식적으로 과하게 움직이는 것 아닌가 생각이 들 정도였다. 이왕 여유를 부리는 것, 디스코텍에 가보면 어떻겠냐고 안내인이 제안했다. 멀지 않은 곳에 엄청난 곳이 있다고 했다. 사라예보의 또 다른 모습을 볼 수 있을 것이라고 했다. 마다할 이유가 없었다. 10분쯤 걸으니 BB라는 간판이 나타났다. 특별히 청소년들에게 인기가 많은 곳이라고 했다. 8시가 조금 넘었을 뿐인데 입구부터 복잡했다. 혹 나이가 많다고 막으면 어떻게 하나 걱정했지만 우리도 제약없이 들어갈 수 있었다.

내부에 들어서니 우선 엄청난 음악소리가 귀를 때렸다. 귀와 함께 정신까지 멍해졌다. 계단을 내려 홀에 들어서니 자욱한 담배연기와 현란한 조명에 몽환적인 분위기가 가득했다. 그속에서 수백명의 젊은이들이 정신없이 몸을 흔들어 대고 있었다. 서로 비벼대며 진한 키스를 나누는 장면도 적지 않았다. 그들은 카메라를 들이대도 전혀 개의치 않았다. 나이가 열 서너 살이나 됐을까? 어린 소년 소녀들부터 20대 중반까지.... 이곳은 전쟁 기간에도 매을 문을 열었다고 했다. 전쟁의 공포속에서도 억눌린 청춘들은 밤마다 이곳을 찾아 마음을 달랬다고 했다. 2년 전, 한창 전쟁이 진행 중일 때 자그레브에서도 같은 모습을 봤다. '아, 자그레브만 그랬던 게 아니었구나.' '이 또한 유고 내전의 독특한 현상이었구나'...

안내인이 귀에 대고 소리쳤다. '지금 나오는 음악은 세르비아 가수가 부르는 겁니다' 아니 이건 또 무슨 소리인가? 젊은이들이 따라하며 열광적으로 춤을 추는 음악이 세르비아 가수의 노래라니.... 무슬림과 크로아티아 사람들에게 세르비아는 적이 아니던가? 깜짝 놀라 이들도 그 사실을 아느냐고 물었다. '물론 다 잘 안다'는 대답이 돌아왔다. 놀라운 일이었다. 흥미로운 일이 아닐 수 없었다. 불과 얼마 전까지 총구를 맞대고 싸웠던 바로 적군, 그 세르비아의 가수가 부르는 노래에 무슬림과 크로아티아 청소년들이 이토록 열광하고 있다니....

정말 여러 가지 면에서 이해가 되지 않는 전쟁이었다. 얼떨결에 전쟁에 휘말리기는 했지만 이들은 이미 서로에게 너무 익숙해 있는 사람들이었다. 그랬기에 갈라설 때 그랬던 것처럼 휴전이 되자마자 그렇게 서로에게 스며들고 있는 것이었다. 이들에겐 전쟁도 민족도 원수도 없다는 의미였다. 그게 아니라면 설명이 되지 않는 일이었다. 그건 3년 6개월 넘게 진행된 비극적 전쟁이 실은 추악한 일부 지도자들의 망상에서 비롯됐을 뿐 일반 국민들은 억울한 피해자일 뿐이라는 사실을 일깨워주는 극적인 장면이기도 했다. 시끄러웠지만 몇 명에게 인터뷰를 시도했다.

모두들 현재의 상황에 만족한다고 했다. 이번 평화가 길게 유지되기를 바란다고 했다. 모두가, 세르비아 사람들과도 전쟁 전과 같이 친하게 지내면 좋겠다고 했다.... 전쟁기간 동안 간절했던 평화에 대한 갈망이 그런 희망적인 인터뷰로 나타나는 것이 아닌가 생각됐다. 오랜 전쟁에도 적대감을 보이지 않고 함께 살아갈 미래를 얘기한다는 의미에서 그들의 인터뷰가 기분 좋았다. 솔직히 국외자로서 잘 이해가 되지 않는 부분이 있었지만 다른 한편으로는 그들의 낙관주의가 부럽기도 했다. 그들 틈에서 나도 신나게 몸을 흔들었다. 기자라는 직업을 벗어놓고 그들 속에 섞여 그들의 기분을 느껴보고 싶었다. 그들도 낯선 동양 기자를 전혀 거부하지도 경계하지도 않았다. 우리의 존재를 눈꼽만큼도 의식조차 하지 않는 분위기였다.

그렇게 시끄럽고 열광적이던 디스코텍은 10시가 넘어서자 조금씩 한산해지기 시작했다. 그러다 10시 30분이 되자 모두가 떠나 아주 조용해졌다. 11시부터 시작되는 통금시간, 폴리스 타임 때문이었다. 사라예보엔 밤 11시부터 새벽 5시까지 통행금지가 시행되고 있었다. 평화협정 직후엔 오후 9시부터였는데 그게 조금 지나 10시로, 지금은 11시로 늦춰졌다고 했다. 우리도 밖으로 나와야 했다. 11시가 가까워지니 거리엔 사람의 그림자도 보이지 않았다. 간혹 경찰 순찰차들과 군인들이 지나다닐 뿐. 텅빈 거리엔 적막감만이 가득했다. 다행히 프레스 카드가 있어 우리는 폴리스 타임의 사라예보 구석구석을 돌아볼 수 있었다. 총성, 포성이 멎은 사라예보의 밤은 휘황찬란한 불빛만 없을 뿐 여느 다른 도시의 밤과 크게 다르지 않았다. 호텔로 돌아오니 12시가 넘고 있었다. 디스코텍을 나올 때부터 내리기 시작한 비가 그치지 않고 계속 이어지고 있었다. 그야말로 추적추적 내리고 있었다. 지금의 상황을 보지 못하고 떠나간 사람들의 안타까운 눈물인지... 아니면 여전한 공포와 두려움 속에서 잠못드는 사람들을 위한 위무인지... 굵지도 가늘지도 않은 빗방울이 쉴 새없이 창을 때렸다. 그렇게 심란한 이방인의 감정을 자극하고 있었다.

09

'전쟁은 아직 끝나지 않았어요' 모스타르 여인의 한숨

사라예보를 봤으니 이제 모스타르를 확인할 차례였다. 사라예보의 남서쪽에 위치한 역사 도시, 헤르체고비나의 수도였다. 모스타르는 이해하기 어려운 유고내전의 성격을 그대로 보여주는 곳이었다. 유네스코가 지정한 세계문화유산 스타리 모스트 파괴로 세계적인 관심사가 된 곳이기도 했다. 내전 초기 이곳의 무슬림과 크로아티아계는 세르비아계에 맞서기 위해 힘을 합쳐 싸웠었다. 그러나 세르비아계가 쫓겨가자 힘을 합했던 양측이 적으로 갈라져 치열한 전투를 벌인 곳이었다. 사라예보에서는 여전히 양진영이 연합해 세르비아에 맞서고 있는 상황이었다. 화력이 우세했던 크로아티아군은 무려 9개월 동안 무슬림지역을 포위한 채 공격을 퍼부었다. 또 보급로를 차단한다는 명분으로 16세기 건축된 모스타르의 상징 스타리 모스트도 파괴했다. 수많은 무슬림들이 쫓겨나거나 살해됐고, 상당수 문화재급 이슬람교 사원들이 심하게 파괴됐다.

오전 9시 30분쯤 숙소를 나섰다. 지난 밤부터 내리기 시작한 비가 그치지 않고 있었다. 블라도라는 덩치 큰 운전자는 뭐가 그리 기분이 좋은지 알아듣기도 어려운 발음으로 쉬지 않고 떠들어 댔다. 혼자 흥에 겨워 노래를 하기도 하고.... 그러다 심지어 내가 앉은 뒤쪽으로 고개를 돌리기도 했다. 조심하라고 몇 번이나 주의를 줬지만 전혀 개의치 않았다. 그러다 결국 사고를 내고 말았다. 도로에 나 있는 웅덩이를 보지 못하고 빠져 덜컹거리다 옆의 도랑에 빠진 것이었다. 전투 중 떨어진 폭탄이 만든 웅덩이였다. 처음엔 한쪽만 빠졌었다. 한데 빠져나오기 위해 무리하게 가속 패달을 밟다가 더 깊이 빠져들었고 결국 옴짝달싹 못하는 상태가 되고 말았다. 그 상황이 되자 미안했던지 이 친구 이리 뛰고 저리 뛰며 지나가는 차들을 세워 도움을 청했다. 그러기를 40여 분, 마침 굵은 견인줄을 가진 차를 만났다. 그차의 도움으로 한참 씨름한 끝에야 도랑을 빠져나올 수 있었다. 블라도의 말이 걸작이었다. 도와준 차량의 운전자는 자신과 마주보고 싸웠던 세르비아 녀석이라고 했다. 치열하게 전투를 벌였던 그가 오늘은 자신을 도와줬다며 그것이 바로 보스니아라고 껄껄 웃었다.

웃어야 할지, 울어야 할지.... 유고에서만 가능한 일일 터였다. 총구를 마주하고 싸웠던 적, 얼굴까지 기억할 정도로 가까이 싸웠던 사람들, 그랬던 사람들이 길에서 만나 도움을 주고 받는 현실.... 그는 웃었지만 나는 그저 웃을 수만은 없었다. 다시 한 번 이해하기 어려운 전쟁, 유고내전의 성격을 생각하게 하는 계기가 됐다. 비는 그치지 않고 이어지고 있었다. 강물이 많이 불어 있었다. 모스타르를 동서로 가르는 네레트바강이었다. 강을 경계로 동쪽은 무슬림 지역, 서쪽은 크로아티아 지역으로 나뉘어 있다고 했다. 강물의 빛깔이 녹색이어서 놀라워했더니 평소에는 훨씬 더 짙은 녹색이라고 했다. 비 때문에 많이 옅어진 것이라고 했다. 그 신비한 녹색 때문에 '세상에서 가장 푸른 강'이라는 별명을 갖고 있다고도 했다. 강 가까이 접근하니 과거 다리가 있던 자리에 임시 부교가 놓여 있었다. 프랑스 국기 마크를 달고 있는 군인들이 부교 앞에서 사람들을 통제하고 있었다.

부교는 폭이 좁았다. 때문에 많이 복잡했다. 마침 반대편에서 수십대의 장갑차가 건너오고 있었다. 30여 분을 기다려서야 다리를 건널 수 있었다. 우리가 지나는 곳이 무슬림 지역이라고 했다. 조금 지나자 건물들이 나타나는데... 모두가 처참하게 파괴돼 있었다. 왕창 무너져 내렸거나 그렇지 않고 서 있는 것들은 온통 벌집같은 모습이었다. 어쩌면 그렇게도 가는 곳마다 잔인한 전쟁의 흔적들이 다르지 않은지.... 놀랍게도 그렇게 벌집처럼 총알자국이 가득한 집안에 사람들이 살고 있었다. 크로아티아 지역으로 가려면 다리를 한번 더 건너야 한다고 했다. 하지만 바로 건널 수 없다고 했다. 한참을 돌고 돌아 산길을 넘어서야 크로아티아 지역에 도착할 수 있었다. 우리를 먼저 맞은 것은 검문소의 경찰들이었다. EU(유럽연합) 표시를 한 이들은 군인들과 달리 신경질적이었다. 촬영은 아예 생각도 못 할 정도였다.

우선 차를 달려 접근이 허용되는 지역을 한바퀴 돌아보았다. 완전 폐허였다. 어디를 가도, 어느 쪽을 바라봐도 깨지고 부숴지고 불에 타고 무너지고... 성한 것들이 거의 보이지 않았다. 깨지고 무너진 건물들이 콘크리트가 아니라 수백 년 역사를 지닌 전통 건축물들이어서 안타까움이 더했다. 때 맞춰 굵어진 빗방울이 폐허가 된 거리와 어울려 묘한 감정을 불러일으켰다. 낯선 이방 기자들을 맞는 모스타르 사람들의 슬픈 인사같기도 했다. 마침 지역을 순찰하고 있는 경찰을 만났다. 시 전체의 50% 이상이 파괴됐다고 했다. 인구도 전쟁 전에 비해 거의 절반 수준으로 줄었다고 했다. 휴전협정 이후에도 이따금씩 충돌이 일어나 긴장을 늦출 수 없다고 했다. 우리가 도착하기 며칠 전에도 양측간의 총격전으로 크로아티아 경찰 한 명이 숨졌다고 했다. 양측 모두 반납하지 않고 숨기고 있는 무기가 적지 않아 충돌이 일어나면 피해가 클 수밖에 없을 것이라고 했다.

도시에서 유일하게 영업을 하고 있다는 호텔을 찾았다. 그러나 방이 없다고 했다. 관광객이 있는 것도 아닐 텐데 무슨 이유일까?... 알고 보니 EU 관계자들이 방을 다 차지한 것 같았다. 하는 수 없이 프레스센터에 도움을 청하니 우리의 여관같은 곳을 소개했다. 허름한 방에 한 사람당 35DEM씩을 내라고 했다. 우리 돈 2만 원 정도였다. 다른 것없이 그저 잠만 잘 수 있는 곳이었다. 고급 호텔을 찾은 것이 아니었기에 다른 것은 다 견딜 만했는데 난방이 되지 않았다. 때는 유럽의 1월이었다. 인상 좋은 주인 아주머니에게 부탁하니 전기 난로를 한 대씩 갖다 줬다. 아주머니에게 상황을 물으니 자신도 전쟁 중에 아들을 잃었다고 했다. 주변에 가족을 한두 명씩 잃지 않은 사람들이 없다고 했다. 그녀는 여전히 불안하다고 했다. 전쟁은 아직 끝나지 않았다고 단언했다.

10

버티는 기사, '총 맞을 수 있다. 나는 못 가겠다'

전기난로를 틀어놓고 잤더니 목이 칼칼했다. 오전 8시쯤 숙소를 나섰다. 거리가 한산했다. 토요일이어서 그런 것인지, 이른 시간이어서 그런 것인지... 복잡하지 않은 거리에는 벌써부터 여러 대의 IFOR의 장갑차들이 느릿느릿 움직이고 있었다. 무장 세력들을 경계하는 순찰같았다. EU의 경찰 순찰차들도 시내 구석구석을 돌고 있었다. 거리는 조용했지만 긴장감이 감돌았다. 휴전은 됐지만 충돌 위험이 여전히 높다는 의미였다. 거리를 스케치 하며 시민들의 얘기를 들어봤다. 아직 전쟁이 끝나지 않았다는 사람들이 대부분이었다. 사라예보와는 완전히 다른 분위기였다. 그들은 UN군이 철수한다면 당장 전투가 다시 벌어질 것이라고 걱정하고 있었다. 무슬림 사람들과는 이제 더 이상 함께 살 수 없다고 목청을 높이는 사람도 있었다. 그러나 왜 싸워야 하는지 모르겠다고, 서로를 이해하는 마음이 필요하다고 얘기하는 사람들도 있었다. 그렇게 얘기하는 사람들 대부분이 젊은이들이라는 사실이 다행이라는 생각이 들었다.

잘 진행되던 취재에 문제가 생겼다. 운전기사가 스타리 모스트 다리에는 갈 수 없다고 했다. 거기서 멀지 않은 블레바 거리에도 못 가겠다고 했다. 너무 위험하다는 것이었다. 총을 맞을 수도 있다고 했다. 블레바 거리는 얼마 전 양측의 총격전으로 사망자가 발생했다는 곳이었다. 그는 자신을 걱정할 뿐 아니라 우리에게도 웬만하면 가지 말라고 강하게 말렸다. 그는 단호했다. 느닷없는 상황에 경찰의 협조를 구하기로 했다. EU 경찰국에 들렀더니 기사와 똑같은 소리를 했다. 안전을 담보할 수 없으니 들어가지 말라고 했다. 그러면서 그래도 굳이 가야 한다면 프레스 카드 외에 별도의 취재허가를 받아야 한다고 했다. 어느 나라 출신인지 이 친구는 인상까지 써가며 상당히 겁을 줬다. '그래서 그런 문제 때문에 도움을 받기 위해 경찰국을 방문했다'고 하니 담당자가 올 때까지 기다리라고 했다. 운전자는 옆에서 '거 봐라 내가 뭐라고 했냐?'는 표정이었다.

워낙 강한 그들의 경고에 카메라 기자가 흔들렸다. '굳이 가야 하냐'고, '지금까지 생생한 화면들을 많이 찍었으니 그것만으로도 프로그램은 만들 수 있는 것 아니냐'고…. 말도 안 되는 소리였다. 선택의 여지가 없었다. 스타리 모스트 다리와 블레바 거리는 취재의 핵심이었다. 그 두 곳을 취재하지 못한다면 모스타르 취재는 아무런 의미가 없는 것이었다. 얼마나 시간이 흘렀을까? 담당자가 다가 왔다. 작은 체구에 순하게 생긴 그는 자신들이 도와줄 것은 없다고 했다. 굳이 취재를 위해 가겠다면 말리지는 않겠지만 안전은 스스로 챙겨야 한다고 했다. 그러면서 거리가 멀지 않으니 그냥 걸어가도 된다며 현지인인 운전기사는 데려가지 말라고 했다. 난감했다. 겁많은 카메라 기자의 얼굴이 더 어두워졌다. 경찰의 얘기에 용기를 얻었음인지 운전 기사는 함께 갈 수 없는 자신의 입장을 이해해 달라며 애매한 표정을 지었다. 12시까지 우리가 돌아오지 않으면 경찰에 신고해주겠다는 얘기도 덧붙였다. 참으로 뜨끔한 소리였다.

그 지점에서 양쪽을 연결하는 다리는 티토교였다. 전쟁으로 파괴된 것을 임시 복구해 사용하고 있었는데 유일하게 차량이 통행할 수 있는 다리였다. 입구에 검문소가 있었지만 까다롭게 검사를 하거나 건너가는 것을 막지는 않았다. 조금은 비장한 마음으로 다리에 들어섰다. 주변 상황에 적지 않게 신경을 써가며…. 아래로 내려다 보이는 강물이 정말 짙은 녹색이었다. 아름다웠다…. 그렇게 조금은 긴장된 마음으로 또 조금은 즐기는 기분으로…. 드디어 다리를 건넜다. 거기서 부터는 무슬림 지역이었다. 불과 다리 하나 건넜을 뿐인데 분위기가 확연히 달랐다. 여기서도 무슬림은 심하게 당하는 쪽임을 어렵지 않게 확인할 수 있었다. 우선 눈에 띠는 것은 크로아지역보다 모든 여건이 안 좋아 보인다는 것이었다. 파괴의 정도도 훨씬 심각했고 건물은 더 낡았으며 사람들의 옷차림도 초라했다. 15세기 건축됐다는 모스크의 파괴도 심각한 수준이었다. 하긴 모스크는 집중적인 타격 대상이었을 테니…. 전쟁 전까지 서로의 종교를 인정하며 외부적인 위기 때는 힘을 더했던 사람들이었다는 사실이 믿기지 않을 정도였다.

이들이 종교적 차이를 넘어 협력했다는 것은 역사적 사실이었다. 가장 가까이는 19세기 말 오스트리아—헝가리 제국과의 전쟁이었다. 당시 오스만 터키의 퇴조를 틈타 오스트리아—헝가리 제국은 보스니아 지역을 집어 삼키려고 했다. 카톨릭이었던 오—헝 제국은 내심 자신들이 움직일 경우 그 지역의 무슬림들은 저항하겠지만 크로아티아나 세르비아계는 자신들을 지지할 것이라 기대했었다. 크로아티아는 카톨릭, 세르비아도 같은 계통인 정교였기에 비록 같은 공간에 살기는 하지만 무슬림보다는 자신들 편이 돼 줄 것이라는 계산 때문이었다. 스스로의 야심을 카톨릭과 이슬람의 종교대립으로 포장한 그들은 결국 보스니아를 침공했다. 하지만 그들의 기대는 어긋나고 말았다. 세 민족은 종교의 차이를 넘어 똘똘 뭉쳤고 오—헝 제국은 결국 이들에 밀려 참담하게 물러나야 했었다. 그들은 종교보다는 관계와 역사를 택했던 것이었다.

그랬던 사람들인데... 그런 귀한 역사를 공유한 사람들인데... 왜, 어쩌다 이렇게 된 것일까?... 정말로 궁금했다. 그리고 답답했다. 모스크 주변에선 오가는 사람들을 상대로 구걸하는 거지들의 모습도 볼 수 있었다. 모든 것이 건너편 크로아지역 상황보다 많이 열악해 보였다. 그러나 사람들의 표정만은 밝았다. 무엇을 물어도, 무엇을 부탁해도, 촬영을 해도.. 다 호의적이었다. 누구 하나 나서 시비거는 사람이 없었다.

11

세계문화유산 스타리 모스트가 무너진 자리

크로아티아 지역에서 받은 취재 허가증은 무슬림 지역에서는 소용이 없었다. 다시 받아야 했다. 허가증을 내주며 경찰은 치안이 비교적 잘 유지되고 있다고 했다. 그래도 만일의 가능성에 대비해 밤 11시부터 새벽 6시까지는 통행금지를 실시하고 있다고 했다. 그건 다리 건너도 마찬가지라고 했다. 시민들의 반응은 크로아티아 지역과 다르지 않았다. '아직 전쟁이 끝나지 않았다.' '크로아티아는 무슬림을 고립시키려고 하지만 결코 그렇게 되지 않을 것이다' '끝까지 분리를 시도한다면 가만히 있지 않을 것이다'… 그렇게 전쟁이 끝나지 않았다고 단언하는 사람들이 대부분이었다. 그럼에도 근처에 있는 시장은 복잡했다. 활기가 넘쳤다. 시 중심인데도 근처엔 공동묘지도 있었다. 온통 무너진 건물들 사이의 넓지 않은 공간, 언뜻 봐도 100기는 넘는 무덤들이 있었다. 나무 십자가에 기록된 그들의 나이는 대부분 10대 후반에서 20대 초반이었다. 그 무덤들 주변으로 나 있는 도로에 많은 사람들이 나와 있었다. 그들은 그저 얘기를 나누는 모습이었다. 운좋게 전쟁에서 살아 남은 사람들… 그러나 마땅히 할 일이 없는 것 같았다. 그렇게나마 매일 나와 죽음 옆에서 살아 있음을 확인하는 것 같았다.

드디어 무너진 스타리 모스트 다리에 도착했다. 모스타르에 도착한 직후에는 크로아티아 지역에서 바라봤었다. 때마침 내리는 빗속에 짙은 안개까지 끼어 묘한 기분이 들게 했었다. 여러 상념이 떠올라 한참을 바라보고 서 있었다. 다시 찾아 반대편에서 바라보는 다리는 처연했다. 아름답던 아치형 다리는 흔적도 없이 사라지고 바로 그 위치에 임시 가교가 놓여 있었다. 내전이 진행되던 1993년 11월 9일 크로아티아군이 60여 발의 포격으로 파괴한 것이었다. 당시 크로아티아는 '전략적 필요에 의해 일부러 파괴했다'고 자인함으로써 국제적 비난의 대상이 됐었다. 다리 파괴 소식에 보스니아 정부는 사라예보가 공격을 당하고 있는 상황임에도 '국가적 애도의 날'을 선포할 정도로 그들에겐 소중한 다리였다.

끊어진 다리 양편에는 고성같이 웅장하게 생긴 중세 건물들이 위엄있게 버티고 있었다. 다리의 길이는 30미터쯤 되는 것 같았다. 다리 아래로는 짙은 녹색의 강물이 힘있게 흐르고 있었다. 어제보다 훨씬 짙어진 신비한 녹색이었다. 내려다보니 꽤 높았다. 내전으로 파괴되기 전에는 유네스코 문화유산으로 지정될 정도로 유럽에서 가장 아름다운 다리 가운데 하나였다고 했다. 유럽에서 이슬람 양식으로 지어진 다리 가운데 가장 아름답다는 평가도 받았다고도 했다. 원래 나무 다리가 있던 자리에 1566년 미마르 하이덴이라는 오스만 터키의 유명 건축가가 단일 아치형으로 건축한 것이라고 했다. 하지만 그 다리는 흔적도 없이 사라지고 임시로 놓여진 흔들다리가 그 자리를 차지하고 있는 상태였다. 당시 1천 88개의 하얀 돌을 사용했다는데 그 돌들은 강물 속에 다 잠겨 있을 터였다. 이른 시간인데도 적지 않은 사람들이 오가고 있었다. 사람들이 움직일 때마다 출렁출렁 흔들리는 다리... 양측 관계의 위태한 상황을 상징하는 것 같았다.

다리 끝에서 강으로 내려가는 계단이 있었다. 내려가보니 뜻밖에도 화가가 있었다. 모든 그림이 스타리 모스트 다리를 주제로 하고 있었다. 파괴되기 전 아름다웠던 그림부터 임시 가교가 놓인 이후의 모습까지... 네레트바 강과 주변의 풍경, 거기에 어우러진 다리의 모습... 그림속의 스타리 모스트는 환상적이었다. 그림들 가운데 파괴된 다리를 들고 백마가 하늘로 올라가는 그림과 사라진 다리 옆에 고뇌하는 모습으로 앉아 있는 로댕의 생각하는 사람 그림이 유독 눈길을 끌었다. 이해할 수 없는 전쟁과 파괴, 사라진 역사에 대한 안타까움... 아픈 현실에 대한 화가의 안타까운 마음이 그대로 느껴졌다.

화가가 그림을 그리는 각도에서 위를 올려다 봤다. 심하게 파괴된 상태에서도 강과 어우러진 건축물들의 모습은 기막힌 풍경을 연출했다. 고색 창연함이 살아 있었다. 파괴되지만 않았다면 유럽의 여러 도시 가운데 가장 아름다운 곳이라는 찬사를 받기에 충분했을 것 같았다. 기가 막혔다. 지금의 파괴된 상태를 그대로 두고 관광객을 모아도 사람들이 많이 몰릴 것 같다는 엉뚱한 생각까지 들었다. 그가 갑자기 작업실 안으로 들어가더니 미술 전문잡지를 가지고 나왔다. 미술 관련 월간지인 것 같았다. 그는 표지에 실린 그림이 자신의 작품이라며 뿌듯한 표정을 지었다. 사실인지 아니면 그림을 팔기 위한 상술인지 확인할 방법은 없었다. 그에게서 다리가 사라지기 전 모습을 그린 작은 수채화 한 점을 샀다. 그림을 보며 아름다운 모스타르를 기억하고 싶었다. 책상 유리 밑에 깔아 놓으면 좋을 것 같았다.

블레바 거리는 거기서 멀지 않았다. 우리가 도착하기 직전에 총격전이 벌어졌다는 곳이었다. 그래서 그런지 거리엔 사람이 없었다. 가만히 보니 양쪽으로 차단벽도 세워져 사람들의 통행을 막고 있었다. 마음 탓인지 주변을 감싼 적막감이 기분 나쁘게 느껴졌다. 안 그래도 겁에 질린 카메라 기자는 찍을 것이 아무 것도 없다며 어서 나가자고 했다. 그런 그에게 텅 비어 있는 모습, 동네를 감싸고 있는 긴장된 분위기를 찍어달라고 주문했다. 멀리서 우리를 발견한 사람들이 어서 나오라고 소리쳤다. 그들은 손짓까지 해가며 빨리 나오라며 난리였다. 휴전은 됐지만 사람들은 여전히 공포 속에서 살고 있음을 알 수 있었다. 외형상 평화가 유지되고는 있지만 긴장을 풀지 못하고 있다는 반증이었다. 찝찝한 기분에 서둘러 촬영을 마친 뒤 빠져 나왔다. 나오는 길에 만난 한 사람은 손가락 두 개가 없는 자신의 손을 보여줬다. 전쟁 중 잃었다고 했다. 그는 인상 좋게 웃으면서도 '전쟁은 아직 끝나지 않았다'고 강조했다.

오전에 가던 길을 거꾸로 크로아티아 지역으로 돌아왔다. 거리에도, 다리에도 사람들이 더 많아졌을 뿐 크게 달라진 것은 없었다. 12시까지 돌아오지 않으면 경찰에 신고해 주겠다던 운전기사가 안절부절 못하고 있었다. 약속했던 시간을 1시간 30분 이상 넘긴 상태였다. 그는 환한 얼굴로 두 팔을 벌려 우리를 맞으며 신고할지 말지 고민했다고 했다. 표정을 보니 거짓말 같지는 않았다. 걱정이 많이 됐지만 그래도 총소리가 나지 않아 그대로 기다려보기로 했다고 했다.

12

이념이 이렇게 무서운 것인 줄 정말 몰랐다

이제 마무리를 할 단계였다. 목표했던 것만큼의 취재는 된 것 같았다. 내전 당시의 전투장면만 좀 구한다면 프로그램 제작에 어려움은 없을 것 같았다. 마침 크로아티아 TV 모스타르 지국이 근처에 있다고 했다. 방송국은 총탄, 포탄 자국이 선명한 상처 투성이 건물의 2층에 자리잡고 있었다. 내전이 한창 진행 중이던 1995년 7월 문을 열었다고 했다. 매일 오후 6시부터 2시간 동안 방송한다는데 규모도 설비도 초라하기 그지 없었다. 가만히 보니 사용하는 테입이 우리의 가정집에서 사용하는 VHS였다. 그러나 직원들의 열의만은 대단하게 느껴졌다.

안타깝게도 그들에게는 우리가 필요로 하는 화면이 없었다. 하지만 한국 국민에게 유고 내전의 실상을 알리고 싶다고, 휴전협정 이후 사람들의 삶을 소개하고 싶다는 얘기에 뭐라도 도움이 될 만한 자료들을 열심히 찾았다. 그 마음이 고마웠다. 그렇게 찾은 자료 가운데서 그나마 조금 나아 보이는 것들을 모아보니 5분 정도 분량, 이걸 돈을 주고 사야 하나 속으로 계산하고 있는데 그냥 가져가라고 했다. 뜻밖의 얘기였다. 그때까지 유럽의 어떤 방송국도, 어떤 수준의 화면도 공짜로 주는 경우가 없었기 때문이었다. 유럽의 방송국들은 크던 작던 장사에 열을 올렸었는데... 심지어 화면을 사기 위해 사용한 편집기 사용료까지 별도로 받는 곳도 있었는데 그냥 가져가라니... 고마운 일이었다.

방송사 사장에게 인터뷰를 청했다. 크로아티아 사람으로서가 아니라 언론인의 입장에서 얘기를 듣고 싶다고 했다. 흔쾌히 응한 그는 전쟁기간 동안 모스타르 소식을 외부에 알리기 위해 방송을 시작했다고 했다. 또 사라예보 등 외부의 소식을 시민들에게 알리는 것도 중요했다고 했다. 물론 크로아티아의 입장에서 소식을 전했다고 했다. 저널리스트 입장에서 전쟁을 어떻게 평가하는지 물었다. 그는 저널리스트이기 이전에 당사자로서 안타깝다고 했다. 특히 편하게, 가깝게 지냈던 이웃들끼리 서로에게 총을 겨눠야 했던 상황이 정말 가슴 아팠다고 했다. 하지만 그런 감정은 한참 지나서 갖게 된 것일 뿐 처음엔 아니었다고 했다. 일단 전쟁이 시작되고 나니 그런 인간적인 감정을 가질 여유가 없었다고 했다. 자신뿐 아니라 다른 사람들도 그랬을 것이라고 했다. 그렇게 정신없이 상황에 빠져 지내다 어느 날 문득 돌아보니 모두가 돌이킬 수 없는 지옥의 한복판에 서 있더라고 했다. 그의 눈빛에 진심 어린 회한의 빛이 가득했다. 저널리스트로서는 물론 한 사람의 성인으로서도 분명 이해할 수 없는 전쟁이었다고 했다. 내셔널리즘이라는 게 이렇게 무서운 줄 정말 몰랐다고 했다. 정치 지도자의 중요성을 절감했다고 했다. 티토는 정말 위대한 지도자였다며 그를 더 존경하게 됐다고 했다.

아무리 그렇다고 해도 어떻게 친하게, 가깝게 지내던 이웃들이 하루 아침에 원수가 됐는지 이해가 되지 않는다고 하자 솔직히 자신도 이해가 안된다고 했다. 방송국을 운영하기 전에는 자신도 총을 들고 열심히 싸웠다고 했다. 왜 그렇게 흥분했었는지 지금도 모르겠다고 했다. 무슬림쪽에 친한 사람들이 많았는데 그들의 소식이 궁금하다고도 했다. 하지만 휴전이 됐다고 그들을 찾거나 그들에 대해 안부를 물어보지 못하고 있다고 했다. 알아보는 게 겁난 다고 했다. 당시는 양쪽 거의 모든 사람들이 집단적으로 미쳤던 것 같다며 그는 진한 한숨을 내쉬었다. 인터뷰 내내 그는 한숨을 참 많이도 쉬었다. 세계 문화유산인 스타리 모스트를 크로아티아 사람들이 파괴한 부분에 대해서는 변명의 여지없이 잘못한 일이라고 했다. 역사와 문화에 대해 죄를 지은 것이라고도 했다. 상황이 조금 더 안정되면 가장 시급하게 추진해야 할 것이 바로 스타리 모스트의 재건이라며 자신들도 앞장 설 것이라고 했다. 그는 겉으로는 평화가 유지되고 있지만 불안이 여전한 상태라며 과거와 같이 두 민족이 함께 잘 사는 날이 속히 오기를 기원한다는 말로 인터뷰를 마무리했다.

그의 인터뷰는 일종의 고해성사 같았다. 스스로 자신이 했던 행동들을 이해할 수 없다며 자책하고 있었다. 어떻게 그렇게 쉽게 흔들리고 무모하게 움직였는지 지금도 모르겠다고 했다. 어느 날 바람이 불어왔고 그 바람에 사람들이 심하게 흔들렸는데 그게 눈깜짝할 순간이었다고 했다. 그 바람이 무서운 집단 광기로 변했고 자신도, 주변 사람들도 그 광기 속에 빠져들었다고 했다. 그렇게 되니 죽여야 할 적과 보호해야 할 우리편 말고는 아무 것도 보이지 않더라고 했다. 총을 쏘는 것이 너무 쉬웠고 누군가를 죽이는 것도 그리 어렵지 않았다고 했다. 쓰러지는 적을 보면 희열이 느껴지더라고 했다. 당시엔 아무런 자책도 고뇌도 없었다고 했다. 민족주의라는 게 정말 엄청나더라고 했다. 나름대로 지성인이라고 주장하고 합리적이라고 얘기하던 사람들마저 다 그렇게 변하더라고 했다. 아마도 그렇게 변하지 못한 사람들도 있었겠지만 그런 사람들은 다 떠났을 것이라고 했다. 그러던 어느 날 어린 소녀의 주검과 마주쳤다고 했다. 자기 딸 또래였다고 했다. 그 소녀의 얼굴이 딸의 얼굴로 보이더라고 했다. 거기서 비로소 정신을 차렸다고 했다. 당시 상황이 기억난 듯 그의 눈빛이 잠시 동안 흔들렸다. 외신에서 봤던 기사를 언급하며 '전쟁이 났다고 어떻게 부부가 적으로 갈라서냐?'고 '정말 이해할 수 없다'

고 말하자 자기도 그런 경우를 몇 건 알고 있다고 했다. 그는 모두 미쳤었다며 '제정신이면 그게 가능한 일이겠냐?'고 반문했다.

그렇게 진솔한 마음을 보여준 그는 내게도 인터뷰를 하나 해달라고 했다. '외국 기자의 입장에서 유고내전을 어떻게 보느냐?'는 질문이었다. 그에게 2년 전 전쟁이 한창일 때 왔었다는 사실을 설명하고 그때도, 지금도 이해할 수 없는 전쟁이라고 말해줬다. 같은 민족으로 3년 넘게 잔인한 전쟁을 치렀던 우리의 경험도 얘기해줬다. 우리는 민족보다 이념이 중요하다고 싸웠는데 당신들은 그 어떤 것보다 민족이 중요하다고 싸우니 도대체 그 민족이란 게 뭔지 나도 궁금하다고 했다. 유고내전을 포함해 여러 전쟁터를 다닌 경험도 설명하며 그런 경험을 통해 느낀 가장 확실한 결론 하나는 어떤 경우에도 전쟁은 안 된다는 것, 전쟁은 결코 문제해결 방식이 될 수 없다는 것이라고 답해줬다. 다행히 취재 중 만난 젊은 청년들과 청소년 사이에서 증오보다는 이해를 얘기하는 목소리들이 많아 좋았다는 사실과 특히 사라예보 디스코텍에서 세르비아 가수의 노래에 열광하던 무슬림 청소년들에게서 큰 희망을 봤다는 사실을 강조했다.

13

총리 내정자의 절규, 전쟁으로 얻은 게 대체 무엇이냐?

조금은 무거워진 마음으로 다시 사라예보로 돌아왔다. 갈 때는 4시간 넘게 걸렸던 길이 2시간 정도로 줄었다. 그만큼 두 도시는 가까운 거리였다. 무슬림의 처지가 참 안됐다는 생각이 들었다. 어떤 지역에서는 세르비아계에 당하고 또 다른 지역에서는 크로아티아계에 당하고... 때론 적인지 아군인지도 혼란스런 내전 상황에서 그들은 어디서나 약자였다. 적어도 내가 취재한 내전 지역 가운데 무슬림이 주도권을 가진 곳, 우월한 곳은 단 한 곳도 없었다. 그들의 처지가 안쓰럽게 느껴졌다.

조금 더 편해진 마음으로 사라예보를 돌아보니 안 보이던 것들이 보였다. 그 중 하나가 폐허의 한편에서 진행되고 있는 재건 사업이었다. 대형공사는 없었지만 군데군데 공사가 진행되고 있었다. 사람들은 그렇게 새로운 삶을 준비하고 있었다. 마침 우연히 만난 젊은 친구가 공사현장들을 소개해 주겠다고 했다. NHK 기자들을 도와 일한 적이 있다는 청년이었다. 전쟁 전엔 돈이 너무 많아 고민일 정도의 부자였다는 얘기, 경찰국장이던 아버지가 내전으로 돌아가시며 자신이 집안을 떠맡았다는 얘기, 지금은 외신기자들을 대상으로 차를 빌려주고 집도 빌려주며 살고 있다는 얘기 등... 청년은 묻지도 않는 자신의 얘기를 열심히 해 댔다. 자랑이라기보다는 순박함, 솔직함 같았다. 나이가 많아 보이지 않는 이 친구는 어디를 가도 사람들이 아는 체를 할 정도로 마당발이었다. 절제된 모습에 친절이 몸에 밴 이 친구의 모습을 보니 괜찮은 집안에서 교육을 잘 받은 것이 분명하다는 생각이 들었다.

이 친구가 누군가와 통화를 하더니 하싼 무라토비치가 지금 사라예보에 와 있다고 했다. 하싼 무라토비치라니? 그는 데이턴 협정에 따라 곧 출범할 보스니아 헤르체고비나의 첫 수상으로 내정된 실력자였다. 이 친구에게 '우리가 만날 수 있겠냐?'고 '인터뷰를 하면 좋겠다'고 생각을 전했다. 잠깐 기다려보라며 어디론가 전화를 걸더니... 잠시 후 그가 있는 곳의 위치를 확인해 알려줬다. 그는 자기가 인터뷰를 주선할 입장은 못되지만 당장 일정이 없다고 하니 가서 부딪혀보면 될 것 같다는 팁도 줬다. 정말 센스 만점의 고마운 친구였다. 바로 그가 알려준 주소로 달려갔다. 비서인 듯한 사내를 통해 한국에서 온 기자라고 하니 마침 시간이 비었다며 흔쾌하게 인터뷰에 응해줬다. 새 보스니아의 실력자와의 인터뷰는 그렇게 성사됐다. 그는 인상이 부드럽고 선하게 생긴 사람이었다. 말을 할 때 상대방의 눈을 똑바로 쳐다보며 얘기했는데 눈빛에 강한 흡인력이 있었다. 신뢰가 느껴지는 인상이었다.

의례적인 인사에 이어 그의 입에서 의외의 말이 흘러나왔다. '대부분 사람들이 우리가 세르비아 사람들을 미워하고 증오할 것이라고 생각하지만 그렇지 않다'는 것이었다. 이게 무슨 소리인가? 아무리 정치적인 언사라고 해도 자신들을 그토록 무자비하게 괴롭혔던 세르비아 사람들을 미워하지 않는다니... 의외였다. 그는 한 걸음 더 나갔다. '대부분의 세르비아 사람들은 선량하고 좋은 사람들이다. 다만 과대망상증에 걸린 카라지치와 그를 추종하는 일부 사람들이 문제일 뿐이다'... 그는 분명하게 선을 긋고 있었다. 카라지치와 밀로셰비치 등 비극을 만든 주범들에게는 응분의 책임이 물어져야 하지만 그렇지 않은 일반인들과는 함께하겠다는 의사를 분명히 한 것이었다. 전쟁 후 첫 내각의 수상으로서 그는 화합을 고심하고 있는 것임이 분명했다. 각 민족들 사이의 갈등을 봉합하고 상처를 치유하는 것이 재건을 위해 가장 시급하고도 중요한 일임을 분명하게 인식하고 있는 것 같았다.

그런 그에게 '1년의 평화협정 시한이 끝나면 다시 전쟁이 벌어질 것이라는 예상이 많은데 거기에 대해선 어떻게 생각하느냐?'고 물었다. '그런 일은 결코 없을 것'이라고 그는 단호한 표정으로 말했다. '얼마나 어렵게 얻은 평화인데 그것을 깨겠는가?'고 되묻기도 했다. 그는 차기 수상으로 자신있게 얘기한다며 새 정부는 내전으로 크게 상처받은 사람들을 통합하고 화합시켜 내전 전보다 멋진 나라를 만들어갈 것이라고 재차 강조했다. 그를 위해서 자신이 할 수 있는 일은 다할 것이라고 다짐했다. 그의 표정이 진지했다. 그는 3년 반 동안의 내전으로 자신들은 잃은 것이 너무 많다고 했다. 그 엄청난 전쟁을 통해 과연 누가 무엇을 얻었는지 묻고 싶다고 했다. 당시의 일들에 대해 짚을 것은 짚고 따질 것은 따져야 하겠지만 거기에 힘을 허비하지는 않겠다고 했다. 그러기에는 현실이 너무 무겁다고 했다. 무너진 인프라를 다시 세워 기본적인 도시의 조건을 닦는 일, 과거와 같이 시민들이 서로 어울려 살아갈 수 있도록 필요한 것들을 갖추는 작업이 무엇보다 급하다고 했다.

구체적인 재건계획을 묻자 그의 표정이 달라졌다. 조금 전까지 자신있던 얼굴이 조금은 어둡게 변했다. 해야 할 일도 명확하고 우선 순위도 분명하게 나와 있지만 자신들만의 힘으로는 불가능하다는 사실을 잘 알고 있다고 했다. 기반시설과 인프라만 파괴된 것이 아니라 주택과 건물들까지 파괴돼 거의 처음부터 다시 시작해야 하는 곳이 한두 군데가 아니라고 했다. 특히 수백 년된 문화재의 피해는 어떻게 복원해야 할지 걱정이라고 했다. 국제사회의 도움이 절실하다고 했다. 그는 국제사회의 도움을 간절하게 호소하고 있었다. 너무 절절한 그의 말과 표정에 안쓰러움이 느껴졌다. 사실 그의 말은 엄살이 아니었다. 여러 군데 현장을 다녀본 나로서는 100% 공감할 수 있는 말들이었다. 그는 우리나라에 대한 기대도 숨기지 않았다. 현대와 삼성, LG, 대우 등 한국 기업들을 잘 알고 있다며 재건사업의 문을 활짝 열 테니 한국의 기업들도 적극적으로 참여해주면 참 고맙겠다고 했다. 방송을 통해 그런 자신들의 입장을 한국 기업들에게 잘 전해달라고 나에게도 신신당부했다.

그렇게 30여 분의 인터뷰가 끝났다. 기대도 하지 않았던 인터뷰는 아주 잘 됐다. 그도 만족스러워했다. 문 밖까지 따라 나와 손을 흔들어 줄 정도로 우리에게 정성을 다했다. 집의 모든 가전제품이 LG일 정도로 한국 상품의 매력에 푹 빠져 있다고도 했던 그였다. 기분이 좋았다. 참으로 정이 많고 소박한 분이라는 생각이 들었다. 필요에 의해서 한 얘기겠지만 유력 정치인의 입에서 우리 기업과 상품을 칭찬하는 소리를 듣는 것... 그것은 참으로 유쾌한 일이었다.

14

누구를 위한 분노, 무엇을 위한 싸움이었나?

수상 내정자와의 인터뷰를 끝으로 모든 취재일정이 마무리됐다. 목표했던 것만큼은 한 것 같았다. 보고 싶은 것을 다 봤고 많은 느낌도 담았다. 전쟁이란 괴물이 남긴 상처, 남겨진 사람들이 감당해야 하는 삶의 실체를 확인했다. 전쟁은 모든 것을 철저하게 파괴하는 괴물이었다. 전쟁 전과 전쟁 후의 비교? 그건 의미없는 일이었다. 그건 결코 비교의 대상이 아니었다. 그 둘은 철저하게 다른 세상이었다. 전쟁을 견뎌낸 사람들의 삶은 극도로 피폐해져 있었다. 피폐라는 말이 고급스러울 정도로 처참했다. 몸도 마음도 정상이 아니었다. 휴전 상태에서도 그들 대부분은 여전한 불안 속에서 가슴 조이며 살고 있었다. 떠나간 사람들에 대한 기억, 잔혹한 상황들에 대한 기억으로 떨고 있었다. 저들은 잠시 동안의 휴전이 끝나면 다시 전투가 시작될 것이라고 불안해 하고 있었다. 대부분은 참혹하게 무너진 집, 파괴된 인프라 속에서 생필품마저 조달하기 어려운 곤궁에 눈물짓고 있었다.

무엇보다 심각한 문제는 서로에 대한 믿음을 잃었다는 것이었다. 그들에겐 이젠 친구도 이웃도 없었다. 가족을 제외한 어떤 사람들도 믿을 수 없게 됐다고 그들은 털어 놓았다. 상처받은 그들은 기자의 눈을 마주치는 것조차 힘들어했다. 쓰라린 기억들을 덮어 놓고, 겉으로는 별 문제 없는 것처럼 살아가는 사람들이 있었지만 속마음까지 그런 것은 아니었다. 그것은 용서나 극복의 표시가 아니었다. 어찌 할 힘조차 없다는 무력감이었고 어찌 해 볼 도리가 없다는 체념이요 좌절이었다. 모질고 잔인하게 학대하던 가해자와 능욕을 참아내며 살아내야 했던 피해자가 함께 살아야 하는 세상, 꿈에 다시 볼까 치를 떨었던 가해자를 거리에서 마주쳐야 하는 현실, 그 모습을 보면서도 아무 것도 할 수 없는 사람들의 속절없는 심정.... 나는 그들의 눈동자에서, 뒷모습에서 오랜 기간 쉽게 떨쳐내지 않을 것 같은 깊은 절망을 봤다.

이 전쟁의 승자는 누구이고 패자는 누구였을까? 과연 승자라고 주장할 수 있는 사람들이 있기는 한 것일까? 저들이 그토록 끌어안았던 '민족'이란 과연 무엇일까? 그동안 쌓아 놓았던 것들을 다 잃은 상태에서의 '우리끼리'는 대체 무슨 의미를 가지는 것일까? 사랑했던 가족을 잃고 형제 같던 친구 이웃과 갈라서야 했던 배신감 상실감은 어떻게 메꿔야 하는 것일까? 전쟁 이후에도 어쩔 수 없는 이유로 함께 살아가야 하는 '가해자'와 '피해자'는 또 어찌 해야 하는 것일까? 원한을 가진 다른 민족들 사이에 섞이게 되는 선량한 '다른 사람들'은 앞으로 어떻게 되는 것일까? 중심가 250미터 반경 안에 이슬람, 정교, 카톨릭, 유대교 등 각기 다른 종교의 본당들을 두고서도 아무 문제없이 지냈던 이해와 관용의 도시였는데.... 서로의 다름을 인정하고 끌어 안았던 멋진 낭만과 문화의 도시였는데... 그런 귀한 역사를 다시 볼 수 있을까?.... 머릿속이 복잡했다. 그렇게 이해심 많고 관대했던 사람들이 도대체 왜 그리도 모질고 처절하게 싸워야 했단 말인가?....

일단 일로 생긴 복잡한 마음은 다 털기로 했다. 집에 전화를 했다. 출장 나온 후 두 번째 전화였다. 해야 할 일들이 밀리다 보니 마음의 여유가 없었다. 아내의 목소리는 밝았다. 아니 일부러 씩씩한 척 하는 것 같았다. 안 그래도 연락이 없어 걱정했다며 집에는 별일이 없다고 했다. 어머니가 감기 기운으로 조금 힘들어 하시기는 하지만... 분명 아들에 대한 걱정이 몸의 이상으로 나타난 것일 터였다. 어머니는 그 불편하신 몸으로 교회에 가셨다고 했다. 아들을 위한 기도를 하러 가신 것이 분명했다. 전쟁터를 포함해 위험한 곳에 다니는 동안 그래도 큰 탈없이 잘 지내고 능력 이상으로 일할 수 있었던 것은 다 어머니를 포함한 가족들의 기도 덕분이었다. 그런 일들이 몇 차례 반복되다 보니 서로에게 많이 익숙해진 상태였지만 어머니도 당신의 몸만은 마음대로 못하시는 것 같았다. 죄송했다.

사실 취재현장에서 가슴 아픈 일을 만날 때마다 어쩔 수없이 떠올리게 되는 것은 가족이었다. 전쟁의 상처가 가장 극명하게 나타나는 것이 가족이기 때문이었으리라. 사랑하는 가족을 잃고 슬퍼하는 사람들을 취재하고 돌아오는 길에는 그런 일 없이 잘 살고 있는 우리 가족이 감사했다. 굶주려 죽어가는 아이들, 졸지에 부모를 잃고 고아가 된 아이들을 볼 때에는 아빠로 불릴 수 있음에, 아빠라는 이름으로 존재할 수 있음에 감격했다. 낯선 외국땅에서 온갖 모욕을 견디며 힘겹게 살아가는 난민들을 볼 때는 번듯한 집에서 모든 가족이 함께 살 수 있음이 행복했고, 전쟁이 만들어낸 초현실적인 비극 앞에서는 전쟁없는 땅에서 살고 있음에 감사하고 또 감사했다. 저들의 비극을 보면서 가장으로서의 책임감을 다졌고 전쟁을 막기 위해서라면 할 수 있는 모든 것을 다해야 한다는 언론인으로서의 책무도 다졌다. 무엇보다 내 가족들에게는 그런 비극을 겪지 않도록 해야 한다는 각오를 다지고 또 다졌다.

실제 현장을 뛰면서 눈으로 확인해 보니 전쟁은 이론이 아니었다. 영화 속, 소설 속에 그려진 것과 같은, 때론 낭만도 있는 그런 인간적인 현장이 결코 아니었다. 거기엔 비극밖에 없었다. 그것도 육체는 물론 정신까지 철저하게 파괴하는 피비린내 진동하는 비극이었다. 삶의 감격도 죽음의 슬픔도 그저 순간의 감정일 뿐이었다. 누구도 다음 순간을 장담할 수 없는, 불확실한 '다음'에 대한 공포가 가득한 공간이었다. 그렇기에 그 현장엔 본능만이 가득했다. 죽지 않으려면 죽여야 하는, 살기 위해서는 무슨 짓이라도 해야 하는... 그 살벌한 현장엔 학벌도, 계급도, 인물도 소용이 없었다. 체면도 부끄러움도 존재하지 않았다. 모두가 그저 상황에 운명을 내맡겨야 하는 초라하고 나약한 존재들일 뿐이었다. 기자로서 확인한 전쟁은 그 지경 안에 있는 모든 것을 악랄하게, 잔인하게 파괴하고 무너뜨리는 괴물일 뿐이었다. 모든 관계를 깨뜨리고 인간의 가장 기본적인 존엄조차 뭉개버리는 악마일 뿐이었다. 그런 현장에서 다른 사람들의 비극을 보며 안도하고 감사하는 내 모습이 민망하고 부끄럽기도 했지만 그 또한 어쩔 수 없는 현실이었다.

그런 내 마음을 알았음인지 아내는 건강하면 됐다고, 조심해서 오라고 웃어줬다. 정리가 아직 덜 된 집에 내가 할 일이 많다며 어서와 마무리 해달라는 농도 건넸다. 그렇게 유쾌한 얘기를 나누는데 하은이가 전화를 가로챘다. 다음 달이면 유치원생이 되는 녀석은 아주 똘망똘망했다. 아빠 보고싶다며 초컬릿 많이 사오라고 했다. 출장 당일 매달려서 떨어지지 않으려던 모습이 되살아 났다. 두 돌을 한 달 앞둔 성은이도 아빠, 아빠하며 전화기에 매달렸다. 녀석이 아빠를 기억하기는 하는 것인지.... 녀석들의 목소리에 피곤이 다 사라졌다. 대신 그리움이 밀려왔다. 따져보니 결혼한 지 만 5년만에 4번째 전쟁터였다. 걸프전, 소말리아 내전, 수단 내전, 유고 내전... 거의 숨쉴 틈도 없이 다니고 있었다. 아들로, 남편으로, 아빠로... 빵점짜리임이 분명했다. 다시 한번 감사함과 미안함에 가슴이 요동쳤다.

15

1996년 1월, 비행기에서 목격한 또 다른 전쟁

스플릿에서 자그레브까지는 작은 국내용 비행기, 자그레브에서 빈까지는 Austrian Air, 빈에서 다시 서울까지는 British Air로... 돌아오는 길엔 비행기를 세 번이나 타야 했다. 매번 출장때마다 느끼는 것이지만 출장 과정 중 비행기 타는 것이 가장 힘든 일이었다. 힘겨운 장비 통관에 비좁고 건조한 Economy 좌석은 거의 극기훈련 수준이었다. 이른바 이코노미 증후군이 심각한 문제로 제기되며 좌석이 조금 넓어지긴 했지만 당시만 해도 이코노미석은 몸을 거의 움직이기 어려운 수준이었다. 운 나쁘게 옆에 덩치가 큰 사람이라도 앉게 되면 그야말로 지옥이 따로 없었다. 그런 상태에서 10시간 이상 비행이었으니.... 험지에 (어쩌면 사지가 될 수도 있는) 취재를 보내면서 그런 문제조차 해결해 주지 못하는 회사가 답답했고 원망스러웠다. 대한민국의 많은 조직들을 지배하고 있던 '관료주의'의 전형이었다. 하긴 전쟁터에 보내면서 위험수당은 물론 보험문제도 제대로 해결해 주지 않는 상태였으니.... 한데 이번엔 그런 것들 외에 또 다른 어려움이 기다리고 있었다.

747점보기를 가득 채운 승객 대부분은 한국 관광객들이었다. 성지순례 단체 관광객과 배낭여행 젊은이들, 거기에 어린 아이들을 동반한 가족 단위 승객들까지... 비행기는 한 자리도 여유가 없는 만석이었다. 문제는 이들이 어찌나 떠들고 정신없이 돌아다니는지... 그들은 승무원 자리를 포함해 아무데나 앉기도 하고 음식물을 들고 다니며 기내를 복잡한 시장통 비슷하게 만들고 있었다. 양말까지 벗은 맨발인 채로... 통로에 앉은 죄로 나는 그렇게 지나다니는 사람들에 툭툭 채이기 일쑤였다. 하지만 미안하다고 하는 사람은 거의 없었다. 그야말로 막무가내 통제불능의 상태였다. 승무원들은 이런 일이 익숙한 듯 아예 다 사라져 모습을 보이지 않았다. 다 포기하고 그들끼리 어딘가에 모여 있는 것 같았다. 불편을 호소하기 위해 호출 벨을 눌러도 그들은 반응이 없었다. 참으로 한심하고 부끄럽고... 화도 나는 상황이었다.

언론 보도를 통해 보던, 말로 전해 듣던 한국 단체관광객들의 추한 행태가 바로 이런 것이었구나. 그 현장이 내 눈앞에 적나라하게 펼쳐지고 있는 것이구나... 생각했던 것보다 훨씬 심각한 수준이었다. 군데군데 자리잡고 있는 외국인들이 어떻게 생각할까? 얼굴이 화끈거렸다. 그들도 다 포기했는지 눈을 감고 있었다. 그동안 여러 차례 비행기를 타봤지만 그렇게 질서없고 혼란스러운 경험은 처음이었다. 그런 혼란은 기내 불이 꺼지고 승객들 대부분이 잠들고 나서야 정리가 됐다. 그 상태가 돼서야 나도 취재수첩을 꺼내들 수 있었다.

10박 11일 일정이 주마등처럼 스쳤다. 돌아보니 고마운 사람들이 참 많았다. LG 관계자들도, 스타니치 가문 사람들도, NHK팀과 일했다는 현지 청년도, 모스타르 방송국 직원들도, 적극적으로 인터뷰에 응해준 이름 모를 수많은 사람들도... 무엇보다 뭉클했던 것은 세르비아 가수의 노래에 열광하던 무슬림 젊은이들이었다. 다 보듬고 함께 살아가야 한다고 힘주어 말하던 젊은이들이었다. 문제를 일으키고 복잡하게 만드는 것도 사람이지만 그 문제 위에서 다시 일어설 수 있도록 희망을 만들어 가는 것도 결국 사람이라는 사실을 다시 확인했다. 일은 잘 됐지만 실무적으로는 아쉬움이 조금 있었다. 카메라 기자와의 호흡이 조금만 더 좋았더라면.... 방송기자로서의 고질적인 숙제를 다시 확인했다. 현지어 통역에도 아쉬움이 많았다. 외국어대를 졸업하고 유고에서 유학 중이라며 자신감을 보였던 친구였는데... 그 친구는 너무 쉽게 생각했고 나는 너무 쉽게 믿었었다. 결국 중요한 인터뷰는 영어로 다 해야 했다. 속상한 마음에 많이 나무라고 짜증을 냈었는데... 그게 마음에 걸렸다.

시간이 얼마쯤 지났을까? 불이 켜지고 사라졌던 승무원들이 나타났다. 면세품 판매 시간이었다. 여기저기서 웅성거리고 소리지르고... 다시 소란이 시작됐다. 성질 급한 사람들은 판매하는 곳까지 나오기도 하고... 급기야 '앞에서 다 사면 뒷 사람들은 어떻게 하냐?'는 고함까지 터져 나왔다. 면세품을 둘러싸고 혼란 2라운드가 벌어진 것이었다. 무법, 무도, 무질서, 파렴치, 그에 따른 혼란... 이런 것들을 전쟁의 외형적 특성이라고 한다면 그건 분명 또 다른 전쟁이었다. 얼마나 물건들을 많이 사는지 면세품을 실은 수레가 거의 이동을 하지 못하고 있었다. '전통의 영국 항공이 극도의 무례와 무질서를 왜 이렇게까지 참아줄까?' 하던 궁금증이 풀렸다. 면세품 판매 수익 때문이었음이 분명했다. 그 정도로 판매가 많았다. 승무원들은 그저 그렇게 물건 파는 데만 신경쓸 뿐 다른 서비스는 생각도 하지 않는 것 같았다. 그래도 영국 국적기인데.... 식사를 마친 지 30분이 지나도 치워가지도 않고, 요청한 물도 가져다주지 않고, 호출해도 나타나지 않고... 다시는 이 회사 비행기를 타지 말아야겠다고 속으로 다짐하고 또 다짐했다.

한데 갑자기 그런 생각이 들었다. '다른 승객들에게도 이럴까?' '한국 관광객들에게만 이러는 것이 아닐까?' '이런 말도 안 되는 승무원들의 모습은 한국 관광객들이 만든 것이 아닐까?' 도무지 통제가 되지 않는 한국 관광객들의 행태에 승무원들도 이런 불량 서비스로 맞서는 것은 아닐까? 좁은 비행기 안에서 이 정도라면 넓은 관광지에서는 또 얼마나 민망한 모습을 보였을까?....
승무원들을 향하던 불만스런 마음이 스스로를 향한 부끄러움으로 돌아왔다.
정말 민망했다. 승무원들은 나도 저들과 똑같은 사람으로 여기지 않을까? 대
한민국도 저들과 비슷한 수준으로 생각하지 않을까?... 사라예보에서, 모스
타르에서... 전쟁의 광기가 만들어낸 안타까운 인간의 모습들을 확인하고 절
망감을 느꼈었다. 한데 취재를 마치고 돌아가는 비행기 안에서 나는 또 다른
차원의 절망감을 느끼고 있었다. 절제도, 배려도, 부끄러움도 모르는 천박한
자유의 과잉, 아직도 갈길이 멀다는 우리에 대한 자각에 얼굴이 화끈거렸다.
1996년 1월, 나는 어디서나, 어떤 문제에서나 결국 사람이 문제라는 사실을
다시 깨닫고 있었다.

에필로그

___

이건 분명 코로나 덕이다. 행사가 사라지고 강연도 줄고 만남도 줄고... 하지만 덕분에 넉넉한 시간을 가질 수 있었다. 정신적 여유도 생겼다. 그래서 별러왔던 책을 쓸 수 있었다. 그렇게 보면 세상에 어떤 일도 나쁜 면만 있는 것은 아님이 분명하다. 카쿠마 소년병 캠프에서 만났던 소년도 그랬었다. 자기 키만 한 총을 들고 싸웠던 소년은 캠프에 와서 공부를 하게 됐다며 영어책을 자랑했었다. 그 똘망똘망함으로 녀석은 분명 멋진 성인으로 성장했으리라.

여러 전쟁터 가운데서도 유고는 정말 이해할 수 없는 곳이었다. 어떻게 수십 년 함께 살아온 사람들이 서로에게 그렇게 잔인할 수 있었던 건지. 다정했던 이웃이, 형제 같았던 친구가, 심지어 부부가 적으로 갈라져 그렇게 처절하게 싸울 수 있었던 건지... 느닷없이 등장한 '민족'이라는 개념 앞에 돈독했던 과거가 한순간에 지워지고, 그 자리를 적개심이 대신하는 기괴한 현상을 정말이지 이해할 수 없었다. 수십 년 함께 살면서 다른 민족과 섞여 결혼한 경우가 허다하고 그만큼 민족의 구분이 흐려진 상태 아니던가? 더욱이 그런 사람들이 대를 이으면서 구분 자체가 무의미해진 상황 아니던가? '할아버지는 크로아티아, 할머니는 세르비아, 아버지는 무슬림인 나는 그럼 어떻게 해야 하느냐?'던 청년의 절규가 오래도록 머리에 남아 있었다.

꽤 오랫동안 머릿속을 어지럽혔던 이 의문은 의외로 엉뚱한 곳에서 풀렸다. 2019년, 2020년 내가 발을 딛고 사는 대한민국 사회였다. 조국, 윤미향, 박원순, 추미애… 그들을 둘러싸고 사생결단식으로 싸워대는 사람들 모습에 정신이 번쩍 들었다.

평소 가깝던 가족과 친구들이, 수십 년 인연을 이어온 사람들이 모질게 서로를 공격하는 모습에 기억 저만치 있던 유고의 기억이 살아났다. '그놈이 그런 놈인 줄 몰랐다'며 울분을 토하는 사람들… '누구를 만나서도 편하게 얘기하지 못하는 세상이 됐다'며 한숨 짓는 사람들…. 결국 관계를 끊었다는 사람들도 수없이 많았다. 곳곳에서 충돌이 빚어졌다. 총칼 대신 말과 글로 상대를 마구 때리고 찔러대는 야만이 횡행했다. 적개심으로 무장된 전사들이 세상에 넘쳐났다. 그 모습이 충격이었다. 이것이 전쟁 아니고 무엇이란 말인가?

더 끔찍했던 것은 그런 사람들이 무지하고 수준 낮은 사람들만이 아니라는 사실이었다. 평소 점잖던 사람들, 지적이라고, 합리적이라고 여겨졌던 사람들조차 그들 무리에 섞여 있었다. 교수, 기자, 판사, 검사, 종교인, 공무원, 시민 운동가… 실로 놀라운 일이었다. 그들은 서로 편을 이뤄 '자극'을 독려하며 '독함'을 경쟁하는 모습까지 보였다. 상식도 논리도 거부한 채 편만 따지는 그들의 무모한 용기에 겁이 났다. 지난 시절의 주장도, 소중했던 인연도, 함께 나눴던 귀한 시간도 다 던져버리고 패싸움에 몰두하는 그들의 저돌성에 경악했다. 유고 내전현장에서 봤던 바로 그 모습이었다. 도저히 이해할 수 없다고 하루에도 몇 번씩 고개를 절레절레 흔들게 만들던 바로 그 모습이었다.

아, 그렇구나. 이성이란 게 별거 아니구나. 사람이란 게 그리 믿을 것이 못되는 존재구나. 양식을 얘기하고, 인연을 기억하고, 역사를 음미하는 것은 순진한 사람들이나 하는 것이었구나. 진한 깨달음이 있었다. 그 깨달음은 지독한 아픔이었다. 인정하고 싶지 않았지만 어쩔 수 없는 현실이었다. 하긴 돌아보니 그전에도 숱하게 있어 왔던 일이었다. 프랑스 대혁명 때도 그랬고, 6.25 때도 그랬고 중국 문화혁명 때도 그랬고... 인류역사의 격변기마다 그런 일들은 거의 예외없이 반복돼 왔다. 다만 오랫동안 잊고 살아왔을 뿐이었다. 시대가 변했다고, '이젠 그럴 가능성은 없다'고 애써 무시하고 지내왔을 뿐이었다. 생각이 거기에 이르니 참으로 허무했다. 못견디게 슬펐다. 그동안 우리가 이룬 것은 무엇이란 말인가? 진보라고, 발전이라고 뿌듯하게 여겨왔던 것들은 과연 무슨 의미란 말인가? 이건 아닌데... 정말 이래선 안되는데....

사라예보 생존자에게 들었던 얘기 가운데 가장 슬펐던 것은 '선한 사람들이 일찍 죽더라'는 것이었다. 더 어려운 사람에게 먹을 것을 덜어주고, 가진 것을 나눠주던 사람들은 다음 순간 영락없이 공격대상이 되더라고 했다. 무언가 가졌을 거라는 생각에. 그의 호의를 지켜보던 사람들이 강도로 돌변했다고 했다. 심지어 호의를 받은 사람이 공격하는 경우도 있었다고 했다.

그래서 전시 사라예보에서는 '있어도 있는 척 않고 불쌍해도 모르는 척하는 것'이 가장 중요한 생존 요령 가운데 하나였다고 했다. 그 얘기를 떠올리면서 걱정이 되는 것이 있었다. 혹시 우리도 더 선한 사람들이, 더 양심적인 사람들이, 더 상처받고 결국 모습을 감추는 그런 세상이 되는 것은 아닐지... 결국 악한 사람, 독한 사람들만 설쳐대는 끔찍한 세상이 되는 것은 아닐지...

전쟁터를 벗어난 지 25년이 지난 지금, 가끔 혼란스러울 때가 있다. 다시 종군을 하고 있는 것 아닌가 하는 착각을 하게 될 때가 있다. 전쟁터에서 봤던 것들과 유사한 모습들이 너무 많아서다. 해서 의식적으로 생각을 해보곤

한다. 지금 상황도 뭔가 도움이 되는 측면이 있는 걸까? 있다면 그게 무엇일까?... 하지만 딱히 떠오르는 게 없다. 대신 걱정만 밀려온다. 이래서는 안 되는데... 이러다간 정말 다 죽게 되는데....